玩中学，学中玩，轻松考高分
思维导图攻克记忆难关

思维导图

玩转物理

叶健　郑盼盼 ◎ 编著

民主与建设出版社

© 民主与建设出版社，2022

图书在版编目（CIP）数据

思维导图玩转物理 / 叶健，郑盼盼编著 . -- 北京：民主与建设出版社，2022.7（2024.10重印）

ISBN 978-7-5139-3896-9

Ⅰ. ①思… Ⅱ. ①叶… ②郑… Ⅲ. ①中学物理课—教学参考资料 Ⅳ. ① G634.73

中国版本图书馆 CIP 数据核字（2022）第 120536 号

思维导图玩转物理
SIWEI DAOTU WANZHUAN WULI

编　　著	叶　健　郑盼盼
责任编辑	刘树民
总 策 划	李建华
封面设计	黄　辉
出版发行	民主与建设出版社有限责任公司
电　　话	（010）59417747　59419778
社　　址	北京市海淀区西三环中路 10 号望海楼 E 座 7 层
邮　　编	100142
印　　刷	三河市天润建兴印务有限公司
版　　次	2022 年 7 月第 1 版
印　　次	2024 年 10 月第 2 次印刷
开　　本	787mm×1092mm　1/16
印　　张	25
字　　数	426 千字
书　　号	ISBN 978-7-5139-3896-9
定　　价	98.00 元

注：如有印、装质量问题，请与出版社联系。

目录

第一章 机械运动

第一节 长度和时间的测量 …………………………………… 002
第二节 运动的描述 …………………………………………… 008
第三节 运动的快慢 …………………………………………… 011
第四节 平均速度的测量 ……………………………………… 017

第二章 声现象

第一节 声音的产生及传播 …………………………………… 022
第二节 声音的特性 …………………………………………… 027
第三节 声音的利用 …………………………………………… 034
第四节 噪声的危害和控制 …………………………………… 038

第三章 物态变化

第一节 温度 …………………………………………………… 044
第二节 熔化与凝固 …………………………………………… 048
第三节 汽化与液化 …………………………………………… 053
第四节 升华与凝华 …………………………………………… 060

第四章 光现象

第一节 光的直线传播 ………………………………………… 064
第二节 光的反射 ……………………………………………… 068
第三节 平面镜成像 …………………………………………… 072

第四节	光的折射	077
第五节	光的色散	086

第五章　透镜及其应用

第一节	透镜	092
第二节	凸透镜成像规律	097
第三节	眼睛与眼镜	103
第四节	显微镜与望远镜	108

第六章　质量与密度

第一节	质量	114
第二节	密度	118
第三节	测量物质的密度	121
第四节	密度与社会生活	125

第七章　力

第一节	力	132
第二节	弹力	136
第三节	重力	138

第八章　运动和力

第一节	牛顿第一定律	142
第二节	二力平衡	147
第三节	摩擦力	151

第九章　压强

第一节	压强	158
第二节	液体压强	163

第三节　大气压强……………………………………………… 170

第十章　浮力

第一节　浮力 …………………………………………………… 178
第二节　阿基米德原理………………………………………… 182
第三节　物体的浮沉条件及应用……………………………… 187

第十一章　功和机械能

第一节　功……………………………………………………… 192
第二节　功率…………………………………………………… 195
第三节　动能和势能…………………………………………… 198
第四节　机械能及其转化……………………………………… 203

第十二章　简单机械

第一节　杠杆…………………………………………………… 208
第二节　滑轮…………………………………………………… 215
第三节　机械效率……………………………………………… 221

第十三章　内能

第一节　分子热运动…………………………………………… 226
第二节　内能…………………………………………………… 230
第三节　比热容………………………………………………… 234

第十四章　内能的利用

第一节　热机…………………………………………………… 238
第二节　热机的效率…………………………………………… 242
第三节　能量的转化和守恒…………………………………… 246

第十五章　电流和电路

第一节　两种电荷……………………………………………………250
第二节　电流和电路…………………………………………………256
第三节　串联和并联…………………………………………………260
第四节　电流的测量…………………………………………………263
第五节　串并联电路电流特点………………………………………267

第十六章　电压和电阻

第一节　电压…………………………………………………………272
第二节　串并联电路中电压的规律…………………………………278
第三节　电阻…………………………………………………………281
第四节　变阻器………………………………………………………287

第十七章　欧姆定律

第一节　电流与电压和电阻的关系…………………………………294
第二节　欧姆定律……………………………………………………300
第三节　电阻的测量…………………………………………………303
第四节　欧姆定律在串、并联电路中的应用………………………308

第十八章　电功率

第一节　电能、电功…………………………………………………320
第二节　电功率………………………………………………………324
第三节　测量小灯泡的电功率………………………………………333
第四节　焦耳定律……………………………………………………339

第十九章　生活用电

第一节　家庭电路……………………………………………………346
第二节　家庭电路中电流过大的原因………………………………350

第三节　安全用电 ··· 352

第二十章　电与磁

第一节　磁现象、磁场 ··· 356
第二节　电生磁 ··· 359
第三节　电磁铁、电磁继电器 ··································· 362
第四节　电动机 ··· 365
第五节　磁生电 ··· 368

第二十一章　信息的传递

第一节　现代顺风耳——电话 ··································· 372
第二节　电磁波的海洋 ··· 375
第三节　广播、电视和移动通信 ······························ 377
第四节　越来越宽的信息之路 ··································· 380

第二十二章　能源与可持续发展

第一节　能源 ··· 384
第二节　核能 ··· 386
第三节　太阳能 ··· 388
第四节　能源与可持续发展 ······································· 391

第一节 长度和时间的测量

一、长度的单位及换算

1. 国际单位：米（m）

常用单位：千米（km）、分米（dm）、厘米（cm）、毫米（mm）、微米（μm）、纳米（nm）

光年：是长度单位，一般用于衡量天体间的时空距离，其字面意思是指光在宇宙真空中沿直线传播一年时间所经过的距离。

2. 单位换算：$1\ km=10^3\ m$，$1\ m=10^3\ mm=10^6\ \mu m=10^9\ nm$

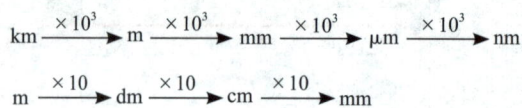

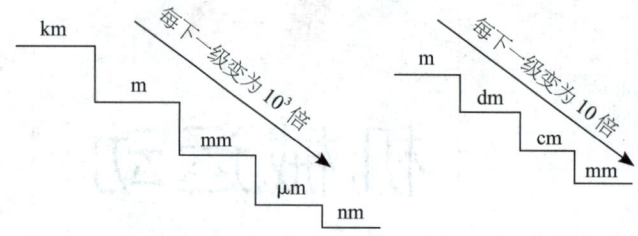

二、长度的测量

1. 测量工具：刻度尺、皮尺、卷尺、游标卡尺、螺旋测微器。

2. 刻度尺使用步骤

（1）看：使用前看零刻度线、量程、分度值。

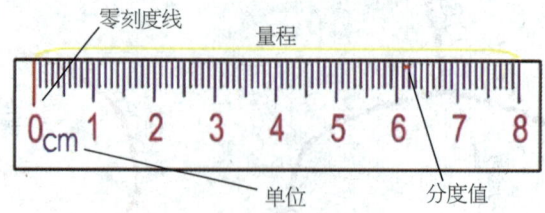

（2）放：①刻度尺的零刻度线与被测物体的一侧对齐。

②刻度尺与被测边保持平行。

③刻度要紧贴被测物体。

第一章　机械运动

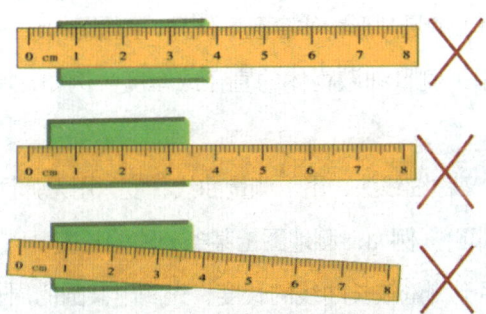

注意：刻度尺厚度较大时，把刻度尺侧立起来（如下图）。

（3）读：①视线要正对刻度线。

②估读到分度值的下一位。

（4）记：数值＋单位。

例题

【例1】（2019江西省中考23题）亲爱的同学，请你应用所学的物理知识解答下列问题。如图所示，为了让读数更精确，应选择＿＿＿刻度尺，所测物块的长度为＿＿＿cm。

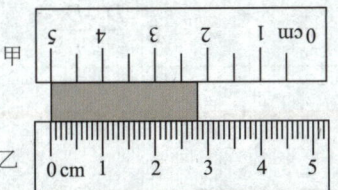

答案

乙；2.80。

解析

甲刻度尺：其分度值为1 cm，乙刻度尺：1 cm之间有10个小格，其分度值为1 mm，使用乙刻度尺测量较准确。

乙的分度值为1 mm，物体左侧与零刻度线对齐，右侧与2.8 cm对齐，估读为2.80 cm，所以物体的长度为$L=2.80$ cm。

3. 特殊测量方法

（1）卡尺法：多用于测量圆形物体直径。例如，测硬币直径。

（2）累积法：多用于测量细微物体的直径或厚度。例如，测量纸张的厚度、铜丝的直径。

（3）化曲为直法：又称细线法，用于测量曲线长度，用无弹性细线与待测曲线重合，用刻度尺测出细线长度即可。例如，测地图上某条公路的长度。

（4）滚轮法：多用于测量较长曲线的长度。先测出某圆的周长，让圆在待测曲线上滚动，记下圈数即可。例如，测量学校操场跑道的长度。

【例2】（2016 福建省福州中考25题）小亮在"长度的测量"实验中：

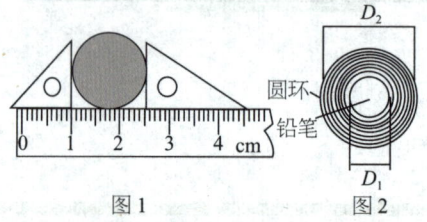

图1　　　　　图2

（1）图1中圆的直径是 _____ cm。

（2）一条纸带厚薄均匀，他把纸带紧密地环绕在圆柱形铅笔上，直至恰好能套进一个圆环中，如图2所示，纸带环绕了 n 圈，则纸带厚度是 _____（选填"A"或"B"）。

A. $\dfrac{D_2-D_1}{n}$　　　　B. $\dfrac{D_2-D_1}{2n}$

答案

（1）1.54；（2）B。

解析

（1）由图1知：刻度尺上1 cm之间有10个小格，所以一个小格代表的长度是0.1 cm=1 mm，即此刻度尺的分度值为1 mm；圆的左侧与1.00 cm对齐，右侧与2.54 cm对齐，所以圆的直径为 d=2.54 cm−1.00 cm=1.54 cm。

（2）由于纸带的厚度太小，所以无法直接用刻度尺来进行测量，因此要用累积法来完成实验；可将纸带紧密绕在铅笔上，直到刚好可以套入圆环中，然后数出纸带的圈数 n；n 圈纸带的厚度为圆环内径与圆柱形铅笔的直径差的二分之一，即 $\dfrac{D_2-D_1}{2n}$，故B正确。

三、时间的测量

1. 国际单位：秒（s）

常用单位：小时（h）、分钟（min）

单位换算 1 h=60 min=3600 s

2. 停表的读数：如图所示，先读小表盘（分钟），再读大表盘（秒），读数为大表盘和小表盘示数之和。

直接读数

读数时，若分针所对的刻度没有超过半分钟，秒针读 0~30 s，若超过半分钟，秒针读 31~60 s。

【例3】（2019 广东省中考 16 题）图中秒表的读数是 _____ s。

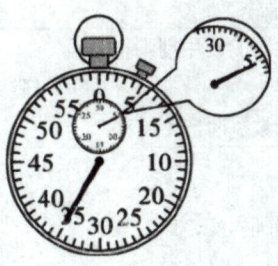

335。

解析

由图示秒表可知，分针示数为 5 min=300 s，秒针示数为 35 s，则秒表示数为 300 s+35 s=335 s。

四、估测

对物体长度、质量、温度等进行估测，是初中物理的一项基本要求，平时结合所学知识，对身边的如人的身高、教室高、一步长、步行速度、气温、体温等，多观察多思考，必要时做出正确判断。

【例题】

【例4】（2019新疆中考1题）北京天安门广场升国旗时，护旗队员每一步行进的距离是（　　）。

A. 75 mm　　　　B. 75 cm　　　　C. 75 dm　　　　D. 75 m

【答案】

B

【解析】

成年人的步幅在70 cm左右，国旗护卫队的队员身高比一般成年人高一些，所以步幅略大，在75 cm左右。

五、误差与错误

1. 误差：测量值和真实值之间的差异叫作误差。
2. 错误与误差的区别

区别	来源	减小或避免
错误	①不遵守测量仪器的使用规则； ②测量方法错误； ③读取或者记录数据时产生错误	可以避免
误差	①测量方法； ②测量工具的精确程度； ③测量者的估读； ④测量时的环境	不可避免 减小误差的方法： ①改进测量方法； ②选用更精密的仪器； ③多次测量求平均值

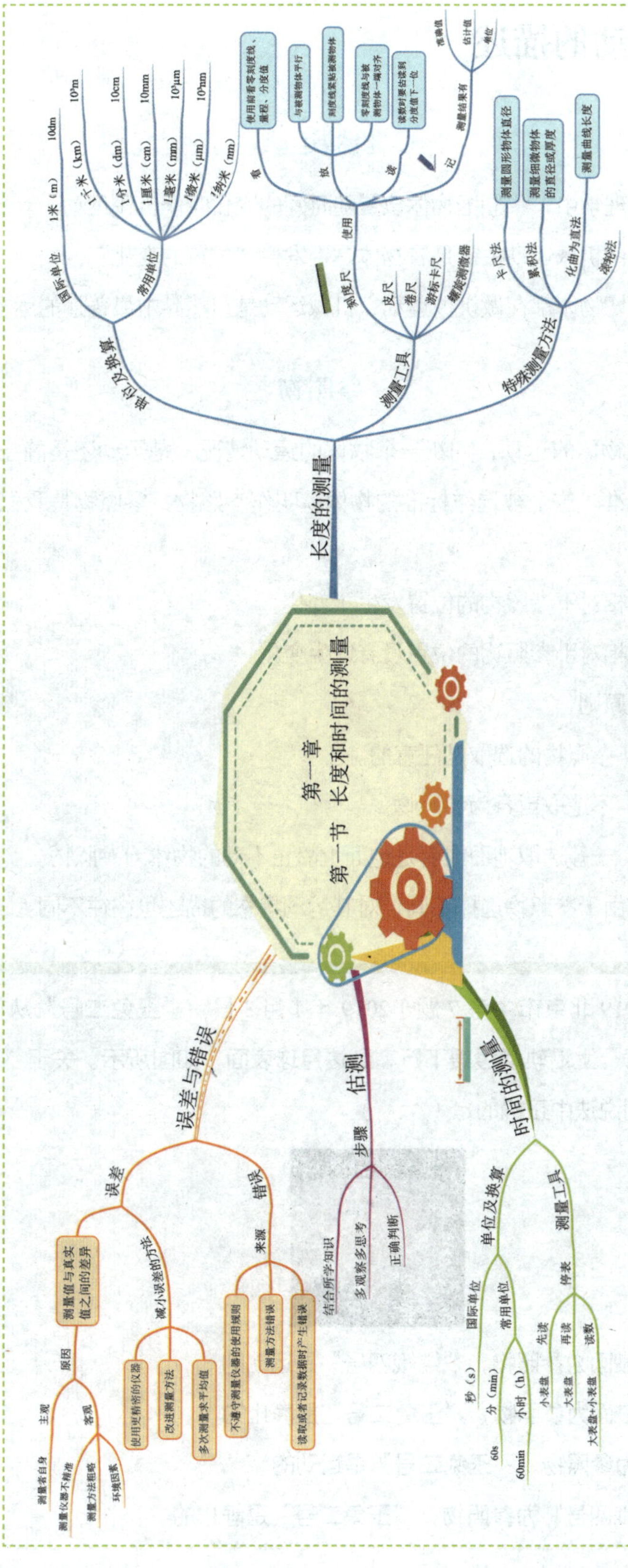

第一章 机械运动

第一节 长度和时间的测量

第二节 运动的描述

一、机械运动

1. 定义：在物理学中，我们把物体位置随时间的变化叫作机械运动。

判断物体是否做机械运动关键是看物体是否发生"位置的变化"。

2. 宇宙中的一切物体都在做机械运动，机械运动是自然界中最普遍的运动形式。

二、参照物

1. 定义：描述物体的运动，判断一个物体的运动情况（是运动还是静止），需要选定一个物体作为标准，这个被选作标准的物体就叫作参照物，参照物是我们假定为不动的物体。

2. 运动：物体相对于参照物的位置发生了变化。

3. 静止：物体相对于参照物的位置没有发生变化。

4. 参照物选取原则

（1）任意性：参照物的选取是任意的。

（2）排己性：不选取自身为参照物。

（3）一般性：一般选取地面或者是地面上静止不动的物体为参照物。

5. 同一物体，由于参照物选择不同，对其运动状态的描述也往往不同。

例题

【例1】（2019北京市中考7题）2019年1月3日，"玉兔二号"从停稳在月球表面的"嫦娥四号"上沿轨道缓缓下行，到达月球表面，如图所示。关于"玉兔二号"下行的过程，下列说法中正确的是（　　）

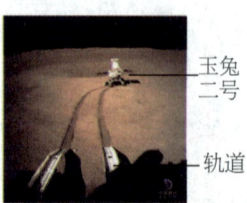

A. 若以月球表面为参照物，"嫦娥四号"是运动的

B. 若以月球表面为参照物，"玉兔二号"是静止的

C. 若以轨道为参照物，"玉兔二号"是运动的

D. 若以"嫦娥四号"为参照物，"玉兔二号"是静止的

答案

C

解析

A．"嫦娥四号"停稳在月球表面，若以月球表面为参照物，"嫦娥四号"相对于月球表面没有发生位置变化，是静止的。故选项A错误。

B．"玉兔二号"下行的过程中，若以月球表面为参照物，"玉兔二号"相对于月球表面发生了位置变化，是运动的。故选项B错误。

C．若以轨道为参照物，"玉兔二号"相对于轨道上的某个点的位置不断发生变化，是运动的。故选项C正确。

D．若以"嫦娥四号"为参照物，"玉兔二号"相对于"嫦娥四号"位置不断发生变化，是运动的。故选项D错误。

故选C。

三、运动和静止的相对性

1. 物体的运动和静止是相对的，同一物体是运动的还是静止的，取决于所选的参照物，这就是运动和静止的相对性。

2. 参照物的选取不同，所描述物体的运动情况一般也不同。

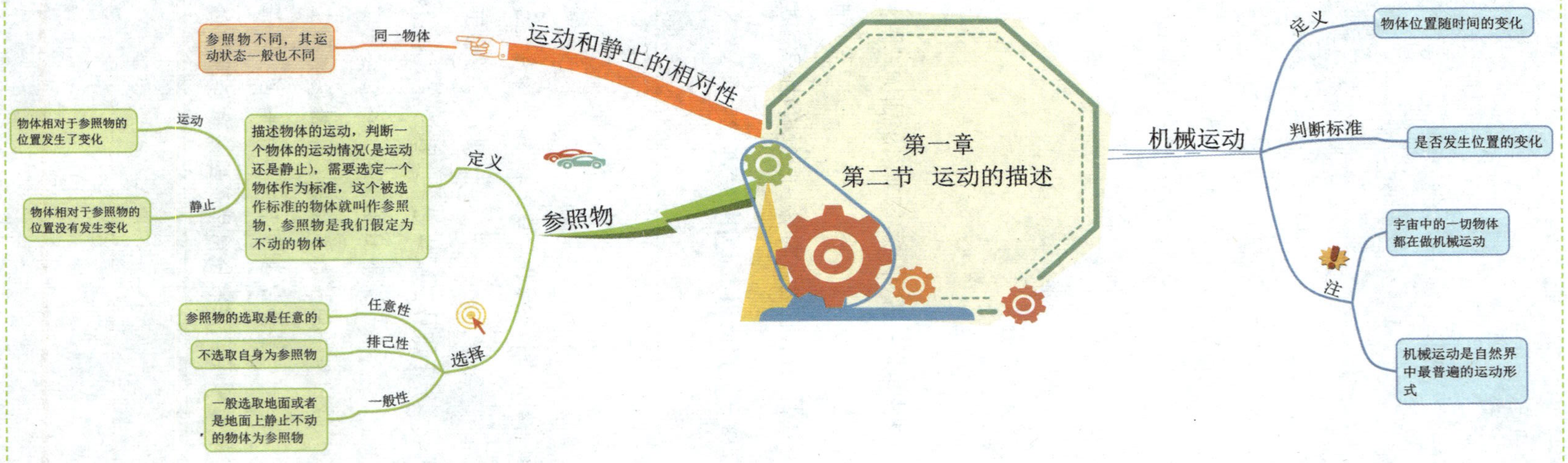
第一章
第二节 运动的描述
运动和静止的相对性
同一物体
参照物不同，其运动状态一般也不同
参照物
定义
描述物体的运动，判断一个物体的运动情况(是运动还是静止)，需要选定一个物体作为标准，这个被选作标准的物体就叫作参照物，参照物是我们假定为不动的物体
运动
物体相对于参照物的位置发生了变化
静止
物体相对于参照物的位置没有发生变化
选择
任意性
参照物的选取是任意的
排己性
不选取自身为参照物
一般性
一般选取地面或者是地面上静止不动的物体为参照物
机械运动
定义
物体位置随时间的变化
判断标准
是否发生位置的变化
注
宇宙中的一切物体都在做机械运动
机械运动是自然界中最普遍的运动形式

第二节 运动的描述

第三节 运动的快慢

一、比较物体运动快慢的两种方法

1. 路程相同的情况下,看所用时间的长短。用时越短,运动越快。
2. 时间相同的情况下,看经过路程的长短。路程越长,运动越快。

例题

【例1】(2019 山东省烟台中考6题)如图所示的是田径运动会上运动员奋力奔跑的场景,比赛开始后,"观众"通过_____,认为跑在前面的人运动得快;比赛结束后"裁判员"通过_____,判定最先到达终点的人运动得快。物理学上采取_____(填"观众"或"裁判员")的方法来比较物体运动的快慢。

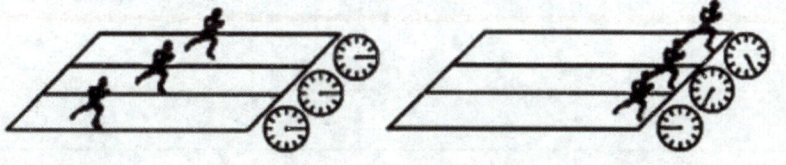

比较相同时间内通过的路程;比较相同路程所用的时间;观众。

解析

如图所示为田径运动会上运动员奋力奔跑的场景。

比赛开始后,"观众"通过比较相同时间内通过路程的长短,认为跑在前面的人运动得快。

比赛结束后,"裁判员"通过比较相同路程所用时间的长短,判定最先到达终点的人运动得快。

物理学中采用单位时间内通过的路程来比较物体运动的快慢,即用观众的方法来比较物体运动的快慢。

二、速度

1. 物理意义:速度是表示物体运动快慢的物理量,物体运动得越快,速度越大;物体运动得越慢,速度越小。
2. 定义:把路程与时间之比叫作速度。

3. 公式：$v=\dfrac{S}{t}$，S 表示物体通过的路程，t 表示物体通过相应路程所用的时间，v 表示物体运动的速度。

4. 速度的单位及换算关系

国际单位：米 / 秒（m/s 或 m·s^{-1}）

常用单位：千米 / 小时（km/h 或 km·h^{-1}）

换算：1 m/s=3.6 km/h

【例2】（2019 湖北省恩施州中考 14 题）小明和父母驾车外出旅游，看到高速路旁交通标志牌上有"恩施 108 km"的字样。他观察到小轿车的车速始终保持在 72 km/h，合 ____ m/s，要到达恩施还需要 _____ h。

20；1.5。

解析

根据单位换算可知，$v=72\ \text{km/h}=\dfrac{72}{3.6}\ \text{m/s}=20\ \text{m/s}$；

已知 $S=108$ km，$v=72$ km/h，根据速度公式 $v=\dfrac{S}{t}$ 可知，

到达恩施还需要 $t=\dfrac{S}{v}=\dfrac{108\ \text{km}}{72\ \text{km/h}}=1.5$ h（$t=\dfrac{S}{v}=\dfrac{108\ \text{km}}{72\ \text{km/h}}=1.5$ h 公式 1）。

三、匀变速直线运动

1. 匀速直线运动的特点：

（1）匀速直线运动是运动状态不变的运动，是最简单的机械运动。

（2）在整个运动过程中，物体的运动方向和运动快慢都保持不变。

（3）在任意一段相等的时间内和任意一段路程内速度都是相等的。

2. 做匀速直线运动的物体，其速度的大小可以由 $v=\dfrac{S}{t}$ 来计算，但速度的大小与 S、t 无关。

【例3】（2016 四川省德阳中考 13 题）某艘船在静水中的速度为 6 m/s，现在它在水流速度为 2 m/s 的河中逆流行驶，在经过一座桥时掉落了一只空木箱，经过了 2 分钟船上的人才发现，马上调头去寻找漂走的木箱，从此处到追上木箱，船行驶的路程至少为 _____ m。

答案

960。

解析

已知船在静水中的速度为（v_1 公式1）=6 m/s，水流速度为（v_2 公式2）=2 m/s，因为是逆流行驶，则行驶速度 $v=v_1-v_2$=6 m/s-2 m/s=4 m/s，t=2 min=120 s，

由 $v=\dfrac{S}{t}$ 可得，发现木箱丢失后船行驶的路程（S_1 公式3）=vt=4 m/s×120 s=480 m，

此时木箱漂流的路程（S_2 公式4）=v_2t=2 m/s×120 s=240 m，

2 min 后木箱与船相距 $S=S_1+S_2$=480 m+240 m=720 m，

设追上木箱的时间为（t_1 公式5），则追木箱的速度（v_3 公式6）=6 m/s+2 m/s=8 m/s，

则 v_2t_1+720 m=v_3t_1，

即（2 m/s×t_1+720 m=8 m/s×t_1 公式7），

解得 t_1=120 s，

则从此处到追上木箱，船行的路程（$S_3=v_3t_1$=8 m/s×120 s=960 m 公式8）。

四、运动图象

图象法是描述各物理量之间的关系的有效手段，在物理学里经常用到。

1. S–t 图象：用横坐标表示时间 t，用纵坐标表示路程 S，就得到了物体运动的 S–t 图象，图（1）所示是匀速直线运动的 S–t 图象。

2. v–t 图象：用横坐标表示时间 t，用纵坐标表示速度 v，就得到了物体运动的 v–t 图象，图（2）所示是匀速直线运动的 v–t 图象。

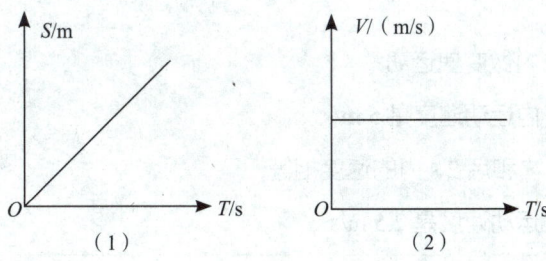

3. 关于 S–t 图象的几点说明

（1）如图，0~t_0 时间段内甲的路程为 S_2，乙的路程为 S_1，$S_2>S_1$，所以 $v_甲>v_乙$。

结论：在 S–t 图象中，图线倾斜程度越大，速度越快。

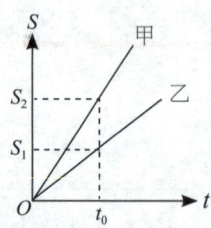

（2）如图，$t=0$ 时刻，丙在距原点 S_1 位置处；$0\sim t_1$ 时间段内，丁在原点处静止，t_1 时刻丁从原点出发；t_2 时刻，丙、丁同时到达距原点 S_2 位置处，两者相遇，此时，丙的路程为 S_2-S_1，丁的路程为 S_2。

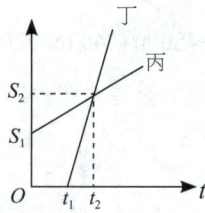

结论：图线与纵轴交点表示 $t=0$ 时刻的初始位置，与横轴交点表示 $S=0$ 位置的时刻；

两图线交点表示二者相遇；

物体在某时间段内经过的路程为纵坐标的差。

例题

【例4】（2018 黑龙江省大庆中考 5 题）如图是某物体在水平地面上做直线运动的 S–t 图象，以下结论正确的是（　　）

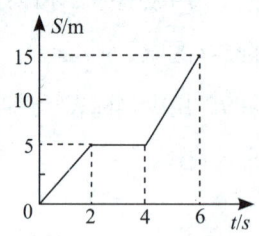

A. 物体在 0~2 s 内做变速运动

B. 物体在 2~4 s 内运动速度是 5 m/s

C. 物体在前 2 s 内和后 2 s 内的速度相等

D. 物体在 6 s 内运动速度是 2.5 m/s

D

解析

A. 由图象可知 0~2 s 内，物体通过的路程与运动时间成正比，做匀速直线运动，故选项 A 错误。

B. 由 S-t 图象可知，在 2~4 s 内，物体运动的路程为 0，其速度为 0，故选项 B 错误。

C. 物体在前 2 s 内运动的路程为 5 m，后 2 s 内运动的路程为 15 m−5 m=10 m，即在相等时间内物体运动的路程不相等，根据 $v=\dfrac{S}{t}$ 可知，则物体在前 2 s 内和后 2 s 内的速度不相等，故选项 C 错误。

D. 物体在 6 s 内的平均速度：（$v=\dfrac{S}{t}=\dfrac{15\text{m}}{6\text{s}}=2.5\text{m/s}$ 公式1），故选项 D 正确。

故选 D。

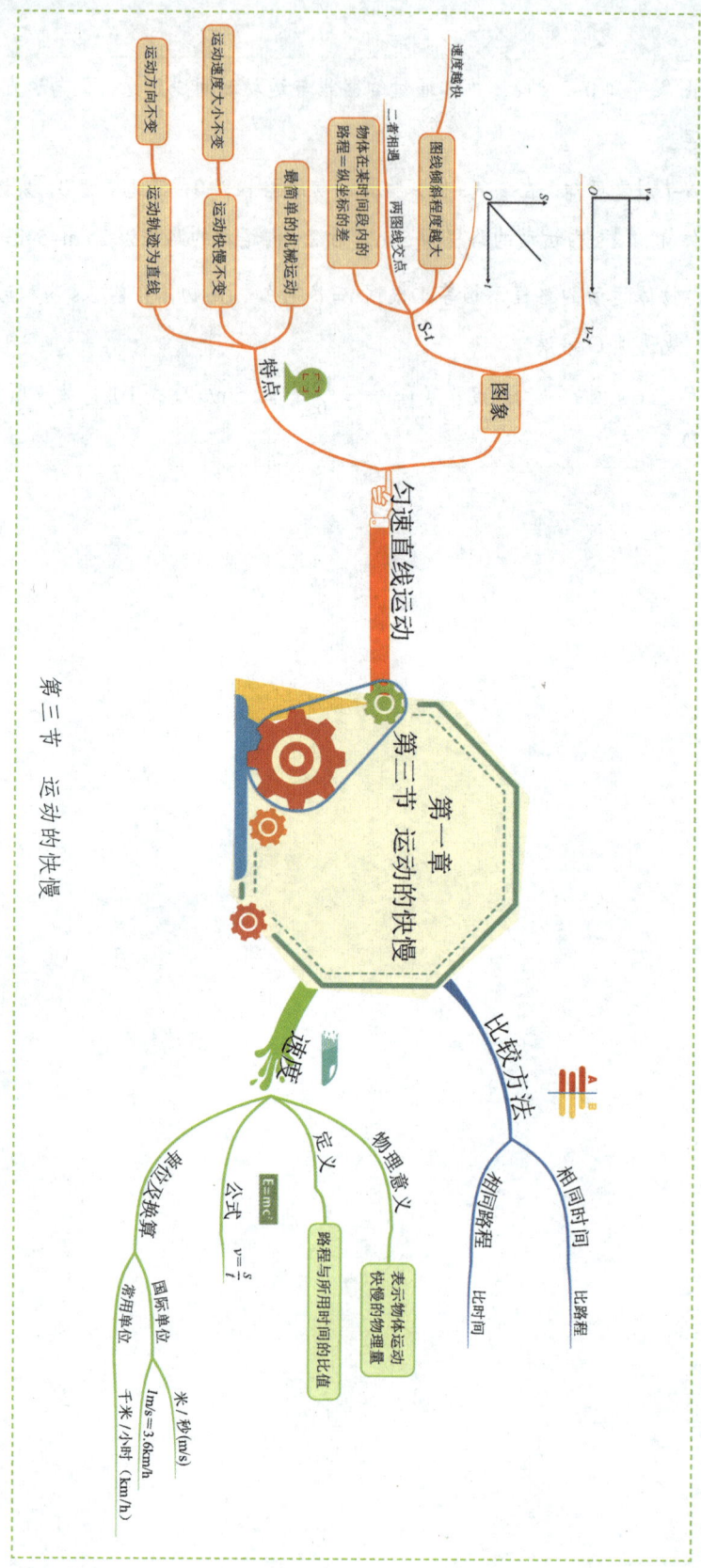

第三节 运动的快慢

第四节 平均速度的测量

一、变速运动及平均速度

1. 变速运动：物体运动速度发生改变的运动叫作变速运动。物体在做变速运动时，可能是物体的运动方向改变，也可能是运动速度改变，还可能是方向和运动速度同时改变。

2. 平均速度：对于做变速运动的物体，也可以利用 $v=\dfrac{S}{t}$ 来计算变速运动的平均速度。平均速度能粗略地描绘做变速运动的物体在一段路程上或一段时间内的运动快慢，不能反映出物体的运动细节。

3. 等路程的平均速度：$v=\dfrac{2v_1v_2}{v_1+v_2}$

   等时间的平均速度：$v=\dfrac{v_1+v_2}{2}$

例题

【例1】（2019 四川省攀枝花中考20题）西成高速铁路运营标志着我国华北地区至西南地区又增加一条大能力、高密度的旅客运输主通道。G2204 是从成都东开往郑州东的一趟高速列车，其部分运行时刻表如下。G2204 从成都东开往西安北的平均速度大约为____km/h，这个速度比以48m/s飞行的雨燕速度____（填"大"或"小"）。

序	站名	到时	发时	时长	里程/km
站1	成都东	--	08：08	--	0
2	青北江东	08：22	08：25	3分钟	32
…					
7	汉中	10：45	10：48	3分钟	416
8	西安北	12：01	12：10	9分钟	658

168.7；小。

解析

（1）由可运行时刻表知，列车 G2204 从成都东开往西安北所用时间：t=12：01−08：08=3h53min≈3.9 h，路程 S=658 km，则G2204 从成都东开往西安北的平均速度：（$v=\dfrac{S}{t}=\dfrac{658\text{ km}}{3.9\text{ h}}≈168.7$ km/h 公式1）；

（2）雨燕速度：48 m/s=48×3.6 km/h=172.8 km/h>168.7 km/h，故雨燕的速度大，高速列车速度小。

二、实验：测量平均速度

1. 实验原理：$v=\dfrac{S}{t}$

2. 实验器材：斜面、小车、刻度尺、停表、阻挡物。

3. 注意事项

（1）斜面坡度尽可能小一些，便于时间的测量；

（2）测量小车运动时间时，做到小车开始运动的同时开始计时，小车撞到阻挡物的同时停止计时，减小时间的测量误差；

（3）测量小车整个运动过程后半段路程的平均速度时，小车仍然从初始位置释放。

例题

【例2】（2019 贵州省铜仁市中考24题）小王在"测量小车的平均速度"的实验中，他已经从实验室借到的实验器材有：小车一辆、秒表一块、长木板一块、小木块一块。

（1）他为了完成该实验，还需要的实验器材有 _____。

（2）为了方便计时，应该使斜面的坡度 _____（选填"较大"或"较小"）。

（3）经测量，$S_1=0.9$ m，$S_2=0.4$ m，小车从斜面顶端由静止下滑的过程中，秒表记录如图所示，则小车在 S_3 上的平均速度是 _____ m/s。

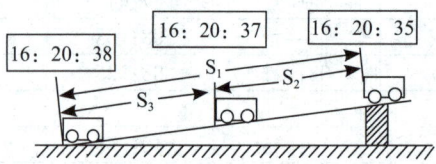

答案

（1）刻度尺；（2）较小；（3）0.5。

解析

（1）根据 $v=\dfrac{S}{t}$ 可知，测量小车的平均速度需要用秒表测出时间，用刻度尺测出小车通过的距离，题目中已经给出了秒表，因此还需要的实验器材是刻度尺。

（2）若要计时方便，应使斜面的坡度较小，使小车在斜面上通过的时间更长。

（3）（S_1 公式1）=0.9 m，（S_2 公式2）=0.4 m，则（S_3 公式3）=0.9 m–0.4 m=0.5 m，由图知，（t_3 公式4）=1s，所以小车在 S_3 上的平均速度（$v_3=\dfrac{S_3}{t_3}=\dfrac{0.5\text{ m}}{1\text{s}}=0.5$ m/s 公式5）。

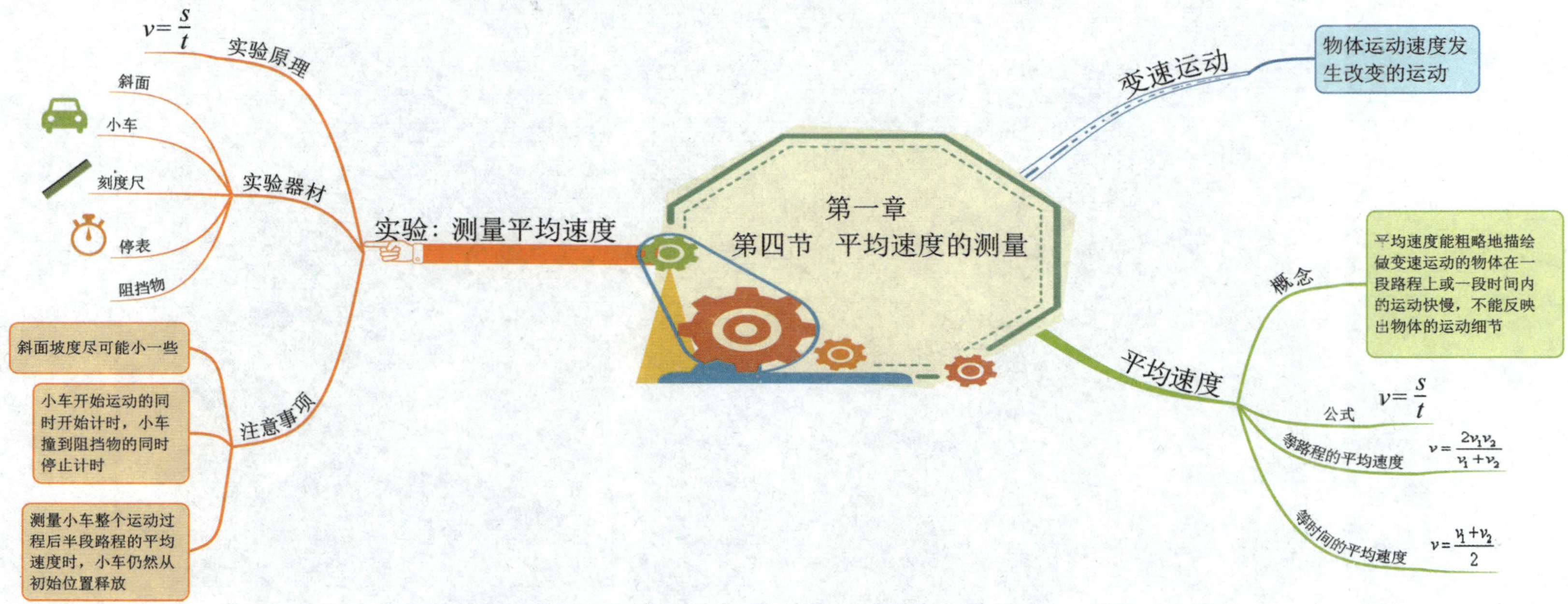

第一章 机械运动

第四节 平均速度的测量

第一章 第四节 平均速度的测量

- 变速运动
  - 物体运动速度发生改变的运动
- 平均速度
  - 概念：平均速度能粗略地描绘变速运动的物体在一段路程上或一段时间内的运动快慢，不能反映出物体的运动细节
  - 公式：$v=\dfrac{s}{t}$
  - 等路程的平均速度：$v=\dfrac{2v_1v_2}{v_1+v_2}$
  - 等时间的平均速度：$v=\dfrac{v_1+v_2}{2}$

- 实验：测量平均速度
  - 实验原理：$v=\dfrac{s}{t}$
  - 实验器材：斜面、小车、刻度尺、停表、阻挡物
  - 注意事项：
    - 斜面坡度尽可能小一些
    - 小车开始运动的同时开始计时，小车撞到阻挡物的同时停止计时
    - 测量小车整个运动过程后半段路程的平均速度时，小车仍然从初始位置释放

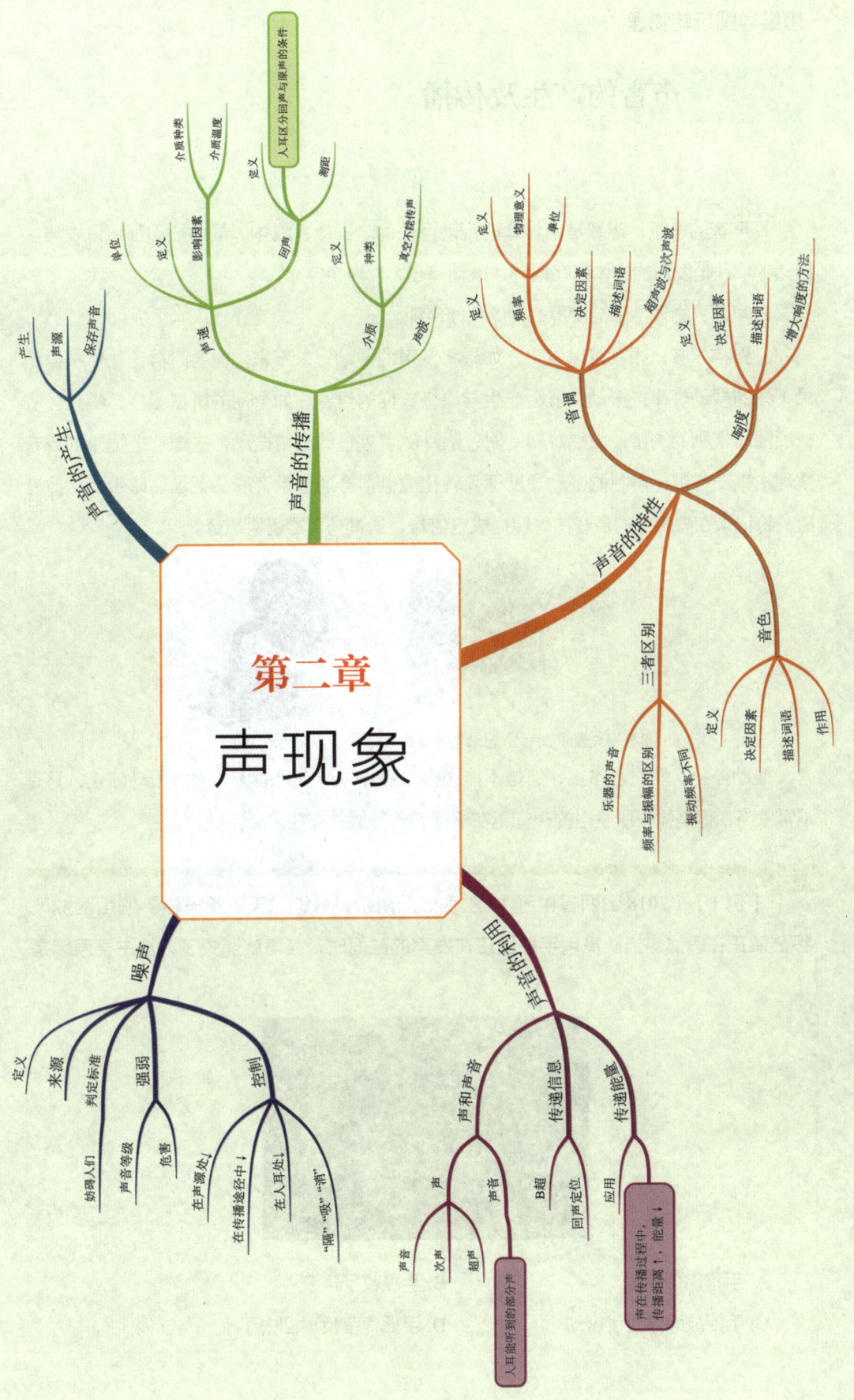

第一节 声音的产生及传播

一、声音的产生

1. 声音的产生：声音是由物体的振动产生的。固体、液体、气体振动都可以发声。自然界中凡是发声的物体都在振动，振动停止，发声也停止。

2. 声源：物理学中把发声的物体叫作声源。

3. 保存声音：振动可以发声，如果将发声的振动记录下来，需要时再让物体按照记录下来的振动规律去振动，就会产生与原来一样的声音。如早期的机械唱片，唱片上有一圈圈不规则的沟槽。当唱片转动时，唱针随着划过的沟槽振动，这样就把记录的声音重现出来。磁带，声源的振动通过话筒转化成电信号通过录音磁头记录在磁带上，放音磁头将记录在磁带上的声音信息转化成电信号，通过扬声器还原声音。

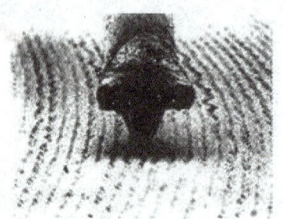
机械唱片表面放大图 记录了声音的沟槽

留声机

振动停止，发声也停止，但是不能说振动停止，声音也消失。因为振动停止，只是不再发声，但是原来所发出的声音还在继续向外传播并存在。

例题

【例1】（2018山西省中考12题）如图所示，号称"天下第一鼓"的山西威风锣鼓队正在表演。当队员用手按住正在发声的鼓面时，鼓声就消失了，其主要原因是（　　）

A. 手不能传播声 　　　　B. 手吸收了声波

C. 手使鼓面停止了振动 　D. 手把声音反射回去了

答案

C

解析

当敲击鼓时,鼓面会振动发出声音,当用手按住鼓面时,手使鼓面振动停止,所以声音就消失了。

故选 C。

二、声音的传播

1. 能够传播声音的物质叫作介质,气体、液体、固体都是介质。
2. 声音的传播需要介质,真空不能传声。
3. 声是以声波的形式向外传播的。

三、声速

1. 定义:声音在每秒内传播的距离叫声速,单位 m/s,读作"米每秒"。15℃时空气中的声速是 340 m/s,平常我们讲的声速,指的就是此值。

2. 影响声速的因素

(1) 介质的种类,一般情况下 $v_{固} > v_{液} > v_{气}$。

(2) 温度,同种介质,温度越高,声速越大。

(3) 在空气中,一般温度每升高 1℃声速大约增加 0.6 m/s。15℃的空气的声速为 340 m/s,实际生活中,我们说的亚音速飞机、超音速飞机,就是指速度达不到 340 m/s 和速度超过 340 m/s 的飞机。

例题

【例2】(2014 广西贺州中考 26 题)小贺和同学周末结伴去姑婆山游玩,来到大草坪中央,他们对着前方 680 m 的仙姑瀑布兴奋地大声喊:"我来了!"(空气中的声速是 340 m/s)

(1) 请计算出他们的声音从发出到反射回来的时间是多少秒。

(2) 他们能否听到自己的回声?

答案

(1) 他们的声音从发出到反射回来的时间是 4 s;(2) 他们能听到自己的回声。

解析

（1）人发出的声音传到仙姑瀑布再反射回来传播的路程：

$S=680 \text{ m} \times 2 = 1360 \text{ m}$，

由 $v=\dfrac{S}{t}$ 得到听到回声的时间：

（$t=\dfrac{S}{v}=\dfrac{1360 \text{ m}}{340 \text{ m/s}}=4 \text{ s}$ 公式1）；

（2）因为从发出喊声到听到回声的时间 $t>0.1 \text{ s}$。

所以他们能听到自己的回声。

四、回声

1. 声音在传播过程中遇到大的障碍物被反射回来，便形成回声。回声是声音的反射。

2. 声波在传播过程中遇到障碍物会发生以下情况：一部分声波在障碍物表面反射；另一部分声波可能进入障碍物，被障碍物吸收甚至穿过障碍物，如隔墙能听到相邻房间里的声音。不同障碍物对声波的吸收和反射能力不同。通常情况下，坚硬光滑的表面反射声音的能力强，如北京天坛的回音壁，光滑的圆形墙壁能使声波发生多次反射；松软多孔的表面吸收声波的能力强，如音乐厅的蜂窝状天花板就是为了吸收声音。

3. 人耳能分辨出回声和原声的条件：反射回来的声音到达人耳比原声晚 0.1 s 以上，即声源到障碍物的距离大于 17 m。

例题

【例3】（2015江苏省常州中考8题）2015年1月，科学家在南极洲发现一个陨石凹坑，形状如圆形平底锅，如图所示。小明在圆心 A 点大喊一声，经过 6 s 听到回声。设空气中声速为 340 m/s，圆形凹坑的直径为（　　）

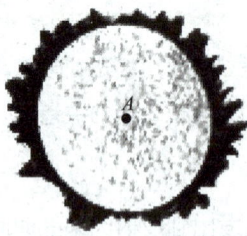

A. 510 m　　　B. 1020 m　　　C. 2040 m　　　D. 4080 m

答案

C

解析

声音到凹坑壁的时间：

$t=\dfrac{1}{2}\times 6\text{ s}=3\text{ s}$，

从 A 点到凹坑壁的距离（半径）：

$r=vt=340\text{ m/s}\times 3\text{ s}=1020\text{ m}$，

圆形凹坑的直径：

$d=2r=2\times 1020\text{ m}=2040\text{ m}$。

故选 C。

思维导图玩转物理

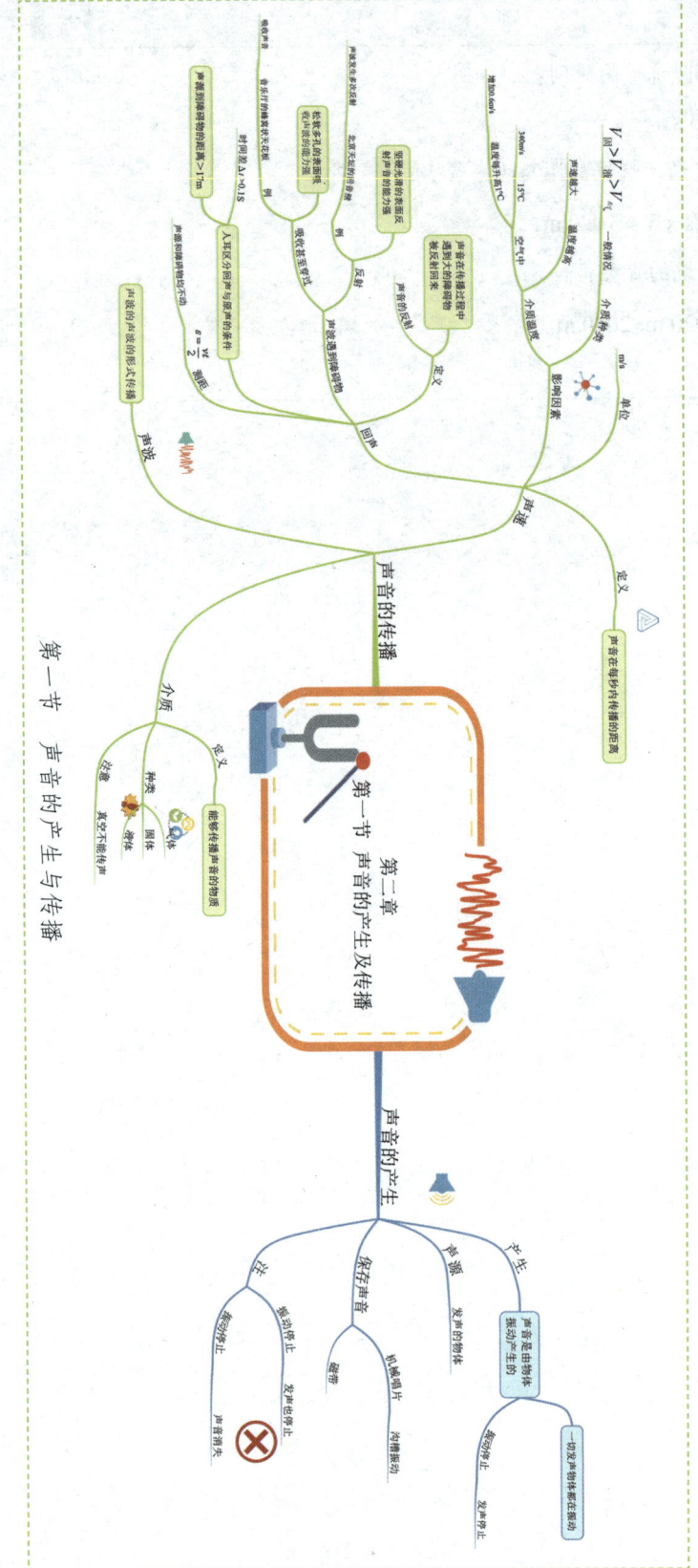

第一节 声音的产生与传播

第二节 声音的特性

一、音调

1. 音调：声音的高低叫音调。

2. 频率

（1）物理意义：频率是描述物体的振动快慢的物理量。

（2）定义：每秒内振动的次数叫频率。

（3）单位：赫兹（Hz）。

例题

【例1】（2019 四川省攀枝花中考3题）魔术师在某次演出中表演了"狮吼功"：把嘴靠近红酒杯发声将红酒杯震碎。其奥秘为通过控制声音的频率使其与红酒杯的频率相同达到共振而震碎红酒杯。魔术师表演中调节的是声音的（　　）

A. 音调　　　　B. 响度　　　　C. 音色　　　　D. 声速

答案

A

解析

魔术师通过控制声音的频率使其与红酒杯的频率相同达到共振而震碎红酒杯，因为音调与物体振动的频率有关，振动的频率越高，音调越高，所以，魔术师表演中调节的是声音的音调，故A正确，BCD错误。

故选A

二、音调与频率的关系

实验：探究影响发声体振动频率的因素

1. 提出问题：发声体振动的快慢与哪些因素有关？

2. 猜想和假设：发声体的振动频率和物体的长短、粗细、松紧有关。

3. 实验过程

如图所示，将一把钢尺按紧在桌面上，一端伸出桌边。拨动钢尺，听它振动发出的声音，同时注意钢尺振动的快慢。改变钢尺伸出桌边的长度，使钢尺两次振动的幅度大致相同，再次拨动。

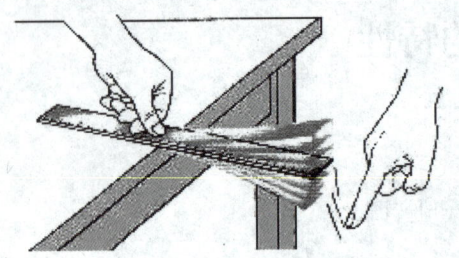

结论：钢尺伸出得越短，振动得越快，频率越高音调就越高。

总结：音调的高低与物体的长短、粗细、松紧有关，物体越长、越粗、越松音调越低。

例题

【例2】（2018 四川省眉山中考2题）如图所示，在A、B、C、D 4个相同的玻璃瓶中，装入不同高度的水，则（　　）

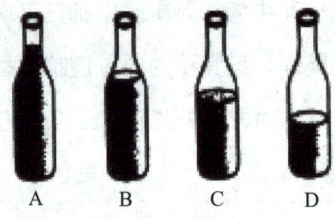

A. 敲打D瓶发出的声音传播得最快

B. 用嘴依次吹瓶口，A的音调最高

C. 用筷子依次敲打瓶口，B的音调最高

D. 瓶周围有没有空气，瓶发出的声音都能直接传入人耳

答案

B

解析

A. 声速的大小与频率无关，敲打每个瓶子时，音调不同，但速度相同，故选项A错误。

B. 用嘴依次吹瓶口，A中的空气柱最短，发出的音调最高，故A的音调最高，故选项B正确。

C. 由于瓶子中装有水的多少不同，导致敲击时，振动快慢就不同，水少的振动快，D的音调最高，故选项C错误。

D. 声音的传播需要介质，瓶周围没有空气，瓶发出的声音不能直接传入人耳，故选项D错误。

故选B。

三、超声波与次声波

超声波与次声波

一般人的听力范围：20~20000 Hz，振动频率低于 20 Hz 的叫次声波；振动频率高于 20000 Hz 的叫超声波。

1. 地震、火山喷发、台风、海啸等自然活动，都伴有次声波的产生，有些次声波对人体健康有害。

2. 一些动物的听觉范围与人类不同，它们有些能听到超声波或次声波。

例题

【例3】（2017 新疆乌鲁木齐中考4题）海豚能够发出超声波，老虎能够发出次声波。下列关于超声波和次声波的说法中正确的是（　　）

A. 超声波听起来比较高亢

B. 次声波听起来比较低沉

C. 次声波可以传递信息也可以传递能量

D. 超声波可以传递信息但不能传递能量

C

解析

AB. 人耳能听到的声音的频率范围是 20~20000 Hz，低于 20 Hz 的叫次声波，高于 20000 Hz 的叫超声波。由于超声波、次声波的频率都不在人的听觉频率范围，所以人听不到，故 AB 错误。

CD. 次声波和超声波都是声波，声波既可以传递信息也可以传递能量，故 C 正确，D 错误。

故选 C。

四、响度

1. 响度：物理学中，声音的强弱叫作响度。

2. 振幅：物体振动的幅度。

3. 影响响度的因素

（1）振幅。实验证明，发声体的振幅越大，声音的响度越大。例如，用力地敲鼓，鼓面振幅变大，声音的响度增大。

（2）人耳离发声体的距离。声音在介质中传播能量会衰减，传播距离越远，声音的能量减小得越多，响度越小。但需要注意的是，声音的音调并不改变，也就是说介质不会改变声音的频率，不能说距离远了，听不清楚了，是因为音调变低了。

4.增大响度的方法

（1）增大振幅；

（2）靠近声源；

（3）减少声音的发散。

【例4】（2019湖北省鄂州中考1题）成语"引吭高歌"中的"高"是指声音的（　　）

A.音调高　　　B.响度大　　　C.音色美　　　D.频率高

答案

B

解析

振幅越大，响度越大；振幅越小，响度越小。"引吭高歌"中的"高"是指声音的响度。故选B。

五、音色

1.声音的特色叫音色。不同物体发出的声音，即使音调和响度相同，我们也能分辨它们，主要是因为不同的发声体音色不同。

2.音色是由发声体的材料、结构、发声方式决定的。发声体有变化，音色也将变化。如有经验的工人师傅可以通过听声音，来辨别机器运转情况是否良好，就是利用了不同的发声体音色不同。

【例5】（2018广西桂林中考2题）"小关，上学去啦！"正在看书的小关听到音就知道是好朋友小超在叫他，小关判断的主要依据是声音的（　　）

A.音调　　　B.响度　　　C.音色　　　D.频率

答案

C

解析

因为每个人的声带结构不同,所以每个人所发出声音的音色就会不同,则小关判断的主要依据是声音的音色。

故选 C。

六、音调、音色与响度的区分

1. 乐器的声音

(1) 打击乐器:以鼓为例,鼓皮绷得越紧,振动越快,音调越高;击鼓力量越大,鼓皮的振幅越大,响度越大。

(2) 弦乐器:如二胡、小提琴、钢琴等。长而粗的弦音调低,短而细的弦音调高;绷紧的弦音调高。

(3) 管乐器:长的空气柱产生低音,短的空气柱产生高音。

2. 要注意发声体的振动快慢(频率)与振动幅度(振幅)的区别。音调一般用"高""低""尖""细""沉""闷""亮"等来描述,响度有时也用"高""低"来描述,如"高声喧哗""低声细语"等。

3. 一般而言,一个发声体发出的声音是由多种频率的声波合成的,从波形图中可以清楚地看出不同音色声音的本质。如图所示,不同乐器奏出相同音调的声音,从波形图上可以看出,它们主要的振动频率相同,但小的附加振动不一样,所以音色不同。

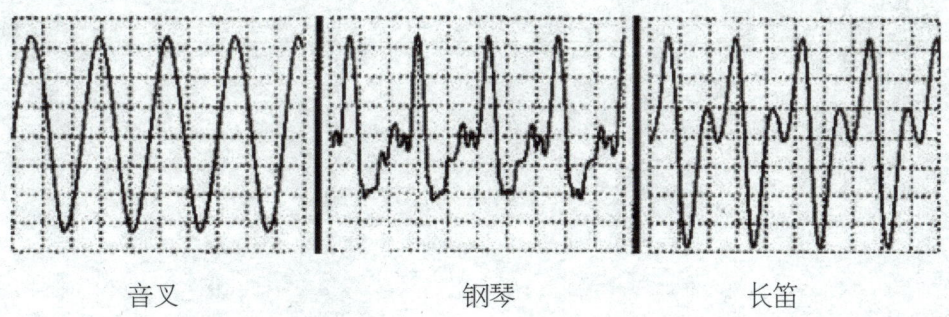

音叉　　　　　钢琴　　　　　长笛

【例6】（2016湖南省益阳中考10题）如图所示为声波的波形图，下列说法正确的是（　　）

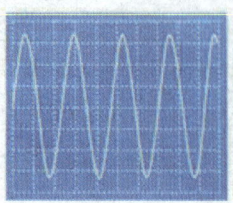 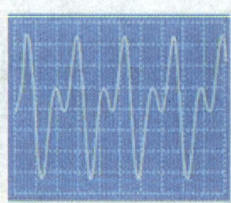 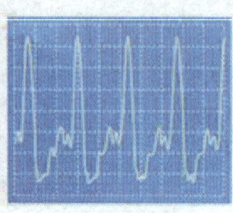

甲　　　　　　　乙　　　　　　　丙

A. 甲、乙、丙三者的音色不同
B. 甲、乙、丙三者的响度不同
C. 甲、乙、丙三者的音调不同
D. 甲、乙、丙三者的音调、响度、音色都不同

答案

A

解析

（1）从图中可以看出，相同时间内，甲、乙、丙振动的快慢相同，即都是振动了四个波形，频率相同，音调相同，故选项C错误。

（2）甲、乙、丙振动的幅度相同，响度相同，故选项B错误。

（3）甲、乙、丙的波形不同，所以三个物体的音色不相同，故选项A正确、选项D错误。

故选A。

第二章 声现象

第二节 声音的特性

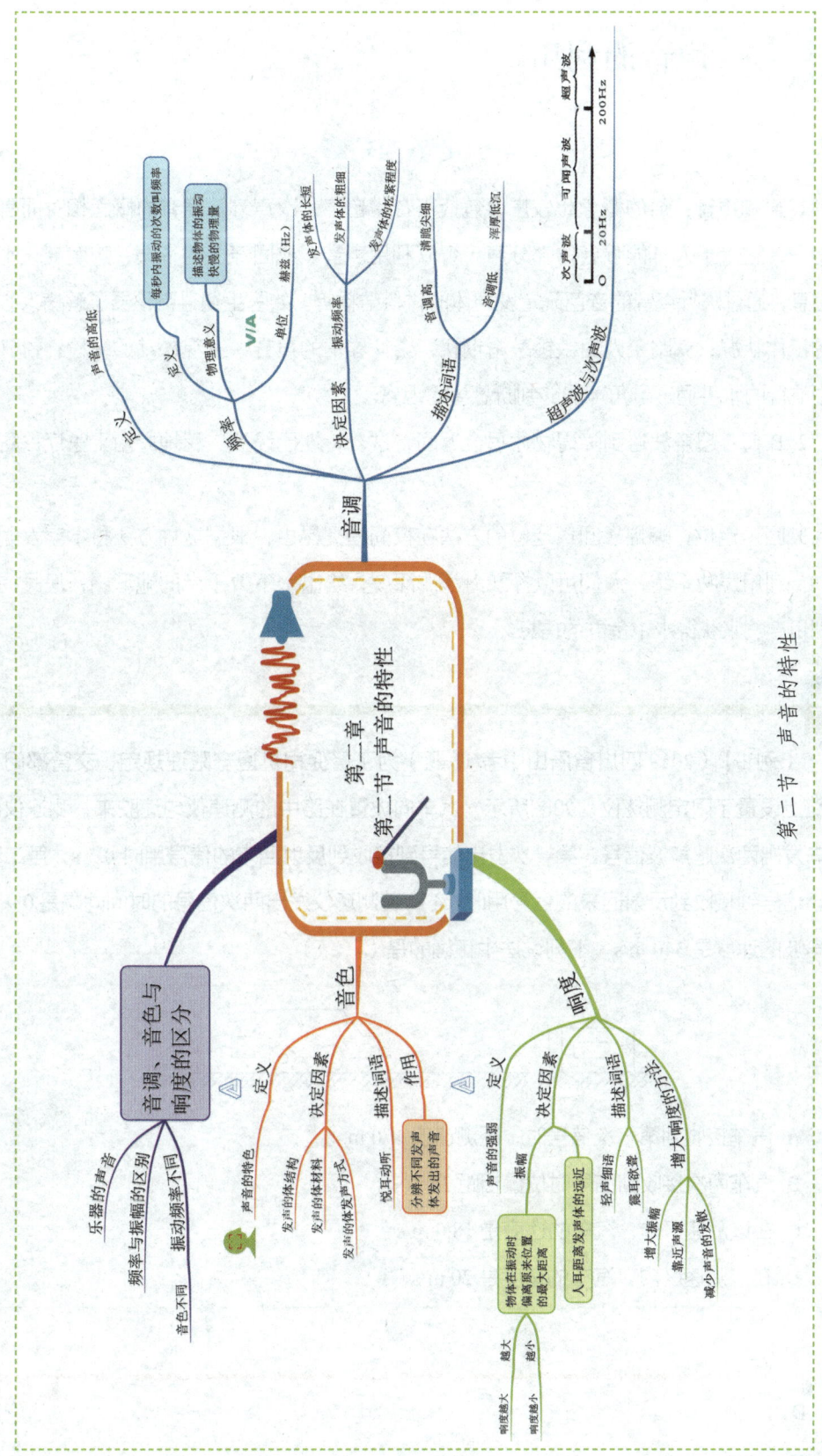

第三节 声音的利用

一、声音与信息

1. 声和声音：声的概念比较广，包括声音、超声、次声等。声音的概念相对而言要窄得多，它仅指人耳能听到的部分声。可以利用声音（或回声）的音调、响度变化来传递信息，通过辨听声音的音色确定发声体的材料结构等。如医生通过听诊器了解病人心、肺的工作状况；铁路工人用铁锤敲击钢轨，会从异常的声音中发现松动的螺栓；古代大雾中航行的水手通过号角声能够判断悬崖的距离。

2. B超：超声波遇到障碍物体后会返回，这一特性已经被广泛地应用于医疗诊断与治疗。

3. 回声定位：蝙蝠靠回声定位的方法在夜间捕捉昆虫，根据这种方法科学家发明了声呐。利用声呐系统，人们可以探知海洋的深度，绘出水下数千米的地形图，渔民捕鱼时利用声呐来获得水中鱼群的信息。

【例1】（2019 四川省眉山中考11题）为了督促司机遵守限速规定，交管部门在公路上设置了固定测速仪。如图所示，汽车向放置在路中的测速仪匀速驶来，测速仪向汽车发出两次超声波信号，第一次发出信号到接收到反射回来的信号用时0.5 s，第二次发出信号到接收到反射回来的信号用时0.4 s。若测速仪发出两次信号的时间间隔是0.9 s，超声波的速度是340 m/s，下列说法中正确的是（　　）

A. 汽车接收到第一次信号时，距测速仪170 m

B. 汽车两次接收到信号时位置相距34 m

C. 在该测速区内，汽车的速度是18.9 m/s

D. 在该测速区内，汽车的速度是20 m/s

D

解析

（1）第一次发出信号到测速仪接收到信号用时 0.5 s，所以第一次信号到达汽车的时间为 0.25 s，由 $v=\dfrac{S}{t}$ 可得汽车接收到第一次信号时，汽车距测速仪：

（$S_1=v_声 t_1=340\text{ m/s}\times 0.25\text{ s}=85\text{ m}$ 公式1），故 A 错。

第二次发出信号到测速仪接收到信号用时 0.4 s，所以第二次信号到达汽车的时间为 0.2 s，汽车接收到第二次信号时，汽车距测速仪：

（$S_2=v_声 t_2=340\text{ m/s}\times 0.2\text{ s}=68\text{ m}$ 公式2），

汽车两次接收到信号时位置相距（汽车行驶的距离）：

（$D'=S_1-S_2=85\text{ m}-68\text{ m}=17\text{ m}$ 公式3），故 B 错。

（2）汽车行驶这 17 m 共用时间：（$t'=\Delta t-t_1+t_2=0.9\text{ s}-0.25\text{ s}+0.2\text{ s}=0.85\text{ s}$ 公式4），所以汽车的车速为：（$v'=\dfrac{S'}{t'}=\dfrac{17\text{ m}}{0.85\text{ s}}=20\text{ m/s}$ 公式5），故 C 错、D 正确。

故选 D。

二、声音与能量

1. 发声体的振动具有能量，声以声波的形式传播的过程，就是利用介质向外传递能量的过程。

2. 超声波可以用来清洗钟表等精密仪器。把清洗物放在清洗液里，超声波穿过液体并引起激烈的振动，振动将物体上的污垢都振动下来，而且不会损坏物体，超声波的振动比可闻声波更加强烈。外科医生利用超声波的振动祛除人体的结石，向人体内发送超声波，结石被击成细小的粉末，从而可以随尿液排出体外。

例题

【例2】（2019 四川省成都中考 3 题）如图所示为音叉共鸣实验：两个频率相同的音叉，用橡皮锤敲击其中一个音叉，另一个未被敲击的音叉也会发出声音。此现象可以说明（　　）

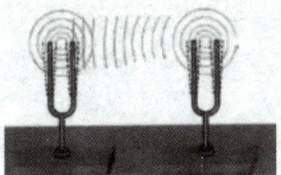

A. 声音能够传递能量　　　　　　B. 声音传播不需要介质

C. 声音传播不需要时间　　　　　D. 物体不振动也可产生声音

答案 A

解析

A. 一个音叉被敲击发声时,另一个没有被敲击的音叉也会跟着振动发声,即两音叉产生了共鸣现象,此现象说明声音可以传递能量,故 A 正确。

B. 声音的传播需要介质,该实验中声音是靠空气传播的,故 B 错误。

C. 声音的传播有一定的速度,因此也需要一定的时间,故 C 错误。

D. 声音是由物体振动产生的,此实验不能证明物体不振动也可产生声音,故 D 错误。

故选 A。

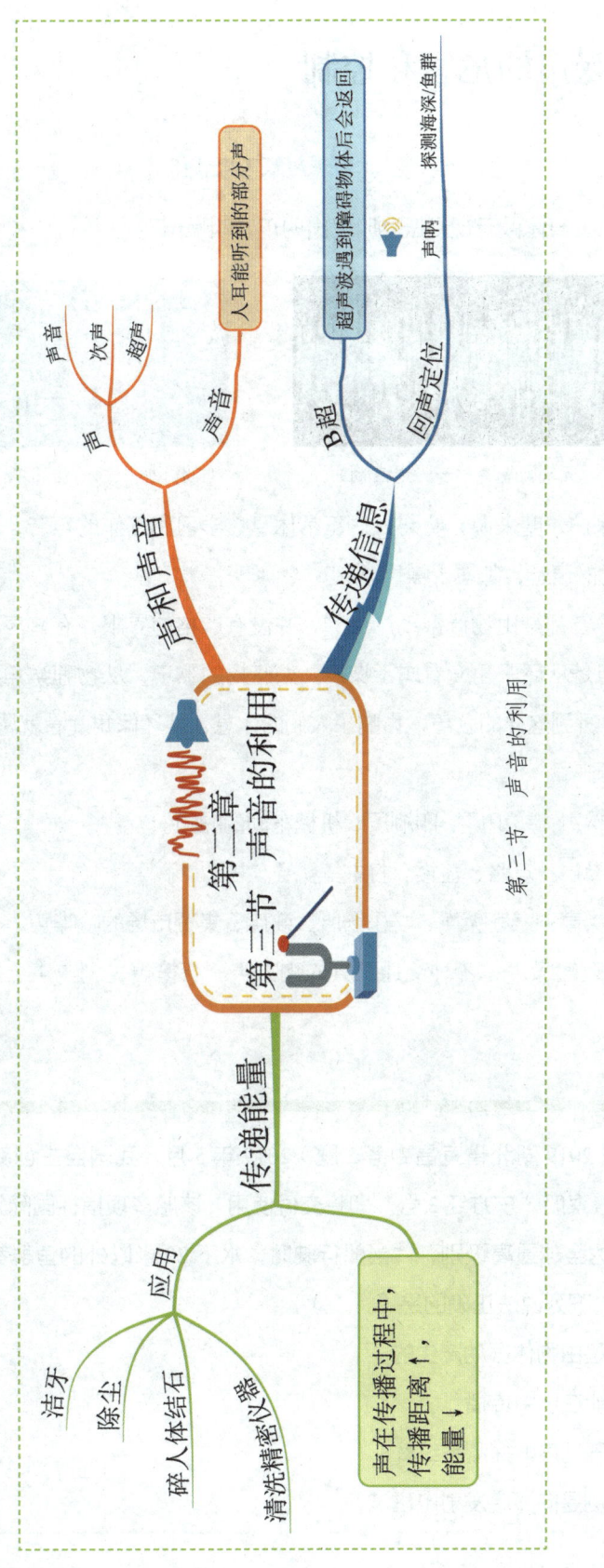

第四节 噪声的危害和控制

一、噪声及其来源

1. 物理中，发声体做无规则振动时发出的声音叫噪声。

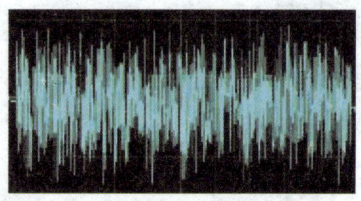 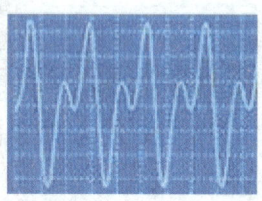

无规则振动——噪声波形图　　规则振动——乐音波形图

2. 从环境保护角度来说，妨碍人们正常休息、学习和工作的声音，以及对人们要听的声音产生干扰的声音，都属于噪声。

3. 噪声和乐音都是由物体振动产生的，并没有严格的界限，有些声音从物理学角度看属于乐音，但是从环保角度看属于噪声。如悠扬的歌声，从物理学角度看属于乐音，但是如果在晚上听到这样的歌声，影响了人们的休息，从环保角度看就属于噪声。

4. 噪声来源

（1）工业噪声：纺织厂、印刷厂、机械车间的噪声。

（2）施工噪声：筑路、盖楼、打桩等。

（3）社会噪声：家庭噪声、娱乐场所、商店、集贸市场的喧哗声。

（4）交通运输噪声：各种交通工具的喇叭声、汽笛声、刹车声、排气声、机械运转声等。

例题

【例1】（2019 湖北省宜昌中考 2 题）2019 年 5 月，我国自主创新研发的新型深远海综合科学考察船"东方红 3 号"即将交付使用。该船多项指标国际领先，特别是低噪音控制指标达全球最高级别，"当船行驶时，水下 20 米以外的鱼群都感觉不到"。根据以上介绍，下列说法正确的是（　　）

A. 噪声不是由物体振动产生的

B. 噪声不能在水中传播

C. 噪声会干扰声呐探测系统

D. 声呐探测是向海底发射电磁波

答案

C

解析

A. 从物理学角度分析，噪声是由于物体做杂乱无章的无规则振动产生的，故 A 错误。

B. 噪声也是声音，可以在水中传播，故 B 错误。

C. 鱼声音可以在水中传播，所以噪声会干扰声呐探测系统，故 C 正确。

D. 声呐探测是向海底发射超声波，故 D 错误。

故选 C。

二、声音的等级

1. 分贝（dB）：人们以分贝（dB）为单位来表示声音强弱的等级。0 dB 是人们刚能听到的最微弱的声音。

2. 噪声的危害

（1）>90 dB，会破坏听力，引起神经衰弱、头痛、高血压等疾病；

（2）>70 dB，会影响学习和工作；

（3）>50 dB，会影响休息和睡眠。

三、防治噪声的途径

1. 防止噪声的产生。如机器下面装上具有弹性的减振垫；一些需要安静的公共场所一般有"轻声慢步""请保持安静"的提示牌；小区内、医院及学校附近等路段禁止鸣笛。

2. 阻断噪声的传播。如将机器用"隔声罩"罩起来；城市道路旁安装有隔声板等。

3. 防止噪声进入人耳。工厂工人用防噪声耳罩等。

4. 噪声往往只能减弱，而无法完全地消除，因为在生产生活中是不可避免地要产生噪声的。噪声的减弱我们常常采取"隔""吸"和"消"的方法，如隔声墙、剧场墙上的吸音小孔、机器减振等。

例题

【例2】（2019 山东省济南中考 4 题）下列四个选项中的做法，能在传播过程中有效地减弱噪声的是（　　）

A. 在高架路的两旁修建隔声板　　　B. 机器旁人员佩戴防噪声耳罩

C. 在路口处安装噪声监测装置　　　D. 市区道路行车禁鸣汽车喇叭

A

解析

A. 在高架路的两旁修建隔声板，这是在传播过程中减弱噪声，故 A 符合题意。

B. 机器旁人员佩戴防噪声耳罩，这是在人耳处减弱噪声，故 B 不符合题意。

C. 安装噪声监测装置只会测出当时环境声音的响度，但不能减弱噪声，故 C 不符合题意。

D. 市区道路行车禁鸣汽车喇叭，这是在声源处减弱噪声，故 D 不符合题意。

故选 A。

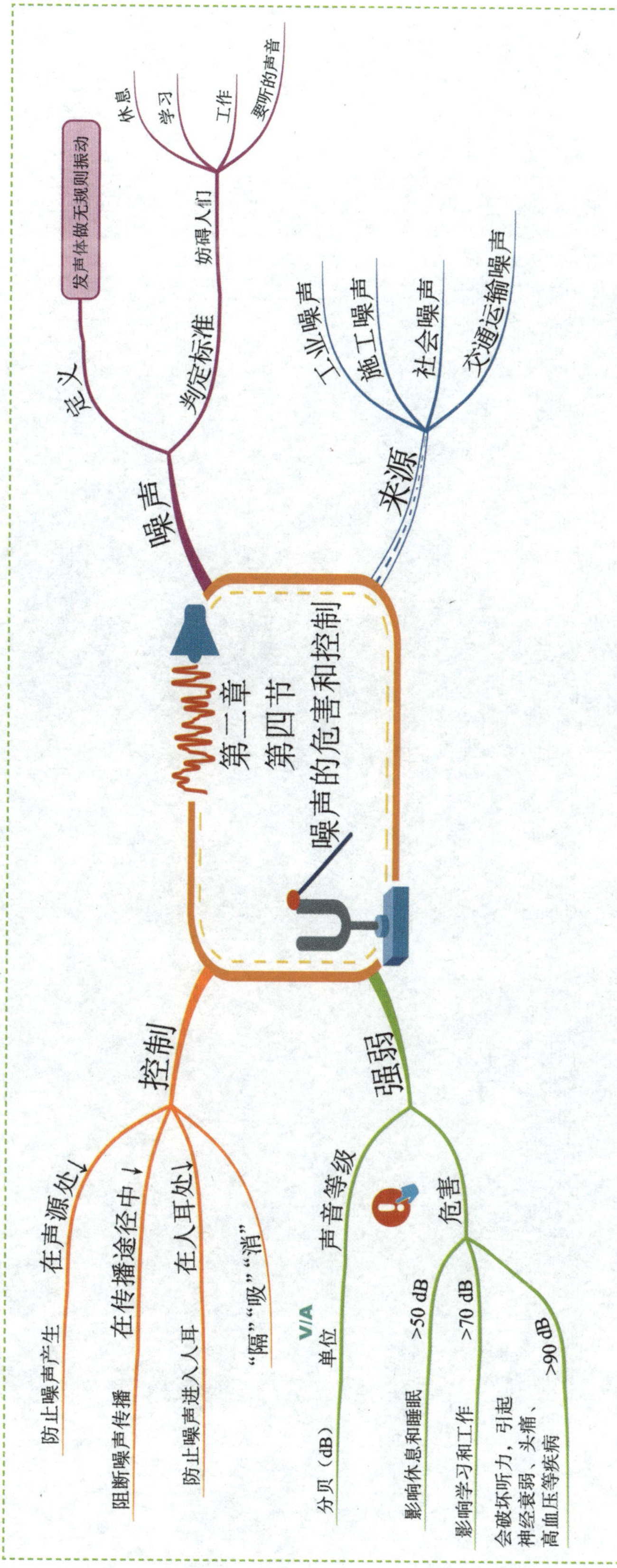
第二章
第四节
噪声的危害和控制
噪声
定义
发声体做无规则振动
判定标准
妨碍人们
休息
学习
工作
要听的声音
来源
工业噪声
施工噪声
社会噪声
交通运输噪声
控制
在声源处↓
防止噪声产生
在传播途径中↓
阻断噪声传播
在人耳处↓
防止噪声进入人耳
"隔""吸""消"
强弱
声音等级
单位
分贝（dB）
危害
>50 dB
影响休息和睡眠
>70 dB
影响学习和工作
>90 dB
会破坏听力，引起神经衰弱、头痛、高血压等疾病

第四节　噪声的危害和控制

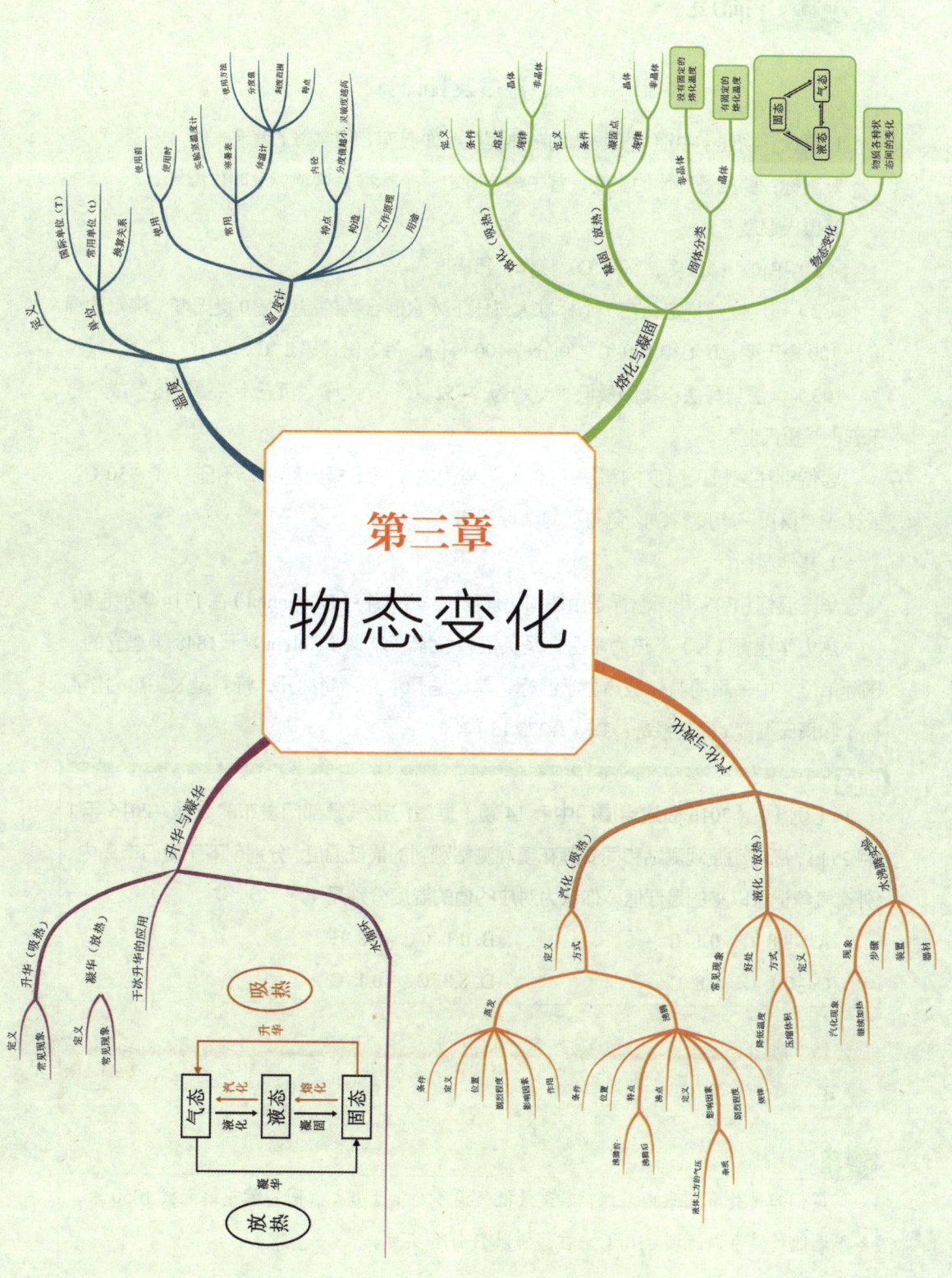

第一节 温度

一、温度及其计算

1. 概念：物理学中通常把物体的冷热程度叫作温度，用字母 t 表示。

2. 温标：要测量物体的温度，首先需要确定一个标准，这个标准叫作温标。

3. 摄氏温度

（1）单位：摄氏度，符号℃，读作"摄氏度"。

（2）摄氏度的规定：在一个标准大气压下冰水混合物的温度是 0 摄氏度，沸水的温度是 100 摄氏度，0 ℃和 100 ℃之间分成 100 等份，每等份代表 1 ℃。

（3）读法与写法：我国最低气温约为"–52 ℃"，读作"负五十二摄氏度"或"零下五十二摄氏度"。

要特别注意摄氏温度的写法（30 ℃）与读法（三十摄氏度），不能写成"30 C"或读成"摄氏三十度"，以免与别的温标混淆。

4. 其他温标

华氏温标（F）：华氏温标是由德国物理学家华伦海特（Fahrenheit）在 1714 年制定的。

热力学温标（K）：热力学温标是英国科学家开尔文（Kelvin）于 1848 年建立的。国际单位之中采用的温标是热力学温标，单位是开尔文，简称开，符号是 K。热力学温标 T 和摄氏温度 t 的关系是：T=（t+273.15）K。

例题

【例1】（2016 福建省厦门中考 14 题）据厦门市气象部门发布的数据，2016 年 1 月 25 日，岛内动渡观测站和同安莲花镇观测站测到的最低温度，分别创下了厦门市岛内、外有气象记录以来的最低值。你认为对应的值的温度分别是（ ）

A. –8.8 ℃、0.1 ℃ 　　　　　　B. 0.1 ℃、–8.8 ℃

C. –0.1 ℃、8.8 ℃ 　　　　　　D. 8.8 ℃、–0.1 ℃

B

解析

厦门市地处我国东南沿海，冬季最低气温不会低于 0 ℃，同安莲花镇海拔 1050 米，冬季最低气温可以达到 –10 ℃左右，所以 B 符合实际。

故选 B。

二、温度计的构造与工作原理

1. 用途：测量物体温度的仪器。

2. 原理：液体的热胀冷缩。

3. 构造：玻璃外壳、玻璃泡、玻璃管、液体、刻度等。

4. 特点：常用液体温度计的内径是粗细均匀的，温度计的分度值设计得越小，温度计的灵敏度越高。

5. 常用温度计

（1）实验室温度计（图甲）：量程一般为 –20~110 ℃，分度值为 1 ℃，所装液体一般为水银或煤油。

（2）体温计（图乙）：量程为 35~42 ℃，分度值为 0.1 ℃，所装液体为水银。

（3）寒暑表（图丙）：量程一般为 –30~50 ℃，分度值为 1 ℃，所装液体一般为煤油或酒精。

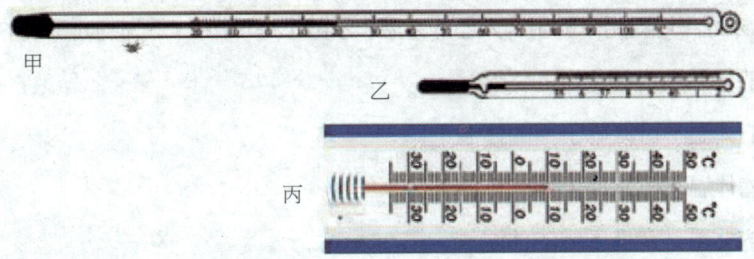

三、温度计的使用与读数

温度计的使用步骤

1. 使用前：（1）观察它的量程；（2）认清分度值。

2. 使用时

（1）放：将温度计的玻璃泡全部浸入被测液体中，不要碰到容器底或容器壁。

（2）看：视线要与温度计中液柱的上表面相平。

（3）读：温度计玻璃泡浸入被测液体后要稍候一会儿，待温度计的示数稳定后再读数；读数时温度计的玻璃泡继续留在液体中。

（4）记：记录结果必须带单位，用负号表示零下温度。

四、体温计

1. 体温计的结构特点

（1）结构特点：玻璃泡和直玻璃管之间有一段非常细的缩口。

（2）体温计离开人体后缩口处的水银断开，直玻璃管内的水银不会退回玻璃泡内，这样体温计离开人体后仍然表示人体的温度。但是每次使用之前，需要将缩口上方的水银甩到玻璃泡中（其他温度计不用甩），消毒后才能进行测量。

2. 刻度范围：35~42 ℃

3. 分度值：0.1 ℃

4. 使用方法：使用前，拿着体温计把水银甩下去；读数时，要把它从腋下或口腔中拿出来。

例题

【例2】（2018 山东省枣庄中考3题）用体温计测量病人甲的体温，示数是38 ℃，如果该体温计未经甩过就用来测量病人乙的体温，示数也是38 ℃，下列判断正确的是（　　）

A. 乙的体温一定等于甲的体温

B. 乙的体温不可能等于甲的体温

C. 乙的体温不可能高于甲的体温

D. 乙的体温一定低于甲的体温

答案

C

解析

病人甲的体温是38 ℃，由于体温计的液泡上方有一段很细的缩口，在离开人体读数时，体温计液柱不会下降，所以读数仍会是38 ℃。

用没有甩过的读数停留在38 ℃的体温计测量乙的体温时，若乙的体温低于或等于38 ℃，体温计液柱不发生变化，仍为38 ℃；若乙的体温高于38 ℃，液柱会上升，示数大于38 ℃。

所以，测量乙的体温，示数也是38 ℃时，病人乙的温度可能等于或低于38 ℃，不可能高于38 ℃，故C正确。

故选C。

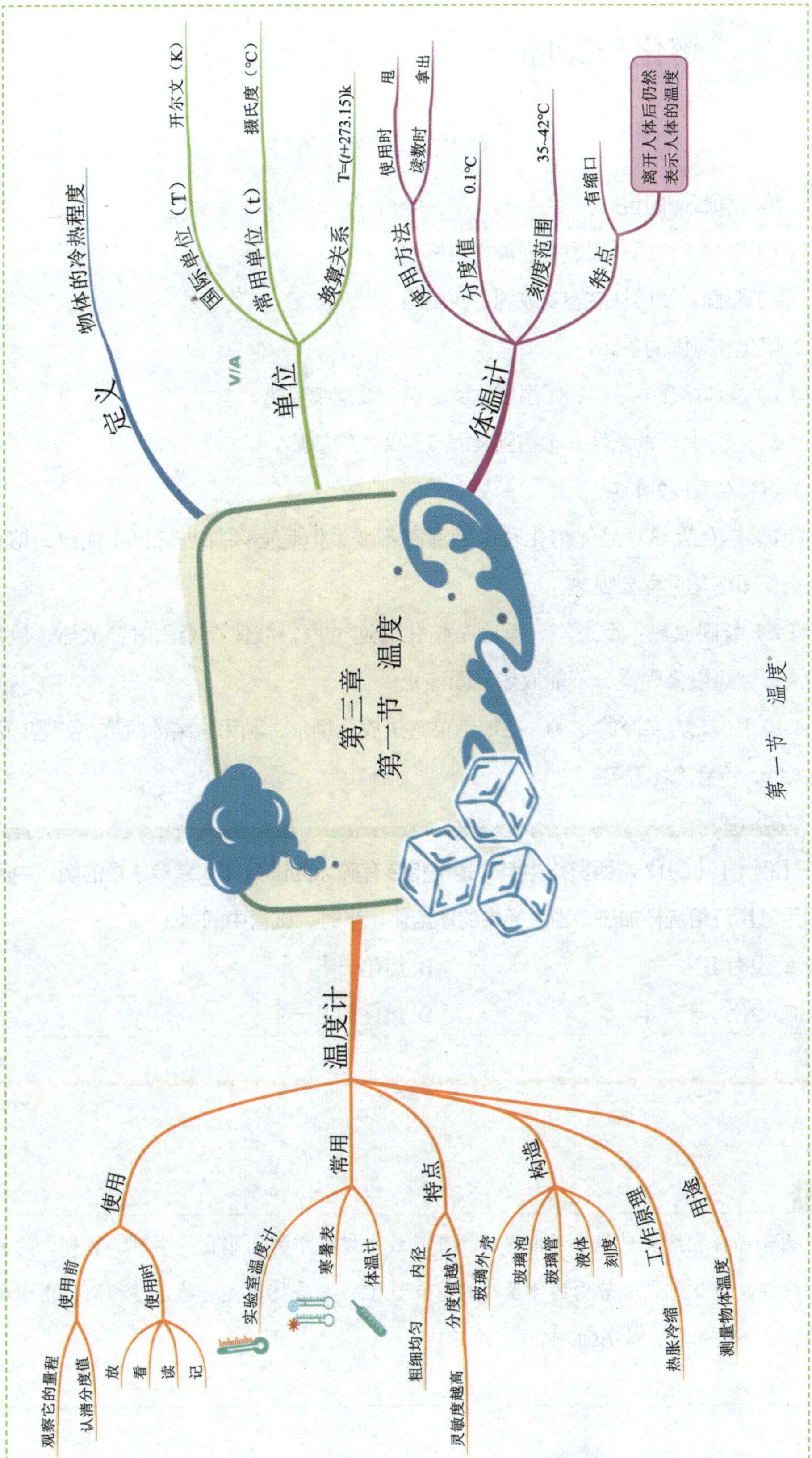

第三章 物态变化

第一节 温度

- 定义：物体的冷热程度
- 单位
  - 国际单位(T)：开尔文(K)
  - 常用单位(t)：摄氏度(℃)
  - 换算关系：T=(t+273.15)k
- 体温计
  - 使用方法：使用时用、读数时拿出
  - 分度值：0.1℃
  - 刻度范围：35-42℃
  - 特点：有缩口（离开人体后仍然表示人体的温度）
- 温度计
  - 使用
    - 使用前：观察它的量程、认清分度值
    - 使用时：放、看、读、记
  - 常用：实验室温度计、寒暑表、体温计
  - 特点：内径、分度值越小、灵敏度越高、粗细均匀
  - 构造：玻璃外壳、玻璃泡、玻璃管、液体、刻度
  - 工作原理：热胀冷缩
  - 用途：测量物体温度

第二节 熔化与凝固

一、熔化与凝固的条件

1. 熔化和凝固的定义

（1）熔化：物质从固态变成液态叫熔化。

（2）凝固：物质从液态变成固态叫凝固。

2. 熔化和凝固的条件

（1）晶体熔化的条件：①温度达到熔点；②继续吸热。

（2）液体凝固的条件：①达到凝固点；②继续放热。

3. 熔化和凝固的特点

（1）熔化吸热：晶体熔化时虽然温度不变，但是必须加热，停止加热，熔化马上停止，即熔化过程要吸热。

（2）凝固放热：反过来，凝固是熔化的逆过程，液体在凝固时要放热，放热快凝固快，放热慢凝固慢，不能放热凝固停止。

4. 应用：北方寒冷的冬天，在地下菜窖里放几桶水，利用水结冰时放热使窖内温度不会太低，不会冻坏青菜。

例题

【例1】（2018 广西贺州中考 6 题）将装有碎冰的试管插入装有冰粒的烧杯中间，然后用酒精灯给烧杯加热，当烧杯中的冰熔化一半时，试管中的冰（　　）

A. 没有熔化　　　　　　B. 熔化一半

C. 熔化小于一半　　　　D. 熔化超过一半

A

解析

由于晶体在熔化过程中温度保持不变，故当烧杯中的冰熔化一半时，烧杯内的冰水混合物温度为 0 ℃；试管内的冰虽达到熔点 0 ℃，与烧杯内混合物温度相同，由于不能吸热，故不会熔化，故 BCD 错误，A 正确。

故选 A。

二、熔点和凝固点

1. 晶体与非晶体

（1）晶体：有些固体在熔化过程中不断吸热，温度却保持不变，这类固体有固定的熔化温度，例如冰、海波、各种金属。

（2）非晶体：有些固体在熔化过程中，不断吸热，温度不断上升，没有固定的熔化温度，例如蜡、松香、玻璃、沥青。

2. 熔点和凝固点

（1）熔点：晶体熔化时的温度叫熔点。

（2）凝固点：液体凝固时的温度叫凝固点。

【例2】（2015 江苏省常州中考 6 题）市场上有一种"55 ℃保温杯"，外层为隔热材料，内层为导热材料，夹层间有"神奇物质"。开水倒入杯中数分钟后，水温降为 55 ℃且能较长时间保持不变。"神奇物质"在 55 ℃（　　）

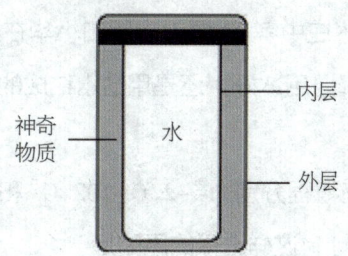

A. 一定处于固态　　　　　　　B. 一定处于液态

C. 一定处于固、液混合态　　　D. 以上情况都有可能

答案 D

解析

根据题意，这种"神奇物质"是一种晶体，晶体熔化吸热、凝固放热温度保持不变，这种晶体能使水温在 55 ℃且能较长时间保持不变，说明晶体的熔点为 55 ℃，所以 55 ℃的这种物质可能是固态（达到熔点尚未熔化），可能是液态（刚刚熔化结束），也可能是固液混合态（熔化过程中），故 A、B、C 是错误的，D 正确。

故选 D。

三、熔化与凝固的实验

实验图象：

图中 AD 是晶体熔化曲线图，晶体在 AB 段处于固态，吸收热量温度升高；在 BC 段是熔化过程，吸热，但温度不变，处于固液共存状态；在 CD 段处于液态，吸热温度升高，熔化时间 t_1~t_2。而 DG 是液体凝固曲线图，在 DE 段于液态；EF 段是凝固过程，放热，温度不变，处于固液共存状态。FG 段为固态放热温度降低，凝固时间 t_3~t_4。

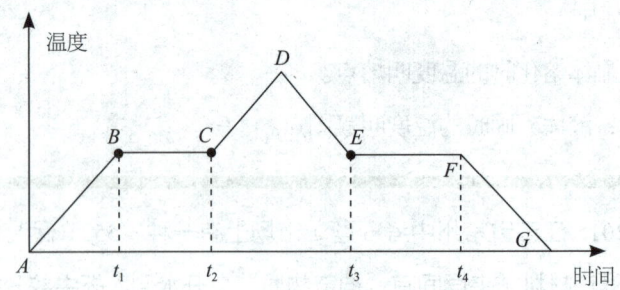

例题

【例3】（2017 山东省枣庄中考 21 题）小明和小华在综合实践活动中想制作一个医用冷藏盒，不知道给药品降温用冰好，还是用盐水结成的冰好？他们动手测量了盐水的凝固点。

（1）在选择温度计时，有量程分别为"-2 ℃~102 ℃"和"-20 ℃~102 ℃"的温度计，应选择量程为 _____ 的温度计，这样选择的原因是 _____。

（2）在测量过程中，他们同时发现所测得盐水的凝固点并不相同，于是对比了双方实验过程，发现烧杯中装水都是 200 ml，小明加了 1 汤匙的盐，而小华加了 3 汤匙的盐，由此作出猜想：盐水的凝固点可能与盐水的浓度有关，接着他们进行了多次实验得出了不同浓度盐水的凝固点，数据记录如下表：

盐水浓度（%）	3	6	9	12	15	18	21	24	27	30	36
凝固点（℃）	0	-2	-4	-6	-8	-11	-15	-18	-17	-1.8	-0.4	0

分析表格中数据可知：当盐水浓度增大时，其凝固点 _____。

（3）你认为给冷藏盒中的药品降温最好选用 _____。（选填"冰"或"适当浓度的盐水结成的冰"）

（4）实验后，他们联想到冬天在冰雪覆盖的路面上撒盐便于除雪，原因是 _____。

答案

（1）-20~102 ℃；盐水的凝固点可能低于 -2 ℃；（2）先降低后升高；（3）适当浓度的盐水结成的冰；（4）积雪上洒盐水是掺有杂质，积雪的熔点降低，使积雪熔化。

解析

（1）要使用量程为 -20~102 ℃的温度计，主要考虑盐水的凝固点低于 -2 ℃时，便于测出盐水的凝固点。

（2）从表格中的数据可看出，盐水的浓度一直在变大，而盐水的凝固点是先降低后又升高。

（3）药品要求在 0 ℃以下存放，要求所选物质的熔点在 0 ℃以下，冰的熔点是 0 ℃，盐冰的熔点低于 0 ℃，所以冷藏盒中应使用适当浓度的盐水结成的冰。

（4）寒冷的冬季，向积雪撒盐，在其他条件相同时，积雪上洒盐水是掺有杂质，积雪的熔点降低，使积雪熔化。

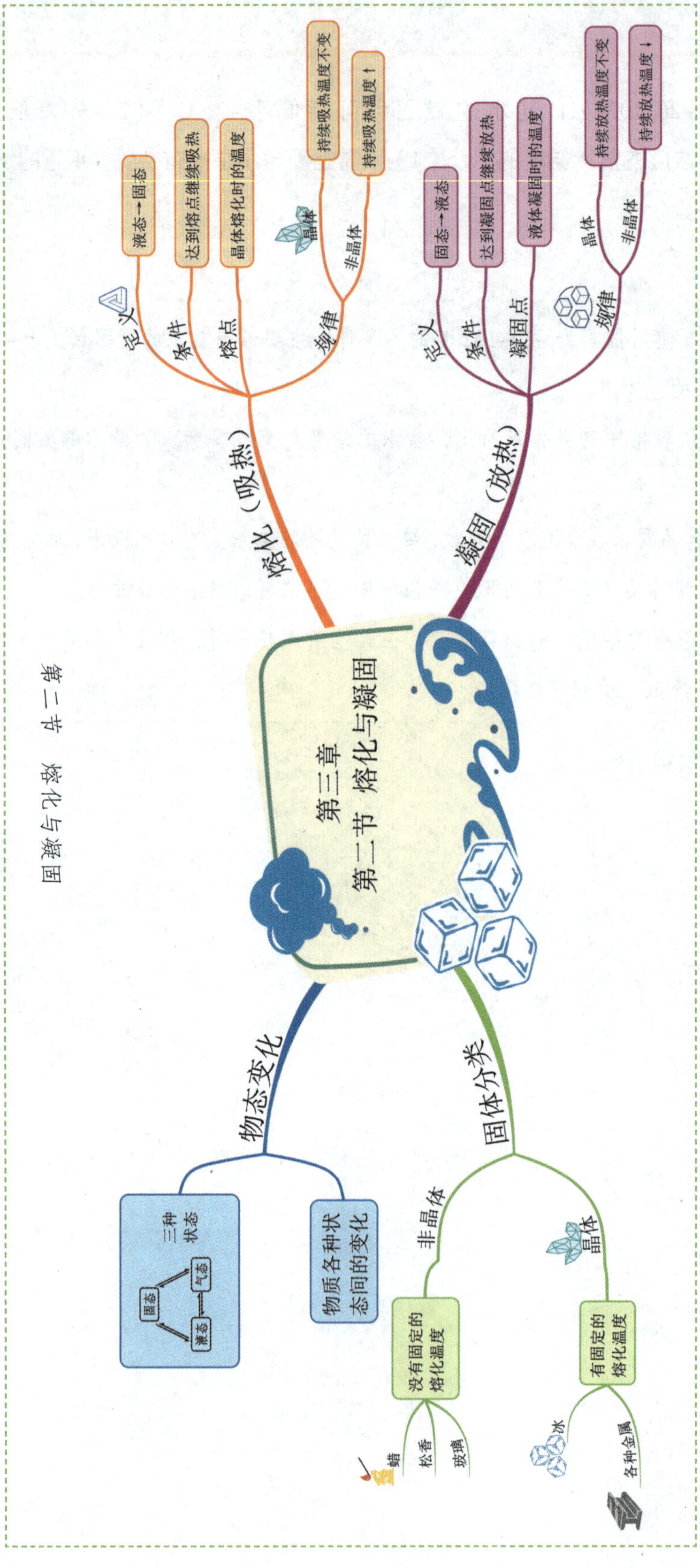

第三章 第二节 熔化与凝固

熔化（吸热）
- **定义**：液态→固态
- **条件**：达到熔点继续吸热
- **熔点**：晶体熔化时的温度
- **规律**：
  - 晶体：持续吸热温度不变
  - 非晶体：持续吸热温度↑

凝固（放热）
- **定义**：固态→液态
- **条件**：达到凝固点继续放热
- **凝固点**：液体凝固时的温度
- **规律**：
  - 晶体：持续放热温度不变
  - 非晶体：持续放热温度↓

物态变化
- 三种状态（固态、液态、气态）
- 物质各种状态间的变化

固体分类
- **非晶体**：没有固定的熔化温度（松香、玻璃、蜡）
- **晶体**：有固定的熔化温度（冰、各种金属）

第三节 汽化与液化

一、沸腾及沸腾条件

1. 沸腾：是在一定温度下，在液体内部和表面同时进行的剧烈的汽化现象。
2. 沸点：液体沸腾时的温度。
3. 液体沸腾的条件：（1）温度达到沸点；（2）继续吸收热量。
4. 液体沸腾的特点：液体沸腾前吸收热量温度升高，沸腾后吸收热量温度保持不变。

例题

【例1】（2017 江苏省无锡中考 6 题）关于水沸腾时的特点，下列说法正确的是（　　）

A. 水只在表面发生剧烈汽化　　B. 水只在内部发生剧烈汽化

C. 持续加热，水温不断上升　　D. 持续加热，水温保持不变

答案

D

解析

AB. 沸腾是液体表面和内部同时发生的汽化现象，故 AB 错误。

CD. 水沸腾过程中继续加热，水的温度保持不变，故 C 错误，D 正确。

故选 D。

二、沸点与气压

1. 沸点的影响因素：（1）液体的种类；（2）液体表面大气压。
2. 实验过程中为了缩短沸腾的时间采取的措施有：可在烧杯口加盖，防止热量损失，沸腾后再拿掉，防止气压对沸点产生影响；还可以直接加热热水，水量选择适当。

例题

【例2】（2012 江苏省常州中考 9 题）20 世纪 60 年代，为控制疟疾疫情，屠呦呦尝试用加热青蒿水溶液的方法使其沸腾，从而去除水分以提取药物，但提取效果并不理想。她猜想：可能在高温的情况下，药物被破坏掉了。对此，可采用的方法是（　　）

A. 用微火加热使溶液慢慢沸腾　　B. 用旺火加热缩短沸腾的时间

C. 减小容器内的气压　　D. 增大容器内的气压

答案

C

解析

A. 如果不降低气压，即使用微火加热，水的温度仍为 100 ℃，并不能降温，方法不可行。

B. 如果不降低气压，即使缩短加热沸腾时间，水的温度仍为 100 ℃，并不能降温，方法不可行。

C. 降低容器内气压，水的沸点也会降低，此方法是可行的。

D. 增大容器内气压，水的沸点会升高，此方法是不可行的。

故选 C。

三、蒸发及其现象

1. 蒸发：液体在任何温度下都能发生的，并且只在液体表面发生的较缓慢的汽化现象。

2. 液体蒸发吸热，有制冷作用。把酒精反复涂在温度计的玻璃泡上，用扇子扇，温度计的度数变小，这是因为酒精蒸发吸热。

3. 汽化的两种方式（蒸发和沸腾）的异同

		蒸发	沸腾
不同点	发生部位	液体表面	液体表面和内部同时发生
	温度条件	任何温度	只在沸点时
	剧烈程度	缓慢	剧烈
相同点		都属于汽化现象，都是吸热过程	

例题

【例3】（2015 湖北省襄阳中考3题）夏天，人在电风扇下吹风感到凉爽，这是因为（　　）

A. 电风扇吹来的是冷风

B. 电风扇吹风可降低室内温度

C. 电风扇吹风可加速人体汗水的蒸发，吸收了皮肤的热

D. 以上说法都正确

第三章 物态变化

答案
C

解析

夏天扇扇子，身上感到凉爽，这是因为扇来的风加快了身上汗液的蒸发，蒸发从人体吸热，导致人身体表面的温度降低，所以人会感到凉快。

故选 C。

四、影响蒸发快慢的因素

影响蒸发快慢的因素：液体温度高低，液体表面积大小，液体表面空气流动的快慢。

例题

【例4】（2018 广西柳州中考1题）如图是四个装有水的开口容器，同时同地放在阳光下，其中蒸发最快的是（　　）

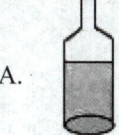 A.

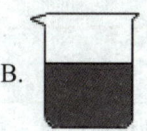 B.

 C.

 D.

答案
C

解析

由题意可知，四个装有水的敞口容器，同时同地放在阳光下，其温度、水面上方空气的流动情况相同，比较可知，C选项中水的表面积最大，所以水蒸发得最快。

故选 C。

五、液化及其现象

1. 液化的方法

（1）降低温度（所有气体都可液化）；

（2）压缩体积。

2. 液化的好处：体积缩小，便于储存和运输。

055

3. 液化放热。水蒸气造成的烫伤往往比开水烫伤更严重，这是因为水蒸气液化的时候要放出部分热。

4. 生活中的液化现象：雾、露、"白气"等。

【例5】（2019湖北省孝感中考3题）寒假，小华一家人驾车出去旅行时，小华发现汽车的前窗玻璃出现了一层水雾。打开除雾开关后，不一会玻璃上的水雾消失了，下列说法正确的是（　　）

　　A. 水雾的形成是汽化现象

　　B. 水雾出现在前窗玻璃的内表面

　　C. 水雾是空气液化形成的

　　D. 水雾消失是升华现象

B

解析

ABC. 在冬天，车玻璃的温度较低，车内的水蒸气遇到冷的玻璃液化形成小水滴，附着在玻璃的内表面形成雾气，故 AC 错误，B 正确。

D. 打开除雾开关，对着玻璃吹暖风，玻璃上的小水滴会汽化为水蒸气，车窗玻璃就清晰了，故 D 错误。

故选 B。

六、探究水沸腾实验

观察水沸腾时的现象，探究水沸腾时温度变化的特点。

（1）实验器材：铁架台、酒精灯、火柴、石棉网、烧杯、中心有孔的纸板、温度计、水、秒表。

（2）实验装置

（3）实验步骤

①按装置图安装实验仪器；

②用酒精灯给水加热并观察；

③当水温接近 90 ℃时每隔 1 min 记录一次温度，并观察水的沸腾现象；

④完成水沸腾时温度和时间关系的曲线。

（4）水沸腾时的现象：剧烈的汽化现象，大量的气泡上升、变大，到水面破裂，里面的水蒸气散发到空气中。虽继续加热，它的温度不变。

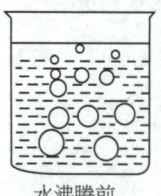
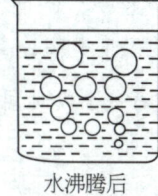
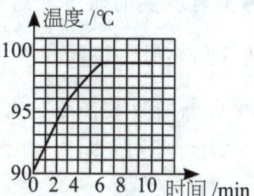

例题

【例6】（2018 福建省中考 27 题）图甲是"探究水沸腾时温度变化的特点"的实验装置。

（1）图甲实验装置的组装顺序应为 _____（选填"自上而下"或"自下而上"）。

（2）实验中某次温度计的示数如图乙，为 _____ ℃，根据实验数据绘制的水的温度随加热时间变化的图象如图丙，由图可知本实验中水的沸点为 _____ ℃。

（3）实验中发现温度计上部出现许多小水珠，这些小水珠是 _____ 形成的。

（4）撤去酒精灯后，水仍能继续沸腾一小段时间，其原因是 _____。

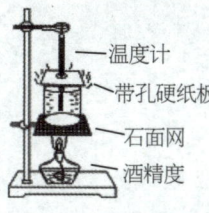
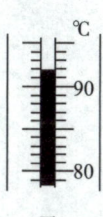
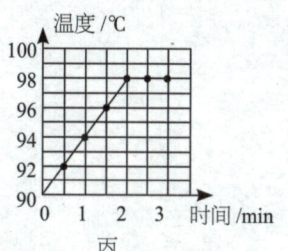

甲　　　　　乙　　　　　丙

答案

（1）自下而上；（2）92，98；（3）水蒸气液化；（4）石棉网的温度高于水的沸点，水还会继续吸热。

解析

（1）酒精灯需用外焰加热，所以要放好酒精灯，再固定铁圈的高度；而温度计的玻璃泡要全部浸没到液体中，但不能碰到容器壁和容器底，所以放好烧杯后，再调节温度计的高度，因此必须按照自下而上的顺序进行。

（2）图乙中温度计的分度值为1 ℃，则该次温度计的示数为92 ℃；由图象丙知，水在第2 min开始沸腾，沸腾时，不断吸收热量，温度保持在98 ℃不变，所以本实验中水的沸点是98 ℃。

（3）水沸腾时，热的水蒸气遇到温度低的温度计液化形成小水珠。

（4）酒精灯加热时，铁圈和石棉网的温度升高，高于水的温度，当移开酒精灯时，水还会从铁圈和石棉网吸收热量，继续沸腾一小段时间。

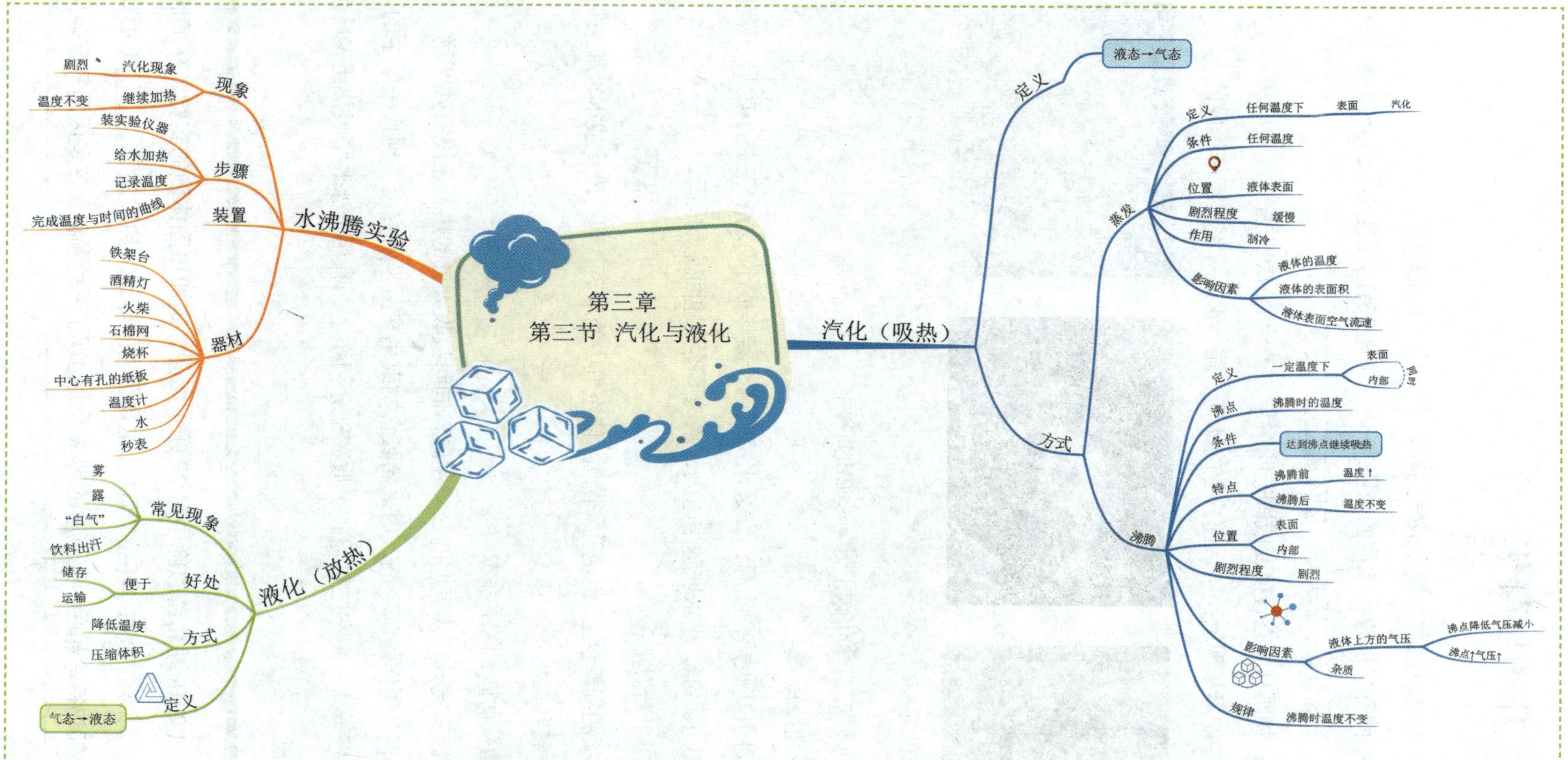

第三章 物态变化

第三节 汽化与液化

汽化（吸热）
- 定义：液态→气态
- 方式：
  - 蒸发
    - 定义：任何温度下
    - 条件：任何温度
    - 位置：液体表面
    - 剧烈程度：缓慢
    - 作用：制冷
    - 影响因素：液体的温度、液体的表面积、液体表面空气流速
  - 沸腾
    - 定义：一定温度下
    - 沸点：达到沸点需继续吸热
      - 沸腾前：温度↑
      - 沸腾后：温度不变
    - 条件：沸腾时的温度
    - 特点：温度不变
    - 位置：表面、内部
    - 剧烈程度：剧烈
    - 影响因素：膨胀因素（杂质）、液体上方的气压（气压降低，气压减小；沸点↓气压↓；沸点↑气压↑）
    - 液体沸腾温度不变

水沸腾实验
- 现象
  - 剧烈 汽化现象
  - 温度不变 继续加热
- 步骤：装实验仪器；给水加热；记录温度
- 装置
- 器材：铁架台、酒精灯、火柴、石棉网、烧杯、中心有孔的纸板、水、温度计、秒表
- 完成温度与时间的曲线

液化（放热）
- 定义：气态→液态
- 方式：降低温度、压缩体积
- 好处：便于储存、运输
- 常见现象：雾、露、"白气"、饮料出汗

第四节 升华与凝华

1. 升华：物质从固态直接变成气态叫升华，是一个吸热过程。

2. 生活中的升华现象：冰冻的衣服变干、雪堆没有熔化变小、灯丝变细、衣柜里的卫生球变小、干冰升华、碘升华、固体清香剂消失等。

3. 凝华：物质从气态直接变成固态叫凝华，是一个放热过程。

4. 生活中的凝华现象：冬天窗户上的冰花、霜、雾凇等都是凝华形成的。

窗户上的冰花　　　　　　　霜　　　　　　　　　　雾凇

5. 干冰（固态二氧化碳）升华吸热的应用

（1）人工降雨

一是干冰升华吸热，降温；二是水蒸气遇冷凝华成小冰晶；三是小冰晶下落遇到热的气流熔化成小水珠，小水珠越结越大，水珠下落到地面就形成雨。

（2）制造舞台烟雾

干冰粉喷洒到舞台上，迅速升华降温，使空气中的水蒸气遇冷液化成小水珠来制造"白雾"以渲染气氛。

（3）储藏食物、医学手术

干冰可以直接升华为气态的二氧化碳，同时吸收大量的热，还没有残留物。利用该特点，可以将其用作强制冷剂，用来储藏食物或用在医学研究上。现代医学中的"冷冻疗法"就是把干冰（固态二氧化碳）放在部分组织上，利用干冰升华吸热迅速降温，使其组织坏死。

例题

【例】（2018湖北省恩施中考27题）如图，是加热固体碘的实验。在加热过程中，我们会看见杯内产生紫色的气体，这是因为固体碘吸热发生了_____（填物态变化）。停止加热待冷却后，在干净的玻璃片上出现了黑色颗粒，这是因为气态碘又发生了_____（填物态变化）的原因，生活中_____（露、冰、霜）的形成与这一物态变化相同。

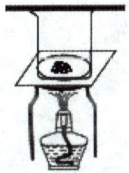

升华；凝华；霜。

解析

（1）在烧杯里放少量的固态碘颗粒，然后把烧杯放在酒精灯上微微加热，固态碘直接变成了碘蒸气，发生了升华现象。

（2）过一会儿，碘蒸气直接变成了固态的碘，附着在玻璃片上，发生了凝华现象。

露是空气中的水蒸气在地面附近遇冷液化成小水珠，附着在花草上形成的。

霜是空气中的水蒸气遇冷凝华成小冰晶，附着在屋顶及地面形成的。

冰是水凝固形成的。

所以，生活中霜的形成与这一物态变化相同。

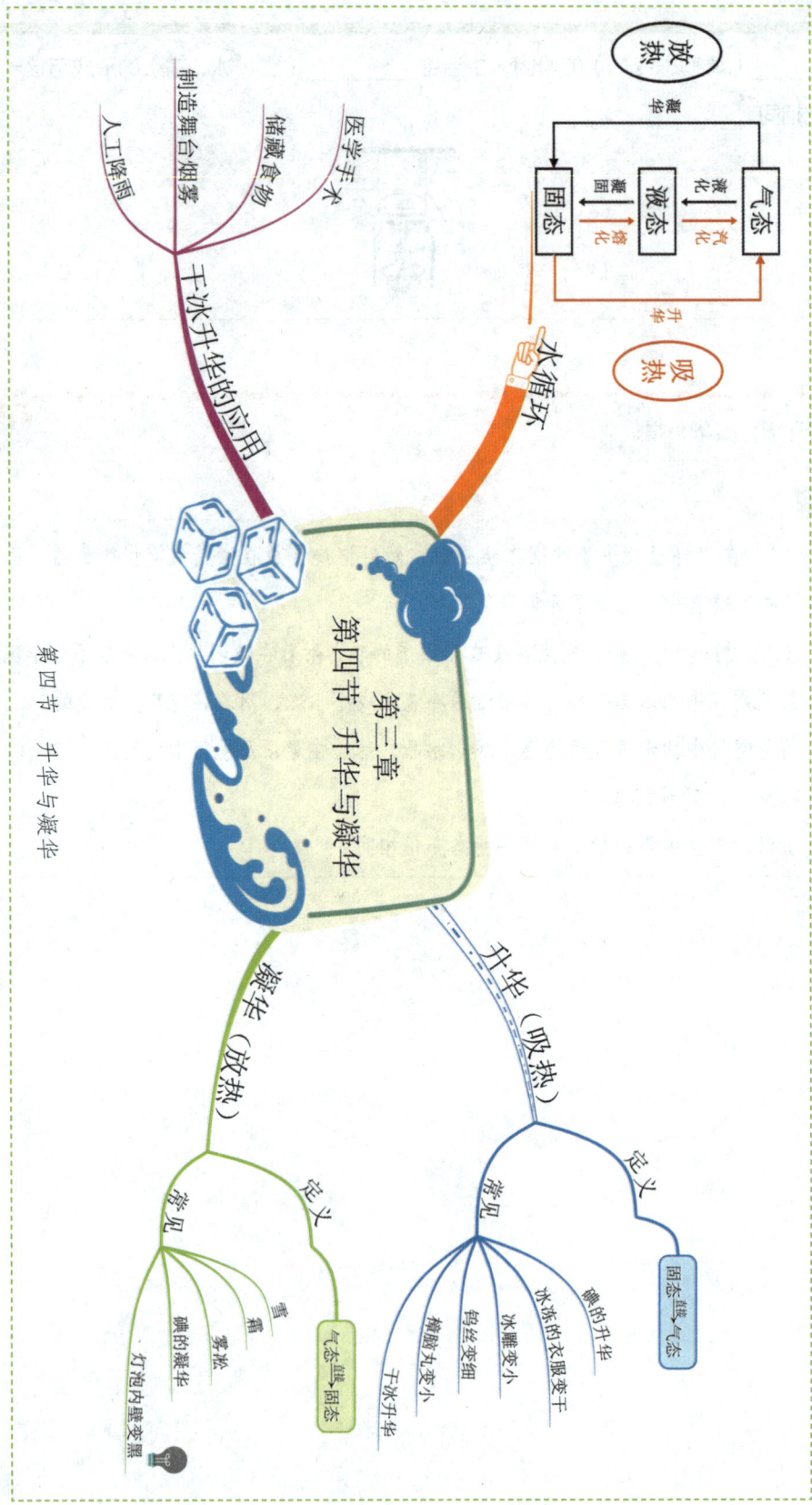

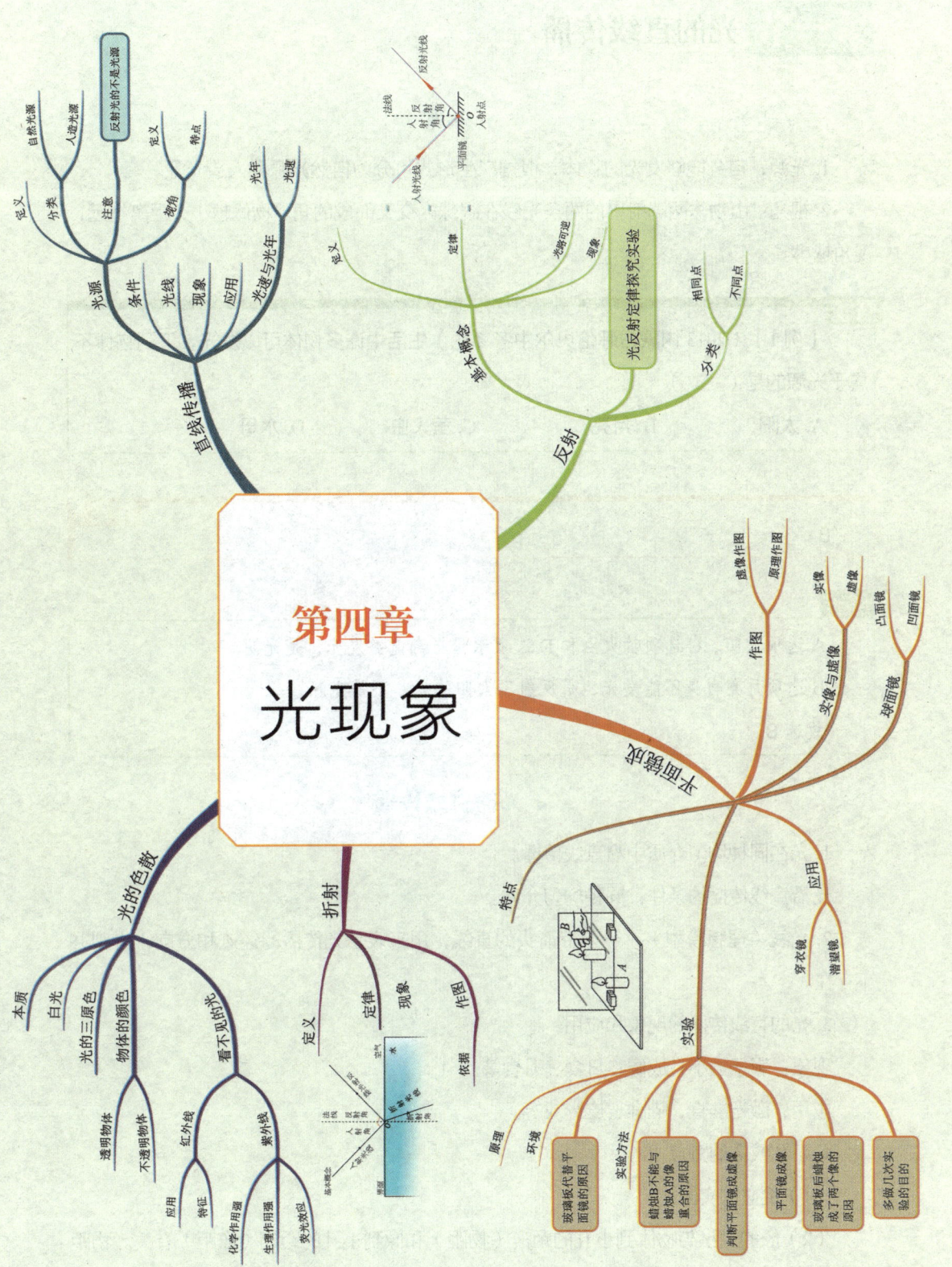

第一节 光的直线传播

一、光源

1. 光源：自身能够发光的物体，根据产生形式可分为自然光源和人造光源。

2. 视角：由物体两端射出的两条光线在眼球内交叉而成的角。物体越小，距离越远，视角越小。

【例1】（2013 内蒙古呼伦贝尔中考 2 题）生活中许多物体可以发光，下列物体不属于光源的是（　　）

A. 太阳　　　　B. 月亮　　　　C. 萤火虫　　　　D. 水母

B

解析

A 选项太阳、C 选项萤火虫和 D 选项水母自身能够发光，是光源。

B 选项月亮自身不能发光，是反射了太阳的光，不是光源。

故选 B。

二、光的直线传播

1. 光在同种均匀介质中沿直线传播。

光沿直线传播的条件：同种均匀介质。

2. 光线（理想模型）：一条带箭头的直线，用来表示光传播的径迹和方向，客观并不存在。

3. 光的直线传播的现象和应用

现象：影子、小孔成像、日食、月食等。

应用：激光准直、瞄准、皮影戏等。

4. 小孔成像的特点

（1）倒立的实像。

（2）像的大小与物体到小孔的距离（物距）和像到小孔的距离（像距）有关。物距越大，像距越小，像越小。

（3）像的形状与物体形状一样，与小孔无关。

例题

【例2】（2019山东省东营中考3题）1月6日，新年第一场天文奇观——"日偏食"如约而至，如图是东营市民拍摄的日偏食照片。下列光现象与日偏食形成原因相同的是（　　）

 筷子"折断"　　 小孔成像

 雨后彩虹　　 水中倒影

答案

B

解析

月球遮住太阳的一部分形成的日食叫日偏食，属于光的直线传播现象。

A.筷子好像在水面折断，是由于来自筷子的光从水中进入空气中发生了折射，折射光线进入人眼，人眼逆着光线看去，所看到的是筷子的虚像，像比物体的位置高，属于光的折射，故A不符合题意。

B.小孔成像，是光在同一均匀介质中沿直线传播形成的，故B符合题意。

C.雨后彩虹是光色散现象，实质上是光折射现象形成的，故C不符合题意。

D.水中倒影属于平面镜成像，这是利用了光的反射，故D不符合题意。

故选B。

三、光速与光年

1. 光速

（1）光在真空中的传播速度为 $c=3\times10^8$ m/s；

（2）光在空气中的传播速度接近 c，光在其他介质中的传播速度 $<c$。

2. 光年：光年是长度单位，在数值上等于光在真空中一年时间内走过的路程。

【例3】（2019 江苏省盐城中考 12 题）雷雨天，小王观察到某次闪电经历的时间为 t_1，听到这次闪电发出的雷声持续时间为 t_2（不计云层和山峰间回声时间），刚开始看到闪电到刚开始听到雷声的时间为 t_3，声音和光传播速度分别为 v 和 c，则（　　）

A. $t_1=t_2$，闪电发生位置到小王距离约为 vt_3

B. $t_1<t_2$，闪电发生位置到小王距离约为 vt_3

C. $t_1=t_2$，闪电发生位置到小王距离约为 vt_3+ct_1

D. $t_1<t_2$，闪电发生位置到小王距离约为 vt_3+ct_1

答案

A

解析

因为闪电与雷声同时产生、同时消失，所以它们持续的时间应该是相同的，故 $t_1=t_2$；因为刚开始看到闪电到刚开始听到雷声的时间为 t_3，声音的速度为 v，光的传播时间可忽略不计，故闪电发生位置到小王距离约为 vt_3。

综上所述，只有 A 符合题意。

故选 A。

第一节 光的直线传播

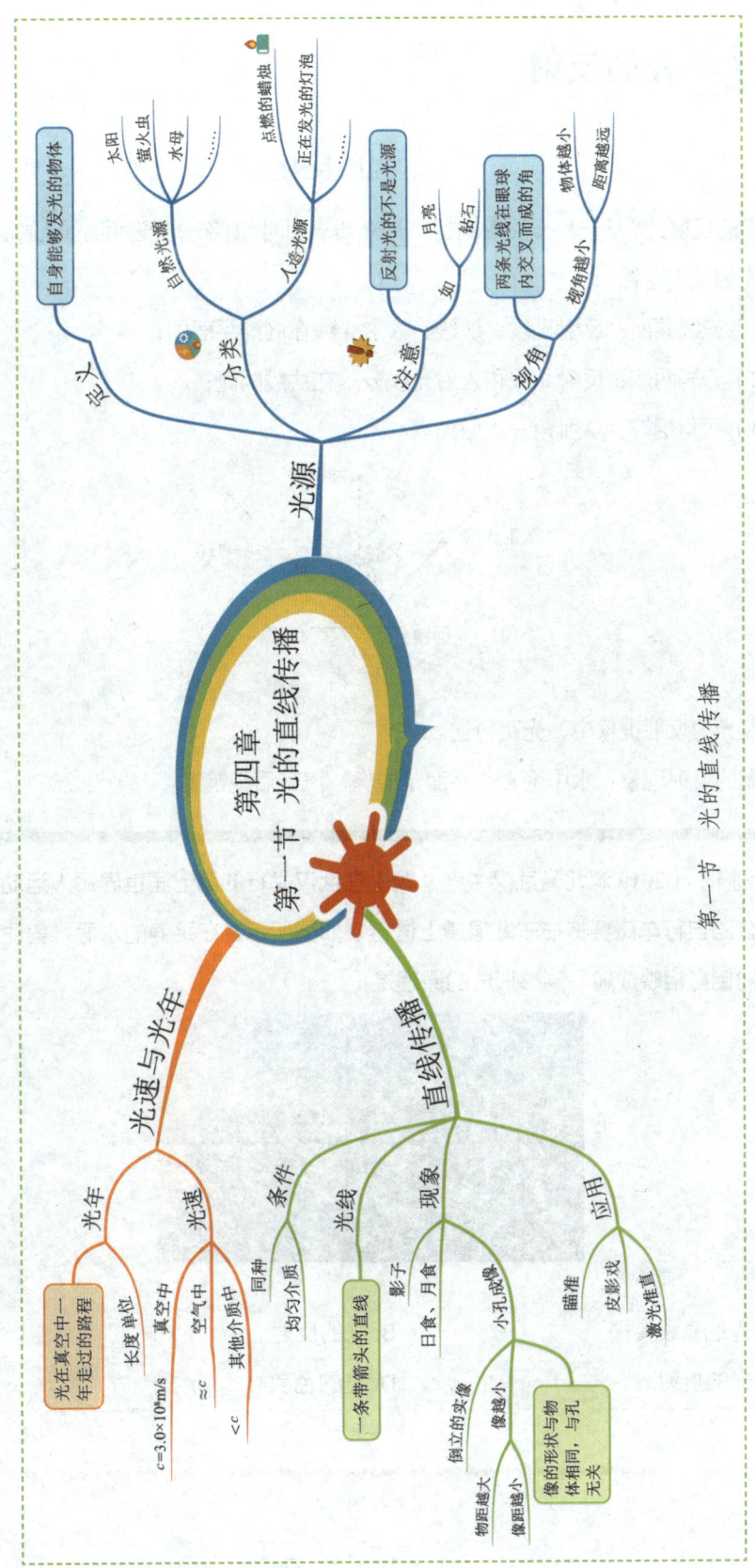

第二节 光的反射

一、光的反射

1. 光的反射：光从一种介质射向另一种介质表面时，有部分光返回原介质的传播现象。
2. 光的反射定律

（1）三线共面：反射光线、法线、入射光线在同一平面内；

（2）分居两侧：反射光线和入射光线分居在法线两侧；

（3）两角相等：反射角 = 入射角。

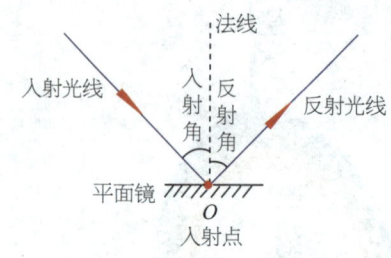

3. 在光的反射现象中，光路可逆。
4. 光的反射现象：水中倒影、平面镜成像、汽车后视镜等。

例题

【例1】（2019 湖北省武汉中考 9 题）在武汉举行的第七届世界军人运动会上，马拉松和公路自行车比赛将在东湖绿道上进行。如图所示，在平静的水面，美丽的东湖绿道和它的倒影相映成趣，倒影形成的原理是（　　）

A. 光的直线传播　　　　　　B. 光的反射

C. 光的折射　　　　　　　　D. 光的色散

B

解析

平静的水面相当于平面镜,东湖绿道的倒影属于平面镜成像,是由于光的反射形成的。故选 B。

二、光的反射定律探究实验

例题

【例2】(2019青海省西宁中考25题)小兰看到教学楼对面的玻璃幕墙把太阳光反射到教室里,她想光在反射时会遵循怎样的规律?于是她利用平面镜、可向后折的纸板、量角器和激光笔进行如图甲和乙的实验。

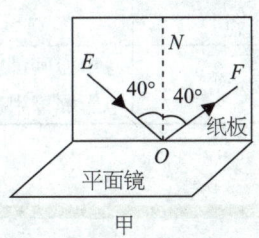
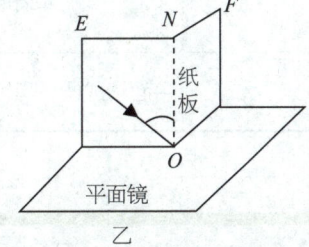

甲　　　　乙

(1)由图甲可得出结论∠FON____∠EON(选填"<"、"="或">")。

(2)如图乙将纸板NOF向后折,纸板上____(选填"能"或"不能")看到反射光线,这说明反射光线、入射光线和法线在_____。

(3)在图甲中当光沿FO的方向射入O点时,光线会沿着OE的方向射出,说明反射现象中光路是_____。

答案

(1)=;(2)不能,同一平面内;(3)可逆的。

解析

(1)由图甲可知反射角和入射角都为40度,所以可以得出结论:反射角等于入射角,即∠FON = ∠EON。

(2)由于反射光线、入射光线和法线都在同一平面内,当纸板NOF向后折,两块纸板不在同一平面上,所以在纸板NOF上就无法呈现出反射光线了,因此这个现象说明了:反射光线、入射光线和法线在同一平面内。

(3)由让光线逆着OF的方向射向镜面,会发现反射光线沿着OE的方向射出可知,将反射光线改为入射光线,光路图照样成立,体现了光路是可逆的。

三、镜面反射与漫反射

	镜面反射	漫反射
相同点	遵循光的反射定律	
反射面	平滑	粗糙
平行光入射后	反射光线还是平行的	反射光线向着各个不同的方向
图例	镜面反射	漫反射
实例	平面镜成像、黑板反光等	各个方向都能看清黑板上的字、电影屏幕用布不用玻璃等

例题

【例3】（2012辽宁省辽阳中考2题）许多轿车的车窗都是贴膜玻璃，从车内能看到外面的物体，从外部观看时，依然是外面的物体，这是因为外面的光在玻璃表面发生了_____（选填"镜面"或"漫"）反射，反射出来的光比车内物体透过玻璃折射出来的光强。"举杯邀明月，对影成三人"是我国唐代大诗人李白的千古名句。从物理学角度来看，他在地上的影子是光的_____形成的。

答案

镜面；直线传播。

解析

玻璃幕墙相当于平面镜，光线照射在光滑的玻璃幕墙上时会发生镜面反射。

"举杯邀明月，对影成三人"其中一"人"是人在地面上形成的影子，它是沿直线传播的光被不透明的人挡住，在人后面的地面上光照不到的地方形成的，即地面上的"人"。

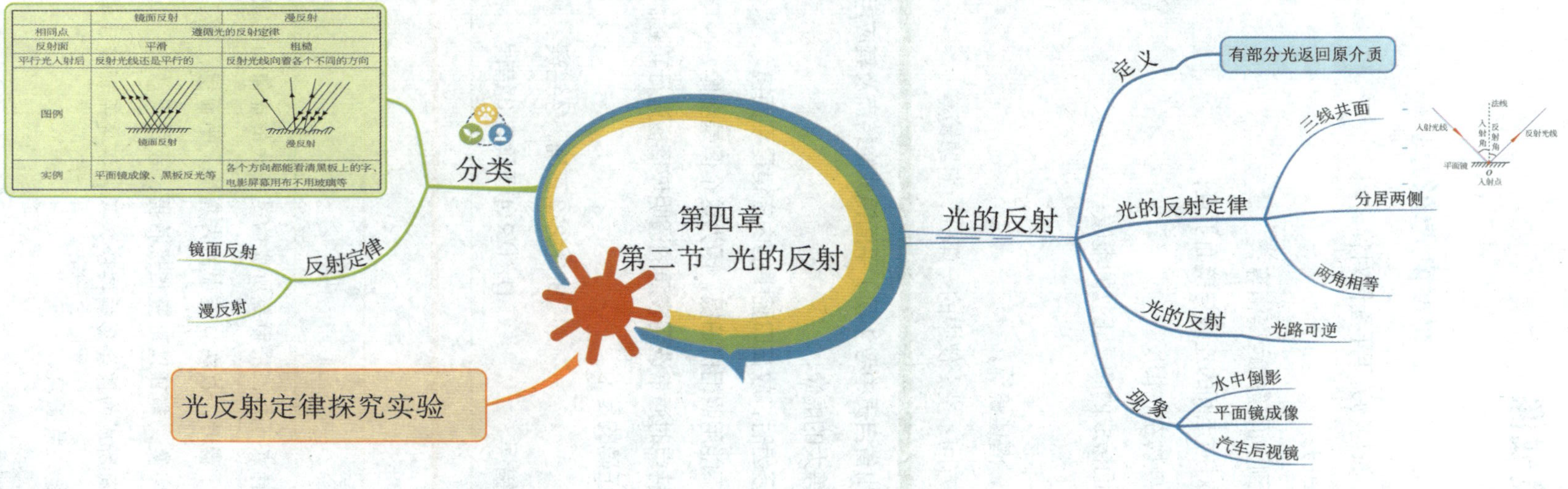

第四章 光现象

第二节 光的反射

光的反射

- **定义**：有部分光返回原介质
- **光的反射定律**
  - 三线共面
  - 分居两侧
  - 两角相等
- **光路可逆**
- **现象**
  - 水中倒影
  - 平面镜成像
  - 汽车后视镜

分类

	镜面反射	漫反射
相同点	平行光入射后，反射光线还是平行的	各个方向都能看到黑板上的字，也能辨别黑板表面不明显的凹凸
反射面	平面	粗糙
图例		
实例	平面镜成像、黑板反光等	反射光线射向各个不同的方向

- 镜面反射
- 漫反射
- 反射定律

光反射定律探究实验

071

第三节 平面镜成像

一、平面镜成像特点

1. 平面镜成像特点：像与物关于平面镜对称。

（1）等大：像与物等大；

（2）等距：像与物到平面镜的距离相等；

（3）垂直：像与物对应点间的连线与镜面垂直；

（4）左右相反：像与物左右相反；

（5）正立虚像：平面镜成的像是正立的虚像。

2. 平面镜成像的应用

（1）成像：穿衣镜、潜望镜等；

（2）改变光的传播方向：投影仪中的一部分、潜望镜等。

【例1】（2019 四川省自贡中考4题）平面镜成像特点及其应用中有以下说法：

①平面镜所成的是等大的虚像；

②医生为病人检查牙齿时，放在口腔中的内窥镜是平面镜；

③平面镜所成的像不能用照相机拍摄，因为这个像是虚像；

④探究平面镜成像特点时通常选用较薄的透明玻璃板进行实验。

对这些说法，判断正确的是（　　）

A. ①②③④都正确　　　　　　B. ①②③正确，④错误

C. ①④正确，②③错误　　　　D. ①②④正确，③错误

D

解析

①据平面镜成像的特点可知，平面镜所成的是等大的虚像，故正确。

②医生为病人检查牙齿时，放在口腔中的内窥镜是平面镜，用于成像，故正确。

③无论是虚像还是实像，都可以用照相机拍摄，故错误。

④较厚的玻璃两个面所成的像会影响实验效果，探究平面镜成像特点时通常选用较薄的透明玻璃板进行实验，故正确。

故选 D。

3. 平面镜成像实验的考点

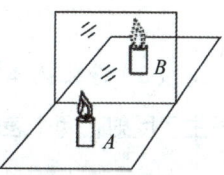

（1）平面镜成像原理：光的反射。

（2）选择在较暗的环境中进行实验的目的：实验现象更明显。

（3）实验中用玻璃板代替平面镜的原因：便于准确确定像的位置。

（4）为了比较像与物的大小关系，选取两支完全相同的蜡烛。用到的实验方法：等效替代法。

（5）无论怎样水平移动蜡烛 B，都不能与蜡烛 A 的像重合，原因是：玻璃板与桌面不垂直。

（6）判断平面镜成虚像的方法：在 B 处放一个光屏，眼睛在 B 侧观察，如果光屏上没有像，那么，所成像为虚像。

（7）平面镜成像时像和物到平面镜的距离相等。

（8）某位同学观察到玻璃板后蜡烛成了两个像，原因是：玻璃板太厚，产生重影。

（9）多做几次实验的目的：使实验结论具有普遍性，避免偶然性。

例题

【例2】（2019 江苏省常州中考 25 题）同学们探究"平面镜成像特点"。

（1）小华在竖直的玻璃板前 A 位置放置点燃的蜡烛，看到玻璃板后出现蜡烛的像，如图甲所示，用一张不透明纸挡在玻璃板与像之间，她在图甲所示位置观察_____（选填"仍然"或"不能"）看到蜡烛的像。这说明像是由于光的_____（选填"缩小""反射"或"折射"）形成的。

（2）撤去不透明纸，小华又拿另一支大小相同的蜡烛放到玻璃板后像的位置，发现它跟像完全重合，由此可知平面镜成_____（选填"等大"或"放大"）的像。记录物像的位置 A、A′。

（3）经过三次实验得到三组物、像位置点，如图乙所示，由此可知_____。

（4）小明自备器材做该实验，在玻璃板前放置一支点燃的蜡烛，看到玻璃板后出现蜡烛的两个像，这是因为_____。

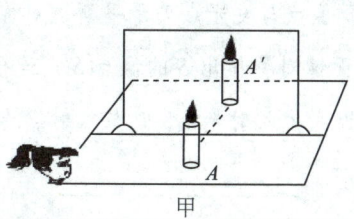
甲
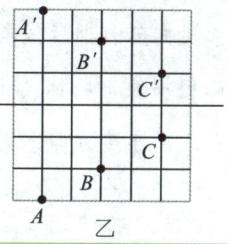
乙

（1）仍然，反射；（2）等大；（3）像和物体到平面镜的距离相等；（4）玻璃板太厚导致玻璃板前后两个面都发生了反射，两个表面都成虚像。

解析

（1）平面镜成的像是虚像，是由光的反射形成的，故用一张不透明纸挡在玻璃板与像之间，她在图甲所示位置观察仍然能看到蜡烛的像。

（2）另外一支相同的蜡烛 B 与前面的蜡烛 A 的像完全重合，说明平面镜所成的像与物体是等大的。

（3）根据图乙可知，A 和 A'、B 和 B'、C 和 C' 都是关于玻璃板所在位置对称的，可得到：像和物体到平面镜的距离相等。

（4）太厚的玻璃板有两个反射面，两个反射面都成虚像，前面一个反射面成的虚像较后面一个反射面所成的虚像更清晰。

二、平面镜成像作图

依据：平面镜成像特点。

例题

【例3】（2019 四川省南充中考20题）如图，在舞蹈室的墙面上装有一块平面镜，王老师用一激光笔从 S 点照向镜面，在地面上 P 点看到一光斑，请用平面镜成像特点完成光路图。

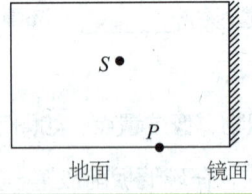

解析

根据反射光线反向延长通过像点以及像点与发光点关于平面镜对称，作出反射光线并完成光路图。即根据像与物体关于平面镜对称作出 S 的像点 S'，连接 $S'P$，与平面镜的交点即为入射点，再连接 A 与入射点连线为入射光线，P 与入射点连线为反射光线，如图所示：

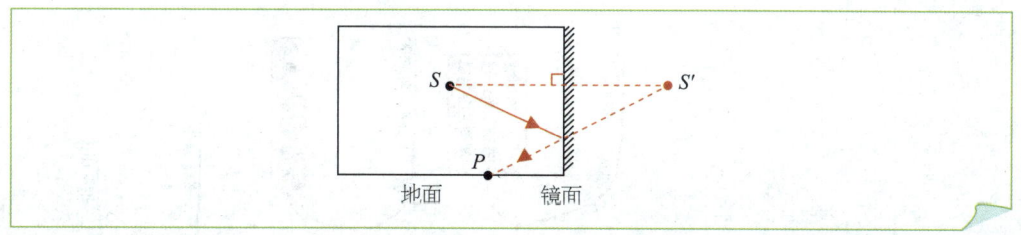

三、球面镜：凸面镜和凹面镜

球面镜	凸面镜	凹面镜
对光线的作用	发散光线	会聚光线
对视野的作用	扩大视野	缩小视野
应用	车的后视镜、拐弯镜等	太阳灶、手电筒的反光面（光路可逆）等

例题

【例4】（2018 湖南省岳阳中考16题）在"走进西藏"活动中，小明对藏民用面积很大的凹面镜制成的太阳灶烧水（如图甲）很好奇。于是他用不锈钢汤勺的内表面当作凹面镜，将平行光正对"凹面镜"照射，光路如图乙。

（1）使用太阳灶烧水时，水壶应放在图乙中的___（选填"a"、"b"或"c"）点。

（2）小明还观察到收集微弱电视信号的"卫星锅"（如图丙）也有类似结构。你认为"卫星锅"凹形锅面应选用对电视信号有很强_____（选填"反射"或"吸收"）性能的材料。

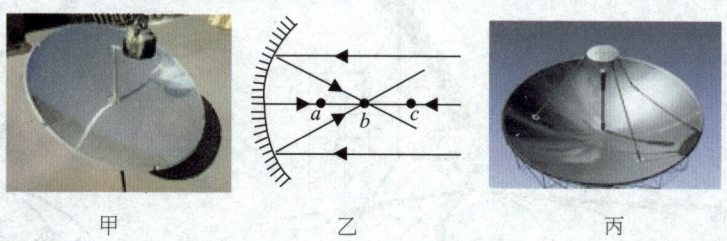

甲　　　　乙　　　　丙

（1）b；（2）反射。

解析

（1）凹面镜对光线有会聚作用，水壶应放在焦点位置，故应放在图乙中的 b 点。

（2）"卫星锅"能收集微弱电视信号，故"卫星锅"凹形锅面应选用对电视信号有很强反射性能的材料。

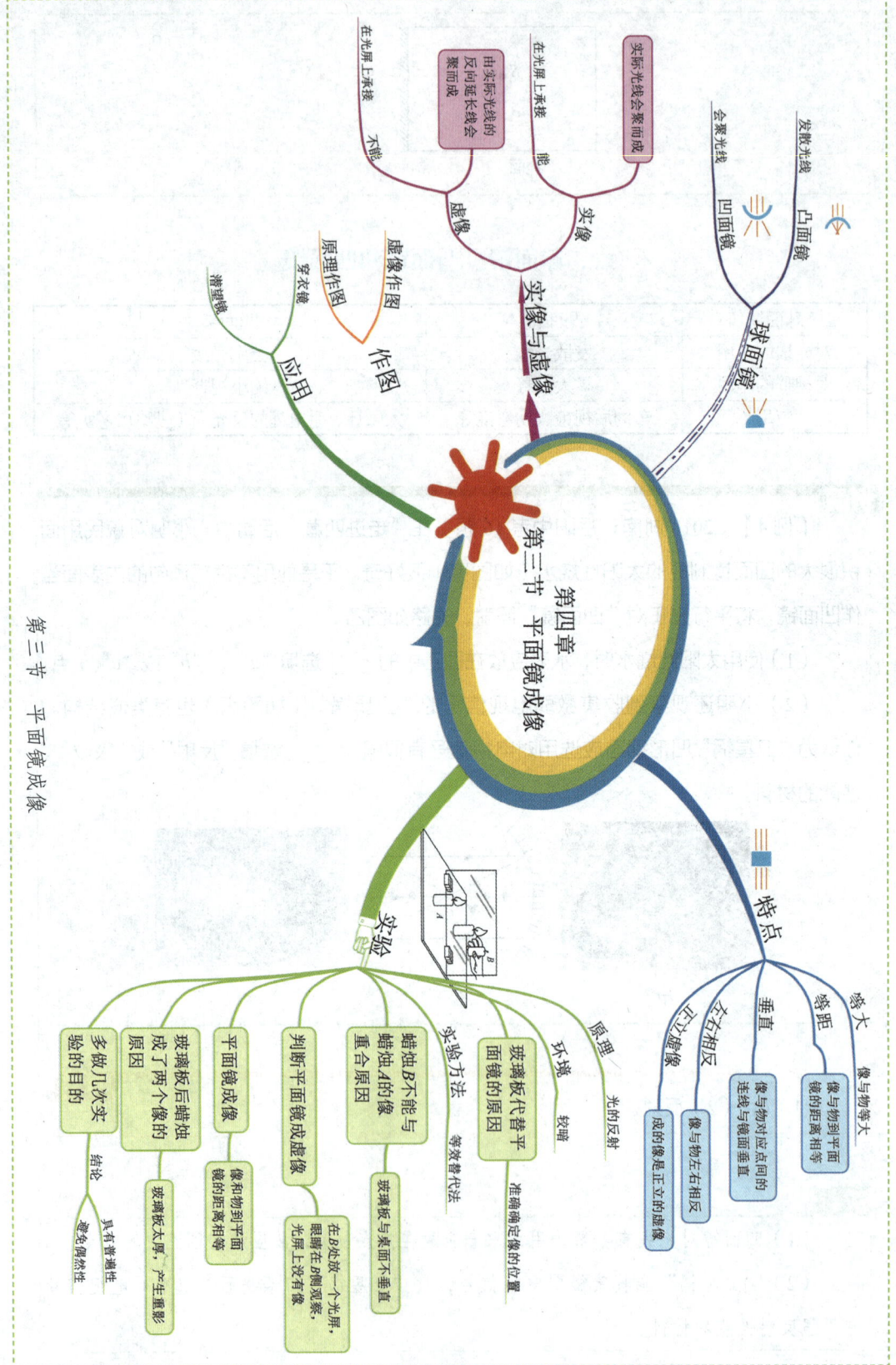

第四节 光的折射

一、光的折射

1. 光的折射：光从一种介质斜射入另一种介质时，传播方向发生偏折，这种现象叫作光的折射。

注意：光线垂直入射时，传播方向不变。

2. 光的折射定律

（1）三线共面：折射光线、法线、入射光线在同一平面内。

（2）分居两侧：折射光线和入射光线分居在法线两侧，分居在两种介质交界面两侧。

（3）光线从空气中斜射到其他介质时，折射光线偏向法线，即折射角＜入射角；反之，光线从其他介质斜射到空气中时，折射光线偏离法线，即折射角＞入射角。

（4）入射角增大，折射角增大。

（5）光路可逆。

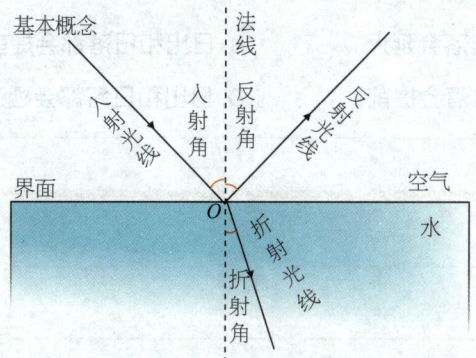

3. 现象：海市蜃楼、彩虹、水中"折断"的筷子、水清池浅、日出等。

例题

【例1】（2019吉林省长春中考4题）下列现象由于光的折射形成的是（　　）

A. 日食　　　　　　　　　B. 黑板"反光"

C. 桥在水中的倒影　　　　D. 池水看起来变浅

答案

D

解析

　　A. 当月球转到太阳和地球中间并且三者在一条直线上时，月球挡住了太阳照射在地球上的光线，地球处在月球的影子里，这就形成了日食。日食的形成说明光是沿直线传播的，故 A 不符合题意。

　　B. 黑板"反光"，属于镜面反射，是由于光的反射形成的，故 B 不符合题意。

　　C. 桥在水中的倒影属于平面镜成像，是由于光的反射形成的，故 C 不符合题意。

　　D. 池水看起来变浅是从池底反射的光从水中斜射入空气中时，发生折射，折射光线远离法线，当人逆着折射光线的方向看时，看到的是池底的虚像，比实际位置偏高，故 D 符合题意。

　　故选 D。

例题

【例2】（2019 浙江省杭州中考 6 题）太阳光穿过地球大气层时会发生折射，如果没有这层大气，会出现（　　）

　　A. 日出会提前，日落会延迟　　　B. 日出和日落都会提前

　　C. 日出会延迟，日落会提前　　　D. 日出和日落都会延迟

答案

C

解析

　　由于大气层的存在，太阳光会发生折射，我们会看到地平线以下的太阳，则有大气层时，我们会早看到日出，晚看到日落。如果没有这层大气，则会晚看到日出，早看到日落，故 C 正确，ABD 错误。

　　故选 C。

例题

【例3】（2016 福建省莆田中考 15 题）如图所示，人眼在 A 点看见河里 B 点有一条小鱼，若从 A 点射出一束激光，要使激光能照射到小鱼，该激光应射向（　　）

A. B 点	B. B 点上方
C. B 点下方	D. B 点左方或右方

答案

A

解析

连接 AB，过折射点作法线，根据光从空气斜射入水中，折射角小于入射角画出折射光线的位置，虽然人看到的 B 点是鱼的虚像，鱼的实际位置在 B 点的正下方，因为激光在进入水的时候也会发生折射，所以照着 B 点，激光也就刚好落在鱼上了。如图所示：

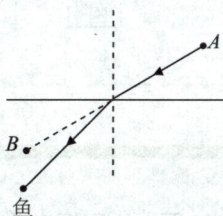

故选 A。

例题

【例4】（2019 湖南省株洲中考 4 题）能正确表示光从室外透过窗户玻璃进入室内传播的光路图是（　　）

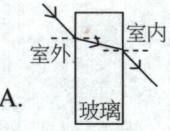
A.

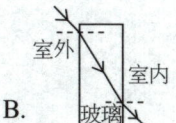
B.

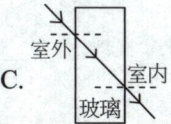
C.

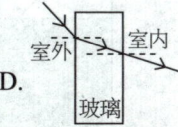
D.

答案

A

解析

第一次折射：先过入射点 O 垂直玻璃上表面作出法线，再在玻璃内部法线的另一侧作出折射光线，注意折射角小于入射角。

第二次折射：先过 O' 点垂直玻璃下表面作出法线，再在玻璃的下侧空气中作出折射光线，注意折射角大于入射角，折射光线与玻璃上表面的入射光线平行，如图所示：

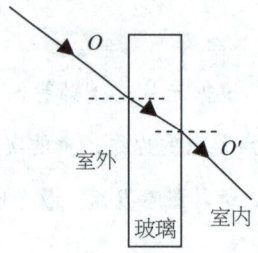

故选 A。

例题

【例5】（2019 广西玉林中考 24 题）为了探究"光折射时的特点"，如图所示：

（1）让光束沿 AO 射入杯中时，光束进入水中后折射光线会向 _____ 方向偏折；当入射角增大时，折射角 _____。

（2）当一束光射入杯中时，会在杯底形成光斑。保持入射光束的方向不变，逐渐往杯中加水，观察到杯底的光斑向 _____（选填"左"或"右"）移动。

（3）把一枚硬币放入杯底，看到硬币的位置比它实际的位置要偏 _____（选填"高"或"低"）。

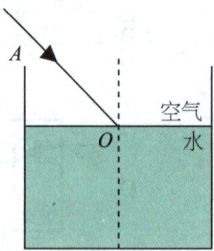

（1）法线，增大；（2）左；（3）高。

> **解析**
>
> （1）由光的折射定律可知，光从空气斜射入水中或其他介质中时，折射角小于入射角，折射光线将向靠近法线方向偏折；当入射角增大时，折射角随之增大。
>
> （2）若杯中的水增多，如图所示：

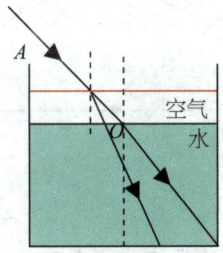

> 可见，当水增多时，液面升高，入射角不变，折射角也不变，光斑向左移动。
>
> （3）从硬币发出的漫反射光经水面折射，折射光线远离法线向下偏折，当光线射入人眼，人凭光直线传播的感觉，认为硬币在折射光线的反向延长线上，其实人看到的是硬币的虚像，比实际的位置要高。

二、光的折射作图

依据：光的折射定律。

例题

【例6】（2018湖南省衡阳中考19题）如图所示，一束光线从空气射向水面，已知入射光线AO，画出其折射光线和反射光线。

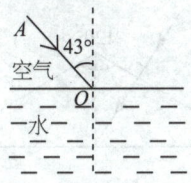

> **解析**
>
> 题目已经过入射点O作出垂直于界面的法线，已知入射角为$43°$，则反射角等于入射角，也为$43°$，根据反射光线与入射光线分居法线两侧，在法线右侧作出反射光线OB；光线从空气斜射向水面，根据折射角小于入射角画出折射光线OC，如图所示：

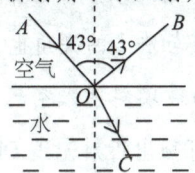

例题

【例7】（2019湖北省恩施中考22题）如图一束光射向半圆形玻璃砖，O为圆心，请作出光通过a、b两个界面的折射光线。

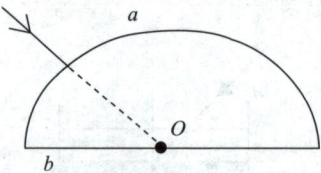

解析

当光线垂直射向a界面时，其传播方向不改变；当光从玻璃斜射入空气中时，折射光线将向远离法线的方向偏折，即入射角小于折射角。如下图所示：

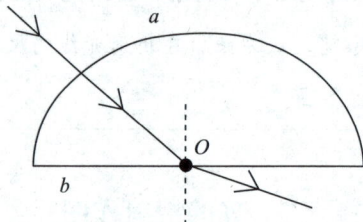

例题

【例8】（2019贵州省贵阳中考17题）如图所示是一条光线从透明玻璃砖的一面，垂直入射的光线，玻璃砖的截面为等腰三角形，顶角为120°，请结合几何知识画出这条光线经玻璃砖从另外两个面射出的光路图。

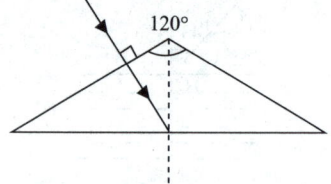

解析

首先，光从空气垂直入射到玻璃的表面，所以传播方向不变。

已知玻璃砖的截面为等腰三角形，顶角为120°，则两个底角都为30°，过入射点作出法线，法线正好平分顶角，则折射光线ED与法线的夹角为30°。

反射角等于入射角，故反射光线与法线的夹角也为30°。当光线由玻璃垂直入射时，传播方向不改变，即DF。当光线由玻璃斜射入空气中时，折射光线与入射光线分居法线两侧，折射角大于入射角，由此可画出折射光线DG，如图所示：

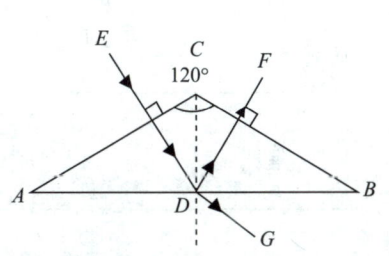

例题

【例9】（2019 江苏省盐城中考27题）在碗中加满水后恰好看到硬币右边缘，画出恰好看到右边缘的一条光路。

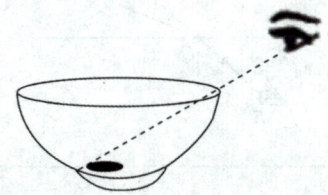

解析

由图知，碗里无水时，人眼通过碗的边缘刚好能看到空碗底部硬币的左边缘。

由题知，当碗中加满水后恰好看到硬币右边缘，说明由右边缘点射向水面的光线折射后进入了人的眼睛。

所以，作图方法为：先画出水面，与图中虚线相交点为入射点 O，过 O 点作法线，连接硬币右边缘与 O（该连线为入射光线），则 O 到人眼的连线为折射光线，如图所示：

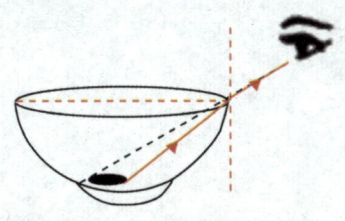

例题

【例10】（2016 山东省泰安中考28题）如图所示，在平静的湖边上方有一盏路灯，潜水员在水下 E 处看到了路灯的像，图中 A、B 两点，其中一点是路灯的发光点，另一点是路灯的像点。请你区分发光点、像点，在图中画出水下 E 处的潜水员看到路灯的光路图。

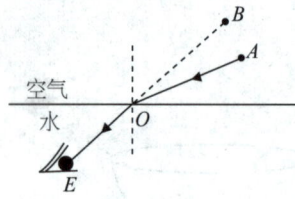

解析

连接 EB，EB 与界面的交点即为入射点 O，OE 就是折射光线，连接 AO，AO 就是入射光线，即可完成水下 E 处的人看到路灯 A 的光路图，如图所示：

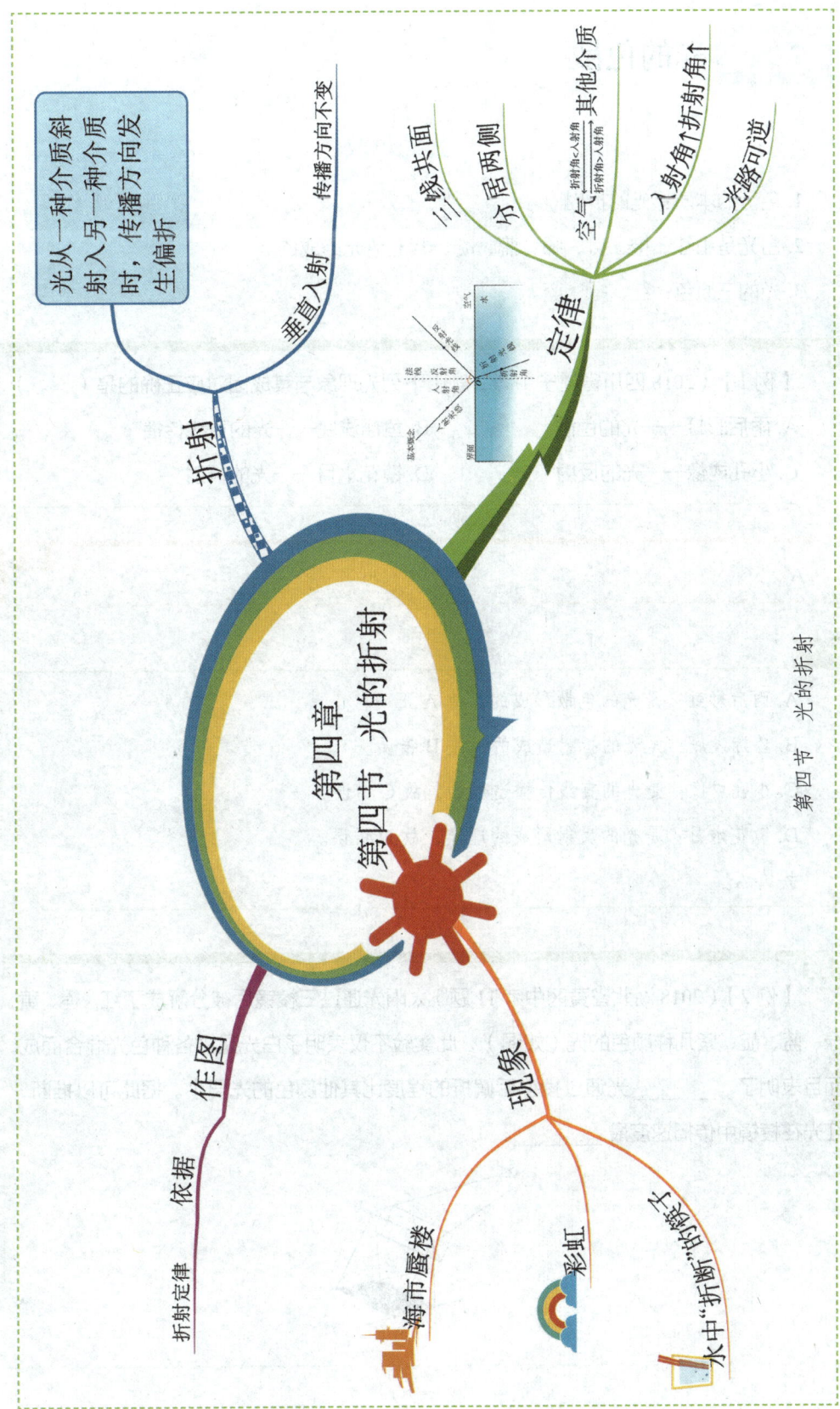

第五节 光的色散

一、光的色散

1. 色散的本质：光的折射。
2. 白光是由红、橙、黄、绿、蓝、靛、紫七色光组成的。
3. 光的三原色：红、绿、蓝。

【例1】（2018 四川省遂宁中考2题）下列光现象与其成因对应正确的是（　　）

A. 雨后彩虹——光的色散　　B. 鱼翔浅底——光的直线传播

C. 小孔成像——光的反射　　D. 镜花水月——光的折射

答案 A

解析

A. 雨后彩虹：是光的色散形成的，故A正确。

B. 鱼翔浅底：是光的折射造成的，故B错误。

C. 小孔成像：是光的直线传播造成的，故C错误。

D. 镜花水月：是光的反射形成的虚像，故D错误。

故选A。

【例2】（2018 湖北省黄冈中考11题）太阳光通过三棱镜后被分解成了红、橙、黄、绿、蓝、靛、紫几种颜色的光（如图），此实验不仅表明了白光是由各种色光混合而成，而且表明了_____光通过棱镜后偏折的程度比其他颜色的光要小。据此可以推断，红光在棱镜中传播速度最_____。

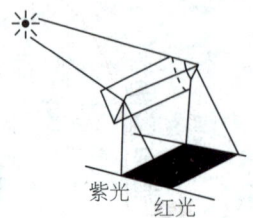
紫光　红光

红；快。

解析

太阳光经过三棱镜后，被分解成各种色光，这是光的色散现象；偏转能力越小，说明光的传播速度越快，红光通过棱镜后偏折的程度比其他颜色的光要小，所以红光在棱镜中传播速度最快。

4.物体的颜色

（1）不透明物体的颜色是由它反射的色光来决定的；

（2）透明物体的颜色是由它透过的色光来决定的。

例题

【例3】（2019 山东省烟台中考 2 题）"万物生长靠太阳"，绿色植物的生长需要阳光。物理学研究表明，不透明物体的颜色是由它反射的色光决定的，由此可以推测，不利于绿色植物生长的光是（　　）

A. 红光　　　　B. 黄光　　　　C. 绿光　　　　D. 紫光

C

解析

植物是不透明的，植物呈现绿色，说明植物能反射绿光而吸收其他色光。
植物之所以反射绿光是因为植物的生长不需要绿光，即绿光不利于植物的生长。
故选 C。

二、看不见的光

1.红外线

（1）特征：①一切物体都在不停地辐射红外线；②物体温度越高，辐射的红外线越强，红外线的热作用越强。

（2）应用：红外线夜视仪、红外线遥控器、红外线烤箱、红外线体温计等。

2.紫外线

（1）化学作用强：使照片底片感光。

（2）生理作用强：杀菌消毒，促进人体维生素 D 的合成。

（3）荧光效应：防伪。

例题

【例4】（2018 江苏省常州中考 4 题）浙江大学柏浩研制出一种神奇织物，给白兔身体披上该织物，如图甲所示；用红外照相机拍摄得到的照片上，兔子身体"隐形"了，如图乙所示，兔子身体"隐形"是因为该织物（　　）

 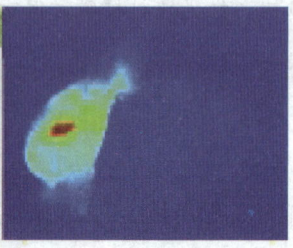

A. 呈洁白色　　　B. 隔热性好　　　C. 导热性好　　　D. 密度较小

答案

B

解析

由红外线的特点可知，红外线具有热效应，一切物体都会向外辐射红外线，不受物体亮暗的影响，用红外照相机能拍摄到清晰的照片。当给白兔身体披上织物，再用红外照相机拍摄得到的照片，兔子身体"隐形"了，说明兔子辐射的红外线被织物隔离了，即织物的隔热性好。

故选 B。

例题

【例5】（2018 广西梧州中考 14 题）让一束太阳光通过三棱镜后被分解成各种颜色的光，如果用一个白屏来承接，会形成一条彩色光带，这种现象叫光的_____，在彩色光带外侧有两种看不见的光，用其中一种光照射钞票，可以使钞票的荧光物质发光，这种光叫_____（选填"红外线"或"紫外线"）。

答案

色散；紫外线。

解析

（1）太阳光经过三棱镜折射后可以分散成七种颜色的光，分别是红、橙、黄、绿、蓝、靛、紫，这就是光的色散现象。

（2）紫外线可以使荧光物质发光，钞票上某些位置用荧光物质印上标记，通过在紫外线照射下识别这些标记，可辨别钞票的真伪。

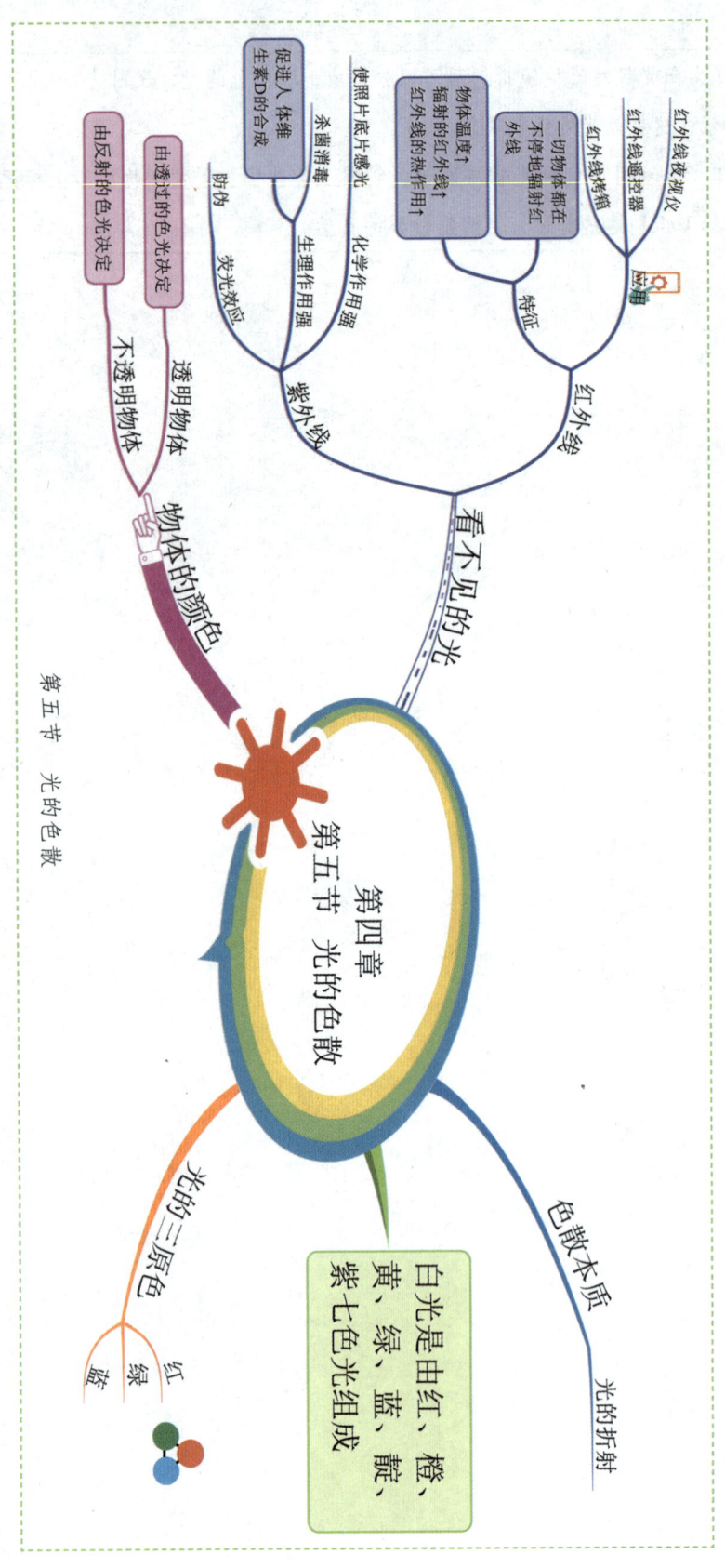

第五节 光的色散

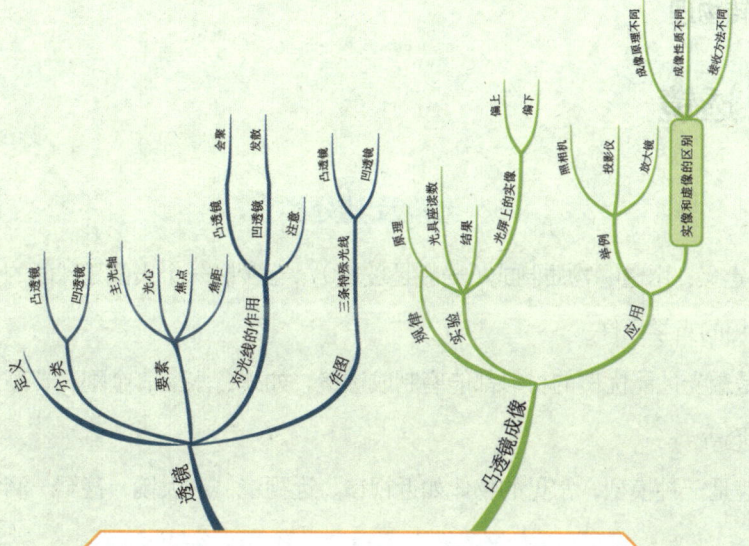

第五章
透镜及其应用

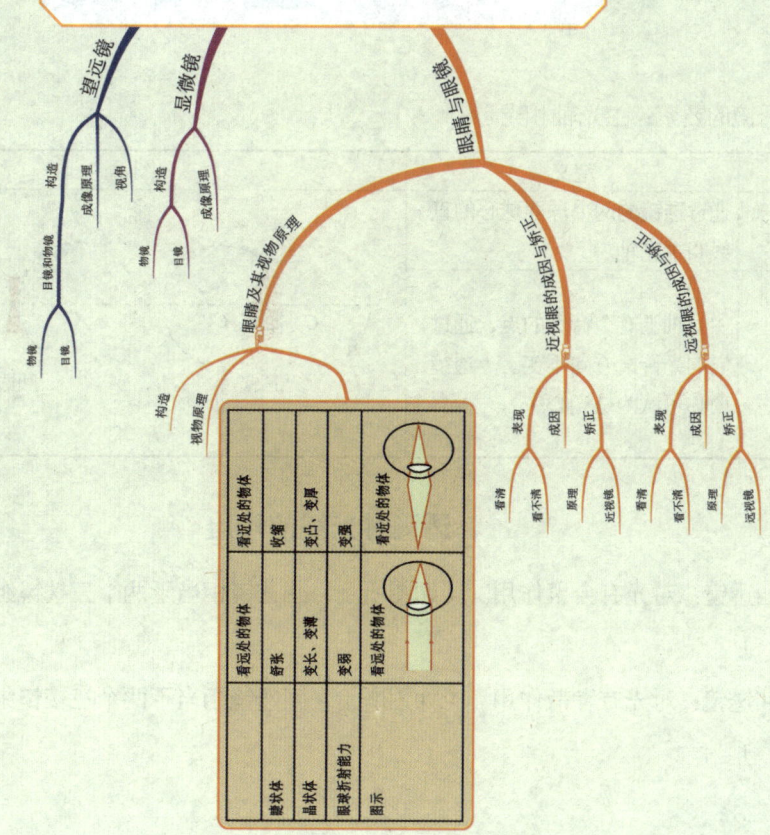

第一节 透镜

一、透镜及其分类

1. 透镜的定义：由透明物质制成（一般是玻璃）、至少有一个表面是球面的一部分、对光起折射作用的光学元件。

（1）凡是透光性能优良的材料都能磨制成透镜，如冰、水晶、金刚石、高分子透明树脂、有机玻璃等。

（2）透镜是一种模型，常见的物体如近视镜、远视镜、放大镜，甚至一滴水都可以看作一个透镜。

2. 透镜的分类

（1）凸透镜：边缘薄，中央厚。（图甲）

（2）凹透镜：边缘厚，中央薄。（图乙）

甲　　　　　　　　乙

3. 透镜的要素：主光轴和光心。

概念	定义	图示
主光轴	通过透镜的两个球面球心的直线叫主光轴	凸透镜　　　凹透镜
光心	主光轴上有个特殊的点，通过它的光传播方向不变。（透镜中心可认为是光心）	

二、透镜对光线的作用

1. 凸透镜：对光有会聚作用。（如图所示，凸透镜相当于两个三棱镜组合，厚的一端相对。）

2. 凹透镜：对光有发散作用。（如图所示，凹透镜相当于两个三棱镜组合，薄的一端相对。）

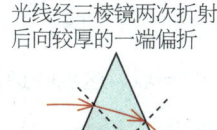
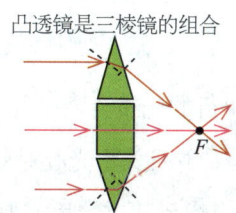

注意：（1）凸透镜对光线具有会聚作用，但并不是说通过凸透镜后的光束一定会聚在一点，或一定是一束会聚光束，因为会聚是相对于不发生折射时的光线来说的。

（2）凹透镜对光线具有发散作用，但并不是说通过凹透镜后的光束一定是发散的，或延长不相交，因为发散是相对于不发生折射时的光线来说的。

例题

【例1】（2018 湖南省株洲中考14题）截面为正方形、中空部分为椭圆形的玻璃体如图所示。则这个玻璃体（　　）

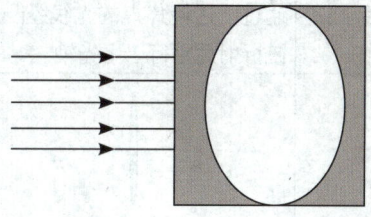

A. 可以看作两块凹透镜

B. 可以看作一块凸透镜

C. 对图示光束具有发散作用

D. 对图示光束具有会聚作用

答案

AC

解析

玻璃体被中空（中间是空气）分成了两部分，这两部分都是中间薄、边缘厚，都是凹透镜，对光线有发散作用，因此平行光经过玻璃砖后，会变得发散。

故选 AC。

三、焦点和焦距

1. 焦点：凸透镜能使跟主轴平行的光线会聚在主光轴上的一点，这点叫透镜的焦点，用"F"表示。凸透镜有两个焦点，并且关于光心对称。

2. 虚焦点：跟主光轴平行的光线经凹透镜后变得发散，发散光线的反向延长线相交于主光轴上一点，这一点不是实际光线的会聚点，所以叫虚焦点。凹透镜有两个虚焦点，并且关于光心对称。

3. 焦距：焦点到光心的距离叫焦距，用"f"表示。

凸透镜的焦距 f 的大小表示其会聚能力的强弱，f 越小，对光的会聚能力越强；凹透镜焦距 f 的大小表示其发散能力的强弱，f 越小，对光的发散能力越强。

四、三条特殊光线

凸透镜	通过光心的光线经凸透镜后传播方向不变	通过凸透镜焦点的光线经凸透镜折射后平行于主光轴	跟主光轴平行的光线经凸透镜折射后过焦点
凹透镜	通过光心的光线经凹透镜后传播方向不变	射向凹透镜的光线如果其延长线通过虚焦点，则经凹透镜折射后平行于主光轴	跟主光轴平行的光线经凹透镜折射后，折射光线的反向延长线过焦点

由于光路可逆，若把光源放在焦点上，光源射向透镜的光，经凸透镜折射后将变为平行光，因此利用凸透镜可产生平行光。

例题

【例 2】（2017 四川省达州中考 38 题）如图所示，可以利用不同的光学元件来改变入射光线的传播方向，请在图中分别画出三种合适的光学元件。（只要求画出光学元件大致位置的示意图，但须与光学规律相符）

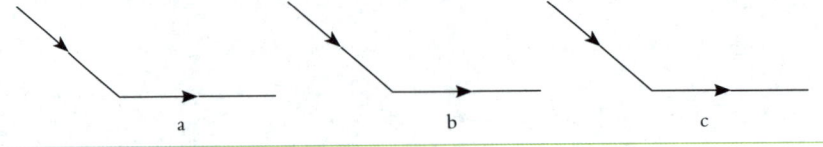

> **解析**
>
> 图中的入射光线经过光学元件后变成水平的光线，则光学元件可以是平面镜、凸透镜、凹透镜。
>
> 当光学元件为平面镜时，作反射光线与入射光线夹角的平分线即为法线，再过入射点作出法线的垂线即可，如图①所示。
>
> 当光学元件为凸透镜时，过焦点的光线经凸透镜折射后，将平行于主光轴，由此画出凸透镜，如图②所示。
>
> 当光学元件为凹透镜时，射向虚焦点的光线经凹透镜折射后将平行于主光轴，由此画出凹透镜，如图③所示。
>
>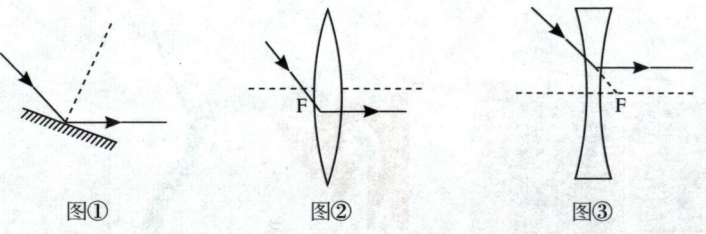

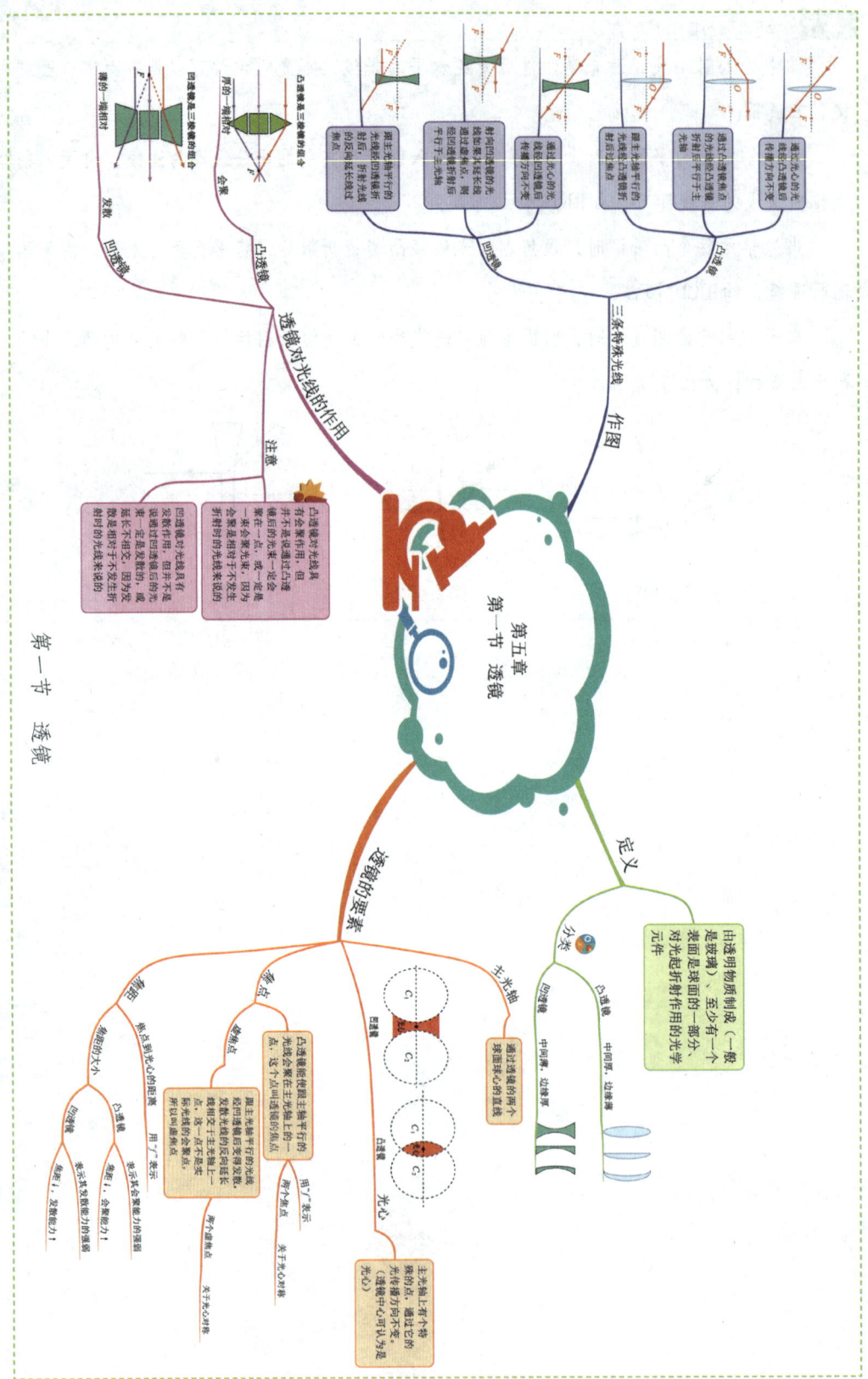

第二节 凸透镜成像规律

一、凸透镜成像规律

1. 凸透镜成像规律（物距：u；像距：v；焦距：f）

物的位置	像的位置		像距与物距的大小	像的性质	应用举例
$u > 2f$	$2f > v > f$	物像异侧	$u > v$	缩小、倒立、实像	照相机、眼睛
$u = 2f$	$v = 2f$		$u = v$	等大、倒立、实像	测焦距
$2f > u > f$	$v > 2f$		$u < v$	放大、倒立、实像	幻灯机、电影机
$u = f$			不成像		测焦距
$u < f$	物像同侧		$u < v$	放大、正立、虚像	放大镜

总结为

（1）"一倍焦距分虚实"：物体在一倍焦距以内成虚像，一倍焦距以外成实像。

（2）"二倍焦距分大小"：物距小于二倍焦距，成放大的像（焦点除外）；物距大于二倍焦距成缩小的像。

（3）"成实像时，物近像远像变大"：成实像时，物体靠近透镜，像远离透镜，像逐渐变大。

（4）"成虚像时，物近像近像变小"：成虚像时，物体靠近透镜，像也靠近透镜，像逐渐变小。

例题

【例1】（2019 四川省雅安中考7题）在探究凸透镜成像规律的实验中，将点燃的蜡烛放在凸透镜前某一位置，在凸透镜后 20 cm 的光屏上出现一个清晰的倒立等大的像，如果将蜡烛移动到凸透镜前 25 cm 处，则（ ）

A. 将光屏靠近凸透镜一段距离，光屏上会出现倒立缩小的实像

B. 将光屏靠近凸透镜一段距离，光屏上会出现倒立放大的实像

C. 将光屏远离凸透镜一段距离，光屏上会出现倒立放大的实像

D. 无论怎样移动光屏，光屏上均找不到像

A

解析

距离凸透镜20 cm的光屏上得到一个清晰的与物体等大的像，所以$v=20\ cm=2f$，则$f=10\ cm$。

如果将蜡烛移动到凸透镜前25 cm处，物距增大，像距减小，所以应该将光屏靠近凸透镜一段距离，光屏上会出现倒立缩小的实像，故A正确，BCD错误。

故选A。

二、探究凸透镜成像规律实验考点

1. 调节烛焰中心、透镜光心、光屏中心在同一高度上。目的：使像成在光屏中心。

2. 光具座读数：（1）读数时要估读；（2）物距为透镜与蜡烛位置读数的差值，像距为光屏与透镜位置读数的差值。

3. 凸透镜成像规律

4. 光屏上的实像偏上时，可将蜡烛或光屏向上调节，或者将凸透镜向下调节；反之，可将蜡烛或光屏向下调节，或者将凸透镜向上调节。

例题

【例2】（2014江苏省无锡中考25题）某物理兴趣小组利用透明橡皮膜、注射器、乳胶管、止水夹等器材制成凹、凸形状可改变的液体透镜，并利用液体透镜探究"光的折射"和"透镜成像"，如图所示。

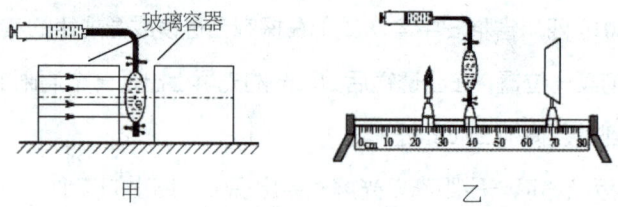

甲　　　　　　　乙

（1）在探究"凸透镜对光线的作用"时，首先在两个透明玻璃长方体容器中充入蚊香烟雾，然后将水注入橡皮膜，制成液体透镜，再将液体透镜放置在两个玻璃容器之间，如图甲所示，让光线沿图示方向射入玻璃容器，经透镜折射后折射光线将_____（选填"偏离"或"偏向"）主光轴。如果此时再用注射器向橡皮膜注水，改变液体透镜的凸起程度，则折射光线偏折的程度_____（选填"会改变"或"不改变"），在玻璃容器中充入蚊香烟雾的目的是_____。

（2）在用液体透镜探究"凸透镜成像规律"时，蜡烛、光屏和液体透镜的位置如图乙所示，光屏上出现清晰的烛焰像，若透镜位置不动，将蜡烛移到光具座10 cm刻度时，则烛焰经凸透镜所成的像是_____。

A. 放大、倒立的实像　　　　B. 放大、正立的虚像

C. 缩小、倒立的实像　　　　D. 缩小、正立的实像

（3）为了探究"影响液体透镜折光能力强弱的因素"，物理兴趣小组人员做了如下实验：在图甲所示的装置中，保持液体透镜的凸起程度，即形状不变，先后在橡皮膜中注入酒精和煤油，观察光线经不同液体透镜折射后的偏折程度，此时，他们是在探究液体透镜折光能力与_____是否有关，在此探究过程中保持液体透镜的凸起程度，即形状不变的具体原因是_____。

（4）利用液体透镜还可以探究哪些问题？（写出一个即可。）

答案

（1）偏向，会改变，观察光的路径；（2）C；（3）液体种类；为了防止凸起程度对实验的影响；（4）模拟眼睛的晶状体和眼镜。

解析

（1）由图可知，玻璃容器的形状相当于一个凸透镜，凸透镜对光有会聚作用，经透镜折射后，折射光线将向主光轴方向偏折；凸透镜对光的偏折能力与凸透镜的凸起程度有关，用注射器向橡皮膜注水，改变液体透镜的凸起程度，则折射光线偏折的程度会发生改变；在玻璃容器中充入蚊香烟雾，当光照到烟雾时，烟雾颗粒对光的反射方向是不同的，会发生漫反射现象，所以我们从各角度均可以看到光的路径。

（2）由图知，物距小于像距，此时成倒立、放大的实像，因此物距处于1倍和2倍焦距之间，像距大于2倍焦距，

物距 u=40 cm−25 cm=15 cm；像距 v=70 cm− 40 cm=30 cm；

由上分析得：

30 cm>2f　f<15 cm<2f

解得：7.5 cm<f<15 cm

将蜡烛移到光具座的 10 cm 刻度处时，物距 u=40 cm−10 cm=30 cm，处于2倍焦距之外，所以成倒立缩小的实像。

故选 C。

（3）在图甲所示的装置中，保持液体透镜的凸起程度，即形状不变，先后在橡皮

膜中注入酒精和煤油，观察光线经不同液体透镜折射后的偏折程度，此时，他们是在探究液体透镜折光能力与液体的种类是否有关，在此探究过程中保持液体透镜的凸起程度，即形状不变，是为了防止凸起程度对实验的影响。

（4）通过小孔向空腔内注入水时，橡皮膜向外鼓出，这样空腔的中间厚、边缘薄，是一个凸透镜的模型，可以类比眼镜和凸透镜；将腔里的水抽出时，空腔的中间薄、边缘厚，是凹透镜的模型。因此利用该实验模型完全可以模拟眼睛的晶状体和眼镜。

三、凸透镜成像的应用

1. 照相机：镜头相当于凸透镜，来自物体的光经过照相机镜头后会聚在胶片上，成倒立、缩小的实像。

2. 投影仪：镜头相当于凸透镜，来自投影片的光通过凸透镜后成像，再经过平面镜改变光的传播方向，使屏幕上成倒立、放大的实像。

3. 放大镜：成正立、放大的虚像。

4. 实像和虚像的区别

（1）成像原理不同：物体发出的光线经光学器件会聚而成的像为实像，经光学器件后光线发散，反向延长相交形成的像叫虚像。

（2）成像性质上的区别：实像是倒立的，虚像是正立的。

（3）接收方法上的区别：实像既能被眼睛看到，又能被光屏接收到；虚像只能被眼睛看到，不能被光屏接收到。

例题

【例3】（2019浙江省宁波中考5题）如图所示，在"用'凸透镜'观察周围的景物"活动中，小科将印有绿色环保标志"♺"的纸固定在墙上，再将一只装有水的圆柱形玻璃杯移到标志的正前方，然后改变玻璃杯与标志之间的距离。小科站立时透过玻璃杯和水观察。下列图像中，不可能看到的是（　　）

A. ♺　　　B. ♺　　　C. ♺　　　D. ♺

第五章 透镜及其应用

答案

C

解析 因为装有水的圆柱形玻璃杯,中间厚、边缘薄,相当于凸透镜,所以像是左右颠倒的。

当物距小于焦距时,成正立放大的虚像,即左右变大,上下不变,如图 A。

当物距大于焦距、小于二倍焦距时,成倒立、放大的实像,即左右颠倒的像,如图 B;不可能出现 C 中的图片。

当物距大于二倍焦距时,成倒立、缩小的实像,可能出现 D 中的图片。

故选 C。

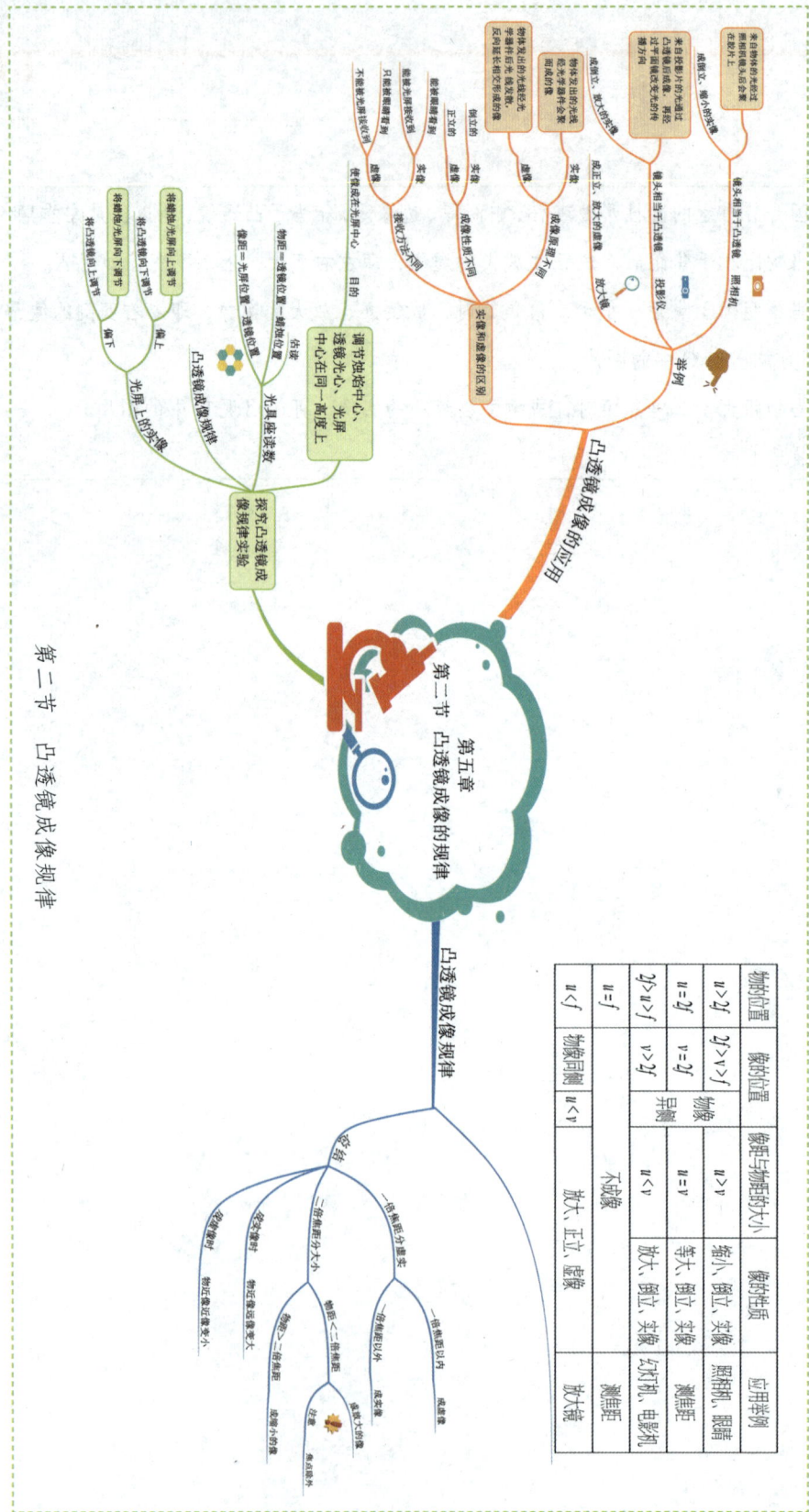

第三节 眼睛与眼镜

一、眼睛及其视物原理

1. 构造：由睫状体、瞳孔、角膜、晶状体、视网膜、视神经、玻璃体等部分构成。

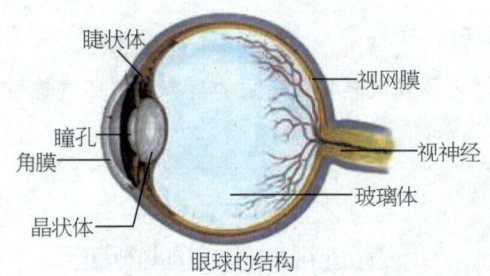

眼球的结构

2. 视物原理：晶状体和角膜的共同作用相当于凸透镜，来自物体的光，经过它的折射后在视网膜上成倒立、缩小的实像，再经视神经系统传入大脑，就能看到物体。

3. 看近处的物体和远处的物体时眼睛的调节变化：

	看远处的物体	看近处的物体
睫状体	舒张	收缩
晶状体	变长、变薄	变凸、变厚
眼球折射能力	变弱	变强
图示	看远处的物体	看近处的物体

【例1】（2019 辽宁省大连中考 5 题）下列关于眼睛的说法正确的是（ ）

A. 晶状体和角膜相当于光屏

B. 物体在视网膜上成正立的像

C. 看清远处物体时，晶状体较薄

D. 患近视眼，应使用凸透镜矫正

答案 C

> **解析**
> AB.人类的眼睛很像一架照相机,眼睛与照相机的不同之处在于:人的眼睛是通过调节晶状体的弯曲程度,改变晶状体的焦距来获得清晰的倒立、缩小的实像,即晶状体和角膜的共同作用相当于照相机的镜头,故 AB 错误。
> C.看远处物体时,晶状体较薄,对光的偏折能力变弱,使来自远处物体的光刚好会聚在视网膜上,故 C 正确。
> D.近视眼是晶状体太厚或眼轴变长造成的,需要用凹透镜矫正,故 D 错误。
> 故选 C。

二、近视眼的成因与矫正

1.近视眼

(1)表现:只能看清近处的物体,看不清远处的物体。

(2)成因:晶状体变得太厚,折射光的能力太强或由于眼球在前后方向上太长,视网膜距晶状体过远,来自远处的光会聚在视网膜之前,视网膜上得不到清晰的像,如图所示。

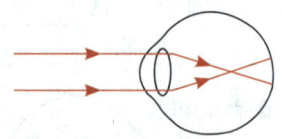

近视眼成像于视网膜之前

2.近视眼的矫正

矫正近视眼,要抵消过度的折光作用。可佩戴用凹透镜制成的近视眼镜,使入射的光线经凹透镜发散后再射入眼睛,会聚点就能移到视网膜上,如图所示。

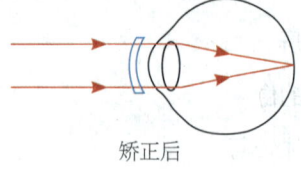

矫正后

> **例题**
> 【例2】(2019 山东省枣庄中考3题)智能手机给人们带来了许多便利,但长时间盯着手机屏幕,容易导致视力下降。下列关于近视眼及其矫正的原理图正确的是( )

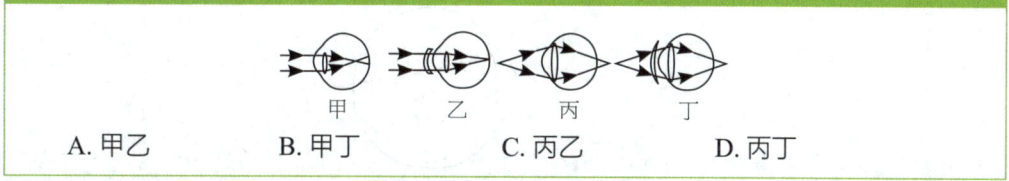

A. 甲乙　　B. 甲丁　　C. 丙乙　　D. 丙丁

A

解析　在以上四个图中，甲图的入射光线会聚在视网膜的前方，所以甲图表示了近视眼的成像情况；为了使光线会聚在视网膜上，就需要在光线进入人的眼睛以前发散一下，因此佩戴对光线具有发散作用的凹透镜来矫正，即乙图能正确表示近视眼的矫正情况。

丙图的入射光线会聚在视网膜的后方，所以丙图表示了远视眼的成像情况；远视眼是因为晶状体焦距太长，像落在视网膜的后方，为了使光线会聚在视网膜上，就需要在光线进入人的眼睛以前会聚一下，因此佩戴对光线具有会聚作用的凸透镜来矫正，即丁图能正确表示远视眼的矫正情况。

故选 A。

三、远视眼的成因与矫正

1. 远视眼

（1）表现：远视眼只能看清楚远处的物体，看不清近处的物体。

（2）成因：晶状体太薄，折光能力太弱，或者是眼球在前后方向上太短，来自近处物体的光线发散程度较大，光会聚到了视网膜之后。

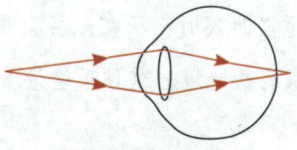

远视眼成像于视网膜之后

2. 远视眼的矫正

矫正远视眼，增强对光的折射作用。可佩戴用凸透镜制成的远视眼镜，使入射的光线经凸透镜折射后进入眼睛，会聚点就能移到视网膜上，如图所示。

思维导图玩转物理

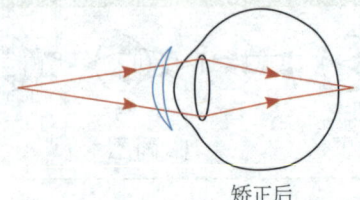

矫正后

例题

【例3】（2016湖北省天门中考7题）如图，小桃在做探究"凸透镜成像规律"实验时，把蔡老师的眼镜放在蜡烛和凸透镜之间，发现光屏上烛焰的像变模糊了；接着，她再将光屏靠近凸透镜，又能在光屏上看到烛焰清晰的像。关于蔡老师的眼睛和眼镜说法正确的是（　　）

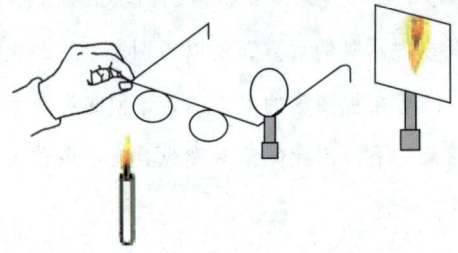

A. 蔡老师是近视眼，戴凸透镜　　B. 蔡老师是远视眼，戴凸透镜
C. 蔡老师是近视眼，戴凹透镜　　D. 蔡老师是远视眼，戴凹透镜

B

解析

　　将一副眼镜放在蜡烛和凸透镜之间，结果，光屏上原来清晰的像变模糊了，他只将光屏向靠近凸透镜的方向移动适当距离时，又在光屏上观察到蜡烛清晰的像，说明提前成像了，故放置的是使光线会聚的凸透镜，这种眼镜是用来矫正远视眼的。

　　故选B。

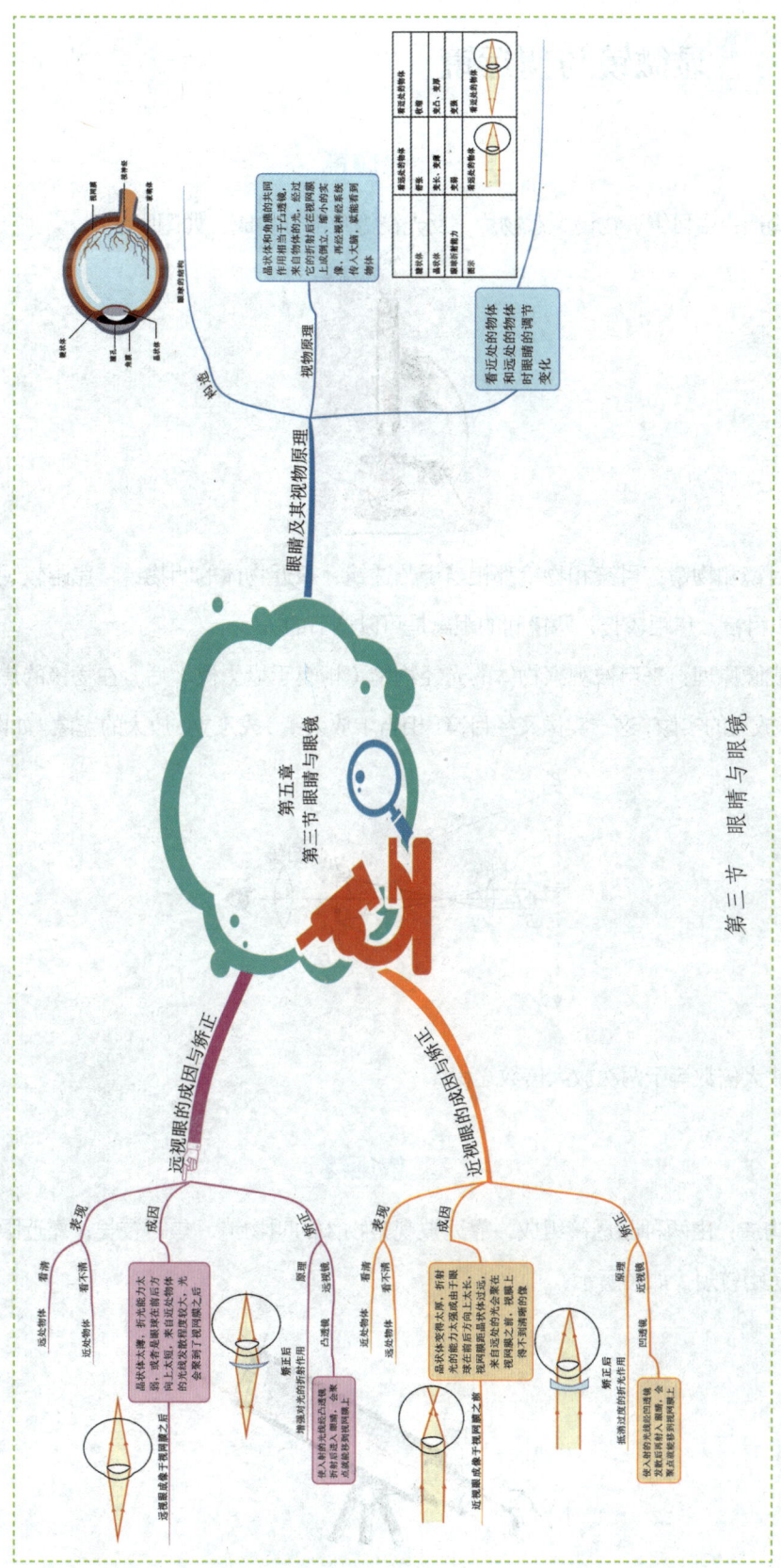

第四节 显微镜与望远镜

一、显微镜

1. 构造：由目镜、物镜、载物片、反光镜等几部分构成。如图所示：

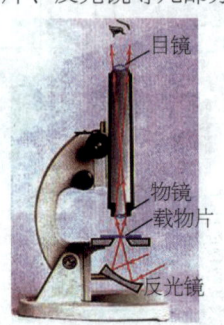

2. 目镜和物镜：目镜和物镜都相当于凸透镜，靠近物体的叫物镜，焦距较短；靠近眼睛的叫目镜，焦距较长，两镜间的距离是可以调节的。

3. 成像原理：来自被观察物体的光经物镜（相当于投影仪）后，在物镜的焦点以内成倒立、放大的实像，这一实像又经目镜（相当于放大镜）成正立、放大的虚像。如图所示：

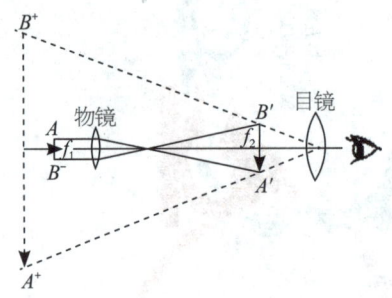

4. 放大倍数等于两次放大倍数之积。

二、望远镜

1. 构造：由两种凸透镜组成，靠近被观察物体的叫物镜，焦距较长；靠近眼睛的叫目镜，焦距较短。如图所示：

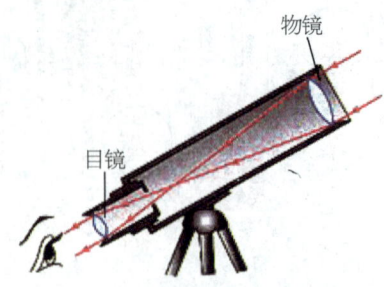

2.成像原理：由于从天体上各点射到物镜上的光可以看作是平行光，经物镜折射后，在物镜焦点外很近的地方，得到天体的倒立、缩小的实像（物镜相当于照相机）。目镜的前焦点和物镜的后焦点重合在一起，所以天体通过物镜所成的实像，位于目镜的一倍焦距以内。这个倒立的缩小的实像对目镜来说是物体，它经目镜所成的像是放大的虚像（目镜相当于放大镜）。如图所示：

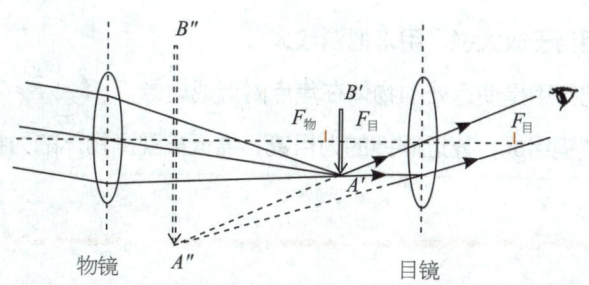

3.视角：被观察的物体两端到人眼光心所夹的角叫视角。如图所示，物体越大，或离眼睛越近，视角越大。

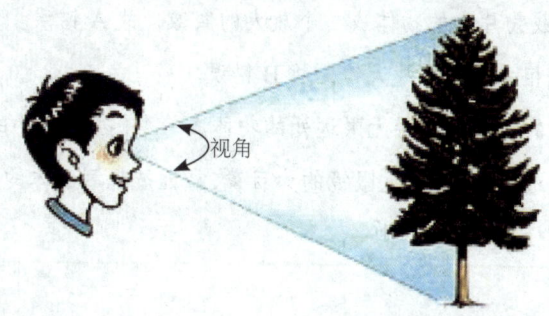

（1）望远镜的作用是看清远处的物体，望远镜的物镜成的像是倒立、缩小的像。但是像离我们的眼睛更近了，经过目镜的放大，我们观察像的视角变大，这样就能观察得清楚了。

（2）望远镜的物镜的直径越大，来自远处的物体的光射到物镜上的就越多，经物镜会聚后所成的像就越亮。这对于观察天空中的暗星非常重要。

例题

【例】（2015 湖南省长沙中考22题）2014年最为特别的天象之一——"超级月亮"出现于8月11日凌晨，它比正常时的月亮要大百分之二十，亮度也有所增加，某天文爱好者为了研究这一现象，于是架设一台天文望远镜做进一步观察，关于该望远镜，下列说法正确的是（　　）

思维导图玩转物理

A. 它的物镜和显微镜的物镜作用相同

B. 它的物镜相当于放大镜，用来把像放大

C. 它的物镜的作用是使远处的物体在焦点附近成虚像

D. 它由两组透镜组成，靠近眼镜的为目镜，靠近被观测物体的为物镜

D

解析

A. 望远镜的物镜的作用是使得无限远处的物体成一个倒立、缩小的实像，而显微镜的物镜是为了使得载物片上的物体成一个放大的实像，故 A 错误。

B. 望远镜的目镜相当于一个放大镜，故 B 错误。

C. 望远镜的物镜的目的是使得无限远处的物体成一个倒立、缩小的实像，故 C 错误。

D. 望远镜由两组透镜组成，靠近眼镜的为目镜，靠近被观测物体的为物镜，故 D 正确。

故选 D。

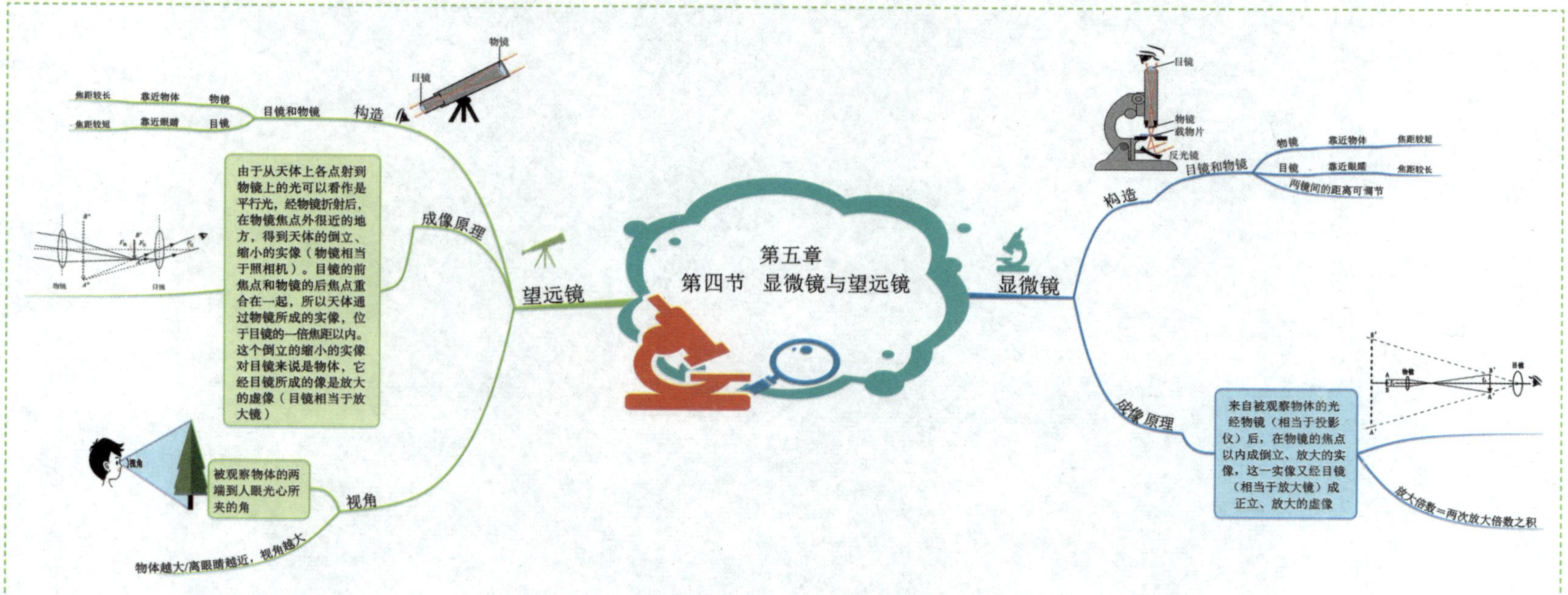
第五章
第四节　显微镜与望远镜
显微镜
构造
目镜和物镜
物镜　靠近物体　焦距较短
目镜　靠近眼睛　焦距较长
两镜间的距离可调节
目镜
物镜
载物片
反光镜
成像原理
来自被观察物体的光经物镜（相当于投影仪）后，在物镜的焦点以内成倒立、放大的实像，这一实像又经目镜（相当于放大镜）成正立、放大的虚像
放大倍数＝两次放大倍数之积
望远镜
构造
目镜和物镜
物镜　靠近物体　焦距较长
目镜　靠近眼睛　焦距较短
物镜
目镜
成像原理
由于从天体上各点射到物镜上的光可以看作是平行光，经物镜折射后，在物镜焦点外很近的地方，得到天体的倒立、缩小的实像（物镜相当于照相机）。目镜的前焦点和物镜的后焦点重合在一起，所以天体通过物镜所成的实像，位于目镜的一倍焦距以内。这个倒立的缩小的实像对目镜来说是物体，它经目镜所成的像是放大的虚像（目镜相当于放大镜）
视角
被观察物体的两端到人眼光心所夹的角
物体越大/离眼睛越近，视角越大

第四节　显微镜与望远镜

第一节 质量

一、质量

1. 质量：物体所含物质的多少叫作质量，用字母 m 表示。

2. 单位

国际单位：千克（kg）

常用单位：吨（t），克（g），毫克（mg）

单位换算：$1\text{ t} = 10^3\text{ kg}$，$1\text{ g} = 10^{-3}\text{ kg}$，$1\text{ mg} = 10^{-3}\text{ g} = 10^{-6}\text{ kg}$。

3. 属性：物体的质量不随物体的形状、状态、位置、温度改变，所以质量是物体本身的一种属性。

4. 测量仪器：天平、秤等。

【例1】（2019 海南省中考3题）椰子是大自然对海南的美好馈赠。一个成熟饱满的椰子质量最接近（　　）

A. 2 g　　　　　　　　　　　　B. 20 g

C. 200 g　　　　　　　　　　　D. 2000 g

D

解析

根据对日常生活中常见物体和质量单位及其进率的认识，选出符合题意的选项。

中学生常用的《现代汉语词典》质量约1000 g，一个饱满的椰子的质量约为此数值的2倍，在2000 g左右。

故选 D。

二、天平的使用

1. 托盘天平的结构：底座、游码、标尺、平衡螺母、横梁、托盘、分度盘、指针，以及砝码和镊子。

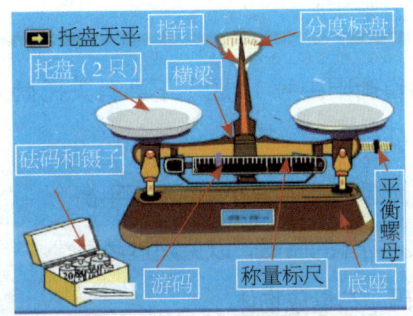

2. 使用步骤

（1）放置：天平应水平放置。

（2）归零：天平使用前，首先把游码拨到标尺的零刻度线处。

（3）调节：然后调节横梁两端的平衡螺母（移向高端），使横梁平衡（指针指在分度盘中央）。

（4）称量：将被测物体放在天平的左盘，把砝码放在右盘（先大后小），记为"左物右码"，然后向右拨动游码，直至天平平衡。

（5）读数：被测物体的质量等于砝码质量加上游码示数（不估读）。

3. 注意事项

（1）被测物体的质量不能超过天平所能称的最大质量。

（2）向托盘中加减砝码时要用镊子，不能用手直接接触砝码。

（3）潮湿的物品和化学药品不能直接放在托盘上。在托盘天平上称量药品时，要注意，称量一般药品时，要在左右盘上先放上相同的纸再去调节平衡螺母。在称量易潮解、有腐蚀性的药品时，必须放到玻璃器皿中称量，否则会把托盘腐蚀，产生称量误差。

（4）向右盘中添加砝码时，按照从大到小的顺序添加。

（5）天平在使用过程中不能再调节平衡螺母，只能通过加减砝码或调节游码使横梁达到平衡。

4. 误差分析

（1）砝码生锈或者脏污：测量值偏小。

（2）砝码缺损：测量值偏大。

（3）游码未归零：测量值偏大。

（4）左码右物：$m_{实}=m_{测}-2m_{游码}$。天平测量时，满足 $m_{左盘}=m_{右盘}-2m_{游码}$。

【例2】（2017湖南省衡阳中考14题）下列有关托盘天平的使用说法正确的是（　　）

A. 称量前，应调节平衡螺母或移动游码使天平平衡

B. 称量前，应估计被测物体的质量，以免超过量程

C. 称量时，左盘放砝码，右盘放物体

D. 称量时，向右移动游码，相当于向左盘加砝码

B

A. 使用天平时，称量前将游码归零，再调节平衡螺母使天平平衡，故A错误。

B. 称量前，应估计被测物体的质量，以免超过量程，故B正确。

C. 称量时，应该是左物右码，且加减砝码用镊子，故C错误。

D. 称量时，向右移动游码，相当于向右盘加砝码，故D错误。

故选B。

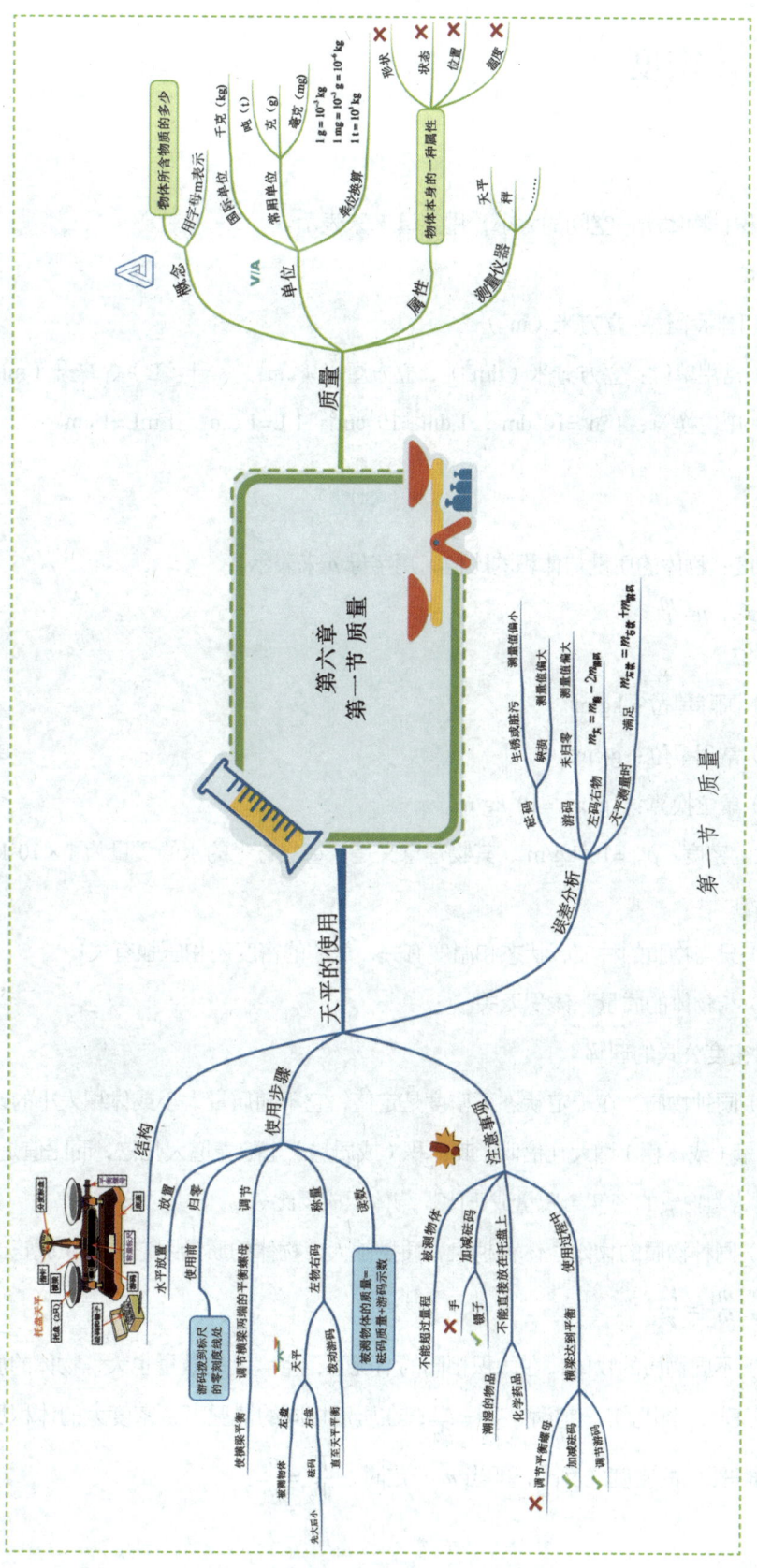

第二节 密度

一、体积

1. 体积：物体所占空间的大小，用字母 V 来表示。

2. 单位

（1）国际单位：立方米（m^3）

（2）常用单位：立方分米（dm^3）、立方厘米（cm^3）、升（L）、毫升（mL）

（3）单位换算：$1\ m^3=10^3\ dm^3$，$1\ dm^3=10^3\ cm^3$，$1\ L=1\ dm^3$，$1\ mL=1\ cm^3$

二、密度

1. 密度：物体的质量与体积的比值，用字母 ρ 来表示。

2. 公式：$\rho=\dfrac{m}{V}$

3. 单位

（1）国际单位：kg/m^3

（2）常用单位：g/cm^3

（3）单位换算：$1\ g/cm^3=10^3\ kg/m^3$

4. 水的密度：$\rho_水=10^3\ kg/m^3$，其物理意义是：每立方米的水的质量为 $1\times10^3\ kg$。

5. 特性

（1）只与物质的种类、状态和温度有关，气体的密度还和压强有关；

（2）与物体的质量、体积无关。

6. 对密度公式的理解

（1）同种物质，在一定状态下密度是定值，它不随质量大小或体积大小的改变而改变。当质量（或体积）增大几倍时，其体积（或质量）也随着增大几倍，而比值是不变的。因此不能认为物质的密度与质量成正比、与体积成反比。

（2）同种物质的物体，体积越大，质量越大，物体的质量跟它的体积成正比，即当 ρ 一定时，$\dfrac{m_1}{m_2}=\dfrac{V_1}{V_2}$。

（3）不同物质的物体，在体积相同的情况下，密度大的质量也大，物体的质量跟它的密度成正比，即当 V 一定时，$\dfrac{V_1}{V_2}=\dfrac{\rho_1}{\rho_2}$；在质量相同的情况下，密度大的体积反而小，物体的体积跟它的密度成反比，即当 m 一定时，$\dfrac{V_1}{V_2}=\dfrac{\rho_2}{\rho_1}$。

例题

【例】（2019 江苏省扬州中考 11 题）在测量液体密度的实验中，小明利用天平和量杯测量出液体和量杯的总质量 m 及液体的体积 V，得到几组数据并绘出如图所示的 m-V 图像，下列说法正确的是（　　）

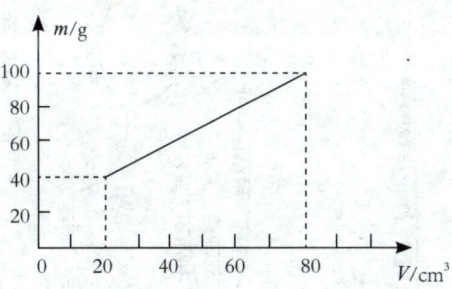

A. 量杯质量为 40 g

B. 40 cm³ 的该液体质量为 40 g

C. 该液体密度为 1.25 g/cm³

D. 该液体密度为 2 g/cm³

答案

B

解析

（1）设量杯的质量为 $m_{杯}$，液体的密度为 ρ，

读图可知，当液体体积为 V_1=20 cm³ 时，液体和杯的总质量 $m_{总1}$=m_1+$m_{杯}$=40 g，

则由 m=ρV 可得：ρ×20 cm³+$m_{杯}$=40 g ----------①

当液体体积为 V_2=80 cm³ 时，液体和杯的总质量 $m_{总2}$=m_2+$m_{杯}$=100 g，

可得：ρ×80 cm³+$m_{杯}$=100 g --------②

联立①②解得液体的密度：ρ=1 g/cm³，故 CD 错误。

将 ρ=1 g/cm³ 代入①解得 $m_{杯}$=20 g，故 A 错误。

（2）当液体的体积 V_3=40 cm³ 时，液体的质量：m_3=ρ×V_3=1 g/cm³×40 cm³=40 g，故 B 正确。

故选 B。

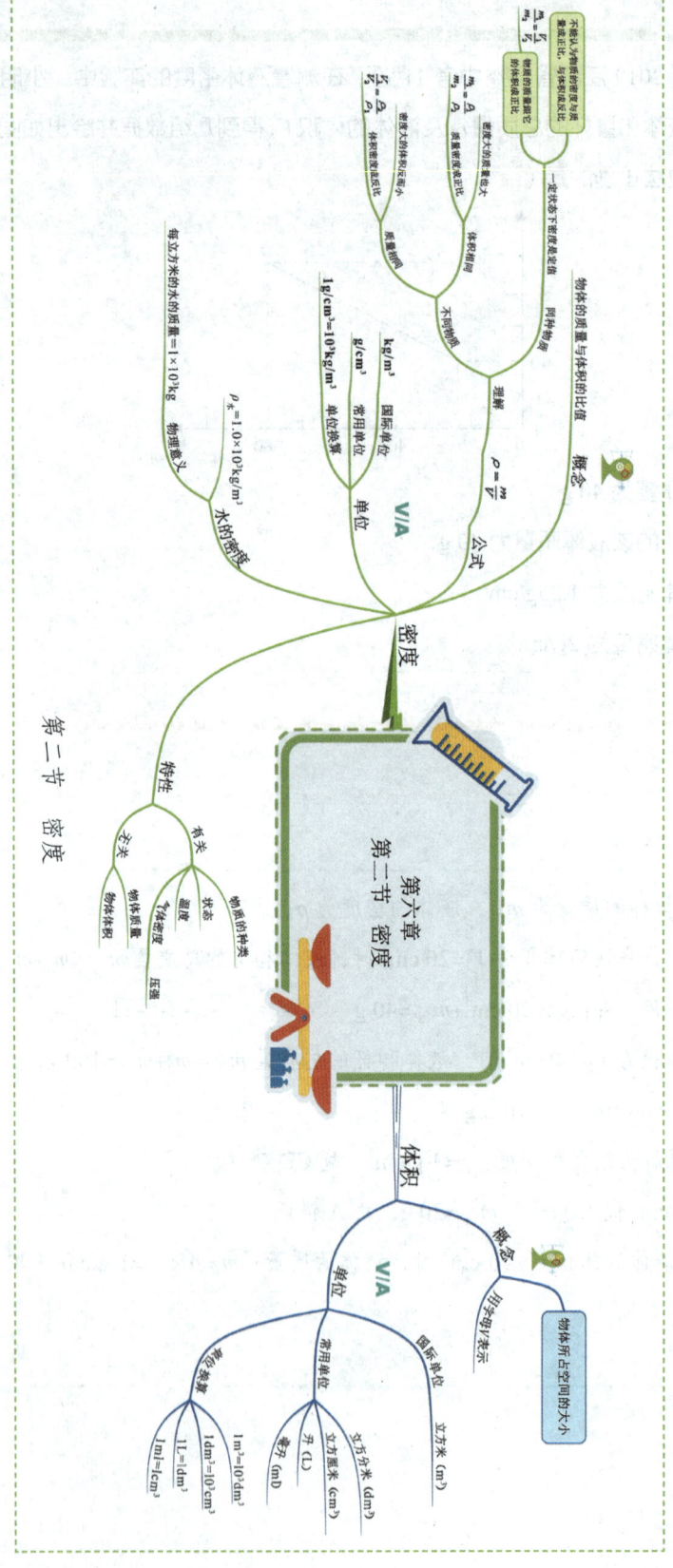

第三节 测量物质的密度

一、体积的测量

1. 测量工具：量筒

2. 量筒的使用方法与注意事项

（1）选：选择量程与分度值适当的量筒；

（2）放：把量筒放在水平桌面上；

（3）测：若量筒内的液体内有气泡，可轻轻摇动，让气泡释放出来；

（4）读：读数时视线要与量筒内液面的中部相平，即要与凸液面（如水银）的顶部或凹液面的底部（如水）相平。如图所示：

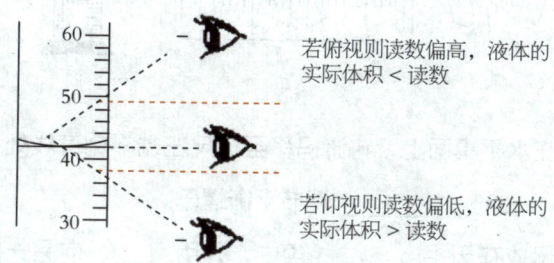

3. 使用量筒可以测量液体体积也可以测量形状不规则的固体的体积。

4. 常见测量固体体积的方法：排水法（下沉物体）、针压法（漂浮物体）、排沙法（易溶于水的固体）。

二、密度的测量

1. 测量的原理：根据 $\rho=\dfrac{m}{V}$ 可知，用天平测出物体的质量 m，用量筒测出物体的体积 V，就可以求出它的密度。

2. 测量固体的密度

固体的质量可直接用天平称得，外形不规则物体的体积可通过"排水法"来测定。然后，根据密度定义求得密度。

步骤：

（1）用天平测出石块的质量 m；

（2）向量筒内倒入适量的水，测出水的体积 V_1；

（3）把石块放入量筒中，测出石块和水的总体积 V_2；

（4）算出石块的体积 $V=V_2-V_1$；

（5）利用公式 $\rho=\dfrac{m}{V}$ 算出石块的密度。

例题

【例】（2019 辽宁省盘锦中考 29 题）某同学捡到一个金属螺母，为了测量此螺母的密度，他做了如下实验。

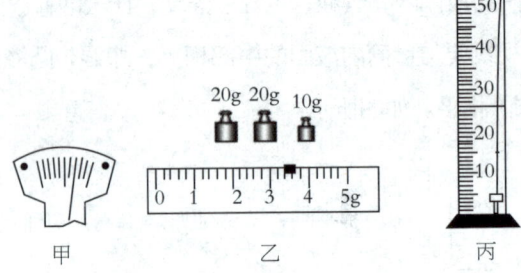

甲　　　　乙　　　　丙

（1）把天平放在水平桌面上，将游码移至标尺左端零刻度线处，指针位置如图甲所示。要使横梁平衡，应向 _____ 调节平衡螺母。

（2）把金属螺母放在天平 _____ 盘中，并用 _____ 向另一侧盘中加减砝码并调节游码在标尺上的位置，使天平横梁恢复平衡。盘中砝码和游码在标尺上的位置如图乙所示，则金属螺母的质量是 _____ g。

（3）在量筒中装入 20 mL 水，用细线系住金属螺母并将其轻轻放入量筒中，如图丙所示，则金属螺母的体积是 _____ cm³。

（4）金属螺母的密度是 _____ kg/m³。

（5）如果金属螺母密度恰好和密度表中某一金属的密度相同，那么这名同学据此 _____（填"能"或"不能"）判断该螺母一定是由这种金属制成的。

答案

（1）左；（2）左，镊子，53.4；（3）6；（4）8.9×10³；（5）不能。

解析

（1）由图知，调节天平平衡时指针偏右,说明右侧质量较大,应将平衡螺母向左调节。

（2）使用天平测量物体质量过程中,将被测物体放在左盘,估计物体质量用镊子夹取适当的砝码放在右盘,必要时移动游码,使横梁平衡；

金属螺母的质量：m=20 g+20 g+10 g+3.4 g=53.4 g。

（3）由图知，螺母的体积为 V=26 cm³–20 cm³=6 cm³。

（4）螺母的密度为 $\rho=\dfrac{m}{V}=\dfrac{53.4\text{ g}}{6\text{ cm}^3}$=8.9 g/cm³=8.9×10³ kg/m³。

（5）金属螺母可能是由某种金属制成的，也可能是其他密度较大的金属所制成的空心螺母，还可能是由密度较大和密度较小的其他金属的合金制成的，所以不能判断该螺母一定是由这种金属制成的。

3. 测量液体的密度

先测液体和容器的总质量，然后倒入量筒中一部分液体，并测出这部分液体的体积，再称出容器与剩余液体的总质量，两者之差就是量筒内液体的质量，再用密度公式求出液体的密度。

步骤：

（1）用天平测出烧杯和盐水的总质量 m_1；

（2）将烧杯中的盐水倒入量筒中一部分，记下体积 V；

（3）用天平测出烧杯和剩余盐水的总质量 m_2，算出量筒中盐水的质量 $m=m_1-m_2$；

（4）利用公式 $\rho=\dfrac{m}{V}$ 算出盐水的密度。

思维导图玩转物理

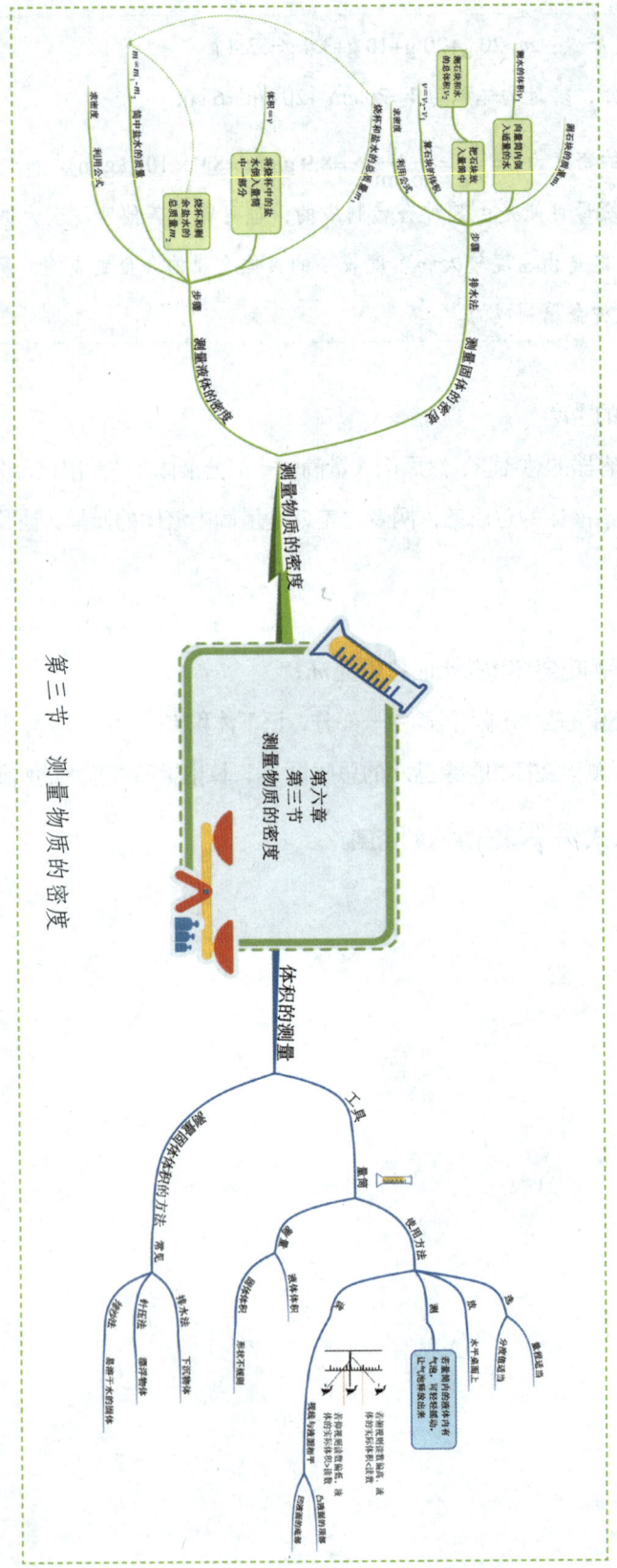

第三节 测量物质的密度

第四节 密度与社会生活

一、密度与温度

1. 一般来说，同种物质温度越高密度越小，遵从热胀冷缩。

2. 水在 0~4℃时，反常膨胀，温度越高密度越大。

例题

【例1】（2019 广东省广州中考 7 题）在如图温度计所示的恒温环境下进行实验。将温度计放入一杯冰水混合物中（冰是晶体），从温度计放入开始计时，放入时间足够长，下列哪幅示意图可能反映了温度计内液体的体积随时间变化的情况（　　）

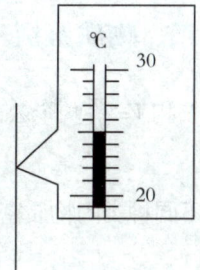

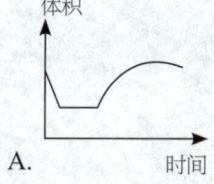   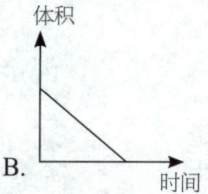

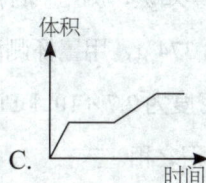   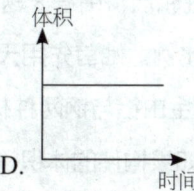

答案 A

> **解析**
>
> 由图知,温度计的示数是 25 ℃,说明环境温度是 25 ℃。
>
> 冰水混合物的温度是 0 ℃,冰水混合物放在这一环境中会吸收热量,其中的冰会融化,并且在融化过程中温度保持不变,直到冰全部融化成水。
>
> 所以将温度计放入冰水混合物中,开始时冰水混合物温度为 0 ℃,温度计中液体温度较高,放出热量体积收缩,温度计示数变小,直到与冰水混合物温度相同。
>
> 当冰全部融化成水,温度升高,温度计中液体温度也随之升高,直到与环境温度相同。
>
> 所以温度计内液体体积先减少接着保持不变,随后体积膨胀,最终保持不变。
>
> 故选 A。

二、物质鉴别

由密度公式 $\rho=\dfrac{m}{V}$ 变形可得 $m=\rho V$ 和 $V=\dfrac{m}{\rho}$ 两个公式。这三个公式代表密度知识有三个方面的应用:

(1)鉴别物质,一般情况下,不同种类的物质密度一般不同;

(2)测量不易直接测量的质量;

(3)测量不易直接测量的体积。

三、混合密度

$$混合物体的密度 = \dfrac{总质量}{总体积}$$

例题

【例2】(2017 内蒙古呼和浩特中考 8 题)王慧同学利用所学知识,测量一件用合金制成的实心构件中铝所占比例。她首先用天平测出构件质量为 374 g,用量杯测出构件的体积是 100 cm³。已知合金由铝与钢两种材料合成,且铝的密度为 2.7×10^3 kg/m³,钢的密度为 7.9×10^3 kg/m³。如果构件的体积等于原来两种金属体积之和。求:

(1)这种合金的平均密度;

(2)这种合金中铝的质量占总质量的百分比。

答案

(1)这种合金的平均密度为 3.74×10^3 kg/m³;

(2)这种合金中铝的质量占总质量的百分比为 57.8%。

解析

（1）这种合金的平均密度：

$\rho = \dfrac{m}{V} = \dfrac{374 \text{ g}}{100 \text{ cm}^3} = 3.74 \text{ g/cm}^3 = 3.74 \times 10^3 \text{ kg/m}^3$。

（2）设铝的质量为 $m_{铝}$，钢的质量为 $m_{钢}$，

则 $m_{铝} + m_{钢} = 374$ g --------①

由 $\rho = \dfrac{m}{V}$ 可得 $V = \dfrac{m}{\rho}$，且构件的体积等于原来两种金属体积之和，

则 $\dfrac{m_{铝}}{\rho_{铝}} + \dfrac{m_{钢}}{\rho_{钢}} = 100 \text{ cm}^3$，

即 $\dfrac{m_{铝}}{2.7 \text{ g/cm}^3} + \dfrac{m_{钢}}{7.9 \text{ g/cm}^3} = 100 \text{ cm}^3$ --------②

联立①②式，解得 $m_{铝} = 216$ g，

则这种合金中铝的质量占总质量的百分比为 $\dfrac{216 \text{ g}}{374 \text{ g}} \times 100\% \approx 57.8\%$。

四、空心问题

比体积 $\begin{cases} V_{实} > V_{物} & 空心 \\ V_{实} = V_{物} & 实心 \\ V_{实} 不能大于 V_{物} \end{cases}$

比质量 $\begin{cases} m_{实} > m_{物} & 空心 \\ m_{实} = m_{物} & 实心 \\ m_{实} 不能小于 m_{物} \end{cases}$

比密度 $\begin{cases} \rho_{实} > \rho_{物} & 空心 \\ \rho_{实} = \rho_{物} & 空心 \end{cases}$

例题

【例3】（2017 山东省烟台中考13题）学习质量和密度的知识后，小明同学想用天平、量筒和水完成下列实践课题，你认为能够完成的是（　　）

①测量牛奶的密度；②鉴别金戒指的真伪；③测定一捆铜导线的长度；
④鉴定铜球是空心的还是实心的；⑤测定一大堆大头针的数目。

A. ①②   B. ①②④   C. ①②④⑤   D. ①②③④⑤

> **答案**
>
> C

> 解析
>
> ①测量牛奶的密度：需要用天平测量牛奶的质量，用量筒测量牛奶的体积，用密度公式求出密度，可以完成。
>
> ②用天平测量戒指的质量，用量筒和水测量戒指的体积，用密度公式求出密度，可以鉴别金戒指的真伪，可以完成。
>
> ③取一小段铜导线，可以测它的质量、体积，进而算出它的密度，但无法测铜导线的直径、总质量，就无法得出它的长度，不能完成实验。
>
> ④鉴别铜球是空心的还是实心的：用天平测量铜球的质量，用量筒和水测量其体积，用密度公式求出密度，然后和铜的密度比较，可以完成实验。
>
> ⑤测定一大堆大头针的数目：先用天平测量50个大头针的质量，求出一个大头针的质量，再用天平测量一堆大头针的总质量，求出一堆大头针的数量，可以完成。
>
> 故选C。

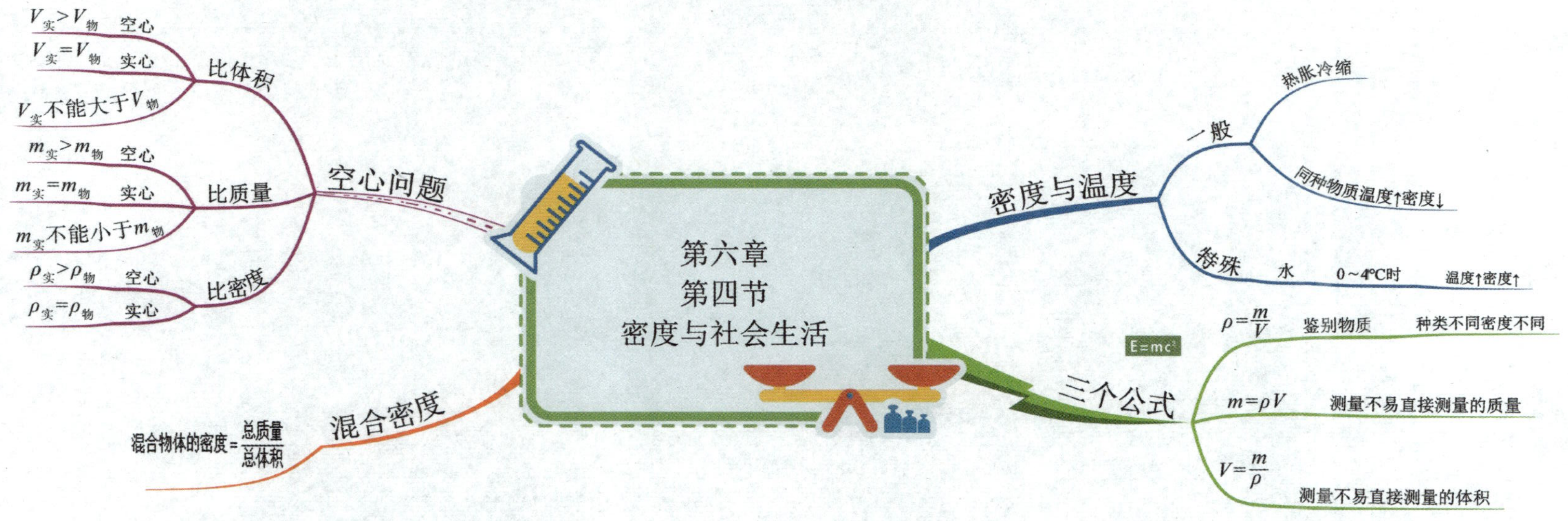

第六章 质量与密度

第四节 密度与社会生活

第六章 第四节 密度与社会生活

密度与温度

- 一般
  - 热胀冷缩
  - 同种物质温度↑密度↓
- 特殊
  - 水
  - 0~4℃时 温度↑密度↑

三个公式

- $\rho=\dfrac{m}{V}$ 鉴别物质
- $m=\rho V$ 测量不易直接测量的质量
- $V=\dfrac{m}{\rho}$ 测量不易直接测量的体积
- $E=mc^2$ 种类不同密度不同

空心问题

- 比体积
  - $V_{实}>V_{物}$ 空心
  - $V_{实}=V_{物}$ 实心
  - $V_{实}$ 不能大于 $V_{物}$
- 比质量
  - $m_{实}>m_{物}$ 空心
  - $m_{实}=m_{物}$ 实心
  - $m_{实}$ 不能小于 $m_{物}$
- 比密度
  - $\rho_{实}>\rho_{物}$ 空心
  - $\rho_{实}=\rho_{物}$ 实心

混合密度

混合物体的密度 = $\dfrac{总质量}{总体积}$

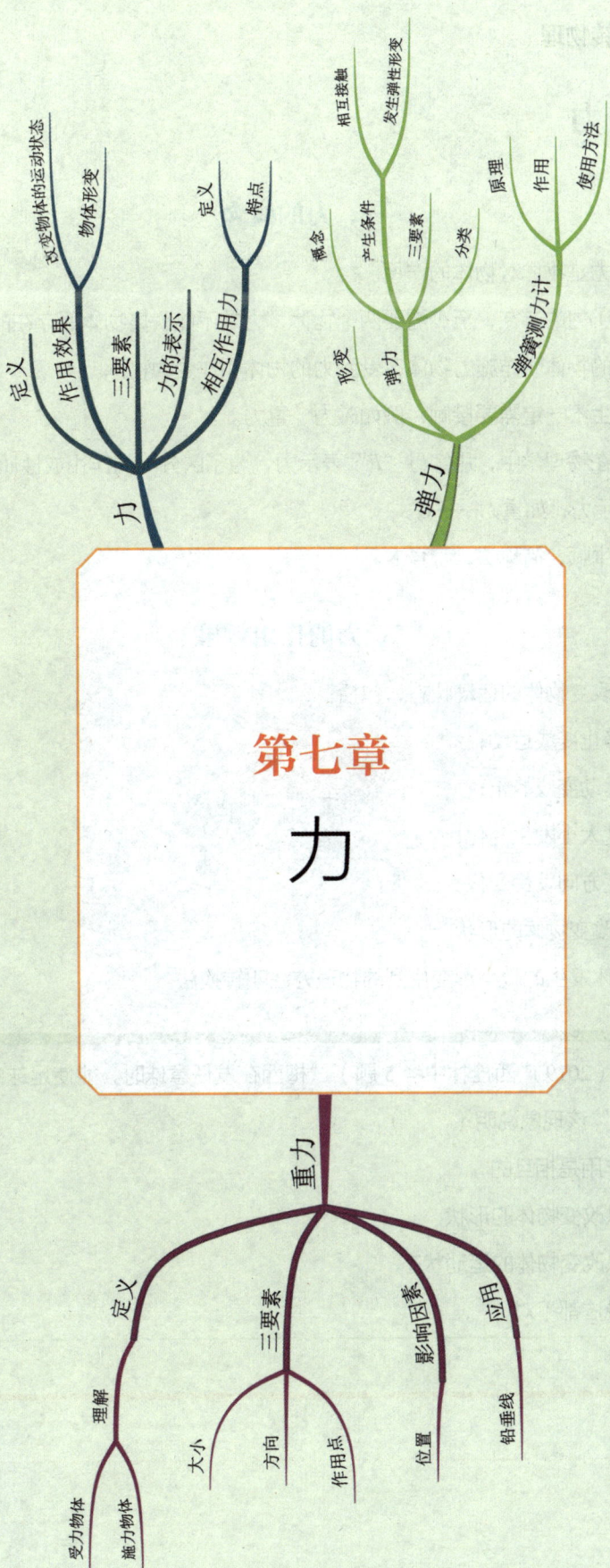

第一节 力

一、力的概念

1. 定义：力是物体对物体的作用。

2. 说明：①力的存在，至少需要两个物体，力是不能脱离物体而存在的。

②施加力的物体叫作施力物体，受到力的物体叫作受力物体。

③力的产生不一定需要接触，例如磁力、重力。

3. 符号：在物理学中，用字母"F"表示力，为了区分不同作用或性质的力，还常常用其他字母表示力，如重力——G。

4. 单位：牛顿，简称牛，符号 N。

二、力的作用效果

1. 力可以改变物体的运动状态，包括：

（1）由静止变成运动；

（2）由运动变成静止；

（3）速度大小发生变化；

（4）速度方向发生变化。

2. 力可以改变物体的形状。

3. 探究物体发生的微小形变用到的物理方法叫转换法。

例题

【例1】（2019 广西桂林中考 5 题）"梅西在发任意球时，能使足球由静止绕过人墙钻入球门。"该现象说明（　　）

A. 力的作用是相互的

B. 力可以改变物体的形状

C. 力可以改变物体的运动状态

D. 以上说法都不对

答案

C

> **解析**
>
> 力的作用效果有两个：①力可以改变物体的运动状态；②力可以改变物体的形状。
>
> 题中的关键词："使足球由静止绕过人墙钻入球门。"
>
> A. 虽然力的作用是相互的，但是该现象不能说明该结论，故 A 不正确。
>
> B. 虽然力可以改变物体的形状，但是该现象不能说明该结论，故 B 不正确。
>
> C. 梅西在发任意球时，能使足球由静止绕过人墙钻入球门（足球的运动状态不断变化），该现象说明力可以改变物体的运动状态，故 C 正确。
>
> D. 因 C 选项正确，故 D 选项不正确。
>
> 故选 C。

三、力的三要素

1. 力的大小、方向、作用点，都能影响力的作用效果，因此把它们叫作力的三要素。
2. 探究力的三要素与力的作用效果的关系，可采用控制变量法。

> **例题**
>
> 【例2】（2019湖南省邵阳中考17题）俗话说"鸡蛋碰石头——自不量力"，从物理学角度看（　　）
>
> A. 石头对鸡蛋的作用力更大
>
> B. 先有石头对鸡蛋的作用力
>
> C. 鸡蛋对石头没有作用力
>
> D. 石头和鸡蛋间同时有等大的相互作用力

> D

> **解析**
>
> 石头对鸡蛋的作用力和鸡蛋对石头的作用力是作用力和反作用力，大小相等、方向相反，故 ABC 错误，D 正确。
>
> 故选 D。

四、力的示意图与图示

1. 用一根带箭头的线段把力的三要素表示出来，这样的图就叫作力的示意图。
2. 画力的示意图的步骤：

（1）在受力物体上画出力的作用点；

（2）确定力的方向并沿力的方向画一条线段；

（3）在线段的末端画上箭头并在旁边标出力的符号，知道大小的要用数值标出来。

如图所示：

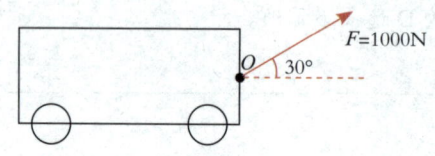

五、力作用的相互性

1. 一个物体对别的物体施力时，也同时受到后者对它的作用力，这一对力叫作相互作用力。

2. 一对相互作用力大小相等、方向相反，作用在同一条直线上，并且同时产生、同时消失、同时变化。

> **例题**
>
> 【例3】（2019 湖南省湘潭中考9题）《流浪地球》电影中描述到了木星。木星质量比地球大得多，木星对地球的引力大小为 F_1，地球对木星的引力大小为 F_2，则 F_1 与 F_2 的大小关系为（　　）
>
> A. $F_1 < F_2$　　　B. $F_1 > F_2$　　　C. $F_1 = F_2$　　　D. 无法确定

C

> **解析**
>
> 木星对地球的引力和地球对木星的引力是相互作用力，大小相等，所以 $F_1 = F_2$，故 C 正确。
>
> 故选 C。

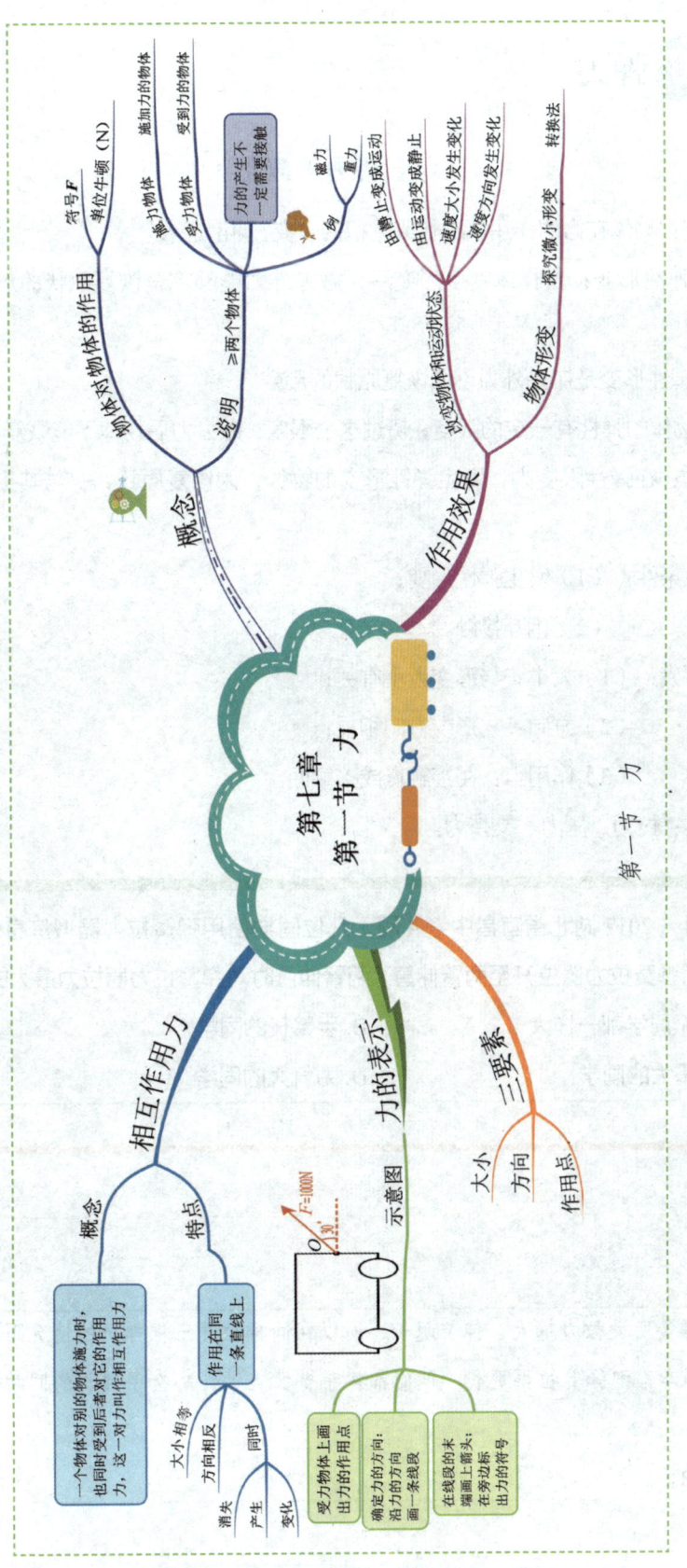

第一节 力

第二节 弹力

一、弹力的概念

1.形变：物体在力的作用下形状或体积的改变，叫作形变。

（1）弹性形变：当物体发生形变后，撤去外力能够完全恢复原状的形变称为弹性形变。

（2）塑性形变是撤去外力不能恢复原状的形变。

（3）物体的弹性有一定的限度，超过这个限度，撤去力后物体不能恢复原来的形状。

2.弹力：在弹性限度内，发生弹性形变的物体，为恢复原状，对与其接触的物体产生的力。

3.产生条件：（1）发生弹性形变；

（2）相互接触。

4.三要素：（1）大小：与形变大小有关；

（2）方向：与形变方向相反；

（3）作用点：在接触点或接触面。

5.分类：拉力、压力、支持力。

例题

【例】（2017湖北省宜昌中考4题）几位同学使用弹簧拉力器锻炼身体，每位同学都可以将弹簧拉力器拉开至两臂伸直，两臂伸直时对弹簧拉力器拉力最大的是（ ）

A.几个同学都一样大 B.手臂长的同学

C.体重大的同学 D.力气大的同学

B

解析

因为弹簧所受拉力越大，伸长越长，所以在同样拉开三根弹簧的情况下，我们还要比较几位同学谁把弹簧拉得更长。他们都将手臂撑直了，那么手臂长的同学当然就用了更大的力。

故选B。

二、弹簧测力计

1. 原理：在弹性限度内，弹簧所受拉力越大，弹簧拉得越长。（弹簧的伸长量和拉力成正比）

2. 使用

（1）使用前，应使指针指在零刻度线外；

（2）所测的力不能大于测力计的测量限度；

（3）使弹簧测力计受力方向沿弹簧轴线方向；

（4）读数时视线与刻度盘垂直。

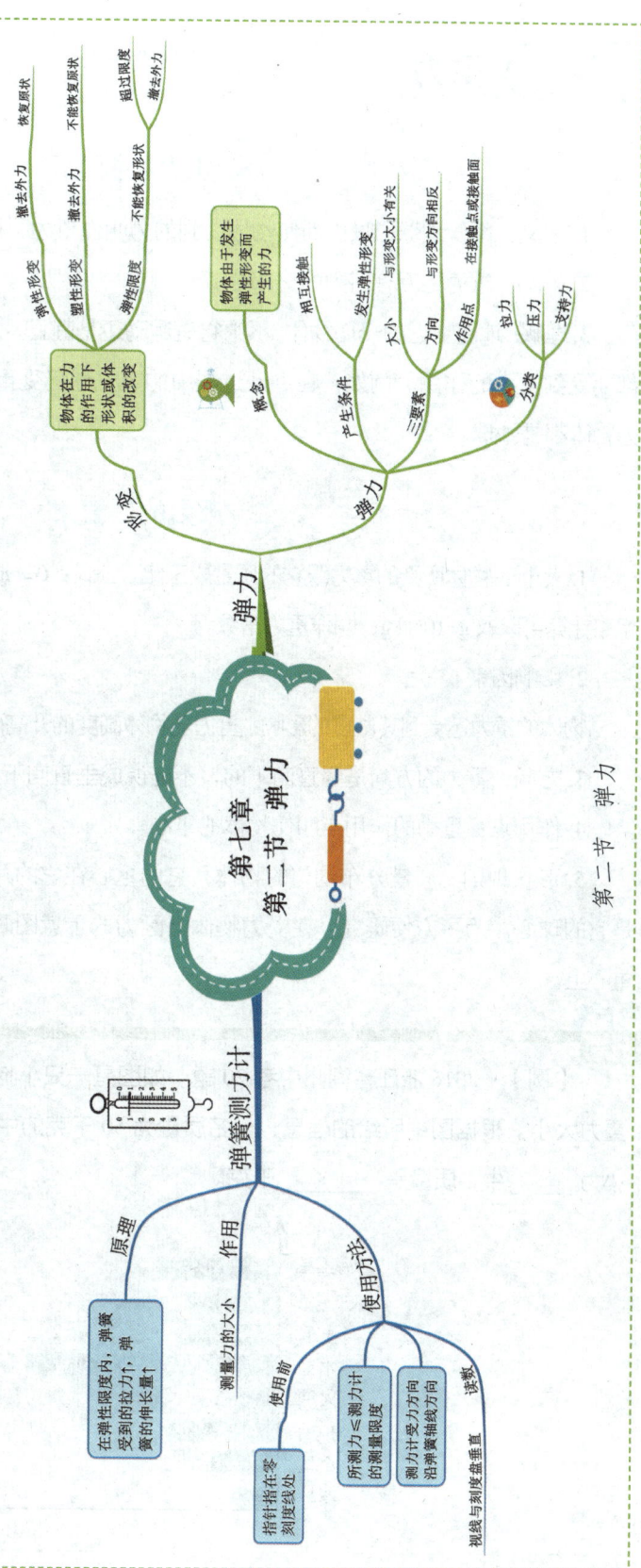

第三节 重力

一、重力的概念

1. 定义：由于地球的吸引而使物体受到的力叫作重力，用符号 G 表示。
2. 来源：重力是万有引力的一部分。
3. 理解：地面附近的一切物体，不论它是运动还是静止，不论它是固态、液态还是气态，都要受到重力的作用。例如：在上升过程中的氢气球仍受重力。一切物体所受重力的施力物体都是地球。

二、重力的三要素

1. 大小：物体所受的重力跟它的质量成正比。公式：$G=mg$ 或 $g=G/m$，其中 $g=9.8\,N/kg$，粗略计算可以取 $g=10N/kg$，叫作重力常数。

2. 影响因素

物体的重力还受到其位置的影响：重力随物体高度的升高而降低，随纬度的增大而增大。

3. 方向：重力的方向是竖直向下的，不能说成垂直向下。

4. 作用点：重力的作用点叫作物体的重心。

5. 形状规则、质量分布均匀的物体，它的重心在它的几何中心上。例如：球的重心是它的球心。为了方便研究，在受力物体上画力的示意图时，常常把力的作用点画在其重心上。

【例】（2016 浙江省湖州中考 20 题）如图是一只小狗在太阳系不同行星上所受的重力大小。根据图中所给的信息，一名质量为 50 千克的中学生在火星上所受的重力大小为 ____ 牛，质量是 _____ 千克。

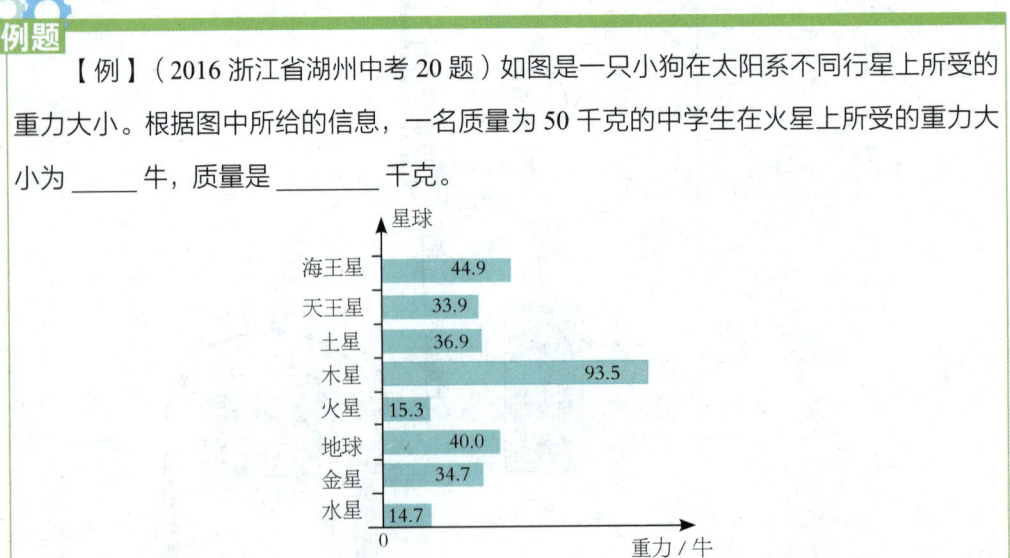

第七章 力

答案

191.25；50。

解析

中学生在地球上受到的重力为 $G=mg=50\ kg \times 10\ N/kg=500\ N$，

小狗在火星上与在地球上受到的重力之比为 $\frac{15.3}{40}$，

所以中学生在火星上受到的重力为 $\frac{15.3}{40} \times 500\ N = 191.25\ N$；

物体的质量不随位置的变化而变化，所以中学生在火星上的质量与在地球上相同，仍然是 50 kg。

思维导图玩转物理

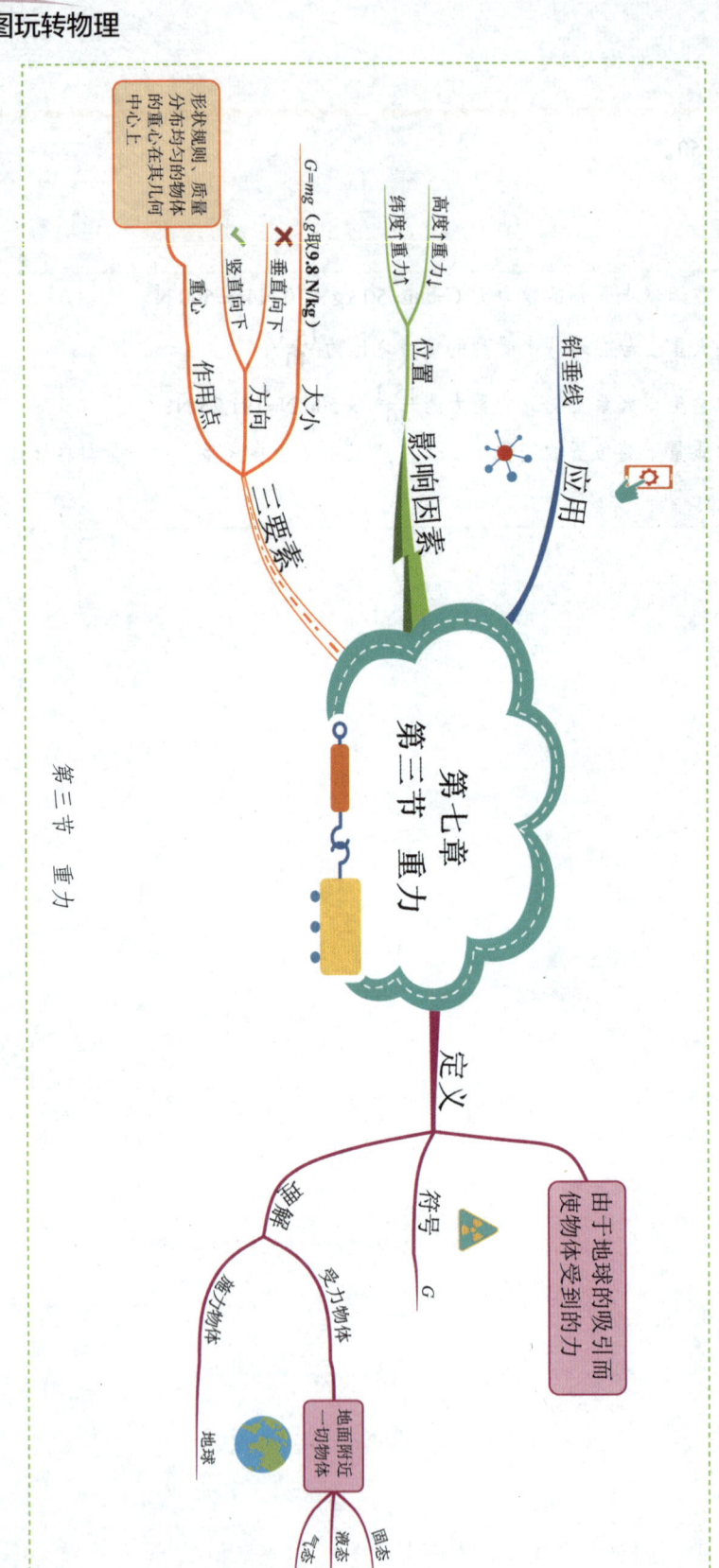

第三节 重力

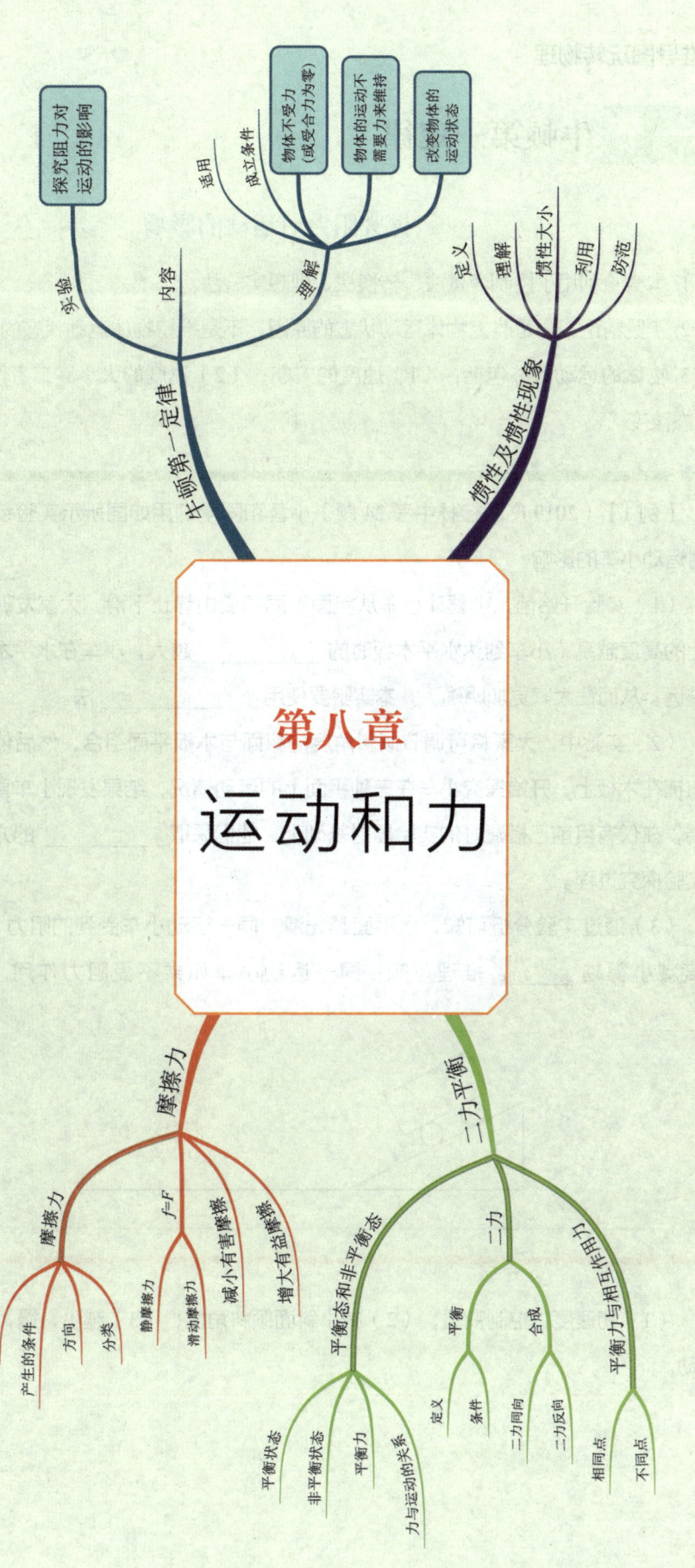

第一节 牛顿第一定律

一、探究阻力对运动的影响

1. 本实验利用了控制变量法、转换法、理想实验法。

2. 实验结论：力是改变物体运动状态的原因，不是维持物体运动状态的原因。

3. 物体的运动状态包括：（1）速度的方向；（2）速度的大小。二者任一改变，运动状态改变。

例题

【例1】（2019 广西桂林中考24题）小蓉和同学们用如图所示实验装置来探究阻力对运动小车的影响。

（1）实验开始前，小蓉让小车从斜面不同高度由静止下滑，大家发现，小车在斜面上的高度越高，小车到达水平木板时的_____越大，小车在水平木板上运动距离越远。从而让大家更加明确了，本实验要使用_____法。

（2）实验中，大家将可调节倾斜角度的斜面与木板平面组合，然后依次将毛巾、棉布铺在木板上，开始探究小车在三种平面上的运动情况，结果发现小车直接冲出棉布末端，在仅有目前已搭建好的实验器材基础上，他们采取_____的方法完成了整个实验探究过程。

（3）通过实验分析可知，水平面越光滑，同一运动小车受到的阻力_____，速度减小得越_____。推理可知，同一运动小车如果不受阻力作用，它将_____。

答案

（1）初速度，控制变量；（2）减小斜面倾斜角度；（3）越小，慢，做匀速直线运动。

> **解析**
> （1）同一小车保证了质量相同，从斜面的不同高度滑下，到达水平面时的速度不同，小车在斜面上的高度越高，小车到达水平木板时的初速度越大，小车在水平木板上运动的距离越远，用到了控制变量法。
> （2）小车滑出棉布表面，说明其初始速度太快，可减小斜面的倾斜程度。
> （3）水平面越光滑，小车所受阻力越小，运动距离越远；如果小车不受力，小车将做匀速直线运动。

二、牛顿第一定律

1. 内容：一切物体在没有受到力的作用时，总保持静止状态或者匀速直线运动状态。

2. 理解：

（1）"一切"说明该定律对于所有物体都适用，不是特殊现象。

（2）"没有受到力的作用"是定律成立的条件。"没有受到力的作用"有两层含义：一是该物体确定没有受到任何力的作用，这是一种理想化的情况（实际上，不受任何力的作用的物体是不存在的）；二是该物体所受合力为零，它的作用效果可以等效为不受任何力的作用时的作用效果。

（3）牛顿第一定律反映了物体在不受力（或所受合力为零）时的运动规律，在不受任何力时，物体要保持原有的运动状态不变。也就是说，物体在不受力的作用时，原来静止的物体仍保持静止状态，原来运动的物体仍保持匀速直线运动状态。

（4）物体的运动不需要力来维持，要改变物体的运动状态，必须对物体施加力的作用。

3. 理想实验法（也叫实验推理法）：牛顿第一定律不能用实验直接验证，而是在实验的基础上通过分析、概括、推理总结出来的。

例题

【例2】（2019贵州省铜仁中考8题）关于牛顿第一定律的理解，下列说法正确的是（　　）

A. 牛顿第一定律是通过凭空想象出来的

B. 物体只要运动，就一定受到力的作用

C. 不受力的物体，只能保持静止状态

D. 如果物体不受到力的作用，原来运动的物体将保持原有的速度一直做匀速直线运动

> **答案**
>
> D

> **解析**
>
> A.牛顿第一定律是在实验的基础上经过科学的推理而得出的,不能用实验直接验证,但它不是凭空想象出来的,是经受了实践的检验的,故 A 错误。
>
> B.物体不受力或受平衡力作用时做匀速直线运动,说明物体的运动不需要力来维持,故 B 错误。
>
> C.一切物体在没有受到外力作用的时候时,总保持静止状态或匀速直线运动状态,故 C 错误。
>
> D.如果物体不受外力作用,原来运动的物体将保持原有的速度做匀速直线运动,故 D 正确。
>
> 故选 D。

三、惯性及惯性现象

1. 定义:维持物体原有运动状态的一种能力。

2. 理解

(1)一切物体都有惯性。一切物体是指无论是气体、液体还是固体;无论是静止还是运动;无论是受力还是不受力都具有惯性。惯性是物体本身的一种属性。

(2)惯性是物体的属性,不是力。因此在提到惯性时,只能说"物体具有惯性",或"由于惯性",而不能说"受到惯性作用"或"惯性力"等。

3. 惯性的大小:惯性的大小只取决于物体的质量,质量越大,惯性越大。

4. 惯性的利用与防范

(1)利用:助跑等。

(2)防范:刹车系统、安全带等。

> **例题**
>
> 【例3】(2019湖北省十堰中考7题)下列关于惯性的说法正确的是(　　)
>
> A.运动的物体有惯性,静止的物体没有惯性
>
> B.小汽车前排乘客需要系安全带是为了防止由于惯性造成的伤害

C. 跳远运动员起跳前用力蹬地是为了增大惯性提高成绩

D. 宇航员到太空后惯性减小

答案

B

解析

A. 一切物体在任何情况下都有惯性，运动的物体有惯性，静止的物体也有惯性，故 A 错误。

B. 小汽车前排乘客需要系安全带是为了防止紧急刹车时会向前冲，即为了防止惯性带来的危害，故 B 正确。

C. 运动员起跑时用力蹬地只是让人能向上跳起，利用了物体间力的作用是相互的，不是应用了惯性，故 C 错误。

D. 宇航员到太空后质量不变，所以惯性大小不变，故 D 错误。

故选 B。

思维导图玩转物理

第一节 牛顿第一定律

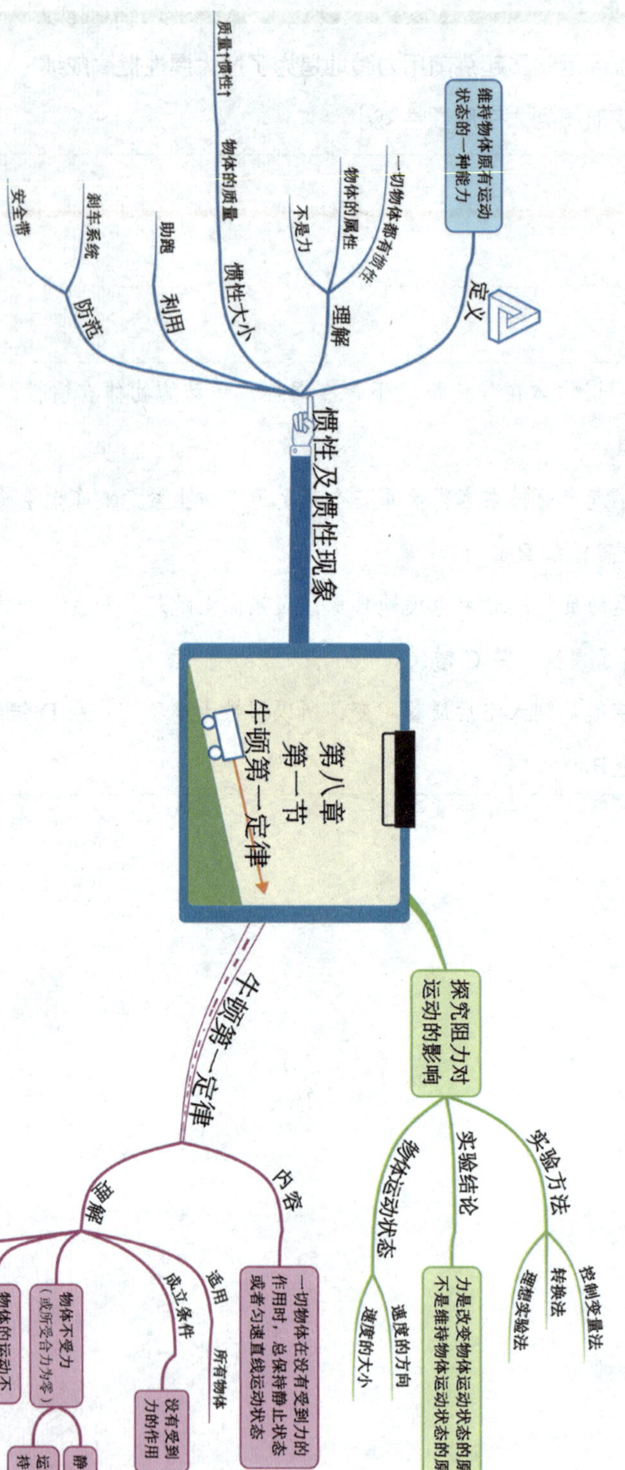

第八章 第一节 牛顿第一定律

惯性及惯性现象

- 定义：维持物体原有运动状态的一种能力
- 理解
  - 一切物体都有惯性
  - 不是力
  - 物体的属性
- 惯性大小：物体的质量（质量↑惯性↑）
- 利用：助跑
- 防范
  - 刹车系统
  - 安全带

探究阻力对运动的影响

- 实验方法
  - 控制变量法
  - 转换法
- 实验结论：力是改变物体运动状态的原因，不是维持物体运动状态的原因
- 参考物体运动状态
  - 速度的方向
  - 速度的大小

牛顿第一定律

- 内容：一切物体在没有受到力的作用时，总保持静止状态或者匀速直线运动状态
- 适用：所有物体
- 成立条件：物体不受力（或所受合力为零）
  - 没有受到力的作用
    - 静止的物体仍保持静止
    - 运动的物体仍保持匀速直线运动
  - 所受合力为零
    - 确定没有受到任何力的作用
- 理解
  - 物体的运动不需要力来维持
  - 改变物体的运动状态
  - 对物体施加力的作用

146

第二节 二力平衡

一、平衡状态和非平衡状态

1. 平衡状态：静止状态和匀速直线运动状态。

2. 非平衡状态：除静止状态和匀速直线运动状态以外的状态。

3. 平衡力：一个物体受到几个力的作用而处于平衡状态，我们就说这几个力是平衡力。

4. 由牛顿第一定律可知，当一个物体受到几个力的作用而处于平衡状态时，其所受合力为零，即平衡力的合力为零。

5. 力与运动的关系

（1）物体受平衡力（或不受力）$\Longleftrightarrow$ 物体的运动状态不变（保持静止或匀速直线运动状态）。

（2）物体受非平衡力作用 $\Longleftrightarrow$ 运动状态改变（运动快慢或方向改变）。

二、二力平衡

1. 二力平衡：一个物体受到两个力的作用而处于平衡状态，我们就说这两个力相互平衡。

2. 条件：两个力满足同体、等大、反向、共线的条件。

（1）同体：两个力作用在同一物体上。

（2）等大：两个力大小相等。

（3）反向：两个力方向相反。

（4）共线：两个力作用在同一条直线上。

3. 同一条直线上的二力合成：同向相加，反向相减。

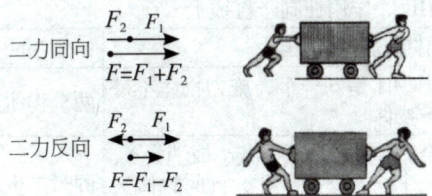

4. 应用

（1）物体受到平衡力时，可知其一定处于平衡状态。

（2）物体处于平衡状态时，可知其一定受到平衡力。

（3）由平衡力中的一个力可以求另一个力。

【例1】（2019 四川省自贡中考7题）如图所示，A、B两物体叠放在水平桌面上受到两个水平拉力而保持静止，已知 $F_1=5$ N，$F_2=3$ N。那么物体B受物体A和水平桌面的摩擦力大小应分别为（　　）

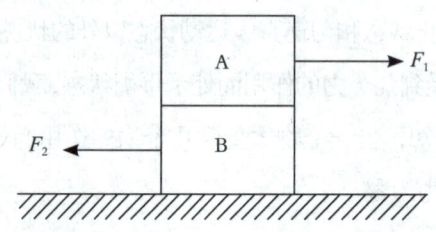

A. 5 N、3 N　　B. 5 N、2 N　　C. 2 N、3 N　　D. 3 N、5 N

答案

B

解析

A在水平方向受拉力 F_1 及摩擦力而处于静止状态，故由二力平衡可得，A受B的摩擦力 $F_A=F_1=5$ N。

对整体进行分析，则整体在水平方向上受 F_1、F_2 及地面对B的摩擦力而处于静止状态，故三力的合力应为零，则摩擦力 $F_B=F_1-F_2=5$ N-3 N$=2$ N。

故选B。

三、平衡力与相互作用力

		平衡力	相互作用力
相同点		大小相等，方向相反，作用在同一直线上	
不同点	受力物体	作用在同一物体上	作用在两个不同物体上
	受力情况	受力物体是同一个，施力物体不是同一物体	两个物体互为施力者，互为受力者
	力的变化	一个力变化（增大、减小或消失），另一个力不一定变化，此时物体失去平衡	同时产生，同时变化，同时消失

【例2】（2019 安徽省中考14题）如图，A、B两物块叠放在水平桌面上保持静止。图中分别给出了A、B的受力示意图。下列说法正确的是（　　）

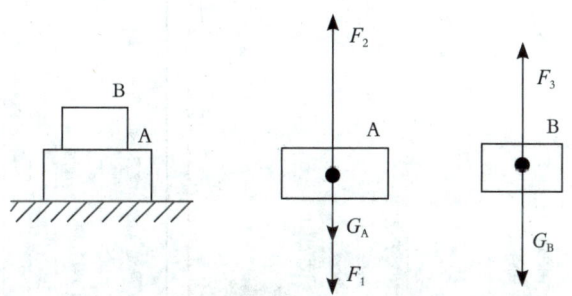

A. F_2 与 G_A、F_1 两个力的合力是一对作用力与反作用力

B. F_1 与 F_3 是一对作用力与反作用力

C. G_A 与 F_2 是一对平衡力

D. F_2 与 F_1 是一对平衡力

答案

B

解析

由图知，A 物块受到向上的支持力 F_2、向下的重力 G_A、B 对 A 向下的压力 F_1；B 物块受到向上的支持力 F_3 和向下的重力 G_B。

A. 以 A 为研究对象，A 物块在水平桌面上保持静止，受力平衡；G_A、F_1 两个力的合力方向向下，合力的大小 $G_A+F_1=F_2$，则可知 F_2 与 G_A、F_1 两个力的合力大小相等、方向相反、作用在同一条直线上，均作用在 A 物块上，所以是一对平衡力，不是一对相互作用力，故 A 错误。

B. B 对 A 有向下的压力 F_1，因力的作用是相互的，则 A 对 B 有向上的支持力 F_3，所以 F_1 与 F_3 是一对作用力与反作用力，故 B 正确。

C. A 物块处于静止状态，由图示和力的平衡条件可得：$F_2=G_A+F_1$，则 G_A 与 F_2 的大小不等，所以 G_A 与 F_2 不是一对平衡力，故 C 错误。

D. A 物块处于静止状态，由力的平衡条件可得：$F_2=G_A+F_1$，则 F_2 与 F_1 的大小不等，所以 F_2 与 F_1 不是一对平衡力，故 D 错误。

故选 B。

思维导图玩转物理

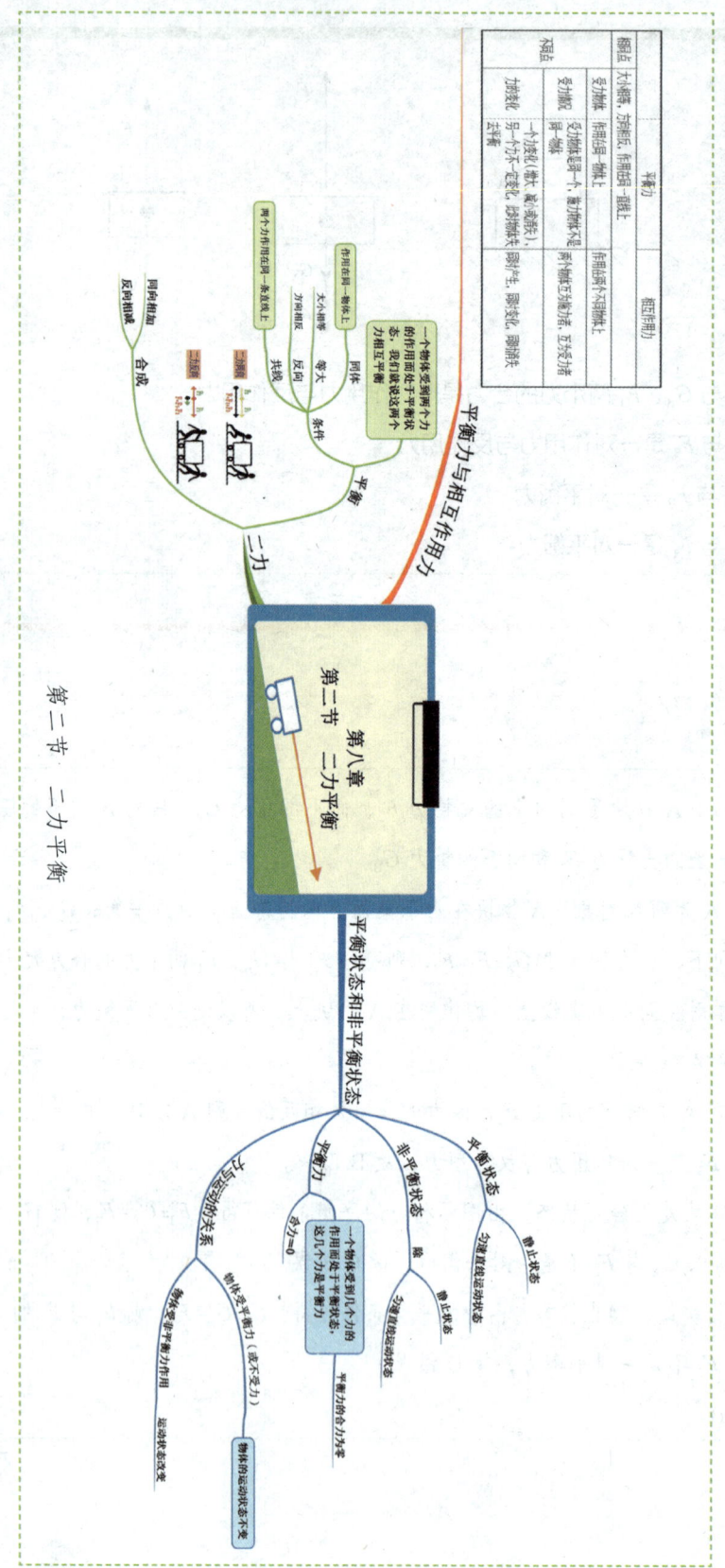

第二节 二力平衡

第三节 摩擦力

一、摩擦力

1. 定义：两个相互接触的物体，当它们做相对运动或有相对运动趋势时，在接触面上产生的阻碍相对运动或相对运动趋势的力。

2. 产生的条件

（1）两物体相互接触且有挤压，即两物体间有压力；

（2）接触面粗糙；

（3）两物体做相对运动或有相对运动趋势。

3. 方向：与接触物体间的相对运动（或相对运动趋势）方向相反。

4. 分类

（1）静摩擦：有相对运动趋势，但未发生相对运动时产生的摩擦。

（2）滑动摩擦：因发生相对运动而产生的摩擦。

（3）滚动摩擦：两物体表面。

5. 静摩擦与滑动摩擦的判断

（1）定义法。

（2）假设法：假设物体受到静摩擦力，进行受力分析，若符合物体能够保持相对静止，则物体所受摩擦力为静摩擦力，否则为动摩擦力。

例题

【例1】（2019 湖北省恩施中考24题）如图，小明用双手握住笔杆（笔杆粗糙），其中一只手向右滑动，另一只手不动，试作出笔杆对两手的摩擦力示意图。

解析

用双手握住笔杆（笔杆粗糙），其中右手向右滑动，其受到的摩擦力与手的运动方向相反，故该摩擦力向左；左手不动，相对于笔杆有向左运动的趋势，故受到的摩擦力向右。如图所示：

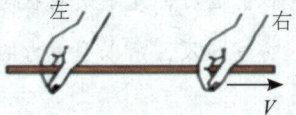

二、利用二力平衡

摩擦力大小：当物体受到摩擦力且处于二力平衡状态时：$f=F$

1. 静摩擦力：$f_{静}=F_{推}$（$F_{推}$为运动趋势方向上的力）。

2. 滑动摩擦力：$f_{动}=F_{匀}$（$F_{匀}$为相对匀速滑动时受到的拉力，且$f_{动}$大小与v、受力面积无关，取决于正压力、粗糙程度）。

【例2】（2019 湖南省常德中考 10 题）某人用 50 N 的力拉小车在水平路上匀速向右行驶，下列说法正确的是（　　）

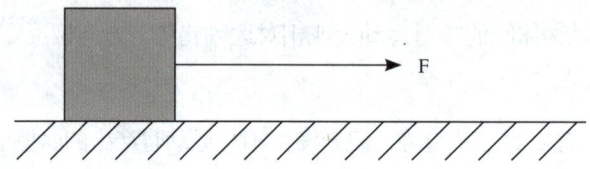

A. 小车受到的阻力小于 50 N，方向向左
B. 小车受到的阻力等于 50 N，方向向左
C. 小车受到的阻力等于 50 N，方向向右
D. 小车受到的阻力大于 50 N，方向向右

答案 B

解析 人用 50 N 的力拉车匀速向右前进时，处于平衡状态，则水平方向受到的推力和摩擦力是一对平衡力：大小相等、方向相反，所以摩擦力的大小为 $f=F=50$ N，方向向左，故 B 正确。

故选 B。

三、滑动摩擦力

1. 影响滑动摩擦力大小的因素

（1）压力的大小；

（2）接触面的粗糙程度。

例题

【例3】(2019 河南省中考18题)在探究"影响滑动摩擦力大小的因素"的实验中,装置如图所示,铝块和木块的外形相同,一端带有定滑轮的长木板固定不动,铝块通过细线与弹簧测力计相连。(忽略滑轮的摩擦)

(1)图甲中,将铝块放在水平木板上,竖直向上拉测力计,当铝块沿水平方向做_____运动时,铝块所受滑动摩擦力大小等于测力计的示数 F_1,则 $F_1=$_____N。

(2)比较甲、乙两次实验,可以得出:在_____相同时,_____越大,滑动摩擦力越大。

(3)图乙实验完成后,利用原有器材,还可进一步探究滑动摩擦力大小与接触面粗糙程度的关系,请你简要说明实验方案:_____。

(4)请你判断:图丙中,铝块水平运动时所受滑动摩擦力_____(选填"大于"、"等于"或"小于")图甲中铝块所受滑动摩擦力。

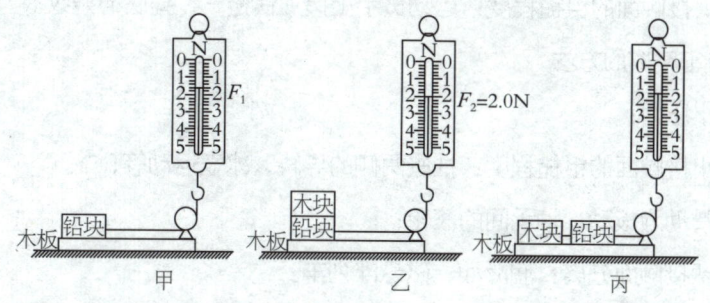

答案

(1)匀速直线,1.6;
(2)接触面粗糙程度,压力;
(3)将木块与铝块互换位置,重复实验,比较两次弹簧测力计的示数;
(4)等于。

解析

(1)竖直向上拉测力计,通过定滑轮使铝块沿水平方向做匀速直线运动时,铝块在水平方向上受到平衡力的作用,铝块所受滑动摩擦力大小等于测力计的示数。

测力计的示数如图甲所示,图中测力计分度值为 0.2 N,示数为 $F_1=1.6$ N,即木块受到的滑动摩擦力大小为 1.6 N。

（2）分析比较甲、乙两次实验可知，接触面粗糙程度相同，乙图中接触面间的压力大，测力计示数大，滑动摩擦力大，故可以得出滑动摩擦力大小与压力大小有关，在接触面粗糙程度相同时，压力越大，滑动摩擦力越大。

（3）要探究滑动摩擦力大小与接触面粗糙程度的关系，需控制压力相同，接触面的粗糙程度不同，故可设计方案：

将铝块叠放在木块上，然后放在水平木板上，竖直向上拉测力计，使它们沿水平方向做匀速直线运动，记下测力计示数 F_3，分析比较 F_3 与 F_2 的大小，得出结论。

（4）由图丙可知，铝块在木板上运动时，压力也不变，接触面的粗糙程度不变，则所受的滑动摩擦力不变，故图丙中铝块水平运动时所受滑动摩擦力等于图甲中铝块所受滑动摩擦力。

2. 增大有益摩擦的方法

（1）增大压力：刹车等；

（2）增大接触面的粗糙程度：运动员手上搓"镁粉"，鞋底的条纹等。

3. 减小有害摩擦的方法

（1）减小压力；

（2）减小接触面的粗糙程度：抽屉两侧的导轨、冰壶运动等；

（3）变滑动为滚动：轴承间的滚轮；

（4）使两接触面分离：润滑油，磁悬浮列车。

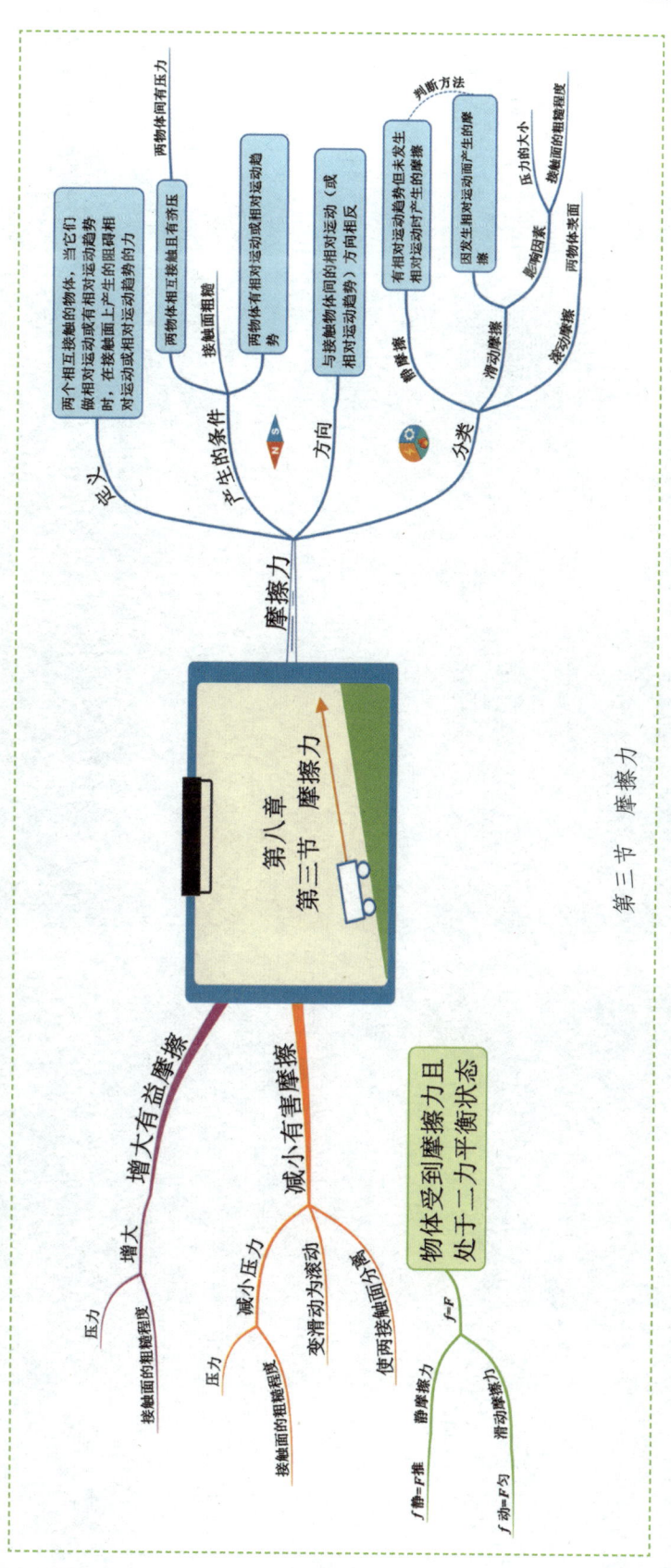

第三节 摩擦力

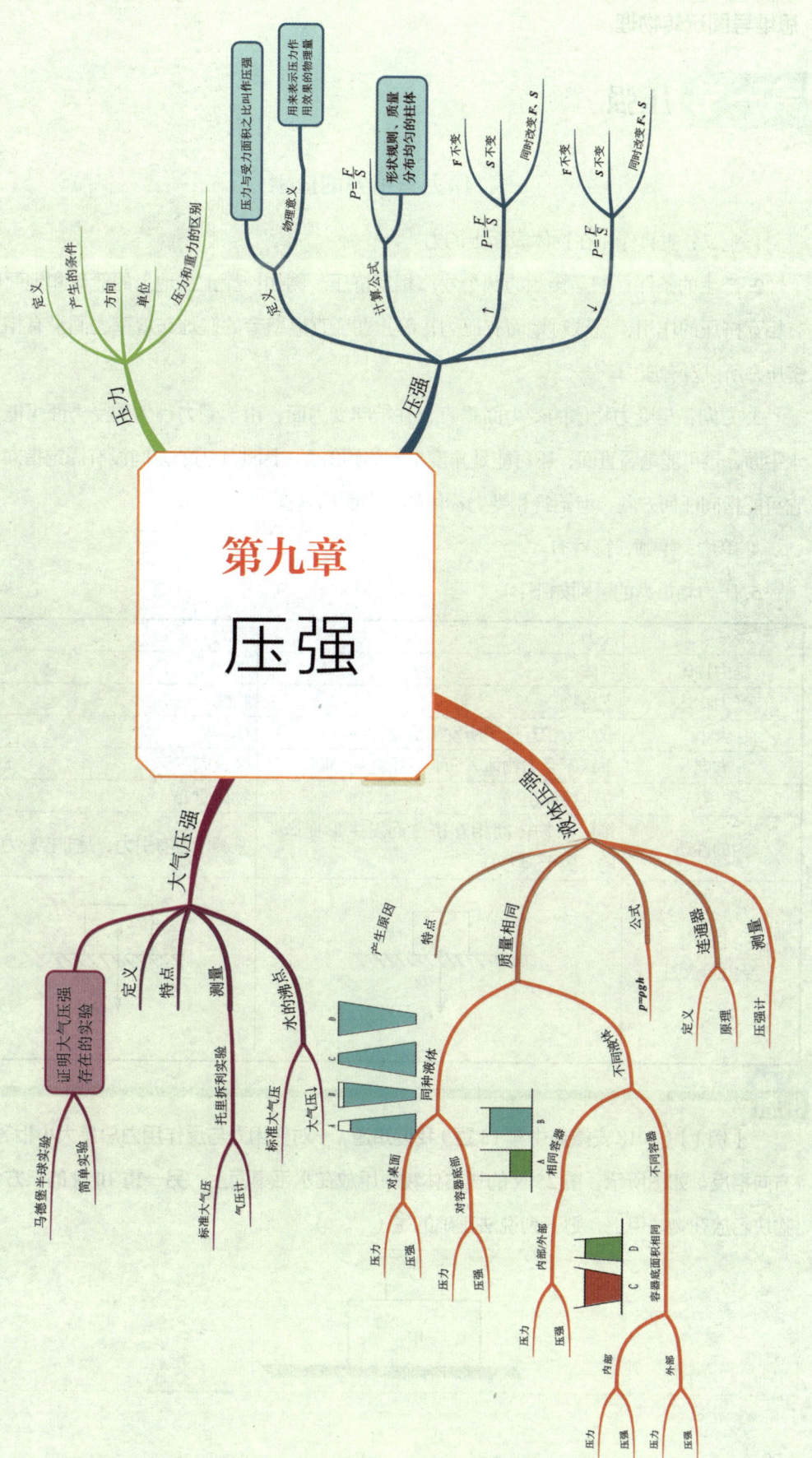

第一节 压强

一、压力与重力的区别

1. 定义：垂直作用在物体表面上的力。

2. 产生的条件：相互接触的两个物体相互挤压。例如：静止在地上的篮球和地面间有相互挤压的作用，篮球对地面有压力；静止在竖直墙壁旁的篮球与墙壁之间没有相互挤压，所以没有压力。

3. 方向：与受力物体的受力面垂直，并指向受力面，由于受力物体的受力面可能是水平面，也可能是竖直面，还可能是角度不同的倾斜面。因此压力的方向没有固定指向，它可能指向任何方向，但始终和受力物体的受力面相垂直。

4. 单位：牛顿，符号 N。

5. 压力和重力的区别如下：

	压力	重力
施力物体	物体	地球
受力物体	支持物	物体
大小	取决于相互挤压所发生形变大小	$G=mg$
方向	垂直于受力物体表面，并指向受力面	竖直向下
作用点	在支持面上	物体重心
力的性质	接触的物体间相互挤压而发生形变产生的，属于弹力	来源于万有引力，是非接触力
受力示意图	↓F	↓G

例题

【例1】（2018 安徽省中考15题）我们知道，一对作用力与反作用力总是大小相等，方向相反。如图所示，重 25 N 的长方体物块甲放在水平桌面上，另一重 10 N 的长方体物块乙放在物块甲上，则下列说法正确的是（　　）

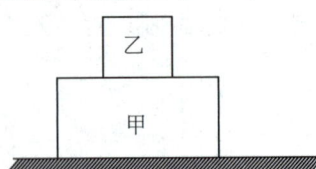

A. 物块乙所受的合力为 10 N

B. 物块乙对物块甲的压力为 15 N

C. 桌面受到物块甲的压力为 15 N

D. 桌面对物块甲的支持力为 35 N

答案

D

解析

A. 物块乙静止，处于平衡状态，受到平衡力的作用，故所受的合力为零，故 A 错误。

B. 物块乙对物块甲的压力等于物块乙的重力，为 10 N，故 B 错误。

C. 桌面受到物块甲的压力等于物块甲乙的重力之和，即 25 N+10 N=35 N，故 C 错误。

D. 由 C 知，桌面受到物块甲的压力为 35 N，而桌面对物块甲的支持力与桌面受到物块甲的压力是一对相互作用力，故大小为 35 N，故 D 正确。

故选 D。

二、压强

1. 定义：用来表示压力作用效果的物理量（物理意义），压力与受力面积之比叫作压强（定义）。

2. 计算公式：$P=\dfrac{F}{S}$，S 的单位：m^2，$1\ Pa=1\ N/m^2$。

3. 对形状规则、质量分布均匀的柱体，$P=\dfrac{F}{S}=\dfrac{G}{S}=\dfrac{mg}{S}=\dfrac{\rho Vg}{S}=\dfrac{\rho Shg}{S}=\rho gh$

例题

【例 2】（2019 湖南省长沙中考 12 题）如图，水平面上放置了质地均匀的甲乙两个实心圆柱体，它们的高度相同，质量相等，甲的底面积小于乙的底面积。为使甲对水平面的压强小于乙对水平面的压强，小海按不同方法把甲乙两物体分别切下一部分后，将切下部分叠加到对方剩余部分的上方。下列切法可能达到目的的是（　　）

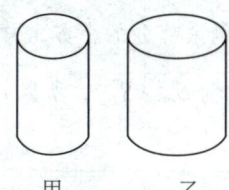

A. 沿水平方向切去质量相等的部分

B. 沿水平方向切去体积相等的部分

C. 沿水平方向切去厚度相等的部分

D. 沿竖直方向切去质量相等的部分

答案

B

解析

甲乙两个实心圆柱体，高度相同，甲的底面积小于乙的底面积，根据柱体体积公式 $V=Sh$，分析可得 $V_甲<V_乙$。

又因为甲乙质量相等，根据公式 $\rho=\dfrac{m}{V}$ 可得 $\rho_甲>\rho_乙$。

A. 若沿水平方向切去质量相等的部分，则甲乙剩余部分质量仍相等，将切下部分叠加到对方剩余部分的上方，总质量相等，总重力相等，对地面压力相等，根据压强公式 $p=\dfrac{F}{S}$，因为 $S_甲<S_乙$，所以 $p_甲>p_乙$，故 A 不正确。

B. 沿水平方向切去体积相等的部分，因为 $\rho_甲>\rho_乙$，根据公式 $m=\rho V$，所以切掉的部分甲的质量大于乙的质量，剩余部分甲的质量小于乙的质量，将切下部分叠加到对方剩余部分的上方，此时甲的总质量小于乙的总质量，甲的总重力小于乙的总重力，甲对地面压力小于乙对地面压力，而 $S_甲<S_乙$。根据压强公式 $p=\dfrac{F}{S}$，此时甲对水平面的压强可能小于乙对水平面的压强，故 B 正确。

C. 沿水平方向切去厚度相等的部分，因为甲乙质量相等，所以 $\rho_甲 V_甲=\rho_乙 V_乙$，$\rho_甲 S_甲 h_甲=\rho_乙 S_乙 h_乙$，因为 $h_甲=h_乙$，所以 $\rho_甲 S_甲=\rho_乙 S_乙$，设切掉的厚度为 Δh，则有 $\rho_甲 S_甲 \Delta h=\rho_乙 S_乙 \Delta h$，即切掉的部分质量相等，所以该题实际与 A 相同，故 C 不正确。

D. 沿竖直方向切去质量相等的部分，则剩余部分质量仍相等，因为 $\rho_甲>\rho_乙$，根据公式 $V=\dfrac{m}{\rho}$，所以剩余部分体积 $V_甲'<V_乙'$，因为 $h_甲=h_乙$，所以剩余部分底面积 $S_甲'<S_乙'$。将切下部分叠加到对方剩余部分的上方，总质量相等，总重力相等，对地面压力相等，根据压强公式 $p=\dfrac{F}{S}$，因为 $S_甲'<S_乙'$，所以 $p_甲>p_乙$，故 D 不正确。

故选 B。

三、增大和减小压强的方法

1. 增大压强的方法

$p=\dfrac{F}{S}$ $\begin{cases} F\text{不变条件下，减少受力面积。} \\ S\text{不变条件下，增大压力。} \\ \text{同时改变}F、S,\text{增大压力的同时减少受力面积。} \end{cases}$

2. 减小压强的方法

$p=\dfrac{F}{S}$ $\begin{cases} F\text{不变，增大受力面积。} \\ S\text{不变，减少压力。} \\ \text{同时改变}F、S,\text{减小压力的同时增大受力面积。} \end{cases}$

例题

【例3】（2018 北京市中考 4 题）下列实例中，为了增大压强的是（　　）

A. 书包带做得较宽

B. 图钉帽做得面积较大

C. 大型平板车装有很多车轮

D. 石磨的磨盘做得很重

答案

D

解析

A. 书包带做得较宽，是在压力一定时，通过增大受力面积来减小压强，故 A 不合题意。

B. 图钉帽做得面积较大，是在压力一定时，通过增大受力面积来减小压强，故 B 不合题意。

C. 大型平板车装有很多车轮，是在压力一定时，通过增大受力面积来减小压强，故 C 不合题意。

D. 石磨的磨盘做得很重，是在受力面积一定时，通过增大压力来增大压强，故 D 符合题意。

故选 D。

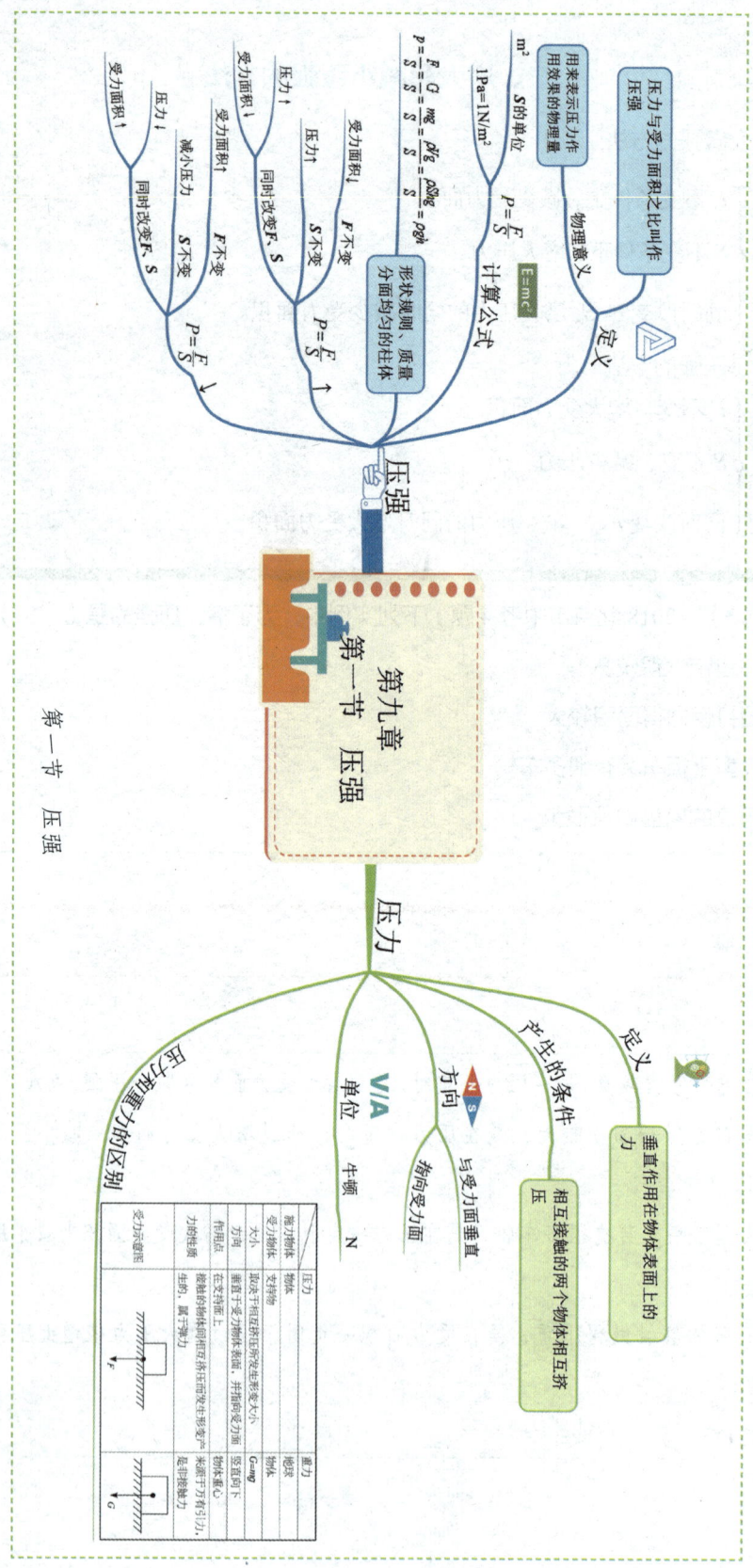

第二节 液体压强

一、液体压强

1. 产生原因：液体的压强是由液体所受的重力及液体具有流动性而产生的，液体的压强虽然是由液体受的重力产生的，但它的大小却与液体受的重力无关。液体对容器底部的压力不一定等于容器中的液体受到的重力，只有侧壁竖直的容器，底部受到的液体压力才等于容器内的液体所受的重力。

2. 特点：

（1）液体对容器的底部和侧壁都有压强，液体内部向各个方向都有压强；

（2）液体的压强随深度增加而增大，在同一深度，液体向各个方向的压强相等；

（3）不同液体的压强还跟它的密度有关系。

例题

【例1】（2019 山东省烟台中考 11 题）1648 年，法国物理学家帕斯卡用一个装满水的密闭木桶，在桶盖上插了一根细长的管子，向细管子里灌水，结果只加了几杯水就把木桶压裂了（如图），这个实验说明了（　　）

A. 液体压强与水的深度有关　　B. 液体压强与管的粗细有关

C. 液体压强与水的密度有关　　D. 液体压强与水的质量有关

答案

A

解析

液体压强与液体的密度和深度有关。由帕斯卡做的实验可知，虽然管很细，但由于高度很大，水的深度大，而使水产生了很大的压强，所以该实验说明液体压强与液体深度有关，与液体密度、管子粗细、液体质量等无关。

故选 A。

二、液体压强的公式

1. 公式推导：如图所示，设想在密度为 ρ 的液体中，液面下深度为 h 处有一水平放置的面积为 S 的小平面，在这个平面上就有一个假想的液柱。

液柱的体积：$v=Sh$

液柱的质量：$m=\rho V=\rho Sh$

液柱受到的重力：$G=mg=\rho Shg$

小平面受到的压力：$F=G=\rho Shg$

小平面受到的压强：$p=\dfrac{F}{S}=\dfrac{\rho Shg}{S}=\rho gh$

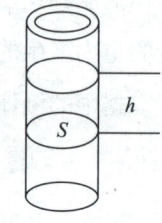

由于在同一深度液体向各个方向的压强都相等，因此 $p=\rho gh$ 用于液体内部向各个方向压强的计算。

2. 液体压强计算公式：$p=\rho gh$，公式中 P 表示液体自身产生的向各个方向的压强，不包括液体受到的外加压强，单位是 Pa，ρ 是液体密度，单位是 kg/m^3，g 是常数，$g=9.8\,N/kg$，h 是液体的深度，单位是 m。

3. 液体压强及压力辨析

（1）质量相同的同种液体

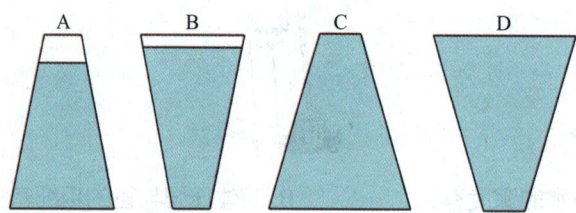

① 对桌面压力：$F_A=F_B$，$F_C=F_D$。

② 对桌面压强：$\rho_A<\rho_B$，$\rho_C<\rho_D$。

③ 水对容器底部的压力：$F_A>F_B$，$F_C>G_水>F_D$。

④ 水对容器底部的压强：$\rho_A<\rho_B$，$\rho_C=\rho_D$。

（2）质量相同的不同液体

① 相同容器

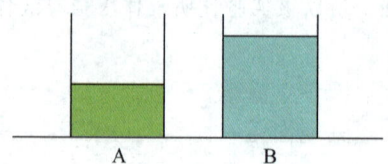

内部 / 外部：

$F_A=F_B$，$p_A=p_B$。

②不同容器，但容器底面积相同

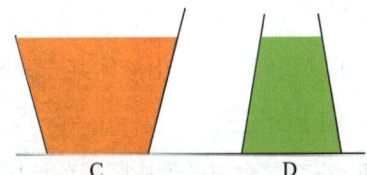

内部：$F_C<F_D$，$p_C<p_D$。

外部：$F_C=F_D$，$p_C=p_D$。

例题

【例2】（2018北京市中考15题）如图所示，盛有水的杯子静止在水平桌面上。杯子重1 N，高9 cm，底面积30 cm²；杯内水重2 N，水深6 cm，水的密度为$1.0×10^3$ kg/m³，g取10 N/kg。下列选项中正确的是（　　）

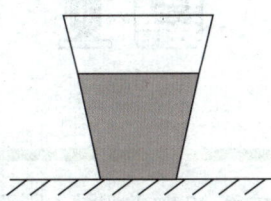

A. 水对杯底的压强为 900 Pa

B. 水对杯底的压力为 2 N

C. 水杯对桌面的压强为 1000 Pa

D. 水杯对桌面的压力为 2.8 N

答案

C

解析

（1）杯内水的深度：$h=6$ cm$=0.06$ m，

水对杯底的压强：$p=ρgh=1.0×10^3$ kg/m³$×10$ N/kg$×0.06$ m$=600$ Pa，根据$p=\dfrac{F}{S}$可得，

水对杯底的压力：$F=pS=600$ Pa$×30×10^{-4}$ m²$=1.8$ N，故 AB 错误。

（2）$G_{水}=2$ N，在水平桌面上，杯对桌面的压力：$F'=G_{水}+G_{杯}=1$ N$+2$ N$=3$ N，杯对桌面的压强：$p'=\dfrac{F'}{S}=\dfrac{3N}{30×10^{-4}m^2}=1000$ Pa，故 C 正确，D 错误。

故选 C。

三、液体压强的测量

由于在同一深度，液体向各个方向的压强相等，所以我们只要测出液体某一深度某一方向上的压强，就同时知道了液体在这一深度各个方向上的压强。

如图所示，液体压强可用压强计来测量。工作原理：当金属盒上的橡皮膜受到挤压时，U形管两边的液面出现高度差；压强越大，两边的高度差越大，读出高度差即可得出压强计金属盒所在之处的压强。

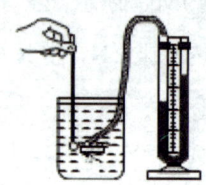

【例3】（2019 湖南省湘潭中考 27 题）如图 1 所示，用微小压强计探究液体内部压强的特点。（$\rho_{盐水} > \rho_{水}$）

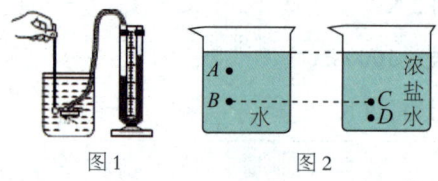

图1　　　　图2

（1）实验中，将液体内部的压强大小转换为用 U 形管两侧液面的 ____ 来表示。

（2）为了使实验现象更明显，U 形管中的液体最好用 _____（选填"有色"或"无色"）。

（3）将探头放在图 2 所示液体内部的 A、B 位置，观察到 U 形管两侧液面的高度差 $h_B > h_A$，经过多次实验观察到同样的现象，这说明同种液体内部的压强随 ____ 的增加而增大。

（4）将探头放在图 2 中所示液体内部等深的 B、C 位置，观察到 U 形管两侧液面的高度差 h_C ____ h_B（选填"<""=""或">"），这是为了研究液体压强与液体 _____ 关系。

（5）由以上实验可知图 2 所示液体内部 A、B、C、D 四个位置压强最大的是位置 ____。

（1）高度差；（2）有色；（3）深度；（4）>，密度；（5）D。

解析

（1）压强计的工作原理：橡皮膜受到压强时，U形管内两边液面出现高度差，两侧液面高度差反映了探头受到的压强大小，采用的是转换法；液体压强越大，两侧液面高度差也越大。

（2）为了使实验现象更明显，U形管中的液体最好用有色液体。

（3）将探头放在图2所示液体内部的 A、B 位置，观察到U形管两侧液面的高度差 $h_B > h_A$，探头慢慢下移，深度变大，发现U形管两边液面的高度差逐渐增大，故结论为：深度越深液体压强越大。

（4）将探头放在图2中所示液体内部等深的 B、C 位置，观察到U形管两侧液面的高度差 $h_C > h_B$，在相同的深度时，探头在浓盐水中时U形管两边液面的高度差增大了，即压强变大了。故结论为：在深度相同时，液体密度越大，压强越大。这是为了研究液体压强与液体密度的关系。

（5）D 点位于密度大、深度大的位置，故该点液体压强最大。

四、连通器及其应用

1. 定义：上端开口，下端连通的容器叫连通器。

2. 连通器原理：连通器里如果只有一种液体，在液体不流动的情况下容器的各液面总保持相平。

如图，在连通器内取一很薄的液片AB；AB受到左边液面对它的压力 $F_左$，也受到右边液面对它的压力 $F_右$。AB 平衡，根据二力平衡关系有 $F_左 = F_右$，根据压力与压强的关系有 $p_左 S_左 = p_右 S_右$，由于AB是薄片，有 $S_左 = S_右$，所以 $p_左 = p_右$。又根据 $p = \rho_液 gh$，则有 $h_左 = h_右$，所以同种液体不流动时各液面相平，若连通器里装有不同的且不能均匀混合的液体，连通器液面将不再相平。

3. 连通器原理的应用

（1）茶壶：茶壶口高于茶壶盖的设计。

（2）锅炉水位计：利用连通器原理把锅炉中的水位反映到锅炉外的水位计中。

（3）自动饮水器：利用连通器原理使饮水部分水面自动升高。

（4）船闸：利用连通器原理使轮船通过水库、拦河大坝等。

【例4】（2016 黑龙江省牡丹江中考 6 题）下列利用连通器原理的事例是（　　）

A. 拦河坝设计成下宽上窄的形状

B. 风沿窗口吹过，窗帘飘向窗外

C. 用注射器抽取药液

D. 排水管的"反水弯"呈 U 形

D

解析

A. 由于液体的压强随深度的增加而增大，河水的深度越深压强越大，为了大坝的坚固，大坝下面必须修得宽一些，与连通器原理无关，不符合题意。

B. 风沿着窗外的墙面吹过时，窗帘外侧空气流速变大且大于内侧空气流速，窗帘外侧气体压强小于内侧气体压强。窗帘受向外的压力差作用，所以窗帘飘向窗外。与连通器原理无关，不符合题意。

C. 抽取药液时，将针口插入药液后，向外拔活塞，使管内的气体体积增大，气压减小，药液就被管外的大气压压进管内，利用了大气压，与连通器原理无关，不符合题意。

D. 排水管的"反水弯"呈 U 形，上端开口，下部连通，利用的是连通器原理，符合题意。

故选 D。

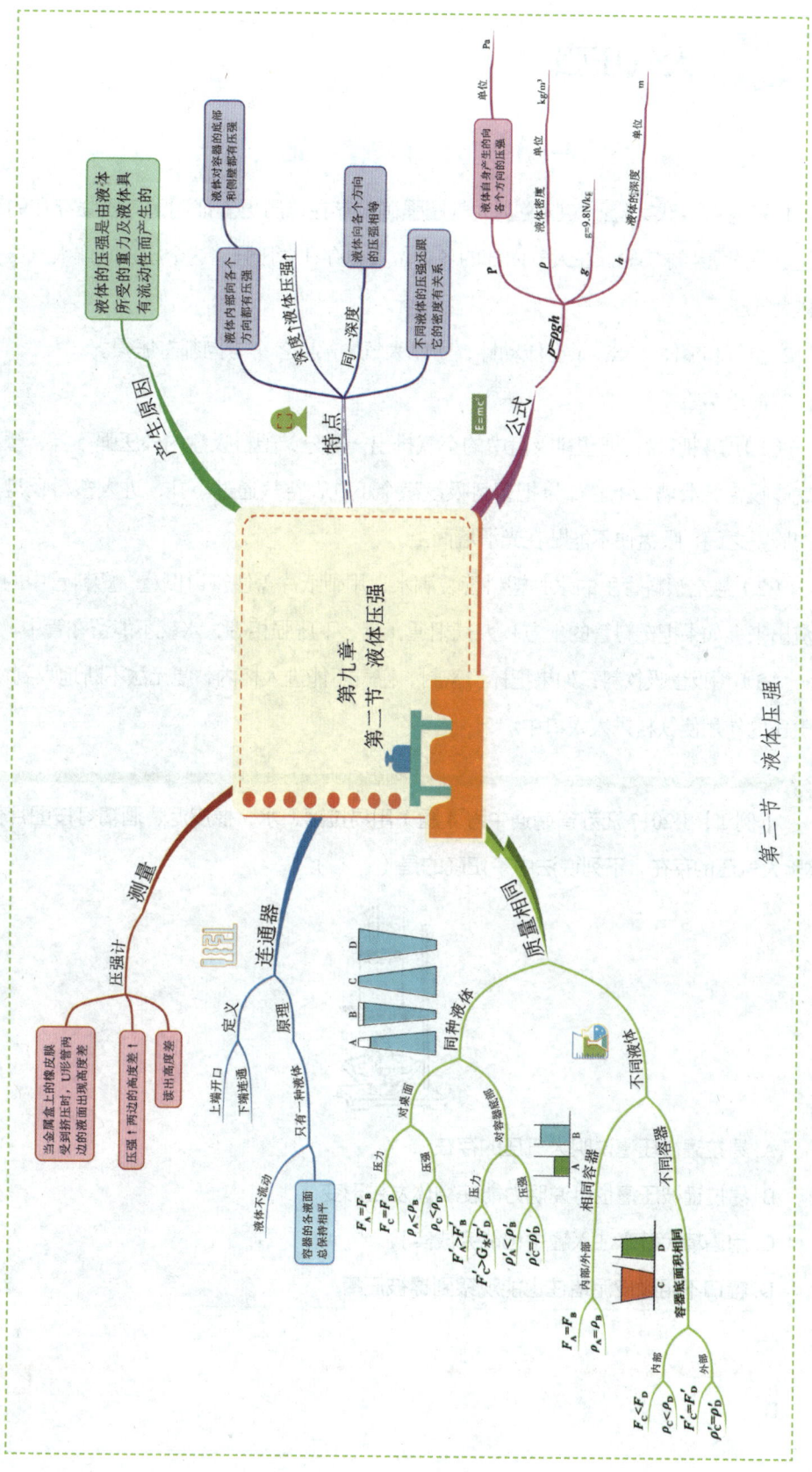

第二节 液体压强

第三节 大气压强

一、证明大气压强存在的实验

1. 马德堡半球实验：实验说明大气压强确实存在，历史上证明大气压强存在的著名实验是马德堡半球实验。在大气内部的各个位置也存在着压强，这个压强叫作大气压强，简称大气压。

2. 空气和液体一样，具有流动性，所以大气内部向各个方向都有压强。

3. 简单实验

（1）塑料吸盘：把塑料吸盘中的空气排出一部分，塑料吸盘内外压强不等，塑料吸盘就能吸在光滑墙壁上。如果把塑料吸盘戳个小孔，空气通过小孔，进入塑料吸盘和光滑的墙壁之间，吸盘便不能贴在光滑墙面上。

（2）悬空塑料管里的水：塑料管装满水，用硬纸片盖住管口倒置，塑料管中的水不会流出来。如果把塑料管的上方和大气相通，上、下压强相等，水就不能留在管中。

（3）用吸管吸饮料：如果把杯口密封，空气不能进入杯内，便无法不断地吸到饮料，大气压的作用使饮料进入人口中。

例题

【例1】（2017江苏省南通中考4题）用易拉罐、水、橡皮泥、酒精灯按图片位置体验大气压的存在，下列说法中不正确的是（ ）

A. 易拉罐被压瘪说明大气压的存在
B. 易拉罐被压瘪也可说明力能使物体发生形变
C. 用酒精代替水注入罐中也能完成实验
D. 罐口不用橡皮泥堵住也能观察到罐被压瘪

答案

D

> **解析**
> A.用橡皮泥堵住罐口，把酒精灯撤去，让易拉罐自然冷却，发现易拉罐被压瘪，这是由于大气压的作用，故 A 正确。
>
> B.易拉罐被压瘪说明力可以使物体发生形变，故 B 正确。
>
> C.用酒精代替水注入罐中，酒精容易蒸发变为酒精蒸气。撤去酒精灯，酒精蒸气遇冷液化为液体，罐内气压减小，大气压也能将易拉罐压瘪，故 C 正确。
>
> D.罐口不用橡皮泥堵住，把酒精灯撤去，罐内的气体压强和外界的大气压相等，易拉罐不会被压瘪，故 D 错误。
>
> 故选 D。

二、大气压的测量

1.托里拆利实验

（1）实验过程：如图所示，在长约 1 m、一端封闭的玻璃管中灌满水银，用手指堵住，然后倒插在水银槽中。放开手指，管内水银面下降到一定高度时就不再下降，这时管内外水银面高度差约 760 mm。

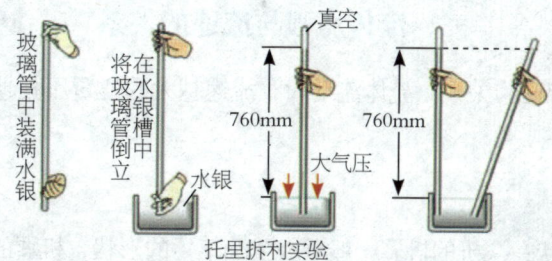

托里拆利实验

（2）实验是将大气压强转化为液体压强来进行测量的。如上图所示，在管内外水银面交界处设想有一假想的液片，由于水银柱静止，液体受到管内水银柱产生的向下的压强与外界大气压相等，也就是大气压支持了管内大约 760 mm 高的水银柱，大气压强跟 760 mm 高的水银柱产生的压强相等。通常把这样大小的压强叫作标准大气压，用 P_0 表示。

根据液体压强公式：$P_0=\rho gh=1.36\times 10^4\times 9.8 \text{ N/kg}\times 0.76 \text{ m}\approx 1.01\times 10^5 Pa$。

（3）在托里拆利实验中，管内上方是真空，管内水银柱的高度只随外界大气压的变化而变化，和管的粗细、倾斜角度、管的长度及将玻璃管提起还是下压等因素无关，只与水银柱的竖直高度有关。

2.气压计

（1）气压计：测量大气压的仪器叫作气压计。

（2）常见的气压计：水银气压计、无液气压计，氧气瓶和灭火器上的气压计也是一种无液气压计。

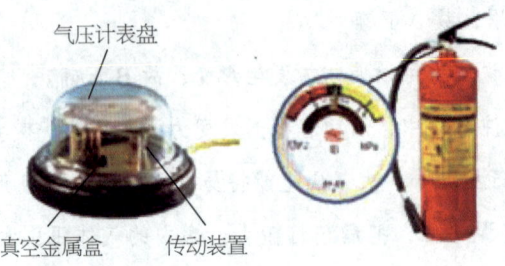

3. 大气压的变化

（1）大气压随高度的升高而减小。越向高空空气越稀薄，空气的密度越小，由于大气层密度变化是不均匀的，因此压强随高度的变化也是不均匀的。在海拔 2000 m 以内，大约每升高 12 m，大气压减小 133 Pa。

（2）天气的变化影响大气压。一般来说，晴天的气压比阴雨天的高。

4. 大气压和水的沸点：水的沸点在标准大气压下是 100 ℃，随着大气压的减小，水的沸点会降低。

三、流体压强与流速的关系

1. 流体压强和流速的关系：流体流动时，流速越大的位置压强越小，流速越小的位置压强越大。

2. 飞机的升力

（1）机翼的形状：飞机的机翼一般做成上凸下平的形状，机翼的形状决定了机翼上下表面空气流动的速度，从机翼横截面的形状可知，其上方弯曲，下方近似于直线。飞机飞行时，空气与机翼发生相对运动，由于机翼上方的空气要比下方的空气运行的路程长，所以机翼上方的空气流动速度比下方要快。

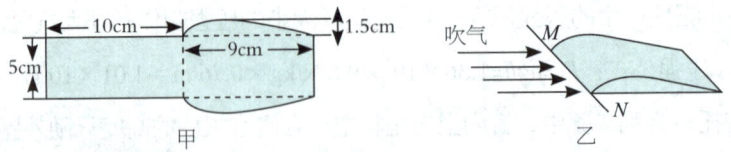

（2）升力产生的原因

从机翼上方气流通过的路程长，速度大，它对机翼上表面的压强较小；机翼下方气流通过的路程较短，速度小，它对机翼下表面的压强较大。这样，机翼上、下表面就存在着压强差，因而有压力差，这就是产生升力的原因。

第九章 压强

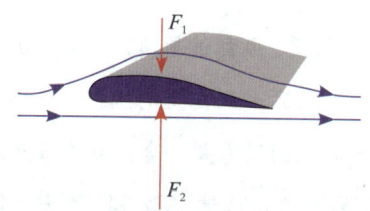

3. 生活中的应用

（1）等车的时候人要站在安全线以外；

（2）汽车的整体形状类似飞机机翼，有助于减小汽车对地面的压力；

（3）鼠洞的通风系统；

（4）乒乓球的上旋和下旋；

（5）航海规定，两艘轮船不能同向航行时靠得太近。

【例2】（2019 江苏省常州中考2题）中国南极泰山站采用轻质材料装配而成，为避免被南极强横风吹得移位，其独特的支架悬空形状发挥了作用。泰山站的悬空形状接近于下列图（　　）

A.

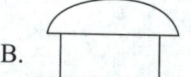
B.

C.

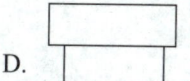
D.

答案

A

解析

A. 风刮过屋顶，屋顶上方的空气流动速度小，压强大，屋顶受到向上的压强小于向下的压强，受到的向下的压力大于向上的压力，使整体更加稳定，不会把屋顶掀开，故 A 符合题意。

173

B.房子设计成图B所示的圆顶，风刮过屋顶，屋顶上方的空气流动速度大，压强小。屋内空气流动速度小，压强大，屋顶受到向上的压强大于向下的压强，受到的向上的压力大于向下的压力，产生一个向上的压力差，会把屋顶掀开，故B不符合题意。

C.房子设计成图C所示的圆顶，尽管容易清除积雪，但屋顶受到向上的压强等于向下的压强，受到的向上的压力等于向下的压力，不能使整体更加稳定，故C不符合题意。

D.图中上下表面水平，屋顶受到向上的压强等于向下的压强，受到的向上的压力等于向下的压力，不能使整体更加稳定，故D不符合题意。

故选A。

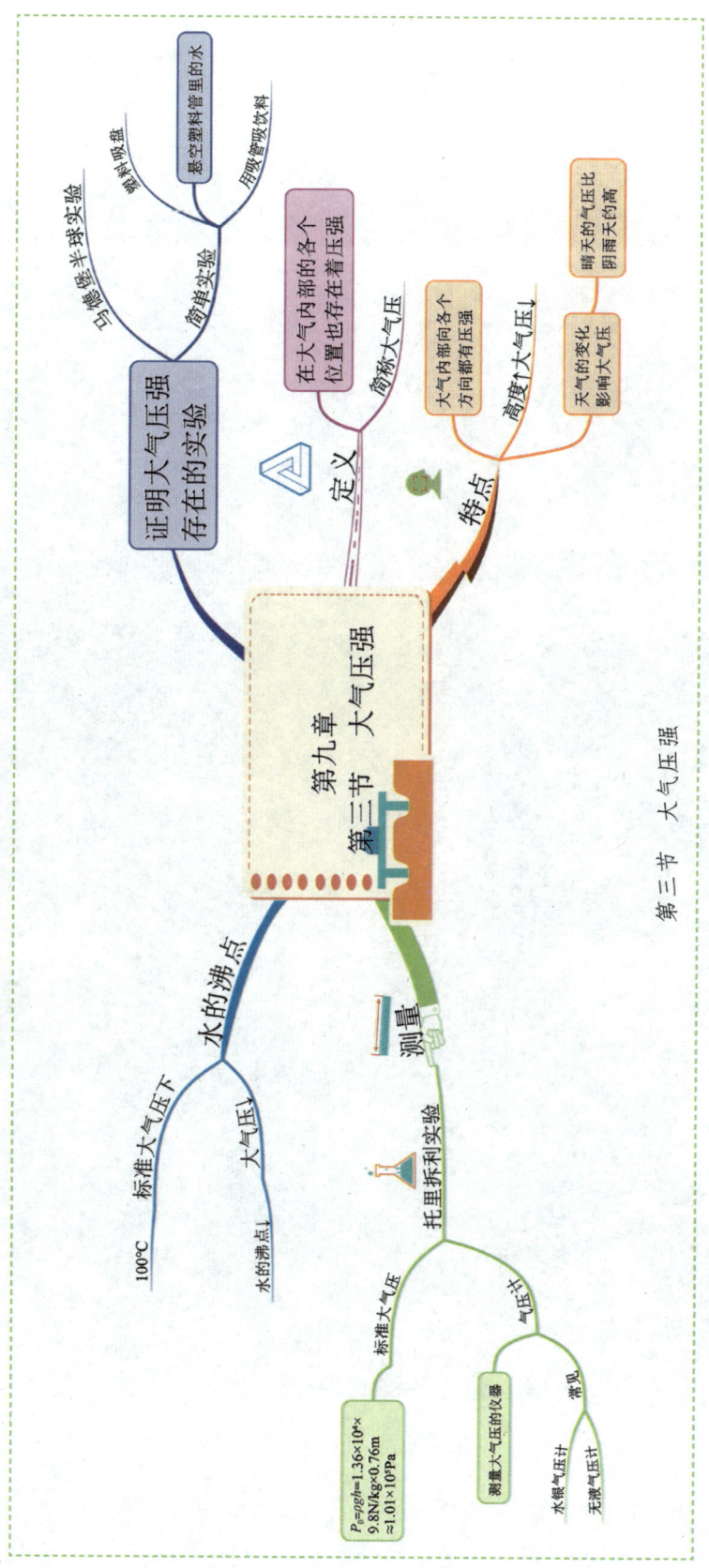

第三节 大气压强

第一节 浮力

一、浮力的产生

1. 概念：浸在液体（或气体）里的物体，受到液体或气体对它向上托的力叫浮力。

2. 方向：竖直向上。

3. 浮力产生的原因：完全浸没在液体里的物体，各个表面均受到液体的压力，由于它前后左右对应部分受到的压力大小相等、方向相反，因而平衡。物体的上下两面浸在液体中的深度不同，对应部分所受压力的大小、方向均不同，这两个压力的合力方向向上，液体对物体上、下两面的压力差，就是液体对物体的浮力。

用公式表示为：$F_{浮}=F_{向上}-F_{向下}$。

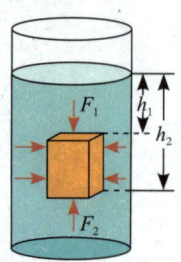

4. 如果物体和容器底部紧密接触（不是沉底），这时物体上表面受到液体竖直向下的压力，物体的下表面并没有受到液体竖直向上的压力，物体虽然浸没在液体中，但是不受浮力。

例题

【例1】（2019 山东省临沂中考 15 题）被誉为"新世界七大奇迹"的港珠澳大桥（如图）由"水上桥面"和"海底隧道"两部分组成，其中海底隧道长 5.7 km，设计时速 100 km/h，隧道洞壁采用了让人视觉舒适的新型装饰材料。下列说法正确的是(   )

A. 水中的桥墩不受海水的浮力

B. 桥面上行驶的汽车相对灯杆静止

C. 通过海底隧道最少需要 34.2 min

D. 光在装饰材料上发生镜面反射

答案

A

解析

A. 桥墩下面没有水,水不会对桥墩产生向上的压力,因而不会产生浮力,故 A 正确。

B. 汽车行驶时,汽车和灯杆之间距离发生了变化,所以以灯杆为参照物,汽车是运动的,故 B 错误。

C. $t=\dfrac{S}{v}=\dfrac{5.7\text{ km}}{100\text{ km/h}}$ =0.057 h=3.42 min,故 C 错误。

D. 隧道洞壁采用了让人视觉舒适的新型装饰材料,说明人看隧道壁不会觉得刺眼,所以隧道洞壁发生了漫反射,故 D 错误。

故选 A。

二、浮力大小的影响因素

1. 浮力的大小是否跟物体浸没的深度有关:

(1)如图甲所示,把弹簧测力计下悬挂的物体浸没在一种液体中,并分别停在液体内不同的深度;

(2)弹簧测力计的示数没有变化;

(3)浮力的大小跟物体浸没的深度没有关系。

2. 浮力的大小是否跟物体浸没在液体中的体积有关:

(1)如图乙所示,把一个柱状固体竖直悬挂在弹簧测力计下,并逐渐增大物体浸在液体中的体积;

(2)弹簧测力计的示数逐渐减小;

(3)随着物体浸在液体中的体积逐渐增大,物体受到的浮力也逐渐增大。

3. 浮力的大小是否跟液体的密度有关:

(1)如图丙和图丁所示,用密度不同的液体(清水和密度不同的盐水),把这些液体,按照密度由小到大的顺序排列,再把悬挂在测力计下的同一物体先后浸没在这些液体中;

(2)弹簧测力计的示数,随着液体密度的增大而减小;

(3)液体的密度越大,浸没的物体受到的浮力也越大。

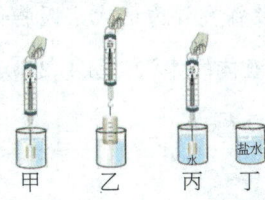

甲　乙　丙　丁

4. 结论

物体在液体中受到的浮力的大小,跟它浸没在液体中的体积和液体的密度有关。物体浸没在液体中的体积越大、液体的密度越大,所受浮力就越大。

例题

【例2】(2019辽宁省阜新中考26题)在探究"浮力的大小与哪些因素有关"的实验中,主要实验步骤如下:

a. 将一个金属圆柱体悬挂在弹簧测力计下,按如图甲所示组装器材。

b. 向空烧杯中缓慢注入清水,直到没过金属体一段距离(烧杯未加满水),如图乙中①~⑤所示,待示数稳定后分别读取弹簧测力计的示数 F_1~F_5。

c. 如图乙中⑥所示,再向烧杯中加入适量盐,并轻轻搅拌,直至弹簧测力计示数稳定后读数为 F_6。

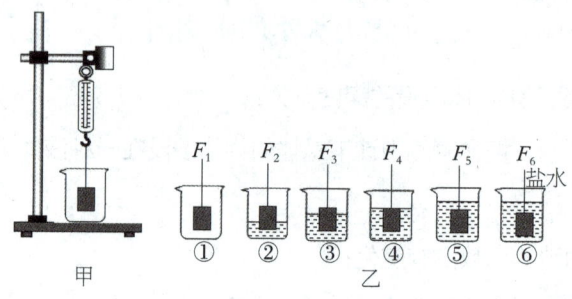

甲　　　　　　　　　乙

(1)图乙中_____(选填①~⑥序号)可以得出浮力的大小跟物体排开液体的体积有关。在图⑤中,金属体所受到的浮力 $F_浮$=_____(用测量量的字母来表示)。

(2)图乙中_____(选填①~⑥序号)可以得出浮力的大小跟物体浸没的深度无关。金属体的体积 V=_____(用已知量 $\rho_水$、g 和测量量的字母来表示)。

(3)因为浮力的大小跟液体的密度有关,可知图⑤、⑥中,F_5_____F_6(选填">、=、<"),图⑥中盐水密度:$\rho_{盐水}$=_____(用已知量 $\rho_水$ 和测量量的字母来表示)。

答案

(1)①②③④,F_1-F_5; (2)①④⑤,$\dfrac{F_1-F_5}{\rho_水 g}$; (3)>,$\dfrac{F_1-F_6}{F_1-F_5}\cdot\rho_水$。

解析

(1)根据控制变量法知,要探究浮力的大小跟物体排开液体的体积的关系,需要控制液体的密度不变,改变排开液体的体积,图①②③④符合题意;根据称量法知,在图⑤中,金属体所受到的浮力 $F_浮=F_1-F_5$。

（2）要探究浮力的大小跟物体浸没的深度的关系，需要控制液体的密度和排开液体的体积相同，改变深度，图①④⑤符合题意。

根据阿基米德原理

$F_浮 = F_1 - F_5 = \rho_水 g V_排$，

则金属体的体积

$V = V_排 = \dfrac{F_1 - F_5}{\rho_水 g}$。

（3）浮力的大小跟液体的密度有关，液体的密度越大，浮力越大。因为盐水的密度大于水的密度，物体在盐水中的浮力大，根据称量法 $F_浮 = G - F$ 知盐水中的弹簧测力计的拉力小，即 $F_5 > F_6$。

图⑥中物体受到的浮力为

$F_{盐水} = F_1 - F_6$，

根据阿基米德原理知

$F_{盐水} = \rho_{盐水} V_排 g - F_1 - F_6$，

盐水密度：

$\rho_{盐水} = \dfrac{F_1 - F_6}{g \dfrac{F_1 - F_5}{\rho_水 g}} = \dfrac{F_1 - F_6}{F_1 - F_5} \cdot \rho_水$。

第二节 阿基米德原理

一、浮力的大小

探究浮力的大小跟排开液体所受重力的关系

（1）实验器材：溢水杯、弹簧测力计、金属块、水、小桶。

（2）实验步骤

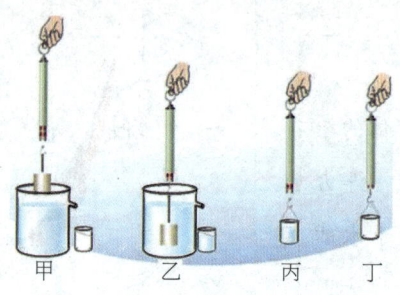
甲　乙　丙　丁

①如图甲所示，用测力计测出金属块所受的重力；

②如图乙所示，把被测物体浸没在盛满水的溢水杯中，读出这时测力计的示数。同时，用小桶收集物体排开的水。

③如图丙所示，测出小桶和物体排开的水所受的总重力。

④如图丁所示，测量出小桶所受的重力。

⑤把测量的实验数据记录在下面的表格中：

次数	物体所受重力/N	物体在水中时测力计的读数/N	浮力/N	小桶和排开的水所受的总重力/N	小桶所受的重力/N	排开水所受的重力/N
1						
2						
3						
…						

（3）结论：金属块所受的浮力跟它排开的水所受重力相等。

例题

【例1】（2019福建省中考8题）如图，"验证阿基米德原理"的实验步骤如下：

甲　乙　丙　丁

①用弹簧测力计测出物体所受的重力 G（图甲）；

②将物体浸没在水面恰好与溢口相平的溢水杯中，用空的小桶接从溢水杯里被物体排开的水，读出这时测力计的示数 F（图乙）；

③测出接水后小桶与水所受的总重力 G_1（图丙）；

④将小桶中的水倒出，测出小桶所受的重力 G_2（图丁）；

⑤分别计算出物体受到的浮力和排开的水所受的重力，并比较它们的大小是否相同。

回答下列问题：

（1）物体浸没在水中，受到水的浮力 $F_浮$=_____，被排开的水所受的重力 $G_排$=_____。（用上述测得量的符号表示）

（2）指出本实验产生误差的原因（写出两点）：

（a）_____；

（b）_____。

（3）物体没有完全浸没在水中，_____（选填"能"或"不能"）用实验验证阿基米德原理。

答案

（1）$G-F$；G_1-G_2。

（2）（a）测力计的精度不够，测量时测力计未保持静止等；（b）小桶中的水未倒净，排开的水未全部流入小桶等。

（3）能。

解析

（1）根据称重法测浮力：物体浸没在水中，受到水的浮力：

$F_浮 = G - F$；

被排开的水所受的重力：

$G_排 = G_1 - G_2$。

（2）实验产生误差的原因：

（a）测力计的精度不够，测量时测力计未保持静止等；

（b）小桶中的水未倒净，排开的水未全部流入小桶等。

（3）物体没有完全浸没在水中，按照上面的方法，能用实验验证阿基米德原理。

二、阿基米德原理的应用

1. 内容：浸在液体中的物体受到向上的浮力，浮力的大小等于它排开的液体所受的重力，公式：$F_浮 = G_排 = m_排 g = \rho_液 g V_排$。

2. 注意

（1）"浸在"包含两种情况：一是物体有一部分浸在液体中，此时 $V_排 = V_{侵入} < V_物$；二是物体全部没入液体中，此时 $V_排 = V_{侵入} = V_物$。

（2）"浮力的大小等于物体排开液体所受的重力"，这里要注意，浮力本身是力，只能和力相等，不能说成"浮力大小等于物体排开液体的体积"。力和体积不是同一物理量，不具有可比性。这里所受的重力，不是物体所受的重力，而是被排开的液体所受的重力。

（3）由 $F_浮 = \rho_液 g V_排$ 可以看出，浮力的大小只跟液体的密度和物体排开液体的体积两个因素有关，而跟物体本身的体积、密度、形状，与在液体中是否运动，液体的多少等因素无关。

（4）阿基米德原理也适用于气体。浸没在气体里的物体受到浮力的大小，等于它排开的气体所受的重力，即 $F_浮 = G_排 = \rho_气 g V_排$。

例题

【例2】（2019甘肃省兰州中考14题）如图甲所示，某科技小组的同学用弹簧测力计悬挂一实心圆柱形金属块，使其缓慢匀速下降，并将其浸入平静的游泳池水中，弹簧测力计的示数 F 与 g 金属块下底面下降高度 h 的变化关系如图乙所示，忽略金属块浸入水中时池水液面高度的变化，g 取 10 N/kg，则下列说法中正确的是（   ）

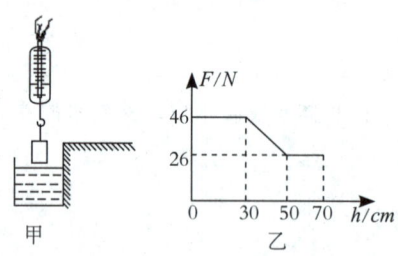

A. 金属块所受重力大小为 26 N

B. 金属块的密度为 2.3×10^3 kg/m³

C. 金属块完全浸没在水中时所受浮力的大小为 26 N

D. 金属块恰好完全浸没时，金属块下底面所受水的压强为 5×10^3 Pa

答案

B

解析

A. 由图像可知，当 $h=0$ 时，弹簧测力计示数为 46 N，此时金属块处于空气中，根据二力平衡条件可知，金属块的重力：$G=F_{拉 1}=46$ N，故 A 错误。

BC. 金属块的质量：$m=\dfrac{G}{g}=\dfrac{46\ \text{N}}{10\ \text{N/kg}}=4.6$ kg；由图象可知，当 $h=50$ cm 之后，弹簧测力计示数不变，金属块浸没水中，受到的浮力：$F_{浮}=G-F_{拉 2}=46\ \text{N}-26\ \text{N}=20$ N；由 $F_{浮}=\rho_{液}gV_{排}$ 可得金属块体积：$V=V_{排}=\dfrac{F_{浮}}{\rho_{水}g}=\dfrac{20\ \text{N}}{1\times10^3\ \text{kg/m}^3\times10\ \text{N/kg}}=2\times10^{-3}\ \text{m}^3$，金属块的密度：$\rho=\dfrac{m}{V}=\dfrac{4.6\ \text{kg}}{2\times10^{-3}\ \text{m}^3}=2.3\times10^3\ \text{kg/m}^3$，故 B 正确、C 错误。

D. 金属块刚浸没时下表面距水面的距离：$h=50\ \text{cm}-30\ \text{cm}-20\ \text{cm}=0.2$ m，金属块下底面受到水的压强：$p=\rho_{水}gh=1\times10^3\ \text{kg/m}^3\times10\ \text{N/kg}\times0.2\ \text{m}=2\times10^3$ Pa，故 D 错误。

故选 B。

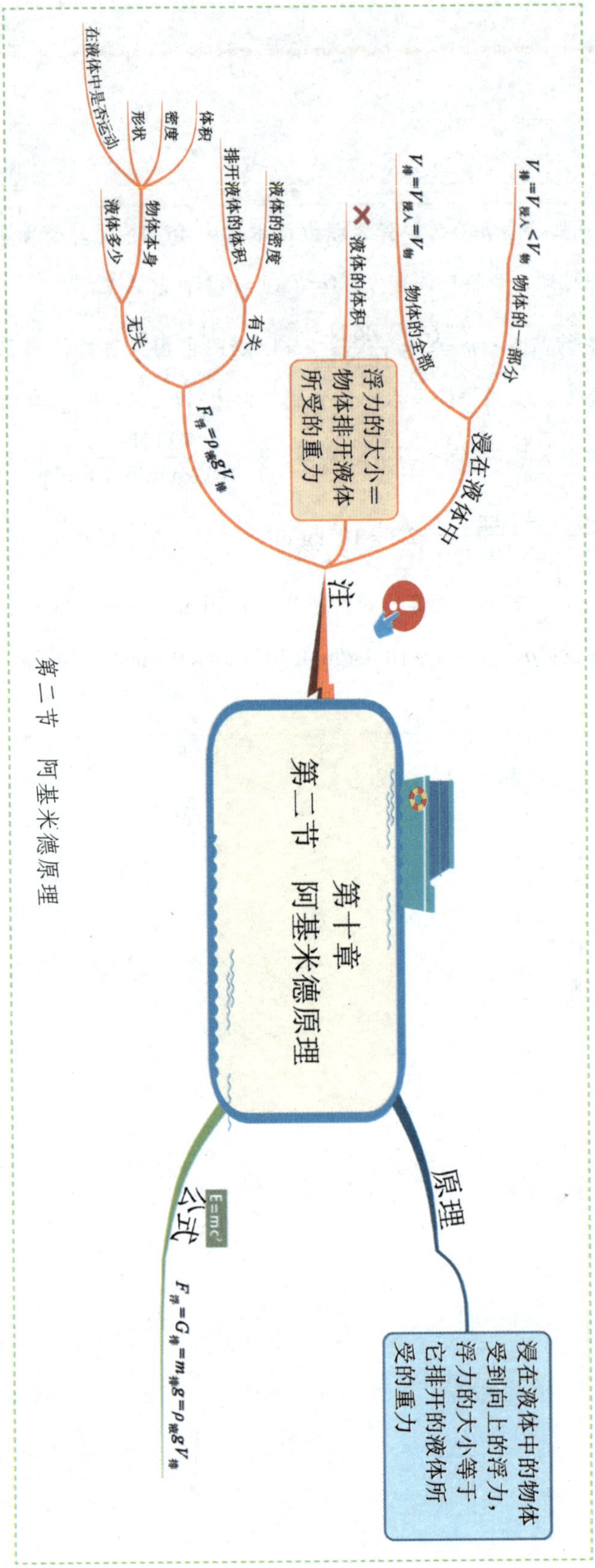

思维导图玩转物理

第二节 阿基米德原理

第十章 阿基米德原理

原理：浸在液体中的物体受到向上的浮力，浮力的大小等于它排开的液体所受的重力

公式：$F_浮 = G_排 = m_排 g = \rho_液 g V_排$

注：浮力的大小 = 物体排开液体所受的重力

- $V_排 = V_浸入 < V_物$ 物体的一部分
- $V_排 = V_浸入 = V_物$ 物体的全部，浸在液体中
- 液体的体积 ✗
- 排开液体的体积 $F_浮 = \rho_液 g V_排$
- 液体的密度 有关
  - 物体本身
    - 体积
    - 密度
    - 形状
  - 液体多少 无关
  - 在液体中是否运动

第三节 物体的浮沉条件及应用

一、浮沉的判断

1. 浸没在液体中的物体受到竖直向下的重力 G 和竖直向上的浮力 $F_浮$。而物体的运动状态取决于受力情况，物体的浮沉就取决于所受的浮力与重力的关系。

当 $F_浮 > G$ 时，合力方向竖直向上　　上浮

当 $F_浮 = G$ 时，合力为零　　　　　　悬浮

当 $F_浮 < G$ 时，合力方向竖直向下　　下沉

2. 对于实心的物体，由 $F_浮 = \rho_液 g V_排$，$G = mg = \rho_物 V_物$，浸没时 $V_排 = V_物$，所以当 $\rho_液 > \rho_物$ 时，$F_浮 > G$，物体上浮；当 $\rho_物 = \rho_液$ 时，$F_浮 = G$，物体悬浮；当 $\rho_液 < \rho_物$ 时，$F_浮 < G$，物体下沉。

3. 物体上浮、下沉是运动过程，在此过程中受非平衡力作用，下沉的最终状态是沉到液体底部；上浮的最终状态是浮出液面，最后漂浮在液面上，漂浮和悬浮的共同特点是浮力等于重力（$F_浮 = G$），在平衡力作用下静止不动；不同点是排开液体的体积不同，漂浮时，物体的体积大于排开液体的体积，$V_物 > V_排$；悬浮时，物体的体积等于排开液体的体积，$V_物 = V_排$。

例题

【例1】（2019 山西省中考 9 题）网上流传着一种说法，鸡蛋能否沉入水底可以鉴别其是否新鲜。为了验证其真实性，小亮买了些新鲜鸡蛋，并拿其中一颗进行实验。第一天放入水中的鸡蛋沉入水底（如图甲），取出鸡蛋擦干放置 50 天后，再放入水中时鸡蛋漂浮在水面（如图乙），看来网传是真的。下列分析正确的是（　　）

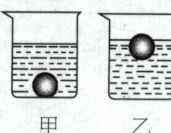

A. 鸡蛋两次所受的浮力一样大

B. 甲图中鸡蛋排开水的重力大

C. 乙图中鸡蛋所受浮力大于重力

D. 放置 50 天后的鸡蛋密度变大

B

解析

A. 由图可知：在甲中下沉，$V_{甲排}=V_{鸡蛋}$，在乙中漂浮，$V_{乙排}<V_{鸡蛋}$；由于是同一个鸡蛋，则鸡蛋的体积相同，则 $V_{甲排}>V_{乙排}$；

由浮力的公式 $F_{浮}=\rho_{液}gV_{排}$ 可知，鸡蛋所受的浮力：$F_{甲}>F_{乙}$，故 A 错误。

B. 根据 $F_{浮}=G_{排}$ 可知：鸡蛋排开水的重力 $G_{甲排}>G_{乙排}$，故 B 正确。

C. 鸡蛋在乙中漂浮，根据漂浮条件可知：浮力等于其重力，故 C 错误。

D. 因为鸡蛋在甲中下沉，则 $\rho_{甲}>\rho_{水}$，在乙中漂浮，则 $\rho_{乙}<\rho_{水}$，所以 $\rho_{甲}>\rho_{乙}$，即放置 50 天后的鸡蛋密度变小了，故 D 错误。

故选 B。

二、阿基米德原理的应用

1. 轮船

（1）轮船浮于水面，它们受到的浮力等于船的总重。

（2）轮船的大小通常用排水量来表示，排水量是指轮船满载时排开的水的质量，根据漂浮条件知，排水量 = 船自身的质量 + 满载时货物的质量。

2. 潜水艇

潜水艇是靠改变自身的重力来实现浮沉的，潜水艇为了实现升降，必须使浮力大小不等于重力。潜水艇在水下时，由于艇壳不能任意改变，因此浮力是不变的，要想控制上浮、下沉就只有改变自重，潜水艇两侧都有水舱，与高压气舱相连，高压气体能将水从水舱内排出，减小潜水艇重力，当其小于浮力时潜水艇就上浮；当浮力大小等于重力时，潜水艇可在水中任意位置保持静止，即悬浮；关闭高压气舱使进水口打开，在水压作用下水舱进水，自重增大到大于浮力时，潜水艇开始下沉。

3. 气球和飞艇

气球和飞艇是飘浮在空中的，内部所充气体的密度必须小于空气的密度，一般充有氢气或氦气。充气时体积增大，浮力增大，当浮力增大到大于其重力时，气球和飞艇就上升；反之，排出一部分氢气或氦气时，气球和飞艇就下降，因此它们是通过改变体积来实现上升和下降的。

热气球是通过加热的方式使气球内气体受热膨胀，从而减小气体的密度，因此热气球只要停止加热，气球体积就会缩小，浮力减小，热气球降至地面。

4. 密度计

密度计是利用物体漂浮在液面的条件来工作的。用密度计测量液体的密度时，它受到的浮力总等于它的重力。由于密度计制作好后它的重力就确定了，所以它在不同液体中漂浮时所受到的浮力都相同。根据 $F_浮=\rho_液gV_排$ 可知：待测液体的密度越大，则 $V_排$ 越小，密度计浸入液体中的体积越小，露出部分的体积就越大；反之，待测液体密度越小，则 $V_排$ 越大，密度计浸入液体中的体积越大，露出部分的体积就越小，所以密度计上的刻度值是"上小下大"。

例题

【例2】（2019江苏省淮安中考6题）长江上，一艘满载货物的轮船在卸完一半货物后，该艘轮船（　　）

A. 会浮起一些，所受浮力变小

B. 会浮起一些，所受浮力变大

C. 会下沉一些，所受浮力变大

D. 会始终漂浮，所受浮力不变

A

解析

因轮船在江水中，处于漂浮状态，所受浮力等于重力，在码头卸下货物后，轮船重力变小，则受到的浮力变小；

由公式 $V_排=\dfrac{F_浮}{\rho_液 g}$ 知，排开水的体积减小，轮船要上浮一些，故A正确。

故选A。

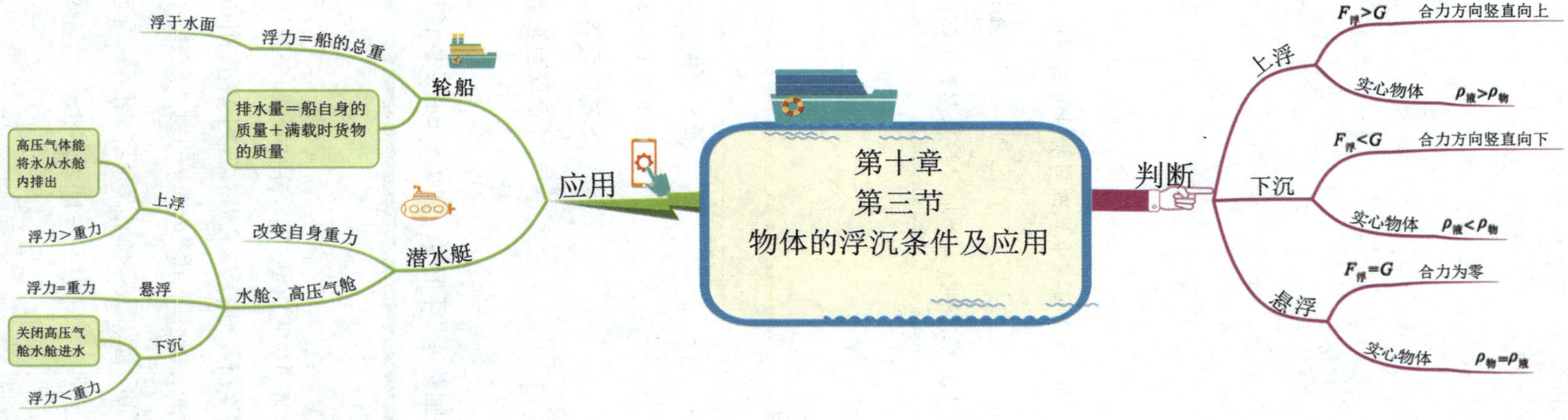

第十章
第三节
物体的浮沉条件及应用
应用
轮船
浮力＝船的总重
浮于水面
排水量＝船自身的质量＋满载时货物的质量
潜水艇
改变自身重力
水舱、高压气舱
上浮
浮力＞重力
高压气体能将水从水舱内排出
悬浮
浮力=重力
下沉
浮力＜重力
关闭高压气舱水舱进水
判断
上浮
$F_{浮}>G$
合力方向竖直向上
实心物体
$\rho_{液}>\rho_{物}$
下沉
$F_{浮}<G$
合力方向竖直向下
实心物体
$\rho_{液}<\rho_{物}$
悬浮
$F_{浮}=G$
合力为零
实心物体
$\rho_{物}=\rho_{液}$

第三节　物体的浮沉条件及应用

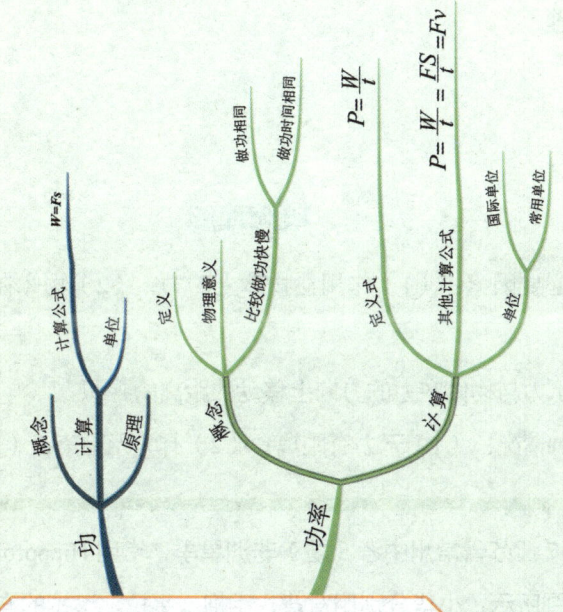

第十一章
功和机械能

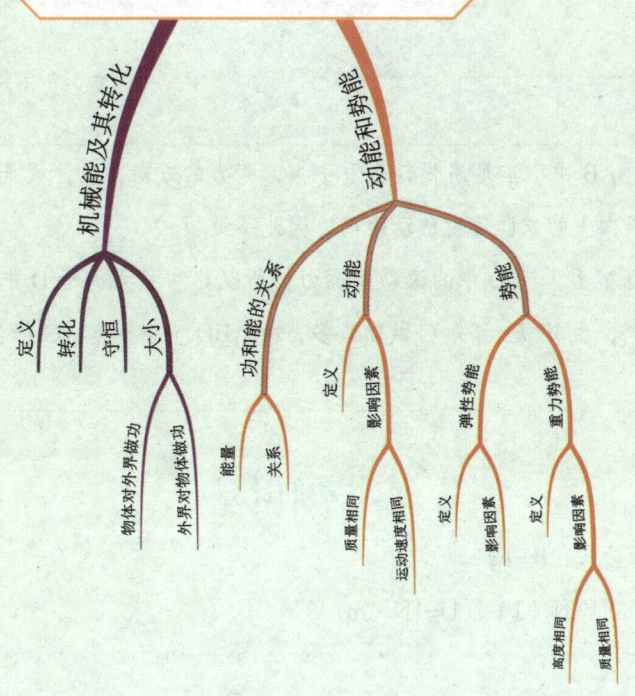

第一节 功

一、概念理解

1. 做功的两个必要因素：（1）作用在物体上的力；（2）物体在这个力的方向上移动的距离。

2. 概念：功等于力与物体在力的方向上移动的距离的乘积。

3. 不做功的三种情况：（1）无力有距离；（2）有力无距离；（3）力与距离垂直。

例题

【例1】（2017 江苏省常州中考 8 题）非洲旱季，常用 Hipporoller（中间有转轴的塑料桶）运水。如图所示，小华分别用背背、手抱、平拉、滚拉的方式运满桶水，在粗糙的程度相同的水平地面上匀速行走相同路程，她对满桶水做功最多的是（　　）

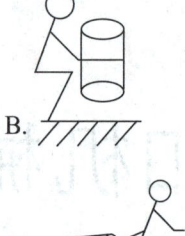

答案

C

解析

由图可知，AB 中小华是用背背、用手抱，即力的方向向上，桶是在水平方向上移动的距离，即沿向上的方向没有移动距离，因此不做功。

C 中滑动摩擦力大于 D 中的滚动摩擦力，所以 C 中拉力大于 D 中拉力，由于所移动的距离 S 相同，由 $W=Fs$ 可知 C 做功最多，故 ABD 不合题意，C 符合题意。

故选 C。

二、功的计算

1. 功的计算公式：$W=Fs$

2. 功的单位：焦耳（J），$1J = 1N \cdot m$

【例2】（2019天津市中考6题）小华把装有30个鸡蛋的塑料袋从1楼提到3楼的家里，他提鸡蛋的力做功最接近（　　）

A. 9 J　　　　B. 30 J　　　　C. 90 J　　　　D. 300 J

答案

C

解析

由题知，托起两个鸡蛋的力大约是1 N，则提30个鸡蛋的力大约为 $F=\dfrac{30}{2}$ N=15 N；每层楼的高度大约为3米，家住3楼，则小华实际爬楼的高度 h =3m×2=6m；小华提鸡蛋的力做功约为：$W=Fs$=15 N × 6 m= 90 J。

故选C。

思维导图玩转物理

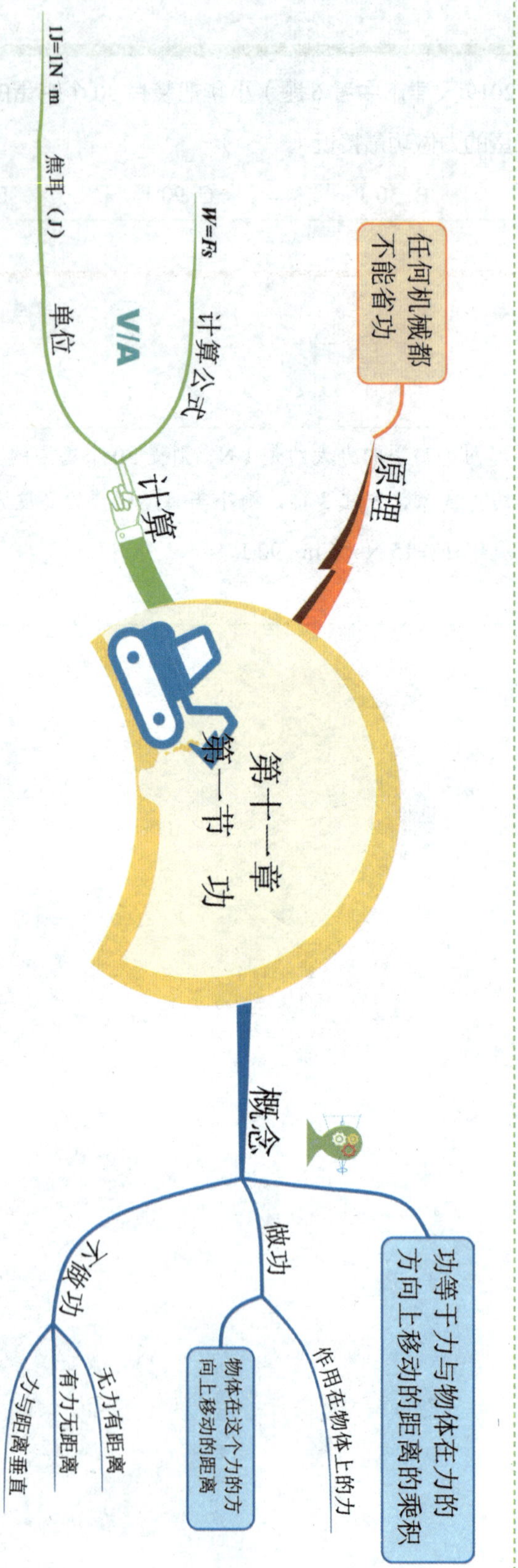

第十一章 第一节 功

原理
任何机械都不能省功

计算
- 计算公式：$W=Fs$
- 单位：焦耳（J） $1J=1N·m$

概念
- 做功：
  - 作用在物体上的力
  - 物体在这个力的方向上移动的距离
  - 功等于力与物体在力的方向上移动的距离的乘积
- 不做功：
  - 有力无距离
  - 无力有距离
  - 力与距离垂直

第二节 功率

一、概念理解

1. 比较做功快慢的两种方法

（1）做功相同时，比较做功时间的长短，做功时间越短功率越大；

（2）做功时间相同时，比较做功的多少，做的功越多功率越大。

2. 功率的物理意义：表示物体做功的快慢。

3. 功率的定义：功与做功所用时间之比（比值定义法）。

4. 功和功率没有必然的联系。

【例1】（2019湖南省株洲中考7题）甲、乙、丙、丁四个同学进行攀岩比赛，他们做的功 W 与时间 t 的关系如图所示。若规定做功最快的获胜，则最后胜出的一定是（　　）

A. 甲　　　B. 乙　　　C. 丙　　　D. 丁

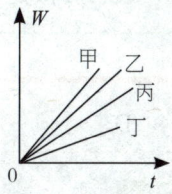

答案 A

解析

在相同时间内，做功越多，功率越大，也就是做功越快。由图象知，当时间相同时，甲做功最多，甲功率最大，做功最快。

故选A。

二、功率的计算

1. 定义式：$P=\dfrac{W}{t}$

2. 单位

国际单位：瓦特（W）；常用单位：千瓦（kW）

3. 其他计算公式：$P=\dfrac{W}{t}=\dfrac{FS}{t}=Fv$

例题

【例2】（2019黑龙江省大庆中考9题）汽车在平直公路上以速度 v_0 匀速行驶，发动机功率为 P_0，牵引力为 F_0，t_1 时刻开始，司机减小了油门，使汽车保持恒定功率 P 行驶，到 t_2 时刻，汽车又开始做匀速直线运动，速度为 v，已知运动过程中汽车所受阻力 f 恒定不变，汽车牵引力 F 随时间变化的图象如图所示，则（　　）

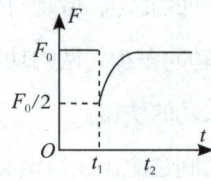

A. t_1 至 t_2 时间内，汽车做加速运动

B. $F_0 = 2f$

C. t_2 时刻之后，汽车将保持功率 P_0 行驶

D. $v = \dfrac{1}{2} v_0$

答案

D

解析

在 t_1 时刻以前，汽车以速度 v_0 匀速行驶，发动机功率为 P_0，牵引力为 F_0，则 $P_0 = F_0 v_0$ ------①；

在 t_1 时刻，司机减小了油门，汽车的功率突然减小为 P，在该瞬间汽车的速度不变（仍为 v_0），由图象知牵引力由 F_0 突然减小为 $\dfrac{1}{2}F_0$，所以：$P = \dfrac{1}{2} F_0 v_0$ ------②，由①②可知 $P = \dfrac{1}{2} P_0$（汽车的功率突然减小为原来的一半）。

A. 由图可知，t_1 至 t_2 时间内，汽车受到的牵引力增大，功率不变，由 $P = Fv$ 可得，汽车行驶的速度减小，所以汽车做减速运动，故 A 错误。

B. 汽车做匀速直线运动时，牵引力与阻力平衡，所以 $F_0 = f$，故 B 错误。

C. 由题可知，t_1 时刻后汽车的功率保持恒定；由前面分析知，汽车的功率将保持 $P = \dfrac{1}{2} P_0$ 不变，故 C 错误。

D. 由题知，到 t_2 时刻，汽车又开始做匀速直线运动，速度为 v，由图可知，汽车再次做匀速运动时的牵引力与最初做匀速运动时的牵引力大小相等，均为 F_0。

根据 $P = Fv$ 可得第二次做匀速直线运动时的速度：$v = \dfrac{P}{F_0} = \dfrac{\frac{1}{2}P_0}{F_0} = \dfrac{\frac{1}{2}F_0 v_0}{F_0} = \dfrac{1}{2} v_0$，故 D 正确。

故选 D。

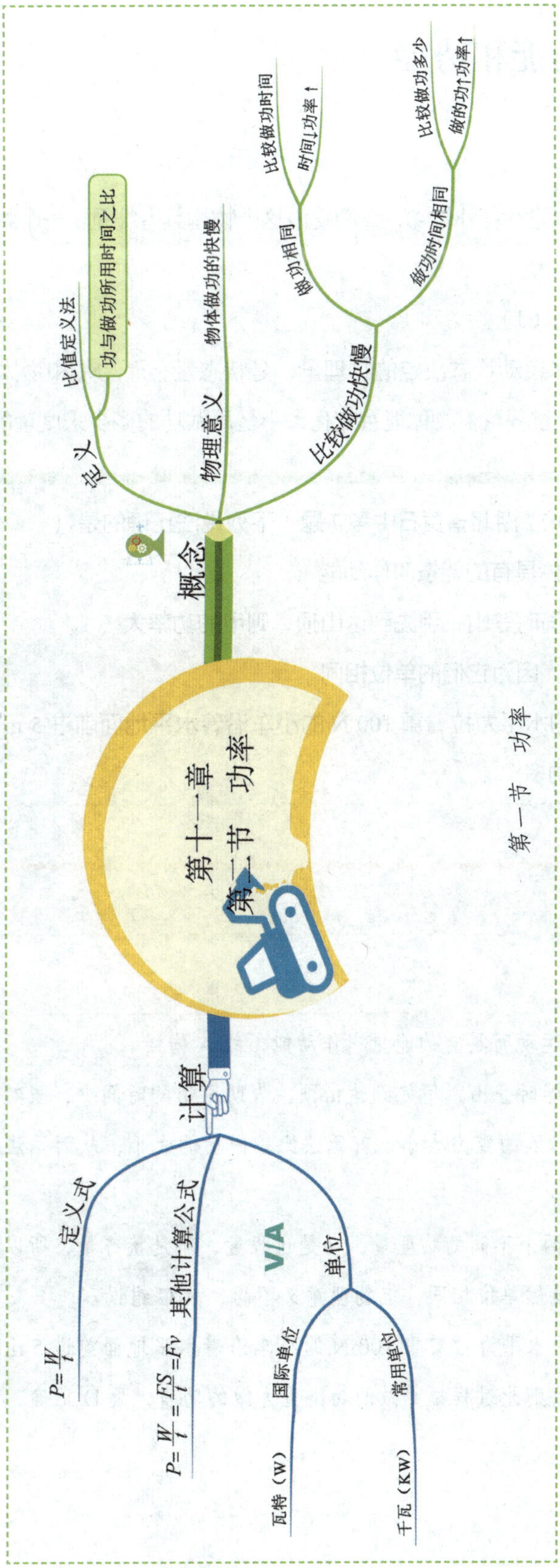

第十一章 功和机械能

第一节 功率

第十一章 第一节 功率

概念

- 定义
  - 比值定义法
  - 功与做功所用时间之比
- 物理意义：物体做功的快慢
- 比较做功快慢
  - 做功相同，比较做功时间，时间短，功率↑
  - 做功时间相同，比较做功多少，做的功多，功率↑

计算

- 定义式：$P=\dfrac{W}{t}$
- 其他计算公式：$P=\dfrac{W}{t}=\dfrac{FS}{t}=Fv$
- 单位
  - 国际单位：瓦特（W）
  - 常用单位：千瓦（KW）

197

第三节 动能和势能

一、功和能的关系

1. 能量：物体能够对外做功，我们就说这个物体具有能量。一个物体对外做功越多，它具有的能量就越大。

2. 单位：焦耳（J）。

3. 能是由物体运动状态决定的物理量，是状态量；而功是和物体运动状态变化过程有关的物理量，是过程量。物体能量变化大小是用做功的多少来度量的。

例题

【例1】（2017 湖北省黄石中考7题）下列说法正确的是（　　）

A. 运动的物体具有的能量叫作动能

B. 甲乙二人同时登山，甲先到达山顶，则甲的功率大

C. 功就是能，因为它们的单位相同

D. 用50 N的水平力拉着重100 N的小车沿着水平地面前进5 m，则此过程拉力做的功比重力做的功多

答案

D

解析

A. 物体由于运动而具有的能量叫作动能，故A错误。

B. 甲乙二人同时登山，甲先到达山顶，表明甲用的时间少，虽然上升的高度相同，但不能确定甲乙二人的重力大小，就无法比较做功的大小，从而无法判定功率的大小，故B错误。

C. 功和能是两个不同的物理量，功是过程量，能是状态量，所以不能说能就是功、功就是能，两者虽然单位相同，但物理意义不同，故C错误。

D. 用50 N的水平力拉着重100 N的小车沿着水平地面前进5 m，拉力做了功，而重力没有做功，故则此过程拉力做的功比重力做的功多，故D正确。

故选 D。

二、动能

1. 定义：物体由于运动而具有的能。

2. 探究物体的动能跟哪些因素有关

（1）让同一个钢球 A，分别从不同的高度由静止开始滚下。

实验表明，钢球从高处滚下，高度 h 越高，钢球运动到水平面时越快，木块 B 被撞得越远。所以，质量相同时，钢球的速度越大，动能越大。

（2）改变钢球的质量，让不同的钢球从同一高度由静止开始滚下。

实验表明，速度相同时，质量越大的钢球将木块 B 撞得越远。所以钢球的速度相同时，质量越大，动能越大。

（3）结论：质量相同的物体，运动的速度越大，它的动能越大；运动速度相同的物体，质量越大，它的动能也越大。

3. 影响因素：物体的质量和运动速度。

例题

【例2】（2019青海省西宁中考26题）小李同学想要利用如图所示的装置来探究"物体动能大小与什么因素有关"。

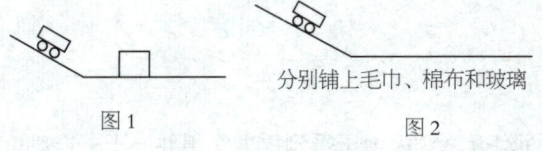

图1　　　　　　　图2

（1）在探究"动能的大小与速度的关系"时，应保持小车的 _____ 相同，让小车从斜面上 _____（选填"相同"或"不同"）的高度滑下，以不同的速度推动木块移动。

（2）本实验运用了两种研究方法：一是 _____，二是转换法。就本题来说用木块 _____ 来反映小车动能大小的方法就是转换法。

他在实验的过程中又发现只要去掉木块，就可以探究"阻力对物体运动的影响"。如图2所示，他将毛巾、棉布和玻璃分别铺在水平面上，让小车分别从斜面由静止滑下，观察小车在水平面上运动的距离。

（3）每次均让同一小车从斜面同一高度由静止滑下的目的是：使小车到达水平面时具有相同的 _____。

（4）实验发现，小车在玻璃面上运动的距离最远，说明小车受到的阻力最 _____，进一步推理得出：如果小车运动时不受阻力，小车将做 _____ 运动。

> **答案**
>
> （1）质量，不同；（2）控制变量法，移动的距离；（3）初速度；（4）小，匀速直线。

> **解析**
>
> （1）在探究动能与速度的关系时，要保持小车的质量不变，让小车从斜面的不同高度滑下，那么小车到达水平面时的速度就不同，小车推动木块做功，运动距离越远，做功越多，小车的动能越大。
>
> （2）动能的大小与质量和速度有关，实验时用控制变量法分别探究；由小车推动木块移动距离的远近来体现小车的动能多少，是一种转换法。
>
> （3）小车从同一高度滑下的目的是：小车到达水平面时的速度相等，即具有相同的初速度。
>
> （4）实验现象表明：玻璃表面最光滑，受到的阻力最小，小车运动的距离最远，速度减小得最慢；由实验现象可以推理：假如水平表面绝对光滑，该平面上运动的物体在水平方向上不受力，它将做匀速直线运动。

三、势能

重力势能

定义：在地球表面附近，物体由于受到重力作用并处于一定高度时所具有的能量。

影响因素：物体的质量和物体被举高的高度。

（1）高度相同时，质量越大，重力势能越大；

（2）质量相同时，高度越高，重力势能越大。

> **例题**
>
> 【例3】（2019江苏省常州中考9题）北京世园会上，车身离地30 cm高的电动无人扫地车在平直路面上匀速前进并将地面上的落叶吸入车内，此过程中，扫地车整体的（　　）
>
>

A. 动能不变，重力势能不变
B. 动能不变，重力势能变大
C. 动能变大，重力势能不变
D. 动能变大，重力势能变大

D

解析

　　电动无人扫地车在平直路面上匀速前进并将地面上的落叶吸入车内，此过程中，扫地车的总质量变大，速度和高度不变，则动能和重力势能均变大。故 ABC 错误，D 正确。
　　故选 D。

思维导图玩转物理

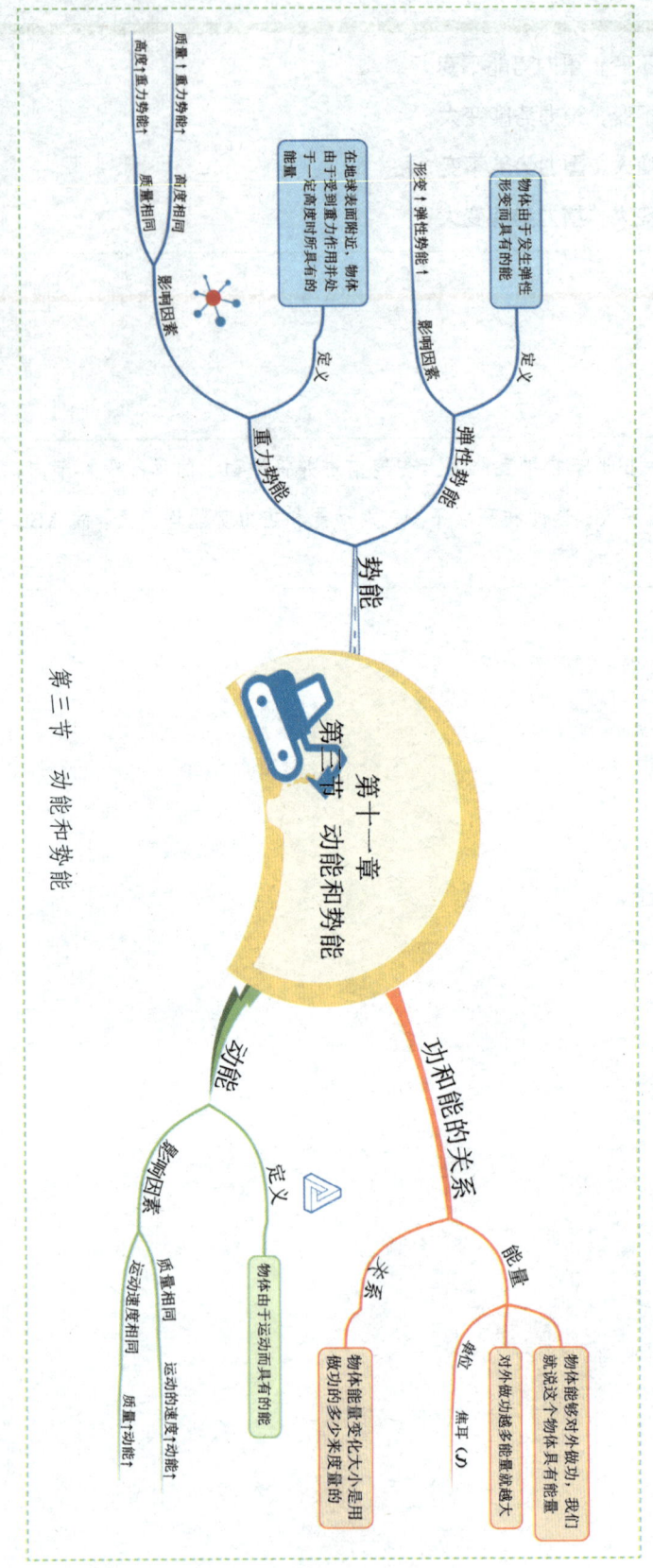

第三节 动能和势能

第四节 机械能及其转化

一、机械能

机械能：动能、重力势能和弹性势能统称为机械能。

例题

【例1】（2018黑龙江省龙东地区中考17题）小华去商场购物，站在匀速上升的扶梯上，她的机械能将_____（填"增加""不变"或"减少"）；若以扶梯为参照物，她是_____（填"静止"或"运动"）的。

答案

增加；静止。

解析

小华站在自动扶梯上，在扶梯匀速上升的过程中，小华的质量不变，速度不变，动能不变；高度增加，重力势能增大，因为机械能=动能+势能，故小华的机械能增加。

小华同学以自动扶梯为参照物，相对于自动扶梯的位置没有发生改变，所以她是静止的。

二、机械能的转化

动能和势能可以相互转化。

例题

【例2】（2019江苏省南通中考8题）如图，轻质弹簧竖直放置，下端固定于地面，上端位于 O 点时弹簧恰好不发生形变。现将一小球放在弹簧上端，再用力向下把小球压至图中 A 位置后由静止释放，小球将竖直向上运动并脱离弹簧，不计空气阻力，则小球（　　）

A. 运动至最高点时，受平衡力作用

B. 被释放瞬间，所受重力大于弹簧弹力

C. 从 A 点向上运动过程中，速度先增大后减小

D. 从 O 点向上运动过程中，重力势能转化为动能

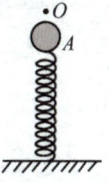

C

解析

A. 不计空气阻力，小球在最高点时只受重力作用，不是平衡状态，故 A 错误。

B. 小球被释放后沿竖直方向加速向上运动，故释放瞬间，所受重力小于弹簧弹力，故 B 错误。

C. 不计空气阻力，小球在从 A 点向上运动到 O 点的过程中，受到两个力的作用：一个是竖直向下的重力；另一个是竖直向上的弹力。开始向上运动时，弹力大于重力，小球所受合力方向向上，速度不断增大；当弹力小于重力时，其所受合力方向向下，速度不断变小；当离开 O 点后，小球只受重力作用，力的方向与小球运动方向相反，速度继续减小。故其速度先增大后减小，故 C 正确。

D. 从 O 点向上运动过程中，小球的质量不变，速度变小，同时高度升高，故动能减小，重力势能增加，所以动能转化为重力势能，故 D 错误。

故选 C。

三、机械能守恒

机械能守恒：如果只有动能和势能相互转化，机械能的总和不变。此时物体系统内只有重力或弹力做功，若有其他力做功，则机械能不守恒。

【例3】（2018 云南省中考 15 题）如图所示，光滑斜面 PM 与水平面 MN 平滑连接，弹簧左端固定。小物块在斜面上从 P 点由静止滑向 M 点的过程中，机械能 _____；小物块压缩弹簧的过程中，弹簧的弹性势能 _____（均选填"变大""变小"或"不变"）。

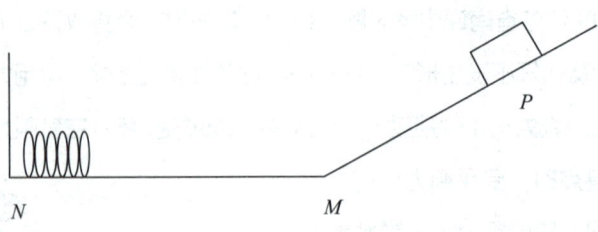

第十一章 功和机械能

答案

不变；变大。

解析

小物块从 P 点向 M 点运动过程中，斜面光滑，只有重力势能与动能的转化，机械能守恒，故机械能不变。

弹簧被压缩过程中，其机械能转化为弹簧的弹性势能，所以弹簧的弹性势能变大。

四、机械能和其他形式能量间的转化

物体对外界做功，机械能减小；外界对物体做功，机械能增大。

例题

【例4】（2019 山东省泰安中考9题）如图所示，粗糙程度相同的斜面与水平面在 a 点相连，弹簧左端固定在竖直墙壁上，弹簧处于自由状态时右端在 b 点，小物块从斜面的 c 点由静止自由滑下，与弹簧碰撞后又返回到斜面上，最高到达 d 点。下列说法正确的是（　　）

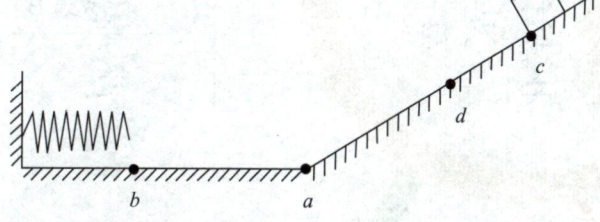

A. 弹簧被压缩到最短时，弹性势能最小

B. 小物块从 c 向 a 运动的过程中，重力势能减小

C. 小物块从 b 向 a 运动的过程中，动能增加

D. 小物块在整个运动过程中，机械能守恒

答案

B

205

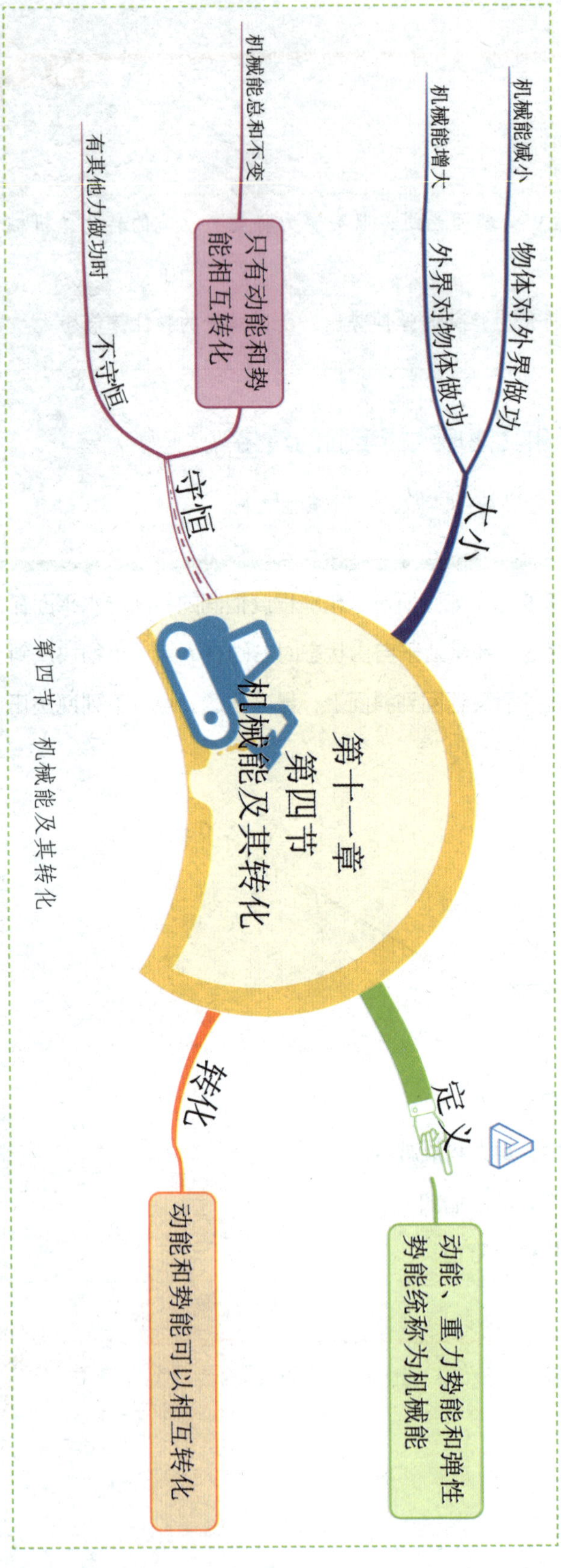

第十一章 第四节 机械能及其转化

定义
动能、重力势能和弹性势能统称为机械能

大小
- 物体对外界做功 → 机械能减小
- 外界对物体做功 → 机械能增大

守恒
- 只有动能和势能相互转化 → 机械能总和不变
- 有其他力做功时 → 不守恒

转化
动能和势能可以相互转化

第四节 机械能及其转化

解析

A. 弹簧被压缩到最短时,其形变程度最大,所以弹簧的弹性势能最大,故 A 错误。

B. 小物块从 c 向 a 运动的过程中,质量不变,高度减小,重力势能减小,故 B 正确。

C. 小物块从 b 向 a 运动的过程中,物块不再受到弹力作用,由于受到摩擦力的作用,其速度会逐渐减小,所以其动能会减小,故 C 错误。

D. 小物块在整个运动过程中,由于摩擦力的作用,其机械能总量会减少,即机械能不守恒,故 D 错误。

故选 B。

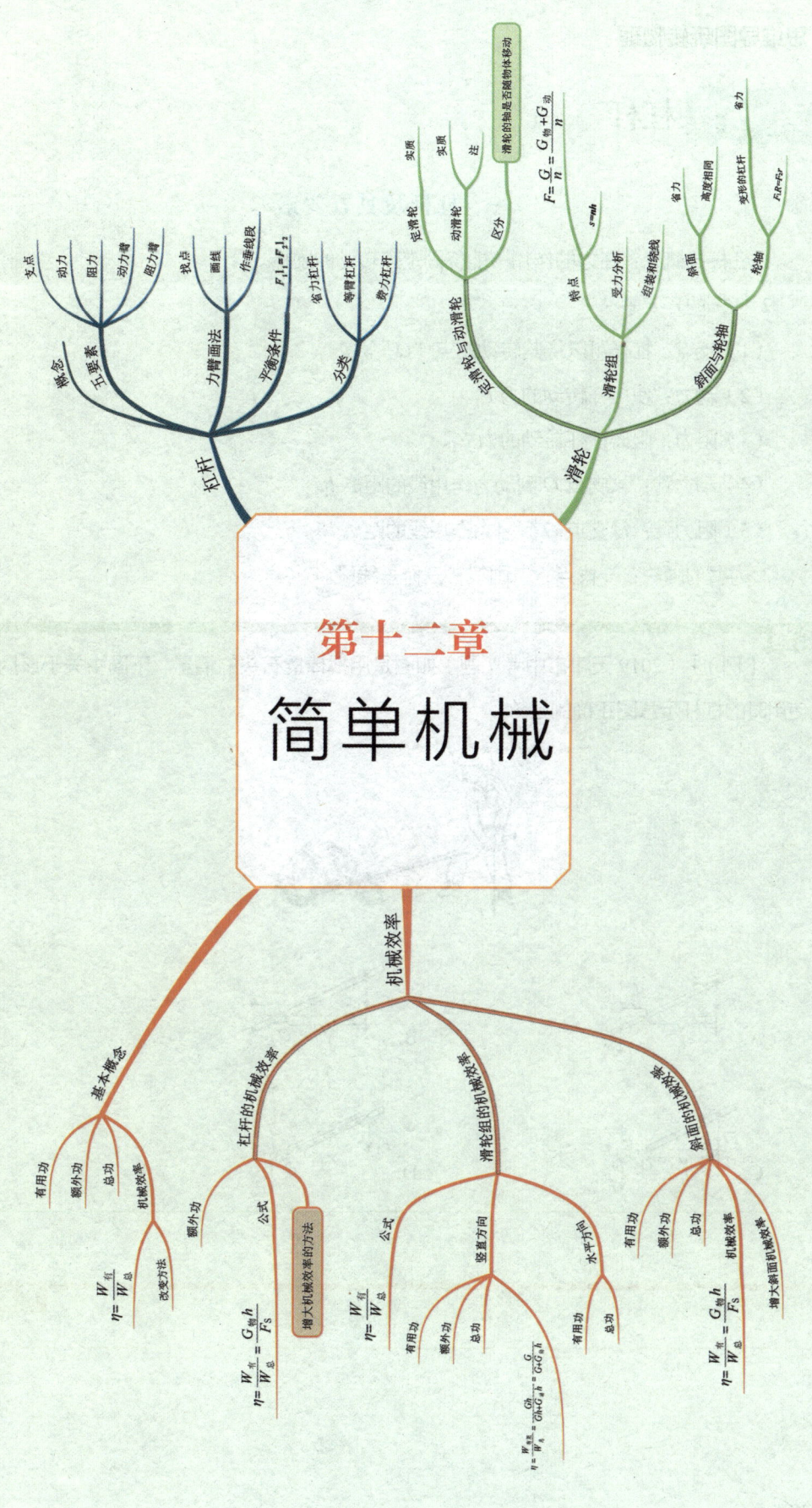

第一节 杠杆

一、杠杆及其五要素

1. 杠杆的概念：在力的作用下能绕固定点转动的硬棒。

2. 杠杆的五要素

（1）支点：杠杆可以绕其转动的点"O"。

（2）动力：使杠杆转动的力F_1。

（3）阻力：阻碍杠杆转动的力F_2。

（4）动力臂：从支点O到动力作用线的距离l_1。

（5）阻力臂：从支点O到阻力作用线的距离l_2。

3. 力臂的画法：一找点；二画线；三作垂线段。

【例1】（2019天津市中考7题）如图是用撬棒撬石头的情景，下图中关于该撬棒使用时的杠杆示意图正确的是（　　）

A. 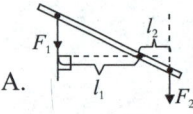　　B.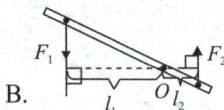

C. 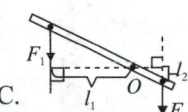　　D.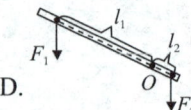

答案 A

解析

用撬棒撬石头时，动力为人对撬棒施加的竖直向下的作用力 F_1，从支点 O 向动力 F_1 的作用线作垂线段，即为动力臂 l_1。

阻力是石头对撬棒的作用力 F_2，方向竖直向下，反向延长 F_2，从支点 O 向阻力 F_2 的作用线作垂线段，即为阻力臂 l_2。故 A 正确，BCD 错误。

故选 A。

二、探究杠杆的平衡条件

杠杆平衡条件：动力 × 动力臂 = 阻力 × 阻力臂（$F_1 l_1 = F_2 l_2$）

【例2】（2019 辽宁省阜新中考 27 题）在"探究杠杆平衡条件"的实验中：

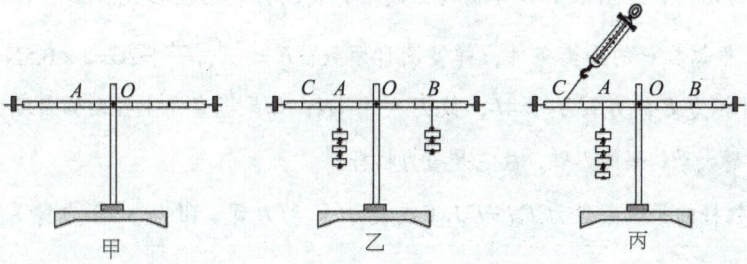

（1）如图甲，把质量分布均匀的杠杆中点 O 作为支点，其目的是消除_____对实验的影响。为了方便直接测出力臂，实验前应先调节杠杆在水平位置平衡，当在 A 处挂上钩码后杠杆转动，说明力能改变物体的_____。

（2）图乙中杠杆恰好处于水平位置平衡，若在 A 处下方再挂一个相同的钩码，为使杠杆保持水平平衡，需将挂在 B 处的钩码向右移动_____格。当杠杆平衡、钩码静止时，挂在 A 处的钩码所受重力和钩码所受拉力是一对_____力。

（3）如图丙，小明取下 B 处钩码，改用弹簧测力计钩在 C 处，使杠杆再次在水平位置平衡，弹簧测力计示数_____（选填"大于""小于"或"等于"）1 N，如果竖直向上拉动弹簧测力计，它是_____杠杆（选填"省力""费力"或"等臂"）（每个钩码重 0.5 N）。

（4）小明经过多次实验，分析实验数据后得出了杠杆平衡条件：_____。

> （1）杠杆自重，运动状态；（2）1，平衡；（3）大于，省力；（4）$F_1l_1=F_2l_2$（或动力 × 动力臂 = 阻力 × 阻力臂）。

解析

（1）把质量分布均匀的杠杆中点置于支架上，杠杆的重心通过支点，消除杠杆自重对杠杆平衡的影响；为了方便直接测出力臂，实验前应先调节杠杆在水平位置平衡，当在 A 处挂上钩码后杠杆转动，说明力能改变物体的运动状态。

（2）设一个钩码重为 G，一格的长度为 L，根据杠杆的平衡条件可得：$4G \times 2L = 2G \times nL$，解得：$n = 4$，故应该将 B 处所挂钩码向右移动 4−3=1 格；静止的钩码处于平衡状态，受到的重力和测力计对钩码的拉力是一对平衡力。

（3）如图丙，小明取下 B 处钩码，改用弹簧测力计钩在 C 处，使杠杆再次在水平位置平衡，根据杠杆的平衡条件，弹簧测计示数：$F = \dfrac{4G \times 2L}{4L} = 2G = 2 \times 0.5\text{N} = 1\text{N}$，由于弹簧测力计拉力 F 的力臂小于 4L，故 F 大于 1N；如果竖直向上拉动弹簧测力计，弹簧测力计的力臂大于钩码的力臂，故它是省力杠杆。

（4）杠杆的平衡条件为 $F_1l_1=F_2l_2$（或动力 × 动力臂 = 阻力 × 阻力臂）。

三、杠杆的分类

杠杆的分类：等臂杠杆、费力杠杆、省力杠杆。

如果 l_1 大于 l_2，F_1 小于 F_2，此类杠杆是省力杠杆，如钢丝钳；

如果 l_1 等于 l_2，F_1 等于 F_2，此类杠杆是等臂杠杆，如托盘天平；

如果 l_1 小于 l_2，F_1 大于 F_2，此类杠杆是费力杠杆，如镊子。

例题

【例3】（2019 山东省济南莱芜区中考 7 题）如图所示的生活用具，在使用中属于省力杠杆的是（　　）

A. 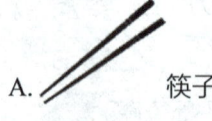 筷子

B. 钓鱼竿

C. 扳手

D.  食品夹

> **答案**
>
> C

> **解析**
>
> A.筷子在使用过程中，动力臂小于阻力臂，属于费力杠杆。
> B.钓鱼竿在使用过程中，动力臂小于阻力臂，属于费力杠杆。
> C.扳手在使用过程中，动力臂大于阻力臂，属于省力杠杆。
> D.食品夹在使用过程中，动力臂小于阻力臂，属于费力杠杆。
> 故选 C。

四、杠杆平衡条件的应用

1. 公式的应用

> **例题**
>
> 【例4】（2019湖南省郴州中考18题）材料相同的甲、乙两个物体分别挂在杠杆 A、B 两端，O 为支点（$OA<OB$），如图所示，杠杆处于平衡状态。如果将甲、乙物体（不溶于水）浸没于水中，杠杆将会（　　）
>
>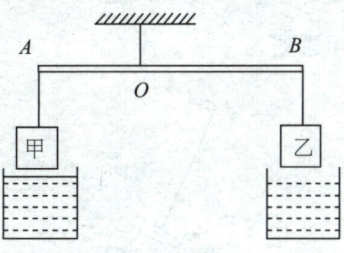
>
> A. A 端下沉　　B. B 端下沉　　C. 仍保持平衡　　D. 无法确定

> **答案**
>
> C

> **解析**
>
> 由题知，甲、乙两物体的密度相同，$OA<OB$，即甲的力臂要小于乙的力臂；根据杠杆的平衡条件可知，$G_甲 \times l_甲 = G_乙 \times l_乙$，

即 $\rho_水gV_甲l_甲=\rho_水gV_乙l_乙$,

所以 $V_甲l_甲=V_乙l_乙$ ------------①,

如果将甲、乙物体（不溶于水）浸没于水中，此时甲乙都要受到浮力的作用，根据阿基米德原理可知，甲乙受到的浮力分别为

$F_{浮甲}=\rho_水gV_甲$, $F_{浮乙}=\rho_水gV_乙$,

此时左边拉力与力臂的乘积为：$(G_甲-\rho_水gV_甲)\times l_甲=G_甲\times l_甲-\rho_水gV_甲\times l_甲$ --②

此时右边拉力与力臂的乘积为：$(G_乙-\rho_水gV_乙)\times l_乙=G_乙\times l_乙-\rho_水gV_乙\times l_乙$ --③

由于 $V_甲l_甲=V_乙l_乙$,

所以 $\rho_水gV_甲\times l_甲=\rho_水gV_乙\times l_乙$,

则由②③两式可知，此时左右两边拉力与力臂的乘积相同，故杠杆仍然会保持平衡。

故选 C。

2. 最小力问题

求最小的力是比较常见的题型，关键是找到最大的动力臂。一般来说，支点与动力作用点的连线就是最大的动力臂。

【例5】（2019甘肃省武威中考18题）如图所示是羊角锤的示意图，请画出用羊角锤撬铁钉时最小动力 F_1 的示意图。

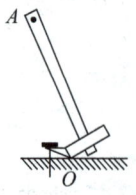

解析　由杠杆的平衡条件可知，在阻力和阻力臂一定时，动力臂越长越省力。

由图知，O 为支点，A 点离支点最远，则连接支点 O 和羊角锤的末端 A 即是最长的动力臂，过 A 点作垂直于动力臂向右的力 F_1。如图所示：

3. 动态平衡问题

【例6】（2017江苏省南通中考8题）如图，O 为拉杆式旅行箱的轮轴，OA 为拉杆。现在拉杆端点 A 处施加力 F，使箱体从图中位置绕 O 点缓慢逆时针转至竖直位置。若力 F 的大小保持不变，则力 F 的方向应（　　）

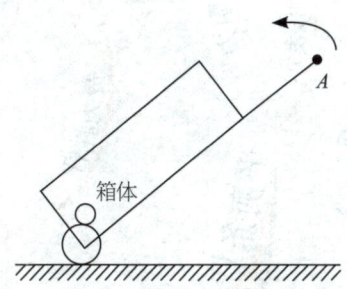

A. 垂直于 OA　　　B. 竖直向上　　　C. 沿 OA 向上　　　D. 水平向左

答案

B

解析

使箱体从图中位置绕 O 点缓慢逆时针转至竖直位置时，箱子的重力不变，即阻力不变，阻力臂逐渐减小。

根据杠杆的平衡条件 $F_1 l_1 = F_2 l_2$ 知，要使力 F 的大小保持不变，需要使阻力臂和动力臂同减小。

A. 当 F 垂直于 OA 时，动力臂大小不变，故 A 不符合题意。

B. 若 F 竖直向上时，动力臂减小，阻力臂也减小，故 B 符合题意。

C. 若 F 沿 OA 向上时，动力 F 的力臂为零，不能将箱体从图中位置绕 O 点缓慢逆时针转至竖直位置，故 C 不符合题意。

D. 若 F 水平向左时，动力臂增大，故 D 不符合题意。

故选 B。

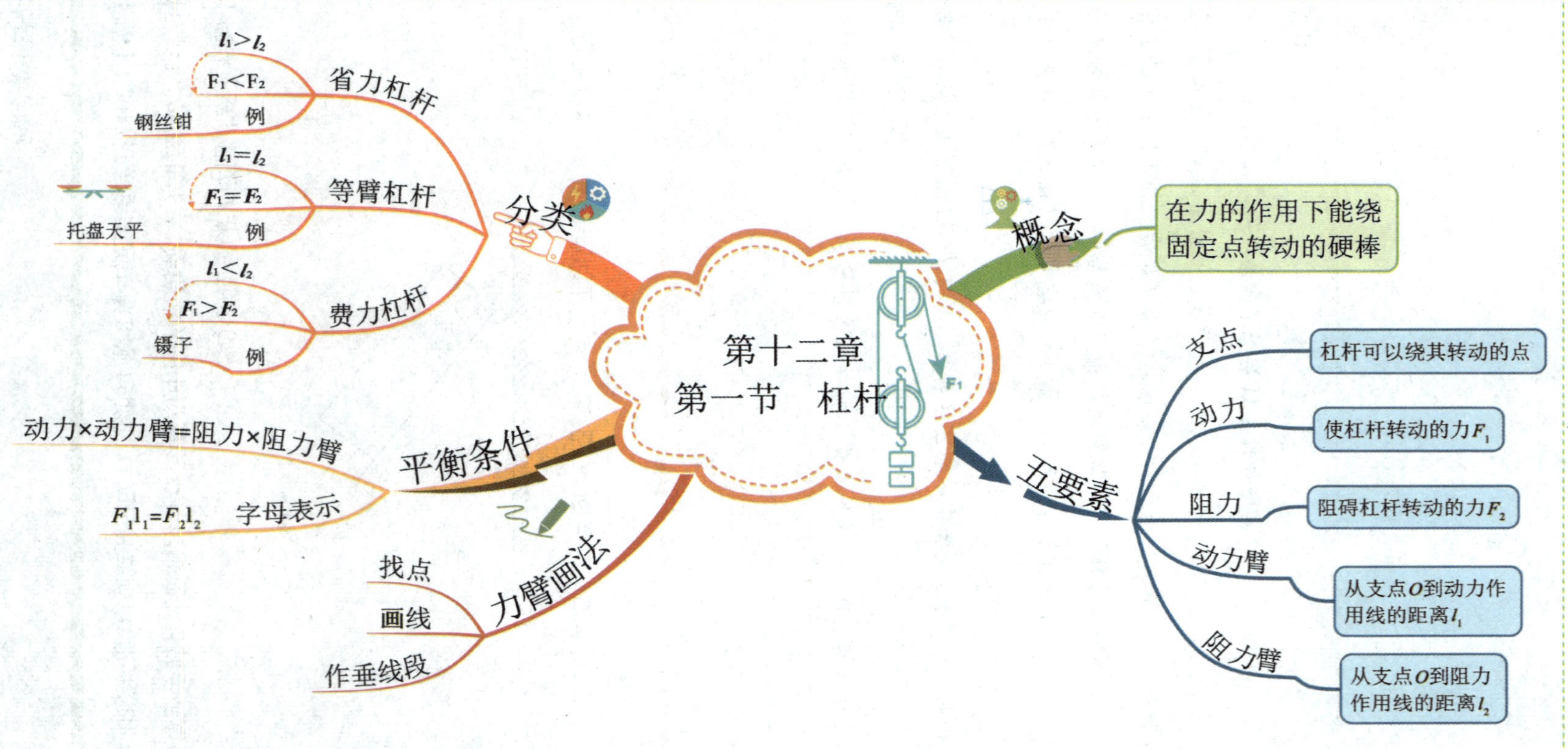

思维导图玩转物理

第十二章 第一节 杠杆

概念
在力的作用下能绕固定点转动的硬棒

五要素
- 支点：杠杆可以绕其转动的点
- 动力：使杠杆转动的力 F_1
- 阻力：阻碍杠杆转动的力 F_2
- 动力臂：从支点 O 到动力作用线的距离 l_1
- 阻力臂：从支点 O 到阻力作用线的距离 l_2

分类
- 省力杠杆
  - $l_1 > l_2$
  - $F_1 < F_2$
  - 例：钢丝钳、托盘天平
- 等臂杠杆
  - $l_1 = l_2$
  - $F_1 = F_2$
- 费力杠杆
  - $l_1 < l_2$
  - $F_1 > F_2$
  - 例：镊子

平衡条件
- 动力×动力臂＝阻力×阻力臂
- 字母表示：$F_1 l_1 = F_2 l_2$

力臂画法
- 找点
- 画线
- 作垂线段

第二节 滑轮

一、定滑轮与动滑轮

1. 定滑轮

（1）实质是等臂杠杆；

（2）只改变力的方向，不改变力的大小。

2. 动滑轮

（1）实质是省力杠杆；

（2）省力，但不改变力的方向，而且费距离；

（3）当动滑轮两侧的绳子平行时，实质是动力臂为阻力臂2倍的省力杠杆，它的转动轴是阻力作用点。

3. 区分：滑轮的轴是否随物体移动。

【例1】（2019湖南省湘西中考8题）如图所示，在研究动滑轮特点的实验中，如果物体重为1牛顿，不计动滑轮重、绳重及摩擦，则弹簧测力计的读数为（　　）

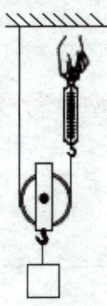

A. 1牛顿　　　　B. 1.5牛顿　　　　C. 2牛顿　　　　D. 0.5牛顿

答案

D

解析

使用动滑轮时，承担物重的绳子有2股，已知不计动滑轮重、绳重及摩擦，所以提起物体的力，即弹簧测力计的示数为 $F=\dfrac{1}{2}G=\dfrac{1}{2}\times 1N=0.5N$。

故选 D。

二、滑轮组

1. 滑轮组既可以省力又可以改变力的方向。

2. 特点：$F = \dfrac{G}{n} = \dfrac{G_{物}+G_{动}}{n}$，$s=nh$。

（n：滑轮组吊着动滑轮的绳子的段数）

3. 滑轮组在进行受力分析时，切入点在：同一根绳上的力相等。

例题

【例2】（2019 四川省绵阳中考11题）用水平力 F_1 拉动如图所示装置，使木板 A 在粗糙水平面上向右匀速运动，物块 B 在木板 A 上表面相对地面静止，连接 B 与竖直墙壁之间的水平绳的拉力大小为 F_2。不计滑轮重和绳重，滑轮轴光滑。则 F_1 与 F_2 的大小关系是（　　）

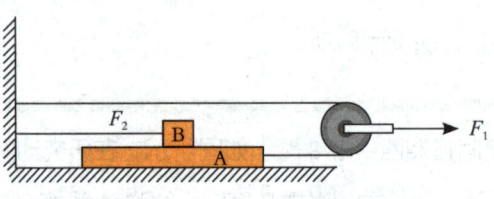

A. $F_1 = F_2$ B. $F_2 < F_1 < 2F_2$ C. $F_1 = 2F_2$ D. $F_1 > 2F_2$

答案

D

解析

由图知，

（1）动滑轮在水平方向上受到三个力的作用：水平向右的拉力 F_1，墙壁对它水平向左的拉力 $F_{墙}$，木板 A 对它水平向左的拉力 $F_{木板}$，

由于木板向右匀速运动，所以 $F_1 = F_{墙} + F_{木板}$，

由于同一根绳子各处的拉力相等，所以 $F_{木板} = \dfrac{1}{2}F_1$，

由于力的作用是相互的，所以动滑轮对木板 A 的拉力为 $F_{动} = F_{木板} = \dfrac{1}{2}F_1$ - - - - ①；

（2）物块 B 在水平方向上受到两个力的作用：绳子对它向左的拉力 F_2，木板 A 对它向右的摩擦力 $f_{A对B}$；由于物块 B 保持静止，所以 $F_2 = f_{A对B}$；

木板 A 在水平方向上受到三个力的作用：动滑轮对木板向右的拉力 $F_{动}$，物体 B 对木板向左的摩擦力 $f_{B对A}$，地面对木板向左的摩擦力 $f_{地面}$，

由于木板向右匀速运动，所以 $F_{动}=f_{B对A}+f_{地面}$ - - - - - - - - - - ②，

由于力的作用是相互的，所以 $f_{B对A}=f_{A对B}=F_2$ - - - - - - - - - ③，

由②③可得 $F_{动}=F_2+f_{地面}$，

即 $\frac{1}{2}F_1=F_2+f_{地面}$，

也就是 $F_1=2F_2+2f_{地面}$，

所以 $F_1>2F_2$。

故选 D。

4. 滑轮组的组装和绕线

（1）奇动偶定

设想如果需要 n 段绳（n 为偶数），那么就需要 $\frac{n}{2}$ 个动滑轮和 $\frac{n}{2}$ 个定滑轮穿绳组装，绳的固定端要固定在定滑轮下的挂钩上（这叫作"偶定"）。若不改变力的方向，还可少用一个定滑轮，即 $\frac{n}{2}-1$ 个定滑轮。

如果 n 为奇数，则需要 $\frac{n-1}{2}$ 个动滑轮和同样数目的定滑轮，穿绳时，绳的固定端要拴在动滑轮上方的挂钩上（这叫作"奇动"），这不能改变用力方向。如果还想改变用力方向，就应再加一个定滑轮，即 $\frac{n+1}{2}$ 个定滑轮。

（2）在设计滑轮组时，若知道拉力方向可以从绳端绕起。

（3）在设计滑轮组时，若要求最省力，一般从动滑轮开始缠绕。

例题

【例3】（2019辽宁省盘锦中考21题）利用滑轮组提升物体 A，请用笔画线代替绳子，在图中画出最省力的绳子绕法及物体 A 所受重力的示意图。

解析 图中滑轮组有两种绕线方法：一种是由两根绳子承担重物；另一种是由三根绳子承担重物，要想最省力，应选用三根绳子承担重物的绕法，即从动滑轮开始缠绕。

过物体 A 的重力，竖直向下画出带箭头的线段，用 G 表示，如图所示：

三、斜面与轮轴

1. 斜面

（1）省力；

（2）高度相同时，斜面越长越省力（不计摩擦）。

2. 轮轴

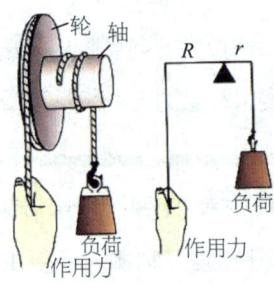

（1）轮轴是一个变形的杠杆，省力；

（2）$F_1R=F_2r$。

例题

【例4】（2017 云南省曲靖中考 12 题）如图所示，小轿车的方向盘相当于一个轮轴，若 $F_1 = 20$ N，盘的半径为 20 cm，轴的直径为 4 cm，不计摩擦阻力，则 $F_2=$ _____ N。门锁的把手相当于一个 _____（选填"省力"或"费力"）轮轴。

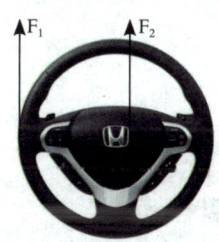

答案 200 N；省力。

解析

（1）轮轴的实质是杠杆的变形，

根据杠杆的平衡条件，$F_1R = F_2r$，

$F_1 = 20\ \text{N}$，$R = 20\ \text{cm}$，$r = \dfrac{d}{2} = \dfrac{4\ \text{cm}}{2} = 2\ \text{cm}$，

$F_2 = \dfrac{F_1R}{r} = \dfrac{20\ \text{N} \times 20\ \text{cm}}{2\ \text{cm}} = 200\ \text{N}$。

（2）门锁的把手外轮半径大于轴半径动力作用在轮上，相当于一个省力轮轴。

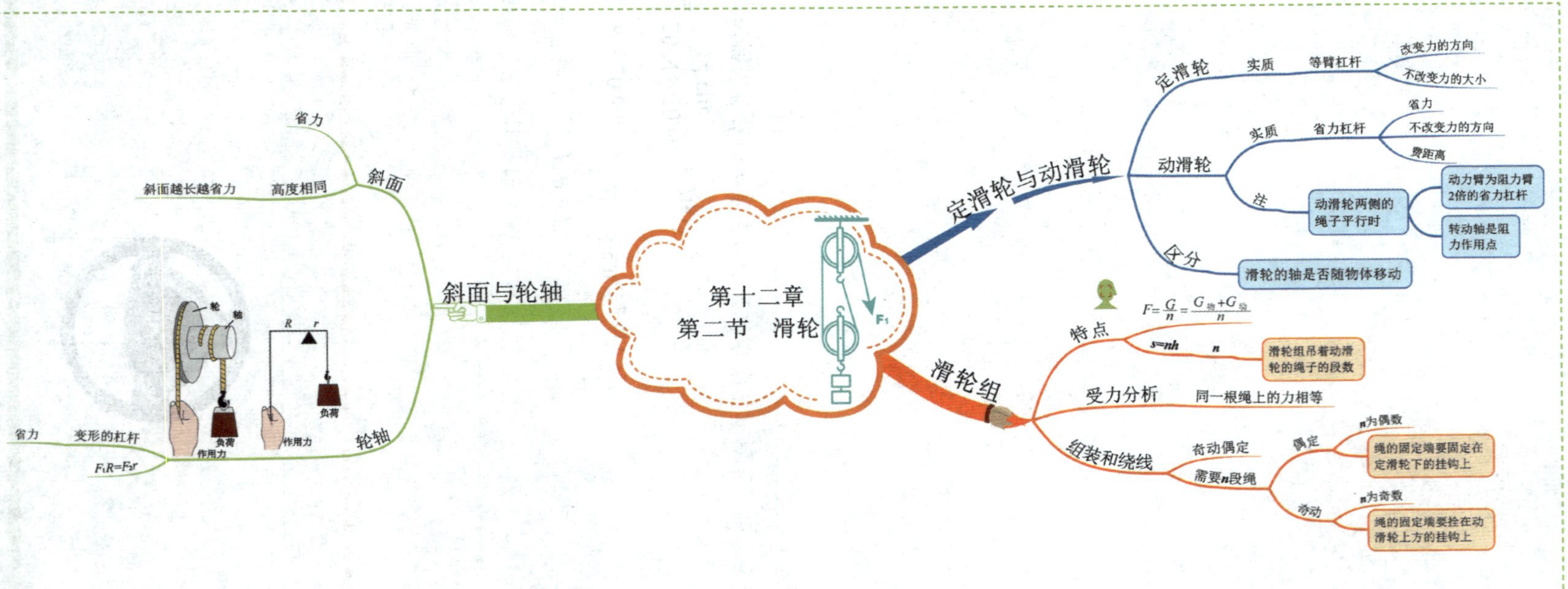
第十二章
第二节 滑轮
F_1
斜面与轮轴
斜面
省力
高度相同
斜面越长越省力
轮轴
轮
轴
负荷
作用力
R
r
变形的杠杆
省力
$F_1R=F_2r$
定滑轮与动滑轮
定滑轮
实质
等臂杠杆
改变力的方向
不改变力的大小
动滑轮
实质
省力杠杆
省力
不改变力的方向
费距离
注
动滑轮两侧的绳子平行时
动力臂为阻力臂2倍的省力杠杆
转动轴是阻力作用点
区分
滑轮的轴是否随物体移动
滑轮组
特点
$F=\frac{G}{n}=\frac{G_物+G_动}{n}$
$s=nh$
n
滑轮组吊着动滑轮的绳子的段数
受力分析
同一根绳上的力相等
组装和绕线
奇动偶定
需要n段绳
偶定
n为偶数
绳的固定端要固定在定滑轮下的挂钩上
奇动
n为奇数
绳的固定端要拴在动滑轮上方的挂钩上

第二节 滑轮

第三节 机械效率

一、基本概念

1. 有用功：为了达到某一目的而必须做的功。

2. 额外功：对人们完成某件事情来说没有用，但又不得不做的功。

3. 总功：使用机械时，动力做的功。

4. 机械效率：有用功跟总功的比值，$\eta = \dfrac{W_{有}}{W_{总}}$。

5. 改变机械效率的方法：增加有用功的比例，降低额外功的比例。

6. 机械效率的计算。

二、杠杆的机械效率

1. 额外功：克服杠杆重和摩擦力所做的功。

2. 杠杆的机械效率：$\eta = \dfrac{W_{有}}{W_{总}} = \dfrac{G_{物}h}{Fs}$

3. 增大机械效率的方法：增大物重、减轻杆重。

三、滑轮组的机械效率

1. 滑轮的机械效率：$\eta = \dfrac{W_{有}}{W_{总}}$

2. 竖直方向

有用功：克服物体重力做功；

额外功：克服动滑轮重力做功（一般不变）和克服摩擦力做功；

总功：绳子自由端拉力做功；

机械效率：$\eta = \dfrac{W_{有}}{W_{总}} = \dfrac{Gh}{Gh + G_{动}h} = \dfrac{G}{G + G_{动}}$。

3. 水平方向

有用功：克服物体摩擦力做功；

总功：绳子自由端拉力做功。

例题

【例1】（2019 山东省日照中考 8 题）如图所示，甲、乙分别为同一滑轮组的不同绕法，忽略绳重及一切阻力。用图甲绕法匀速提升重为 900 N 的物体时，机械效率为 90%。下列判断正确的是（　　）

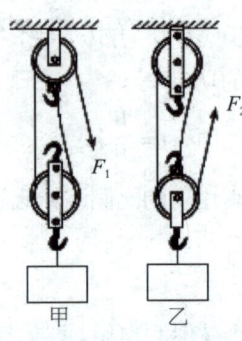

A. 拉力 F_1 的大小为 450 N

B. 用图乙绕法匀速提升 400 N 重物时，机械效率为 80%

C. 分别用两种绕法匀速提升相同重物时，图乙绕法机械效率大

D. 分别用两种绕法匀速提升相同重物升高相同高度，F_2 做功少

答案

B

解析

A. 忽略绳重及一切阻力，用图甲绕法匀速提升重为 900 N 的物体时，机械效率为 90%，

图甲中 $n=2$，由 $\eta = \dfrac{W_{有用}}{W_{总}} = \dfrac{Gh}{Fs} = \dfrac{Gh}{Fnh} = \dfrac{G}{nF}$ 可得拉力 F_1 的大小：

$F_1 = \dfrac{G}{n\eta} = \dfrac{900\ \text{N}}{2 \times 90\%} = 500\ \text{N}$，故 A 错误。

B. 图甲中，根据 $F_1 = \dfrac{1}{2}(G + G_{动})$ 可得动滑轮的重力：

$G_{动} = 2F_1 - G = 2 \times 500\ \text{N} - 900\ \text{N} = 100\ \text{N}$；

忽略绳重及一切阻力，滑轮组的机械效率 $\eta = \dfrac{W_{有用}}{W_{总}} = \dfrac{Gh}{Gh + G_{动}h} = \dfrac{G}{G + G_{动}}$，则用图乙绕法匀速提升 400N 重物时，其机械效率为

$\eta' = \dfrac{G'}{G' + G_{动}} = \dfrac{400\ \text{N}}{400\ \text{N} + 100\ \text{N}} \times 100\% = 80\%$，故 B 正确。

CD. 分别用两种绕法匀速提升相同重物时，有用功相同，忽略绳重及一切阻力，克

服动滑轮做的功是额外功,因同一滑轮组中动滑轮的重不变、提升高度相同,额外功相同,总功相同(F_1和F_2做功相同),机械效率也相同,故CD错误。

故选B。

四、斜面的机械效率

1. 斜面的机械效率:$\eta=\dfrac{W_{有}}{W_{总}}=\dfrac{G_{物}h}{Fs}$

有用功:克服物体重力做功;

额外功:克服斜面摩擦力做的功,移动距离为斜面长度;

总功:绳子自由端拉力做功。

2. 增大斜面机械效率

(1)减小斜面倾角;

(2)减小斜面粗糙程度。

【例2】(2019辽宁省丹东中考16题)斜面长1 m,高0.4 m,用大小为10 N沿斜面向上的拉力F,将重力为20 N的铁块匀速拉到斜面顶端,此过程中斜面的机械效率为_____,铁块受到的摩擦力为_____N。

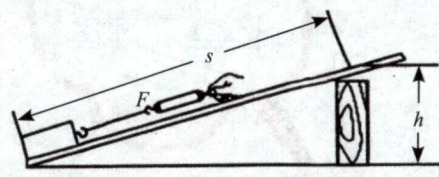

80%;2。

解析(1)使用斜面拉力做的有用功:$W_{有用}=Gh=20\text{ N}\times0.4\text{ m}=8\text{ J}$;

拉力做的总功:$W_{总}=Fs=10\text{ N}\times1\text{ m}=10\text{ J}$,

斜面的机械效率:$\eta=\dfrac{W_{有用}}{W_{总}}=\dfrac{8\text{ J}}{10\text{ J}}\times100\%=80\%$。

(2)因为$W_{总}=W_{有用}+W_{额}$,所以额外功$W_{额}=W_{总}-W_{有用}=10\text{ J}-8\text{ J}=2\text{ J}$,

由$W_{额}=fs$得摩擦力:$f=\dfrac{W_{额}}{s}=\dfrac{2\text{ J}}{1\text{ m}}=2\text{ N}$。

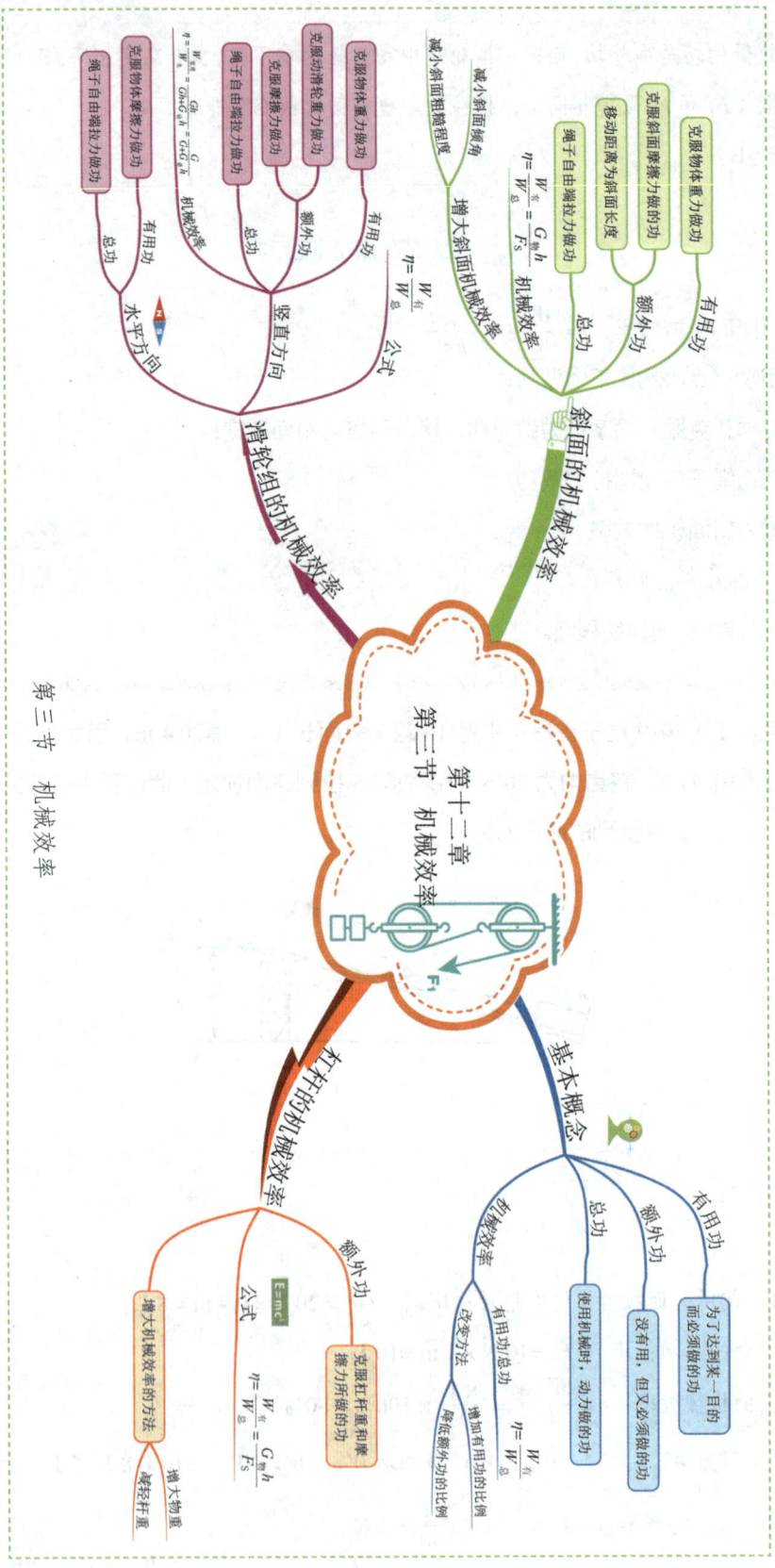

第十三章 内能

分子热运动

- 物质的构成
  - 原子
  - 分子
    - 物质温度
      - 气体
      - 液体
      - 固体
    - 物质种类
- 分子热运动
  - 定义
  - 影响因素
  - 概念
  - 扩散
    - 表明
    - 注意
    - 扩散现象
      - 宏观现象
      - 微观现象
- 分子间的作用力
  - 作用力
    - 斥力
    - 引力
  - 分子动理论
    - 注意

内能

- 物体内能总和
  - 分子动能
  - 分子势能
- 单位
- 影响因素
  - 温度
  - 质量
  - 状态
- 改变方式
  - 热传递
  - 做功
- 与热量、温度的关系
  - 区别
    - 内能
    - 热量
    - 温度
  - 联系
    - 同一物体
    - 温度高的物体
    - 吸热不一定升温

比热容

- 定义
  - 符号
  - 单位
  - 表示 物质的一种属性
  - 大小
    - 大 吸热能力强
    - 小 吸热能力弱
    - 有关
    - 无关
- 水的比热容
  - 应用
- 计算 $Q=cm\Delta t$
  - $Q_{吸}=cm(t-t_0)$ 吸热
  - $Q_{放}=cm(t_0-t)$ 放热

第一节 分子热运动

一、物质的构成

1. 物质是由分子、原子构成的。

2. 分子的大小：数量级 10^{-10} m²。分子、原子的体积很小，用肉眼和光学显微镜都分辨不出它们。不过，使用电子显微镜可以观察到分子、原子。

二、分子热运动

1. 扩散：不同的物质在互相接触时，彼此进入对方的现象叫扩散。

2. 固体、液体、气体之间都可以发生扩散现象。

3. 影响扩散快慢的主要因素

（1）物质的温度：温度越高，扩散越快。

（2）物质的种类：气体之间的扩散最快，其次是液体，固体之间的扩散最慢。

4. 扩散现象表明

（1）一切物质的分子都在不停地做无规则运动；

（2）分子间有空隙。

5. 分子热运动：一切物质的分子都在不停地做无规则运动，这种无规则运动叫作分子的热运动。

注意：

（1）扩散现象只能发生在不同的物质之间，同种物质间是不能发生扩散现象的。例如：冷热水混合，虽然冷水分子和热水分子都能彼此进入对方，但这不是扩散现象。

（2）扩散现象是反映分子的无规则运动的。而灰尘颗粒、大雾中的微粒及烟尘中的微粒等肉眼能观察到的分子聚合体在外力作用下的机械运动，都不是扩散现象。

（3）扩散是人能够直接观察或感知到的宏观现象；分子的无规则运动是微观现象，人无法直接观察。因此不能说"观察到分子无规则运动"或"分子的扩散现象"。

例题

【例1】（2019 贵州省铜仁中考 7 题）下列事例中，不能说明分子在不停地做无规则运动的是（　　）

A. 水中放糖后变甜　　　　　B. 起风后灰尘漫天飞舞

C. 鸭蛋腌制后变咸　　　　　D. 食品垃圾腐烂后臭气熏天

答案

B

解析

A. 水中放糖后变甜，是因为糖分子扩散到水中，这属于扩散现象，说明分子不停地做无规则运动，不符合题意。

B. 起风后灰尘漫天飞舞，灰尘是微小的颗粒物，这不属于分子的运动，不属于扩散现象，符合题意。

C. 鸭蛋腌制后变咸是盐分子扩散到鸭蛋中，属于扩散现象，说明分子不停地做无规则运动，不符合题意。

D. 食品垃圾腐烂后臭气熏天，是臭分子扩散到空气中，这属于扩散现象，说明分子不停地做无规则运动，不符合题意。

故选 B。

三、分子间的作用力

1. 分子之间存在斥力：当固体被压缩时，分子间的距离变小，作用力表现为斥力。

2. 分子之间存在引力：当固体被拉伸时，分子间的距离变大，作用力表现为引力。

3. 分子动理论的基本观点

（1）常见物质是由大量的分子、原子构成的；

（2）物质内的分子在不停地做热运动；

（3）分子之间存在引力和斥力。

注意：

（1）分子之间的引力和斥力同时存在，只是对外表现不同。

（2）分子间的引力和斥力的作用范围是很小的，只有分子彼此靠得很近时才能产生。分子间的距离太大时，分子间的作用力就十分微弱，可以忽略，比如破镜难圆。

例题

【例2】（2015江苏省常州中考5题）小明将两个表面光滑的铅柱相互紧压，发现两者粘在一起，由此得出分子间存在引力。小华认为此实验不能排除是大气压把两个铅柱压在一起。下列实验中，能帮助小华释疑的是（　　）

A.  挂一个钩码，铅柱不分离

B. 挂两个钩码，铅柱不分离

C. 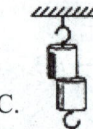 铅柱略错开，铅柱不分离

D.  置于真空罩内，铅柱不分离

D

解析

将两个表面光滑的铅柱相互紧压，发现两者粘在一起，由此得出分子间存在引力。

AB.挂一个或两个钩码时，改变的是对铅柱的拉力大小，可以探究两铅柱之间的引力大小，故 AB 错误。

C.铅柱略错开时，改变了铅柱之间的接触面积，可以探究引力的大小与接触面积之间的关系，故 C 错误。

D.将两个粘在一起的铅柱置于真空罩内，铅柱不分开，可以表明不是大气压的作用使两铅柱粘在一起的，故 D 正确。

故选 D。

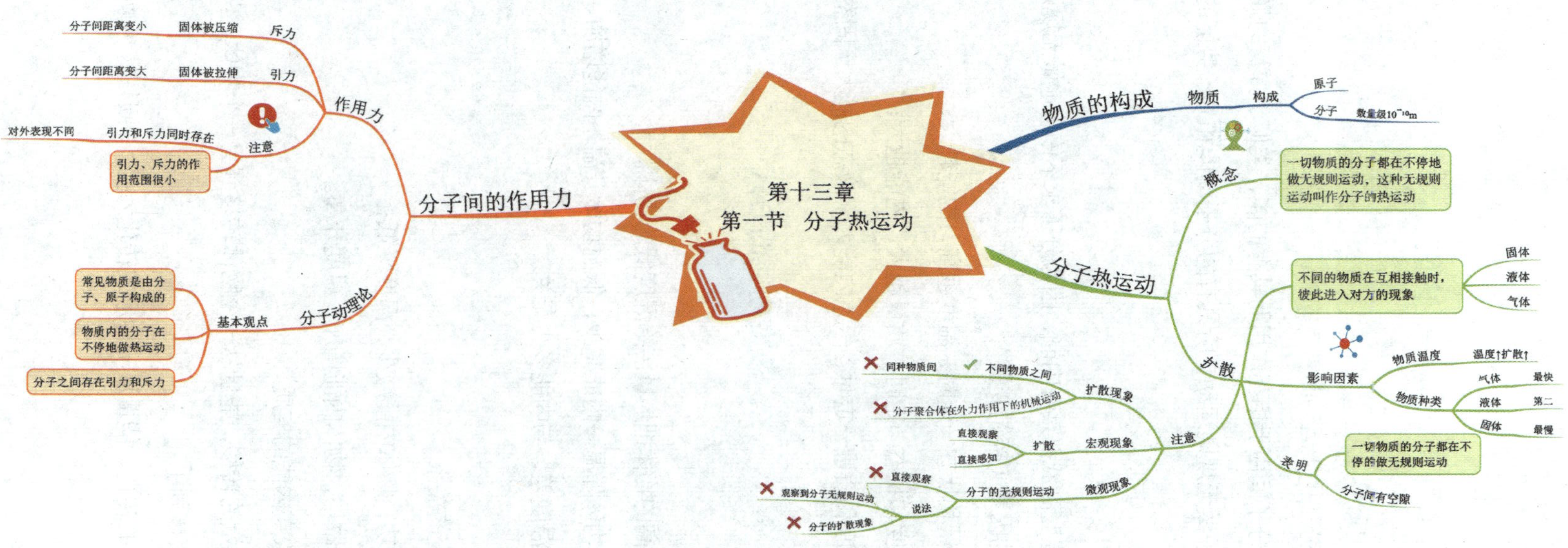

第十三章 内能

第一节 分子热运动

物质的构成
- 物质 构成 → 分子（数量级 10^{-10} m）

分子热运动
- 扩散
  - 定义：一切物质的分子都在不停地做无规则运动，这种无规则运动叫作分子的热运动
  - 扩散：不同的物质在互相接触时，彼此进入对方的现象
  - 影响因素：物质温度、物质种类
    - 固体、液体、气体
    - 温度扩散：气体最快、液体第二、固体最慢
  - 表明：一切物质的分子都在不停地做无规则运动，分子间有空隙
- 注意
  - 同种物质之间
  - 分子是在任何外力作用下的机械运动 ✗
  - 直接观察 扩散现象
  - 直接观察 宏观现象
  - 说法 分子的无规则运动 微观现象
  - ✗ 观察颗粒无规则运动
  - ✗ 分子的扩散现象

分子间的作用力
- 作用力
  - 斥力：固体被压缩
  - 引力：固体被拉伸
  - 注意：引力和斥力同时存在
    - 分子间距离变小，斥力
    - 分子间距离变大，引力
    - 引力和斥力同时作用范围很小
    - 对外表现不同
- 分子动理论
  - 基本观点
    - 常见物质是由分子、原子构成的
    - 物质内的分子在不停地做热运动
    - 分子之间存在引力和斥力

第二节 内能

一、内能

1. 定义

（1）分子动能：分子由于运动而具有的能。

（2）分子势能：分子间由于相互作用而具有的能，类似于弹簧的弹性势能。

2. 物体内所有分子做无规则运动，所具有的分子动能和分子势能的总和叫作物体的内能。

3. 单位：焦耳（J）。

4. 一切物体不论温度高低都具有内能，因为分子永不停息地做无规则运动。

5. 影响内能大小的因素（控制变量）

（1）温度：当质量和状态一定时，温度越高，内能越大；

（2）质量：当温度和状态一定时，质量越大，内能越大；

（3）状态：当温度和质量一定时，气态内能大于液态内能大于固态内能。

二、改变内能的方式

1. 热传递

（1）定义：温度高的物体把热量传给温度低的物体。

（2）变化：高温物体降温→内能减少；低温物体升温→内能增加。

（3）条件：存在温度差，与内能多少无关。

2. 做功

3. 做功与内能改变的关系

（1）物体对外做功，物体内能减少，温度降低；

（2）外界对物体做功，物体内能增加，温度升高。

4. 热传递和做功改变内能的实质

（1）热传递：能量的转移，能量从一个物体转移到另一个物体。例如，用热水袋暖手时，内能从热水袋转移到手。

（2）做功：能量的转化，能量从一种形式转化为另一种形式。例如，坐滑滑梯时，机械能转化为内能。

第十三章　内能

例题

【例1】（2019山东省日照中考7题）如图，烧瓶内水上方存在着水蒸气，瓶口用软木塞塞住，用小打气筒缓慢向瓶内加压，达到一定程度时塞子跳起来，瓶内出现白雾。下列说法正确的是（　　）

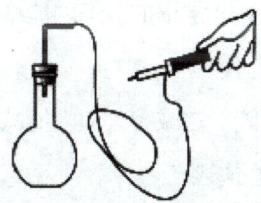

A．瓶内出现白雾，是因为瓶子外部温度低

B．出现白雾的过程是一个吸热的物态变化过程

C．该实验能说明气体膨胀对外做功，内能减小

D．这个实验展示了蒸汽机的工作原理

答案

C

解析

A．瓶内出现的白雾，是水蒸气遇冷液化成的小水滴，故A错误。

B．出现的白雾是水蒸气放出热量发生液化产生的小水滴，是放热过程，故B错误。

C．瓶口塞子跳起来的过程中，水蒸气对塞子做功，水蒸气的内能减少，故C正确。

D．实验中向瓶内充气，瓶内气体压强增大，气体对塞子做功，将内能转化为机械能；蒸汽机是用燃料加热水，利用高温高压的水蒸气推动活塞做功，将内能转化为机械能；图中实验不能展示蒸汽机的工作原理，故D错误。

故选C。

三、内能、热量、温度的区别与联系

1.区别

（1）内能：物体内所有分子做无规则运动，所具有的分子动能和分子势能的总和；内能只能说"具有""含有"或者"增大""减小"。

（2）热量：在热传递过程中传递内能的多少；热量是过程量，只能说传递了多少热量。

（3）温度：物体内能多少的外在体现，反映了物体内部分子无规则运动的剧烈程度；温度只能说升高或者降低。

注：热量不能"含"，温度不能"传"。

2.联系

（1）同一物体，温度升高内能一定增加，但内能增加温度不一定升高。例如，晶体熔化过程，吸热内能增加，但温度不变。

（2）同一物体，温度降低内能一定减少，但内能减少温度不一定降低。例如，晶体凝固过程，放热内能减少，但温度不变。

（3）温度高的物体内能不一定多（控制变量）。

（4）吸热不一定升温（晶体熔化过程），升温不一定吸热（也可能是做功）。

例题

【例2】（2019甘肃省兰州中考11题）关于温度、热量和内能，下列说法中正确的是（ ）

A.热量可以从内能少的物体传递到内能多的物体

B.0℃的冰水混合物内能为零

C.水的温度越高，所含热量越多

D.冰在熔化过程中吸收热量，温度和内能均不变

A

解析

A.发生热传递是因为物体间存在温度差，所以内能少的物体的温度可能比内能多的物体的温度高，所以内能少的物体可以把热量传递给内能多的物体，故A正确。

B.任何物体都有内能，0℃的冰水混合物内能不为零，故B错误。

C.热量是一个过程量，不能用"含有"来表示，故C错误。

D.冰在熔化过程中吸收热量，内能变大，温度不变，故D错误。

故选A。

第十三章 内能

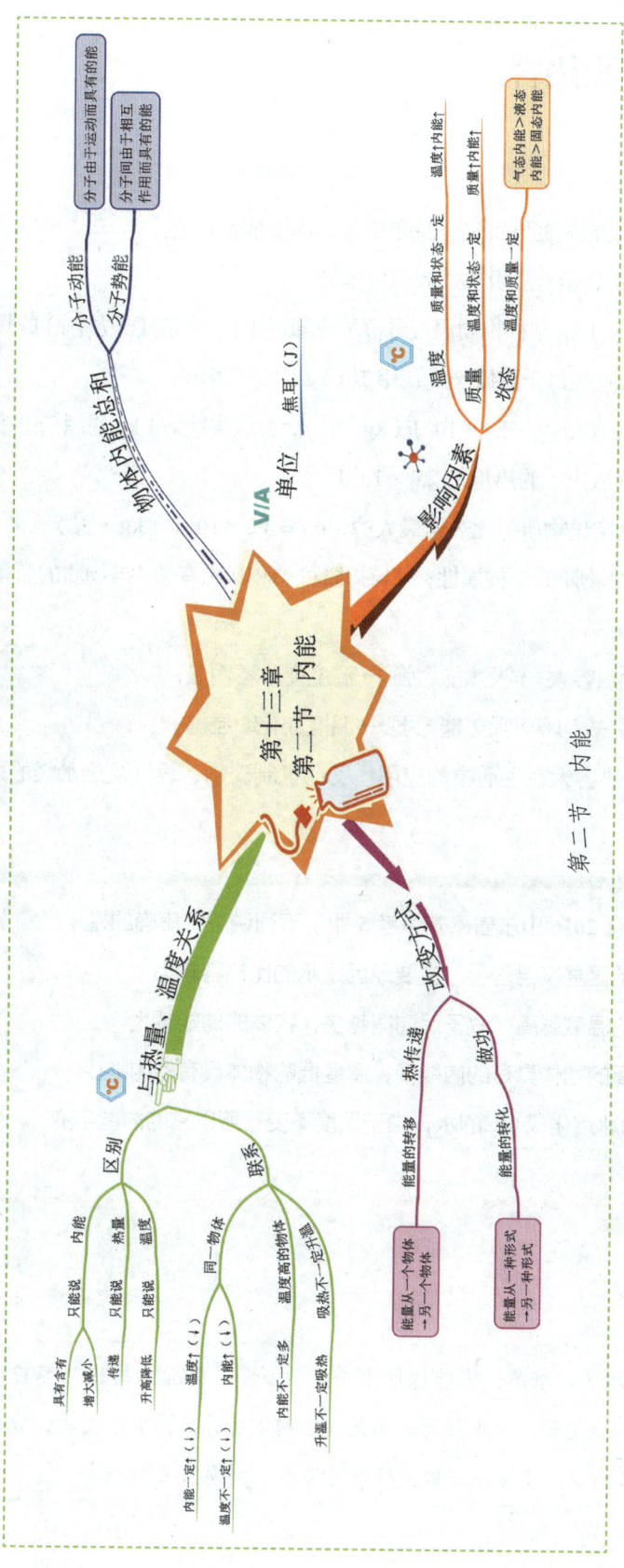

第二节 内能

第三节 比热容

一、比热容

1. 物体吸收的热量与质量、温度变化、物质种类有关。

2. 比热容：表示物质吸热或放热的本领。

（1）定义：1 kg 某种物质温度升高（或降低）1 ℃吸收（或放出）的热量，用 c 表示。

（2）单位：焦每千克摄氏度，用 J/（kg·℃）表示。

（3）意义：如 $c_{酒精}=2.4×10^3$ J/（kg·℃），表示质量是 1 kg 的酒精温度升高（或降低）1 ℃所吸收（或放出）的热量是 $2.4×10^3$ J。

（4）水是常见物质中比热容最大的，$c_水=4.2×10^3$ J/（kg·℃）。

3. 比热容是物质的一种属性，只与物质种类和状态有关，与物质的质量、升高的温度、吸收的热量等无关。

4. （1）比热容大 → 吸热能力强 → 温度变化不明显；

（2）比热容小 → 吸热能力弱 → 温度变化明显。

5. 水的比热容大在生活中的应用：发动机制冷剂、暖气及热水袋的取暖剂、城市修建人工湖等。

例题

【例1】（2016 山东省泰安中考 5 题）下列说法中正确的是（　　）

A. 沿海地区昼夜温差小，主要原因是水的比热容较大

B. 物体的温度越高，分子运动得越快，物体的动能越大

C. 温度高的物体具有的内能多，温度低的物体具有的内能少

D. 0 ℃的冰熔化成 0 ℃的水，由于温度不变，所以它的内能不变

A

解析

A. 沿海地区，水多；内陆地区水少、沙石多。因为水的比热容较大，白天，相同质量的水和沙石比较，吸收相同的热量，水的温度升高得少；夜晚，放出相同的热量，水的温度降低得少，使得沿海地区昼夜得温差小，故 A 正确。

B.物体的动能与物体的运动速度有关,与物体内部分子的运动速度无关。温度越高,分子动能越大,物体的内能越大,但不会影响物体的动能,故 B 错误。

C.物体的内能与温度有关,温度升高内能就会增加,其所具有的内能就越多;温度越低,其所具有的内能就越少,但必须是同一物体,故 C 错误。

D.0℃的冰熔化成 0℃的水,要不断吸热,内能增加,故 D 错误。

故选 A。

二、比热容的计算

1.吸热:$Q_{吸}=cm(t-t_0)$

2.放热:$Q_{放}=cm(t_0-t)$

总结:$Q=cm\Delta t$

例题

【例2】(2017 四川省巴中中考 7 题)甲铁块质量是乙铁块的 3 倍,吸收相同的热量,则甲、乙两铁块的比热容之比和升高的温度之比分别为( )

A.1:1,1:3   B.1:3,1:3   C.1:1,3:1   D.3:1,3:1

A

解析

比热容是物质的特性,甲乙两铁块物质种类相同,比热容相同,即比热容之比 $c_甲:c_乙=1:1$;

两铁块吸收热量之比 $Q_甲:Q_乙=1:1$,质量之比 $m_甲:m_乙=3:1$,

由 $Q_{吸}=cm\Delta t$ 得,甲、乙两铁块升高的温度之比为

$\Delta t_甲:\Delta t_乙=\dfrac{Q_甲}{c_甲 m_甲}:\dfrac{Q_乙}{c_乙 m_乙}=\dfrac{1}{3\times 1}:\dfrac{1}{1\times 1}=1:3$。

故选 A。

思维导图玩转物理

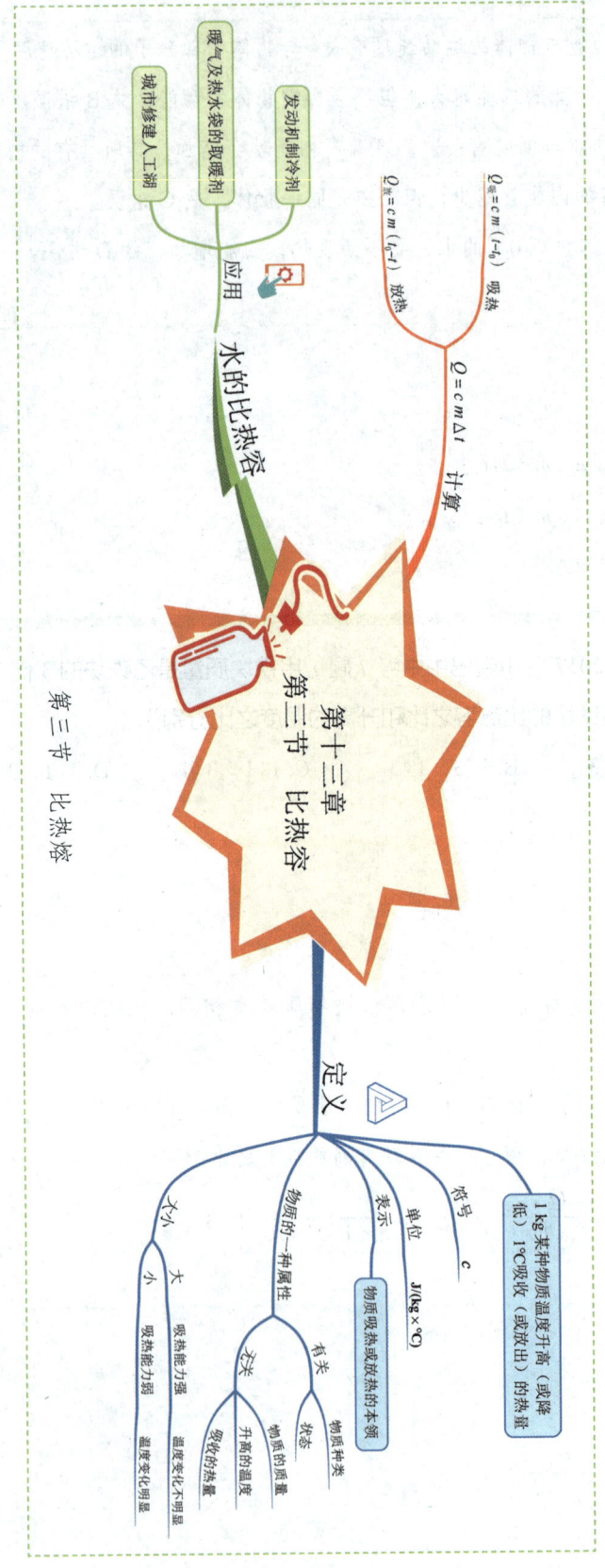

第三节 比热容

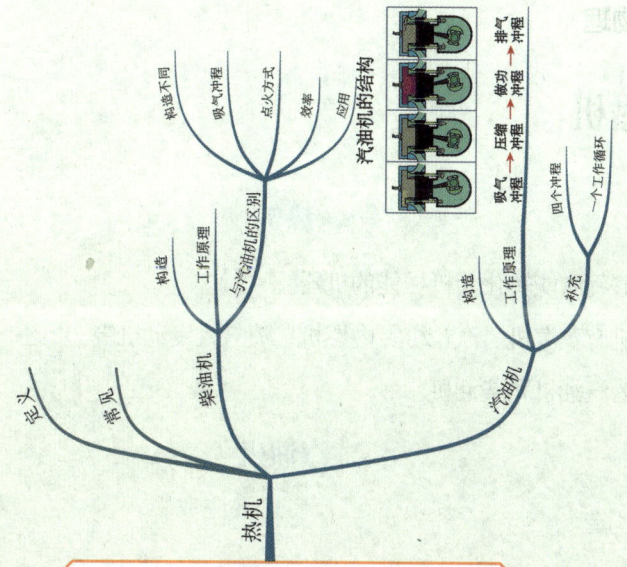
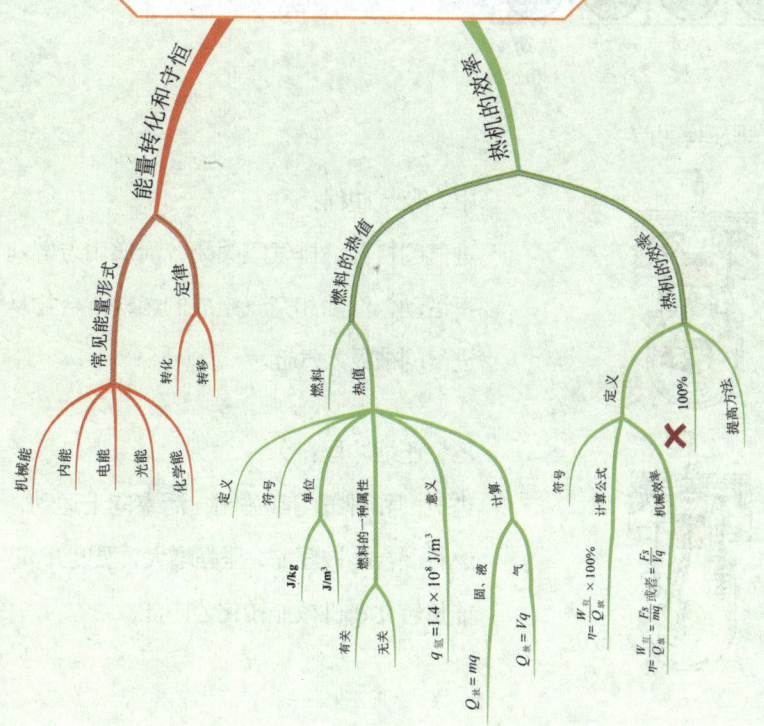

第十四章
内能的利用

第一节 热机

一、热机

1. 定义：能够将内能转化为机械能的机器。
2. 常见的热机有蒸汽机、汽轮机、内燃机、喷气式发动机等。
3. 内燃机分为汽油机和柴油机。

二、汽油机

1. 汽油机的构造

2. 汽油机的工作原理

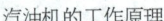
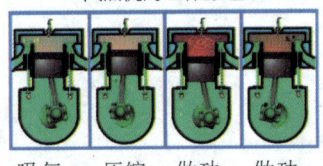

3. 工作原理解析

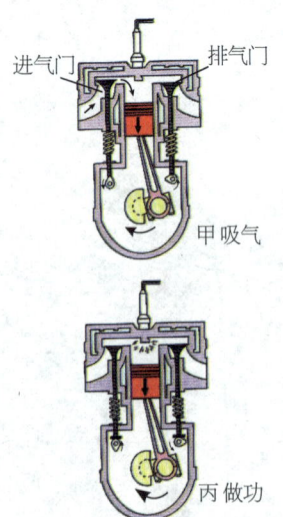

甲，吸气冲程：

进气门打开，排气门关闭，活塞由上端向下运动，汽油和空气组成的燃料混合物从进气门被吸入气缸。

乙，压缩冲程：

进气门和排气门都关闭，活塞向上运动，燃料混合物被压缩，压强增大，温度升高。
能量转化：机械能转化为内能。

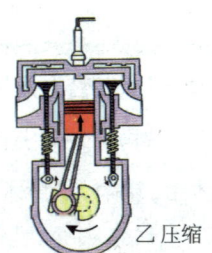
乙 压缩

丙.做功冲程：

。（点燃式）

能量转化：内能转化为机械能。

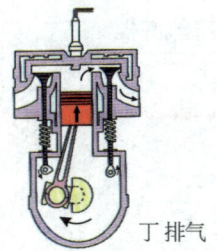
丁 排气

丁.排气冲程：

进气门关闭，排气门打开，活塞向上运动，把废气排出气缸。

4.补充

（1）四个冲程中，只有做功冲程对外做功，其他三个冲程均为辅助冲程，靠飞轮的惯性来完成。

（2）汽油机一个工作循环包括4个冲程，活塞往复2次，曲轴转动2圈，做功1次，有2次能量转化。（4∶2∶1）

三、柴油机

1.柴油机的构造

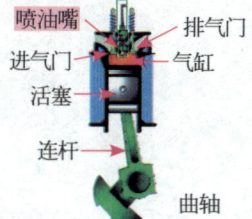

柴油机的构造

2.工作原理类比汽油机

3.与汽油机的区别

项目	汽油机	柴油机
构造不同	顶部火花塞	顶部喷油嘴
吸气冲程	吸入的是汽油空气混合物	只吸入空气
点火方式	点燃式	压燃式

思维导图玩转物理

【例】（2019 宁夏中考3题）2019年春节期间热映的《流浪地球》被誉为开启了中国科幻电影元年。这部电影讲述了多年以后太阳急速衰老膨胀，无法再给地球提供能量，人类为了拯救地球而点燃木星周围的可燃气体，逃离太阳系的故事。其中"点燃木星"将地球推开相当于内燃机的（　　）

A. 吸气冲程　　　B. 压缩冲程　　　C. 做功冲程　　　D. 排气冲程

答案

C

解析

影片《流浪地球》中，人类为了拯救地球而点燃木星周围的可燃气体，将地球推开，内能转化为机械能，相当于内燃机的做功冲程。

故选C。

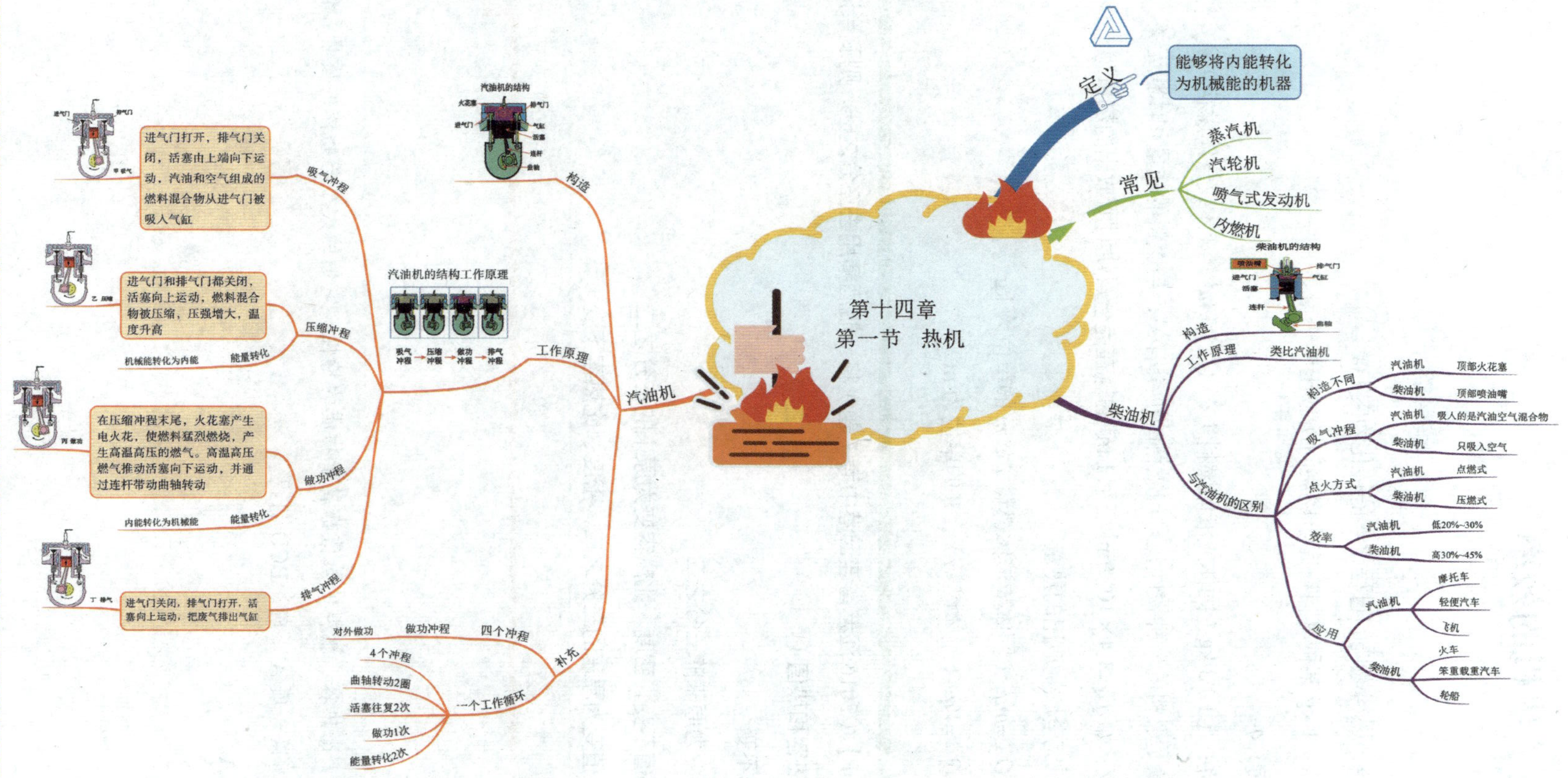
第十四章
第一节　热机
定义
能够将内能转化为机械能的机器
常见
蒸汽机
汽轮机
喷气式发动机
内燃机
柴油机
构造
柴油机的结构
工作原理
类比汽油机
与汽油机的区别
构造不同
汽油机
顶部火花塞
柴油机
顶部喷油嘴
吸气冲程
汽油机
吸入的是汽油空气混合物
柴油机
只吸入空气
点火方式
汽油机
点燃式
柴油机
压燃式
效率
汽油机
低20%~30%
柴油机
高30%~45%
应用
汽油机
摩托车
轻便汽车
飞机
柴油机
火车
笨重载重汽车
轮船
汽油机
构造
汽油机的结构
工作原理
汽油机的结构工作原理
吸气冲程
进气门打开，排气门关闭，活塞由上端向下运动，汽油和空气组成的燃料混合物从进气门被吸入气缸
压缩冲程
进气门和排气门都关闭，活塞向上运动，燃料混合物被压缩，压强增大，温度升高
能量转化
机械能转化为内能
做功冲程
在压缩冲程末尾，火花塞产生电火花，使燃料猛烈燃烧，产生高温高压的燃气。高温高压燃气推动活塞向下运动，并通过连杆带动曲轴转动
能量转化
内能转化为机械能
排气冲程
进气门关闭，排气门打开，活塞向上运动，把废气排出气缸
补充
四个冲程
做功冲程
对外做功
一个工作循环
4个冲程
曲轴转动2圈
活塞往复2次
做功1次
能量转化2次

第一节　热机

第二节 热机的效率

一、燃料的热值

1. 燃料：燃料燃烧的过程化学能转化为内能。
2. 热值：1 kg 某种燃料在完全燃烧时所放出的热量。
3. 符号：q。
4. 单位：（1）J/kg（固体或液体燃料）；（2）J/m³（液体或气体燃料）。
5. 热值是燃料的一种属性，只与燃料的种类有关，与燃料的质量和体积无关。
6. 意义：如 $q_{氢}=1.4\times 10^8$ J/m³ 表示 1 m³ 的氢在完全燃烧时所放出的热量为 1.4×10^8 J。
7. 燃料完全燃烧放出的热量

（1）$Q_{放}=mq$（固体或液体燃料），m 的单位为 kg。

（2）$Q_{放}=Vq$（气体燃料），V 的单位为 m³。

【例1】（2016 江苏省连云港中考 7 题）将一瓶酒精用去三分之一，则剩余酒精的密度、比热容和热值（　　）

A. 都不变

B. 都变为原来的三分之二

C. 热值不变，密度、比热容变为原来的三分之二

D. 热值变为原来的三分之二，密度、比热容不变

答案

A

解析

密度、比热容、燃料的热值都属于物质的特性，它们的大小与物体的质量和体积均无关系，所以选项 A 正确、BCD 错误。

故选 A。

二、热机的效率

1. 定义：用来做有用功的那部分能量，与燃料完全燃烧放出的能量之比，叫作热机的效率。

2. 符号：η

3. 计算公式：$\eta = \dfrac{W_{有}}{Q_{放}} \times 100\%$

4. 机械效率：$\eta = \dfrac{W_{有}}{Q_{放}} = \dfrac{Fs}{mq}$ 或者 $= \dfrac{Fs}{Vq}$

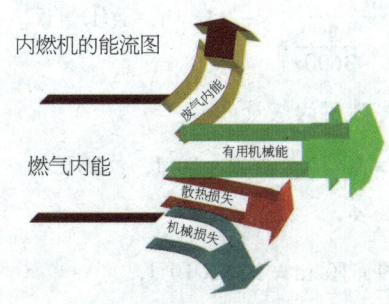

5. 热机的效率不能达到 100%，首先燃料一般情况下不能完全燃烧，其次热机中可用于做有用功的能量只是燃料燃烧所放出的能量的一部分。因为各种热量损失以及燃烧条件的限制，这部分能量远远小于总能量，所以其与燃料完全燃烧所放出的总能量的比值必然小于 1，即热机效率小于 100%。

6. 提高热机效率的方法

（1）使燃料充分燃烧；

（2）尽量减少各种热量损失；

（3）在热机的设计和制造上采用先进的技术；

（4）注意保养，保证良好的润滑，减少因克服摩擦阻力而额外消耗的能量。

例题

【例2】（2018 山东省泰安中考 11 题）某品牌无人驾驶汽车在一段平直公路上匀速行驶 6.9 km，用时 5 min 45 s，消耗燃油 1.5 kg，已知汽车的牵引力是 2000 N，燃油的热值为 4.6×10^7 J/kg，假设燃油完全燃烧。通过计算可知，下列结果正确的是（　　）

①汽车行驶速度是 20 km/h；

②消耗的燃油完全燃烧放出的热量是 6.9×10^7 J；

③汽车牵引力做功的功率是 30 kW；

④汽车发动机的效率是20%。

A. 只有①和②　　B. 只有②和③　　C. 只有①和④　　D. 只有②和④

答案

D

解析

①汽车的行驶速度：

$v = \dfrac{S}{t} = \dfrac{6.9 \text{ km}}{(5 \times 60 + 45) \times \dfrac{1}{3600} \text{ h}} = 72 \text{ km/h}$，故①错误。

②消耗的燃油完全燃烧放出的热量：

$Q_{放} = mq = 1.5 \text{ kg} \times 4.6 \times 10^7 \text{ J/kg} = 6.9 \times 10^7 \text{ J}$，故②正确。

③该汽车牵引力所做的功：

$W = FS = 2 \times 10^3 \text{ N} \times 6.9 \times 10^3 \text{ m} = 1.38 \times 10^7 \text{ J}$，

该汽车牵引力所做功的功率：

$P = \dfrac{W}{t} = \dfrac{1.38 \times 10^7 \text{ J}}{5 \times 60 + 45 \text{ s}} = 40000 \text{ W} = 40 \text{ kW}$，故③错误。

④汽车消耗燃油的产生的热量：

$Q_{放} = mq = 1.5 \text{ kg} \times 4.6 \times 10^7 \text{ J/kg} = 6.9 \times 10^7 \text{ J}$，

该汽车的效率：

$\eta = \dfrac{W}{Q_{放}} = \dfrac{1.38 \times 10^7 \text{ J}}{6.9 \times 10^7 \text{ J}} \times 100\% = 20\%$，故④正确。

故选D。

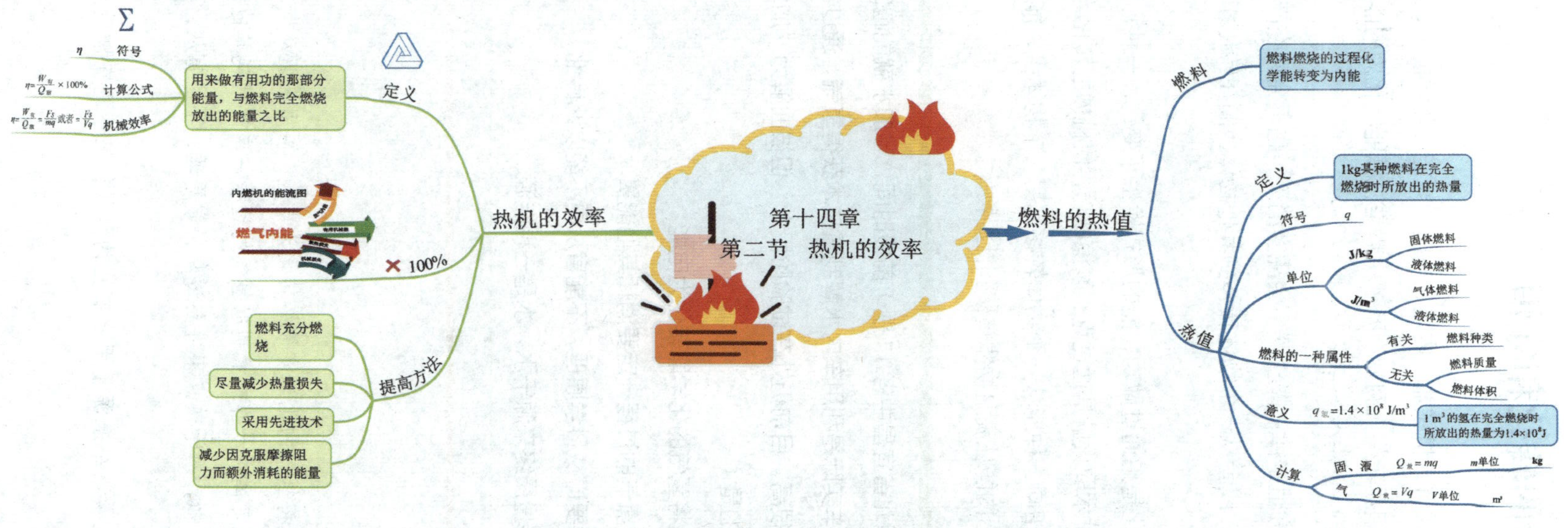
第十四章
第二节 热机的效率
热机的效率
定义
用来做有用功的那部分能量，与燃料完全燃烧放出的能量之比
符号
η
计算公式
机械效率
内燃机的能流图
燃气内能
× 100%
提高方法
燃料充分燃烧
尽量减少热量损失
采用先进技术
减少因克服摩擦阻力而额外消耗的能量
燃料的热值
燃料
燃料燃烧的过程化学能转变为内能
热值
定义
1kg某种燃料在完全燃烧时所放出的热量
符号
q
单位
J/kg
固体燃料
液体燃料
J/m³
气体燃料
液体燃料
燃料的一种属性
有关
燃料种类
无关
燃料质量
燃料体积
意义
1 m³的氢在完全燃烧时所放出的热量为1.4×10⁸J
计算
固、液
m单位
kg
气
V单位
m³

第二节　热机的效率

思维导图玩转物理

第三节 能量的转化和守恒

1. 常见的能量形式有：机械能、内能、电能、光能、化学能等，这些不同形式的能在一定的条件下可以相互转化。例如：摩擦生热是机械能转化为内能；水电站里的水轮机带动发电机发电是机械能转化为电能。

2. 能量的转化和守恒定律：能量既不会凭空消灭，也不会凭空产生，它只会从一种形式转化为其他形式，或者从一个物体转移到其他物体，而在转化和转移的过程中，能量的总量保持不变。

3. 定律中能的转化是指通过做功，能的形式发生了变化，一种形式的能转化为另一种形式的能。例如，钻木取火就是通过克服摩擦做功，使机械能转化为内能。

4. 能的转移，是指同一种能从一个物体转移到另一个物体上，能的形式没有变化。例如，热传递过程中，内能从高温物体转移到低温物体。

例题

【例】（2019湖北省宜昌中考17题）前段时间，"加水就能跑的神车"事件一度成为舆论热点，该汽车实际是利用车内水解制氢技术获得氢气，通过氢燃料电池给车提供动力（该技术成本很高，目前仍处在试验阶段），但被曲解为"加水就能跑"。下列对该事件的看法错误的是（　　）

A. 氢燃料电池是将氢气的化学能转化为电能

B. 水解技术制取氢气的过程一定要消耗其他能量

C. 对于热点事件要遵从科学原理，不能盲从更不能以讹传讹

D. 该车行驶的能量最终来源于水，水是一种能源

答案

D

解析

A. 氢燃料电池是将氢气的化学能最终转化为电能，再用来驱动汽车的，故A正确。

B. 根据能量守恒定律，水解技术制取氢气的过程一定要消耗其他能量，故B正确。

C. 由科学常识可知，对于热点事件要遵从科学原理，不能盲从，更不能以讹传讹，故C正确。

D. 该车行驶的能量最终来源于用水制出的氢气，但不能直接说水是这里的能源，故D错误。

故选D。

第十四章 内能的利用

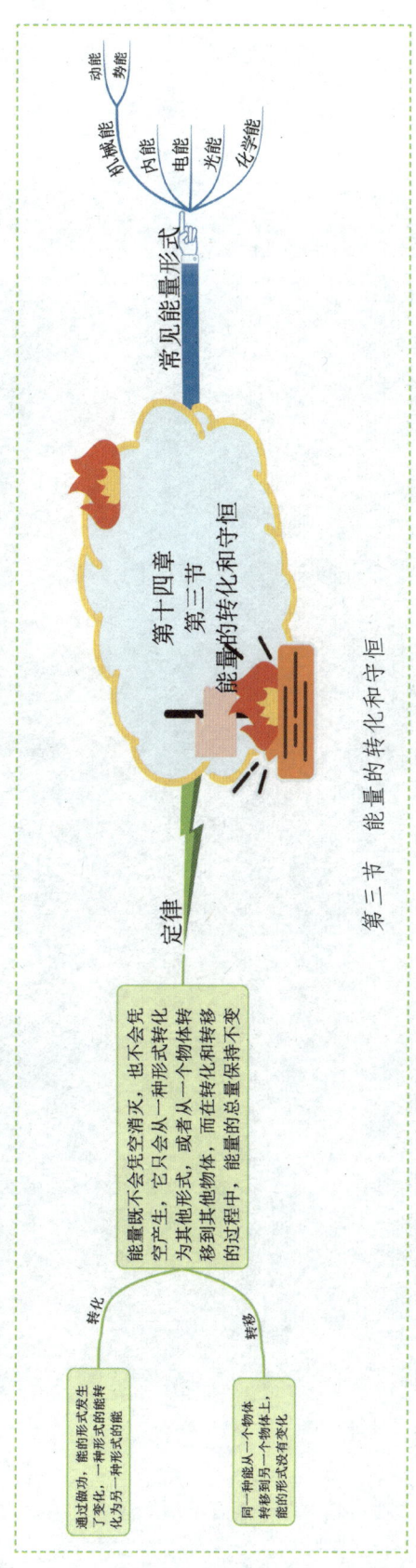

第三节 能量的转化和守恒

第十五章 电流和电路

第一节 两种电荷

一、带电体的性质

1. 经过摩擦的物体能吸引轻小物体,我们把物体吸引轻小物体的性质叫作带电。
2. 电荷:带电的微粒。
3. 物体有了吸引轻小物体的性质,就说它带了电,或有了电荷,带电的物体叫带电体。
4. 性质:摩擦过的物体具有吸引轻小物体的现象。利用这个性质可以检验物体是否带电。

二、摩擦起电和两种电荷

1. 用摩擦的方法使物体带电(或者电荷),叫摩擦起电。
2. 电荷量:不同带电体的电荷有多有少,带电体所带电荷的多少叫作电荷量,简称电量,用 Q(或者 q)表示。

单位是库仑,简称库,符号是 C。

3. 电荷有两种:正电荷和负电荷。
   (1)跟丝绸摩擦过的玻璃棒带正电荷,用符号"+"表示;
   (2)跟毛皮摩擦过的橡胶棒带负电荷,用符号"-"表示。
4. 电荷间相互作用的规律:同种电荷互相排斥,异种电荷互相吸引。
5. 验电器
   (1)构造

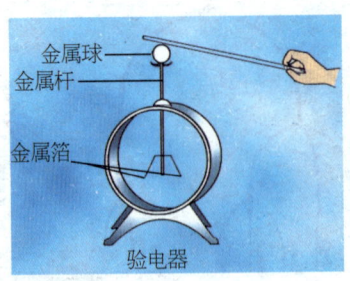

   (2)作用:检验物体是否带电。
   (3)原理:同种电荷互相排斥。

例题

【例1】(2018 河南省中考 9 题)与头发摩擦过的塑料尺能"吸"起纸屑。下列现象中"吸"的物理原理与其相同的是(　　)

第十五章　电流和电路

A. 挤压后的塑料吸盘"吸"在瓷砖上

B. 削平的铅柱挤压后会"吸"在一起

C. 干手搓开的新塑料袋"吸"在手上

D. 行驶的汽车的窗帘被"吸"出窗外

答案

C

解析

与头发摩擦过的塑料尺能够"吸"起碎纸屑，这是因为带电的塑料尺可以吸引轻小物体。

A. 光滑瓷砖上的吸盘式挂钩，挂衣钩里面的空气被挤出，在外界大气压的作用下，将挂钩压在瓷砖上，故 A 错误。

B. 削平的铅柱压紧后能"吸"在一起，因为分子间有引力，故 B 错误。

C. 干手搓开的新塑料袋"吸"在手上，因为摩擦起电后带静电，会吸引轻小物体，故 C 正确。

D. 行驶的汽车，车外的空气流速快，压强小，车内的空气流速小、压强大，压强差就会把窗帘压向窗外，故 D 错误。

故选 C。

三、原子结构

1. 原子结构

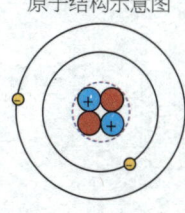
原子结构示意图

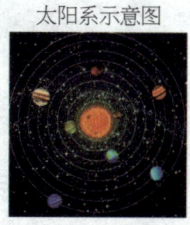
太阳系示意图

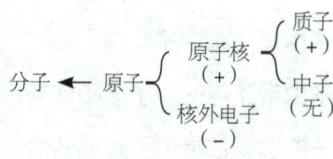

（1）原子的中心是原子核，在原子核的周围，有一定数目的电子。电子绕核旋转。

（2）电子是带负电的粒子，原子核是带正电的粒子。

（3）在通常情况下，原子核所带的正电荷的数目与核外电子所带的负电荷的数目是相等的，所以对外不显电性。

2. 摩擦起电的实质：电荷的转移。

251

不同的物体对电子的束缚本领不同，两个物体相互摩擦，对电子束缚本领弱的物体要失去电子，因此正电占优势，对外显正电。反之，对电子束缚本领强的物体要得到电子，因此负电占优势，对外显负电。

理解：摩擦起电既没有创造电荷，也没有消灭电荷，只是让电荷从一个物体转移到另一个物体。

3. 使物体带电的方法

（1）摩擦起电：用摩擦的方法使物体带电，摩擦的两物体带等量的异种电荷。

（2）接触起电：用带电体接触不带电的物体，使不带电的物体带电，两物体带同种电荷。

（3）感应起电：用带电体靠近不带电的物体，使不带电的物体带电，两物体带异种电荷。

4. 检验物体是否带电共有三种办法：

（1）看该物体能否吸引轻小物体；

（2）利用电荷间相互作用的规律判断；

（3）利用验电器检验。

例题

【例2】（2019 广东省中考 3 题）如图是锂（Li）原子结构示意图，下列说法正确的是（　　）

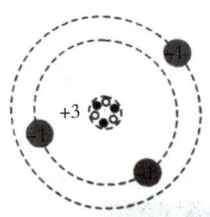

A. 锂原子由质子和中子组成

B. 锂原子由带正电的原子核和核外带负电的电子组成

C. 锂原子的质子数是电子数的两倍，所以锂原子带正电

D. 锂原子失去电子后带负电

答案

B

解析

原子结构如上图所示：原子 $\begin{cases} \text{原子核} \begin{cases} \text{质子（带正电）} \\ \text{中子（不带电）} \end{cases} \\ \text{电子（带负电）} \end{cases}$

A. 锂原子是由锂原子核与电子构成的，故 A 错误。

B. 锂原子由带正电的原子核和核外带负电的电子组成，该说法符合原子结构，故 B 正确。

C. 锂原子的质子数跟核外电子数相等，都是 3 个，并不是两倍关系，其原子核中有 3 个中子，中子不带电，故锂原子不带电，C 错误。

D. 质子带正电，核外电子带负电。锂原子失去电子后，原子核内质子数比核外电子数要多，所以，锂原子失去电子后带正电，D 错误。

故选 B。

四、导体和绝缘体

1. 导体：容易导电的物体。

常见的导体：金属、人体、大地、石墨、酸碱盐溶液、湿木。

2. 绝缘体：不容易导电的物体。

常见的绝缘体：橡胶、玻璃、陶瓷、塑料、油、干木。

3. 导体容易导电的原因：导体中存在着大量能够自由移动的自由电荷。在绝缘体中，电荷几乎都被束缚在原子的范围内，不能自由移动，因此几乎没有自由电荷。

4. 在一定条件下，导体和绝缘体可以相互转化。

例题

【例3】（2017 内蒙古呼和浩特中考 4 题）关于导体和绝缘体，下列说法正确的是（　　）

A. 绝缘体对电流的阻碍作用大，但能够带电

B. 金属能够导电的原因是因为金属里面的电子都能自由移动

C. 能够导电的物体叫导体，不能导电的物体叫绝缘体

D. 绝缘体不能导电的原因是因为绝缘体内没有电子

A

解析

A. 绝缘体对电流的阻碍作用大，不容易导电，但能带电，故 A 正确。

B. 金属是导体，金属能够导电的原因是由于金属里面有大量的自由电子，故 B 错误。

C. 根据定义可知，容易导电的物体叫导体，不容易导电的物体叫绝缘体，故 C 错误。

D. 绝缘体不能导电的原因是因为绝缘体内部几乎没有自由电荷，但电子很多，故 D 错误。

故选 A。

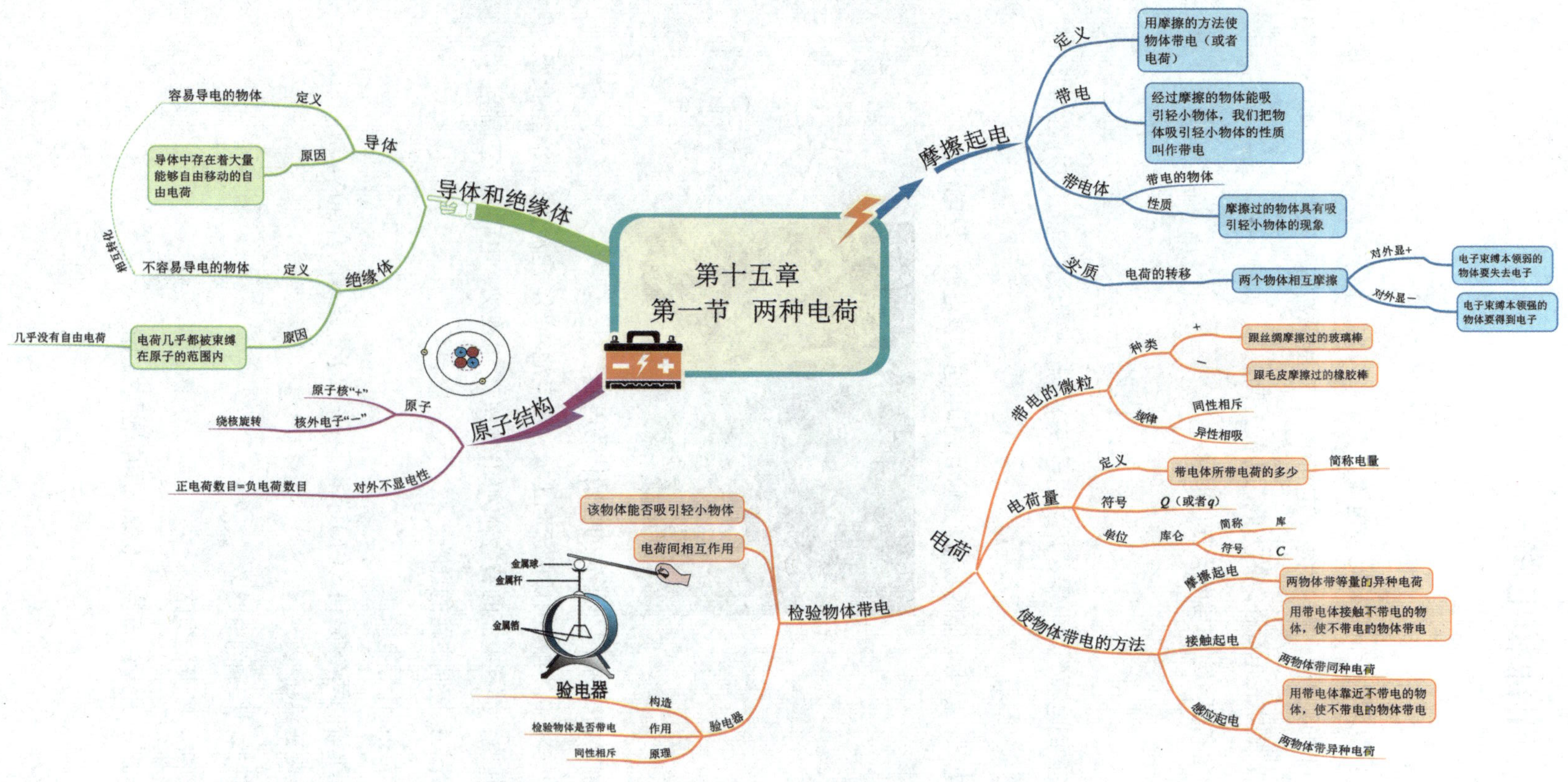
第十五章
第一节　两种电荷
摩擦起电
定义
用摩擦的方法使物体带电（或者电荷）
带电
经过摩擦的物体能吸引轻小物体，我们把物体吸引轻小物体的性质叫作带电
带电体
带电的物体
性质
摩擦过的物体具有吸引轻小物体的现象
实质
电荷的转移
两个物体相互摩擦
对外显+
电子束缚本领弱的物体要失去电子
对外显－
电子束缚本领强的物体要得到电子
电荷
带电的微粒
种类
+
跟丝绸摩擦过的玻璃棒
－
跟毛皮摩擦过的橡胶棒
规律
同性相斥
异性相吸
电荷量
定义
带电体所带电荷的多少
简称电量
符号
Q（或者q）
单位
库仑
简称
库
符号
C
使物体带电的方法
摩擦起电
两物体带等量的异种电荷
接触起电
用带电体接触不带电的物体，使不带电的物体带电
两物体带同种电荷
感应起电
用带电体靠近不带电的物体，使不带电的物体带电
两物体带异种电荷
检验物体带电
该物体能否吸引轻小物体
电荷间相互作用
验电器
构造
作用
检验物体是否带电
原理
同性相斥
金属球
金属杆
金属箔
验电器
导体和绝缘体
导体
定义
容易导电的物体
原因
导体中存在着大量能够自由移动的自由电荷
绝缘体
定义
不容易导电的物体
原因
电荷几乎都被束缚在原子的范围内
几乎没有自由电荷
相互转化
原子结构
原子
原子核“+”
核外电子“－”
绕核旋转
对外不显电性
正电荷数目=负电荷数目

第一节　两种电荷

第二节 电流和电路

一、电流

1. 形成：电荷的定向移动形成电流。

例如：对金属来说，是自由电子定向移动；对酸碱盐溶液来讲，是正负离子定向移动。

2. 方向：规定正电荷移动的方向为电流方向。

负电荷定向移动方向与电流方向相反。

二、电路

1. 定义：把电源、用电器、开关用导线连接起来组成的电流可以流过的路径。

2. 组成

（1）电源：提供电能的装置。例如：干电池、蓄电池、发电机。

电源能量转化：把其他形式的能转化为电能。

在电池的内部，电流由负极流向正极；在电池外部，电流由正极流向负极。

（2）用电：消耗电能的装置。例如：灯泡、电视机、电动机、空调等。

（3）开关：控制电路的通断。

（4）导线：传导电流。

3. 产生电流的两个条件：（1）有电源；（2）电路有闭合通路。

4. 电路的三种状态

（1）通路：接通的电路。

（2）断路：断开的电路。

（3）短路：用导线直接把电源或用电器两端接通。

例题

【例1】（2018四川省达州中考5题）如图所示，用一个带负电的物体a去接触不带电的验电器的金属球b时，金属球b也带上负电，则下列说法正确的是（　　）

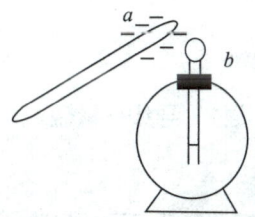

A. a上的一些电子转移到b上，瞬时电流方向$b \to a$

B. b上的一些电子转移到a上，瞬时电流方向$a \to b$

C. b上的一些原子核转移到a上，瞬时电流方向$b \to a$

D. a上的一些原子核转移到b上，瞬时电流方向$a \to b$

答案

A

解析

带负电的物体有多余电子，用一个带负电的物体a去接触不带电的验电器的金属球b时，物体a上的一部分多余电子会转移到b上。因为电流方向与负电荷定向移动的方向相反，所以，瞬时电流方向为$b \to a$。

故选A。

三、电路图

1. 定义：用统一规定的元件符号表示电路连接情况的图。

2. 优点：（1）方便；（2）直观。

3. 常见符号

符号	意义	符号	意义
✢	交叉不相连的导线	⌒	电铃
✢	交叉相连接的导线	Ⓜ	电动机
（负极）⊣⊢（正极）	电池	Ⓐ	电流表
⊣⊢⋯⊣⊢	电池组	Ⓥ	电压表
─/─	开关	▭	电阻
⊗	小灯泡	⌇	滑动变阻器

4. 由实物图画电路图的基本要求

（1）整个电路图最好呈长方形，有棱有角，导线要横平竖直（尺规作图）。

（2）元件要与实物一一对应（不要自创元件）、位置安排要适当，分布要均匀。

（3）元件不要画在拐角处。

5. 由电路图连实物图的基本要求

（1）用笔代替导线，连接接线柱，导线尽量短。

（2）导线尽量不要交叉。

（3）一般从电源正极出发，按照电流流向与电路图保持一致的顺序进行连接。

【例2】（2019 湖南省邵阳中考 3 题）随着生活水平的提高，人们外出旅游住宿宾馆司空见惯。如图为某宾馆房间取电装置，房卡插入槽中后，房间内的电灯、电视、空调等用电器才能工作，房卡的作用相当于房间电路的（　　）

A. 总开关　　　B. 电源　　　C. 用电器　　　D. 电能表

答案

A

解析

房卡可以控制用电器的工作，不把房卡插入插槽中，所有房间内的用电器都不工作，所以房卡的作用相当于房间电路的总开关，故 A 正确。

故选 A。

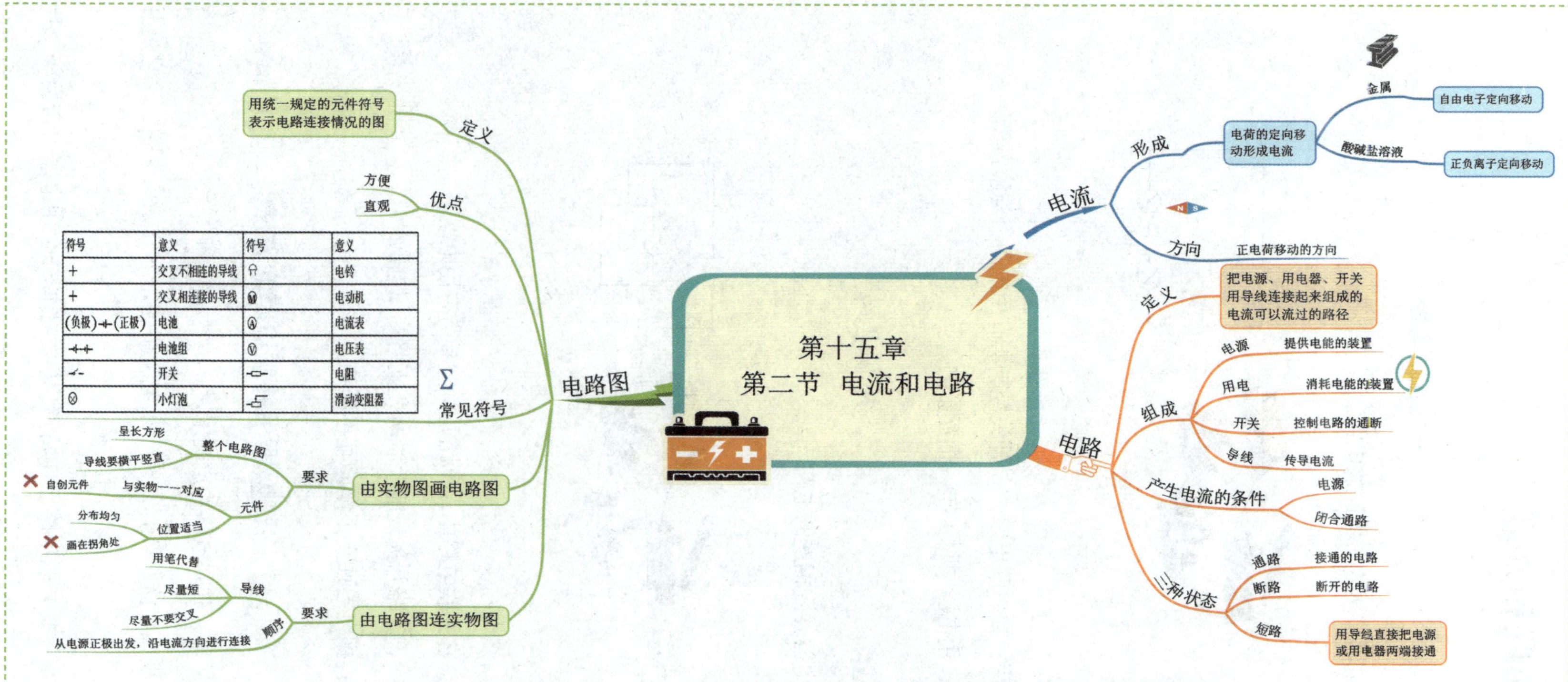

第十五章 电流和电路

第二节 电流和电路

（思维导图内容）

电流
- 形成：电荷的定向移动形成电流
  - 金属：自由电子定向移动
  - 酸碱盐溶液：正负离子定向移动
- 方向：正电荷移动的方向

电路
- 定义：把电源、用电器、开关用导线连接起来组成的电流可以流过的路径
- 组成：
  - 电源：提供电能的装置
  - 用电：消耗电能的装置
  - 开关：控制电路的通断
  - 导线：传导电流
- 产生电流的条件：闭合通路
- 三种状态：
  - 通路：接通的电路
  - 断路：断开的电路
  - 短路：用导线直接把电源或用电器两端连通

电路图
- 定义：用统一规定的元件符号表示电路连接情况的图
- 优点：方便、直观
- 常见符号：

符号	意义
+	交叉不相连的导线
+	交叉相连接的导线
—(负极)⊢(正极)—	电池
—/—	开关
⊗	灯泡
🔔	电铃
Ⓜ	电动机
Ⓐ	电流表
Ⓥ	电压表
—□—	电阻
—▭—	滑动变阻器

- 由实物图画电路图
  - 要求：整个电路图呈长方形
    - 导线要横平竖直
    - 元件与实物一一对应
    - 分布均匀、位置适当
  - ✗ 自由状态
  - ✗ 画在拐弯处
- 由电路图连实物图
  - 要求：用电符号
    - 尽量短
    - 导线
    - 顺序：尽量不要交叉
    - 从电源正极出发，沿电流方向进行连接

第二节 电流和电路

259

第三节 串联和并联

一、串联电路

1. 定义：用电器首尾依次相连的电路。

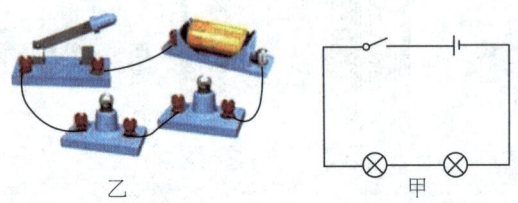

2. 电流路径：1个。
3. 开关的作用：在串联电路中，开关控制所有用电器，与位置无关。
4. 工作特点：用电器同时工作，相互影响。

二、并联电路

1. 定义：用电器并列相连的电路。

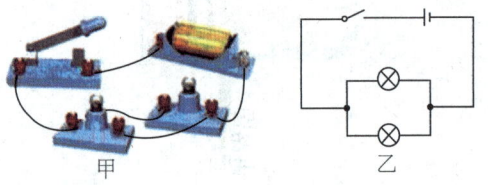

2. 电流路径：多个。
3. 开关作用：在并联电路中，干路开关控制所有用电器。
在并联电路中，支路开关只能控制所在支路的用电器。
4. 工作特点：用电器独立工作，互不影响。

三、识别串并联电路的方法

1. 定义法：从串、并联电路的定义出发。
2. 电流法：观察电流路径，只有一条电流路径，不分流是串联，反之是并联（常用的方法）。
3. 拆除法：从串、并联电路工作特点出发。去掉一个用电器，若另一个用电器也不能工作，则是串联；若另一个用电器不受影响，则是并联。

4. 节点法：在识别电路时，不论导线多长，只要中间无电源、用电器等，导线就可以视为一个点，若用电器连接在同一个点上，则为并联。

5. 经验法：对实际看不到连接的电路，如路灯、家庭电路，可根据它们的某些特征判断连接情况。

例题

【例】（2019 湖北省黄冈中考 5 题）在参观人民检察院未成年人法治教育基地时，小明发现，在一处地面上有"沉迷网络""交友不慎"两个圆形模块。用脚踩其中任何一个模块，与模块连接的电视上就会播放相应的教育短片。下列有关分析正确的是（　　）

A. 两个模块相当于开关，彼此串联
B. 两个模块相当于开关，彼此并联
C. 两个模块相当于电源，彼此并联
D. 两个模块相当于电源，彼此串联

答案

B

解析

由题知，脚踩其中任何一个模块，与模块连接的电视上就会播放相应的教育短片，其中两个模块相当于两个开关，与模块相连的电视能够独立工作，所以两个模块是并联的，故 B 正确。

故选 B。

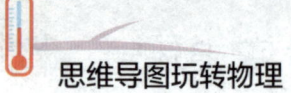

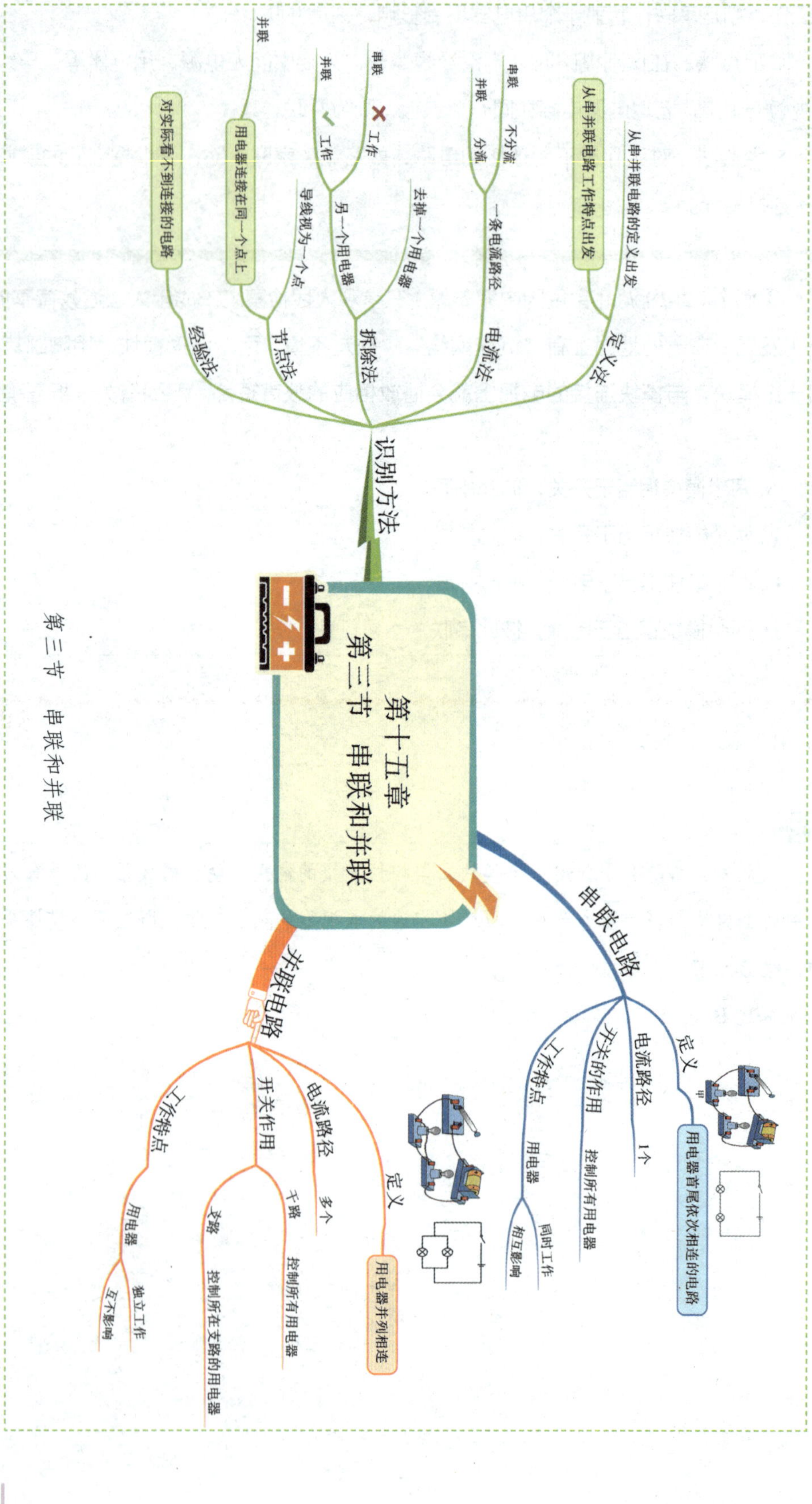
第三节 串联和并联
第十五章 第三节 串联和并联
识别方法
定义法
从串并联电路的定义出发
从串并联电路工作特点出发
电流法
一条电流路径
不分流
串联
分流
并联
拆除法
去掉一个用电器
另一个用电器
工作
串联
工作
并联
节点法
导线视为一个点
用电器连接在同一个点上
并联
经验法
对实际看不到连接的电路
串联电路
定义
用电器首尾依次相连的电路
电流路径
1个
开关的作用
控制所有用电器
工作特点
用电器
同时工作
相互影响
并联电路
定义
用电器并列相连
电流路径
多个
开关作用
干路
控制所有用电器
支路
控制所在支路的用电器
工作特点
用电器
独立工作
互不影响

第四节 电流的测量

一、电流的强弱

1. 物理意义：表示电流强弱的物理量是电流，通常用字母 I 表示。

2. 定义：单位时间内通过导体的电荷量。

3. 定义式：$I=\dfrac{Q}{t}$。

4. 单位

国际单位：安培（简称"安"）；符号：A。

常用单位：mA，μA。

换算关系：1 A=1000 mA，1 mA=1000 μA。

二、电流的测量

1. 测量工具：电流表；电路符号：—(A)—。

2. 电流表的结构

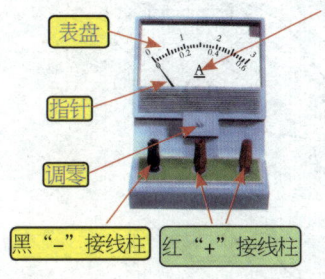

接线柱	量程	分度值
"−" "0.6"	0~0.6V	0.02V
"−" "3"	0~3V	0.1V

识别方法：
表盘上有一字母"A"。
电路符号：(A)

3. 电流表的使用

（1）观察量程、分度值、零刻线以及正负接线柱，调零；

（2）电流表应和被测用电器串联；

（3）电流应从电流表的"正"接线柱进，由"负"接线柱出；

（4）被测电流不能超过电流表的最大量程，当待测电流大小未知时应先试触；

（5）任何情况下绝不允许把电流表直接连在电源的两极。

4. 电流表的读数

（1）明确电流表所选量程；

（2）确定电流表的分度值（一个小格代表多少）；

（3）接通电路后，看看表针向右总共偏过多少个小格；

（4）电流表的指针没有正对某一刻度，在两个刻度之间，这时指针靠近哪个值就读哪个值。

注意：

（1）使用电流表要选用合适的量程，并不是量程越大越好，如果选择的量程太小测不出电流还会烧坏电表；如果量程太大，读数不准确。例如：测量大小是 0.08 A 的电流，如果选择量程为 0~3 A 的电流表那么测量的结果是 0.1 A，如果选用量程为 0~0.6 A 的电流表测量结果是 0.08 A。

（2）如果实验室电流表的量程是"0~0.6 A"和"0~3 A"，测量时选择的是小量程电流表，但是小量程电流表的刻度不清楚，大量程电流表刻度清晰，这时可以读出大量程电流表的结果，正好是小量程电流表的 5 倍。

例题

【例】（2019 广西百色中考 9 题）如图所示，是小明在练习测量电流时连接的电路，电路的连接存在错误，下列操作及说法正确的是（　　）

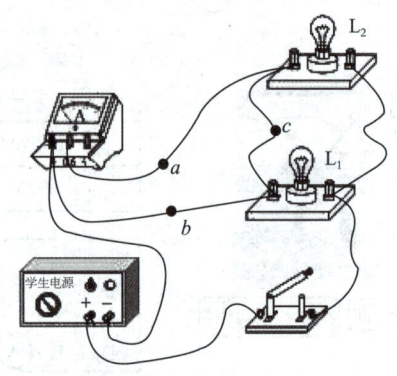

A. 撤掉导线 a，电流表测量的是电路的总电流

B. 撤掉导线 a，电流表测量的是小灯泡 L_1 的电流

C. 撤掉导线 b，电流表测量的是小灯泡 L_2 的电流

D. 撤掉导线 c，电流表测量的是小灯泡 L_2 的电流

答案

D

> **解析**
>
> AB. 由图可知，撤掉导线 a，灯 L_1 和 L_2 并联，电流表没有接入电路，故电流表测量的既不是总电流，也不是小灯泡 L_1 的电流，故 AB 错误。
>
> C. 撤掉导线 b，电流从电源正极出发分两支：一支经灯泡 L_1、一支经灯泡 L_2，然后共同经电流表回负极，即电流表测量的是电路的总电流，故 C 错误。
>
> D. 撤掉导线 c，电流从电源正极出发经灯泡 L_2 回负极，则电流表测量的是小灯泡 L_2 的电流，故 D 正确。
>
> 故选 D。

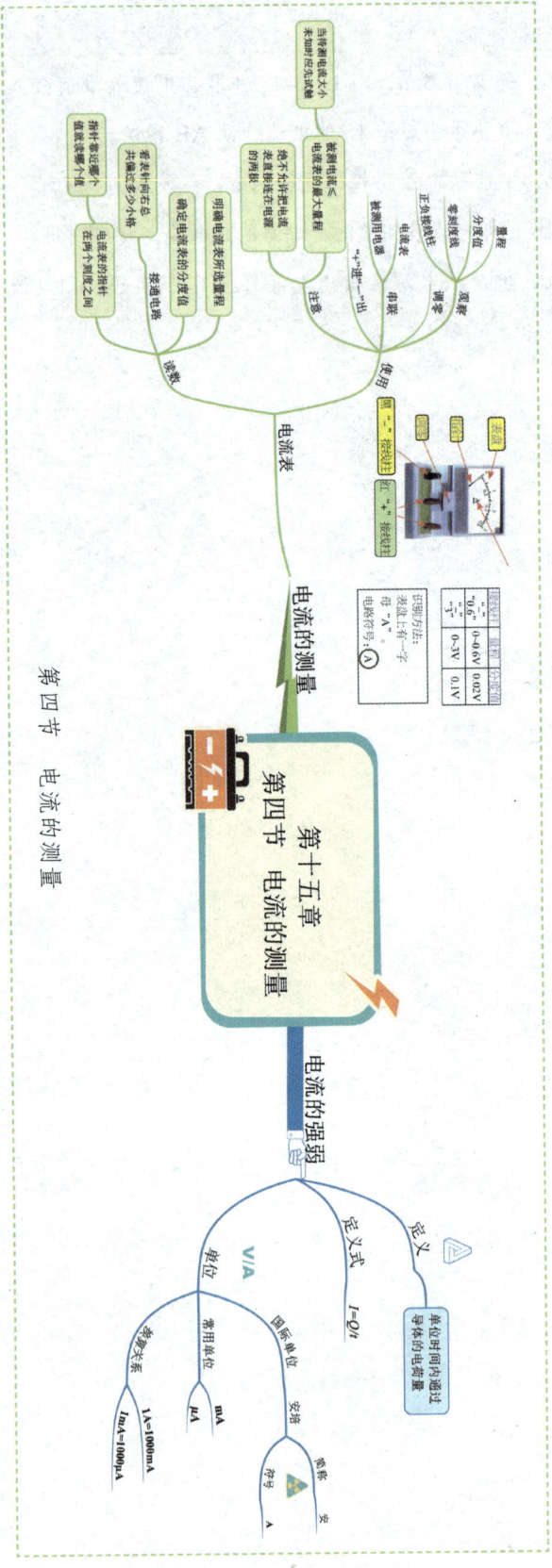

第四节 电流的测量

第五节 串并联电路电流特点

一、探究串联电路的电流规律

1. 电路图

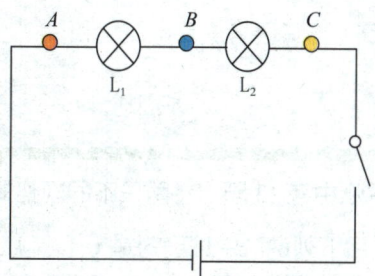

2. 实验结果记录表

	A 点的电流 I_A/A	B 点的电流 I_B/A	C 点的电流 I_C/A
第一次测量结果			
…			

3. 实验的方法是"归纳法",实验过程中全部测量完一次后,更换不同规格的灯泡再次测量,避免实验存在偶然性,使实验结论具有普遍性。

4. 结论：串联电路中各处电流都相等。

公式：$I=I_1=I_2=\cdots=I_n$。

二、探究并联电路的电流规律

1. 电路图

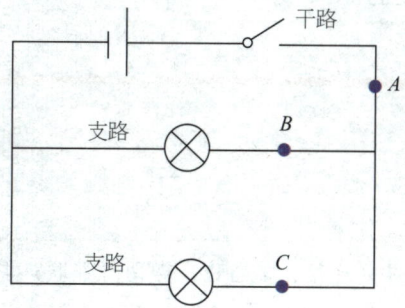

2. 实验结果记录表

	A 点电流 I_A/A	B 点电流 I_B/A	C 点电流 I_C/A
第一次测量结果			
…			

3. 实验的方法是"归纳法"。实验过程中全部测量完一次后,更换不同规格的灯泡再次测量,避免实验存在偶然性,使实验结论具有普遍性。

4. 结论:并联电路的干路电流等于各支路电流之和。

5. 表达式:$I_A=I_B+I_C$。

例题

【例】(2019 甘肃省兰州中考 13 题)将两只不同规格的灯泡 L_1、L_2 接在如图所示的电路中,闭合开关 S_1、S_2 后下列说法中正确的是( )

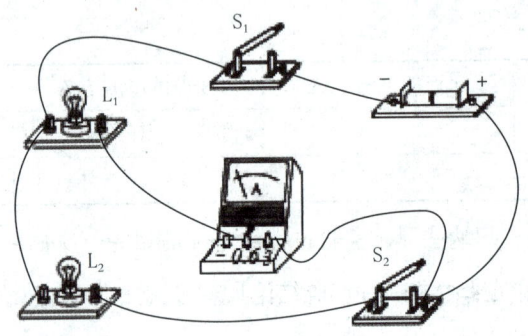

A. 电流表测量干路电流

B. L_1 与 L_2 的亮度一定相同

C. 通过 L_1 和 L_2 的电流一定相等

D. 只断开 S_2,L_1 发光且亮度不变

答案

D

解析

由图知,灯泡 L_1、L_2 并列连接在电路中,即两灯并联;电流表和 L_1 在一条支路上,则电流表测量通过 L_1 的电流;开关 S_2 和 L_2 在另一条支路上,开关 S_2 只控制灯 L_2;开关 S_1 在干路上,则开关 S_1 控制整个电路。

A. 由图知，电流表和 L_1 在一条支路上，电流表测量通过 L_1 的电流，故 A 错误。

B. 灯泡 L_1、L_2 的规格不同，并联在同一电路中，则 L_1 与 L_2 的亮度不相同，故 B 错误。

C. 灯泡 L_1、L_2 的规格不同，并联在同一电路中，则通过 L_1 和 L_2 的电流不相等，故 C 错误。

D. 灯泡 L_1、L_2 并联在同一电路中，只断开 S_2，只有 L_1 发光，因并联电路各支路互不影响，所以 L_1 的亮度不变，故 D 正确。

故选 D。

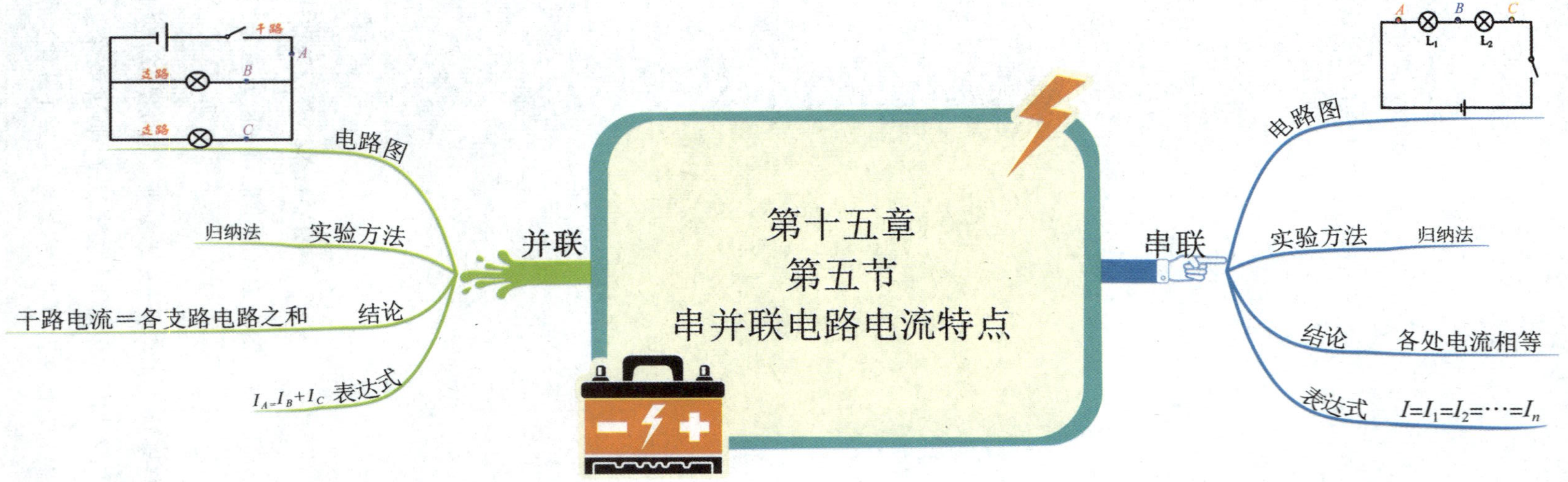
第十五章
第五节
串并联电路电流特点
并联
电路图
干路
支路
支路
A
B
C
实验方法
归纳法
结论
干路电流=各支路电路之和
表达式
$I_A=I_B+I_C$
串联
电路图
A
B
C
L_1
L_2
实验方法
归纳法
结论
各处电流相等
表达式
$I=I_1=I_2=\cdots=I_n$

第五节　串并联电路电流特点

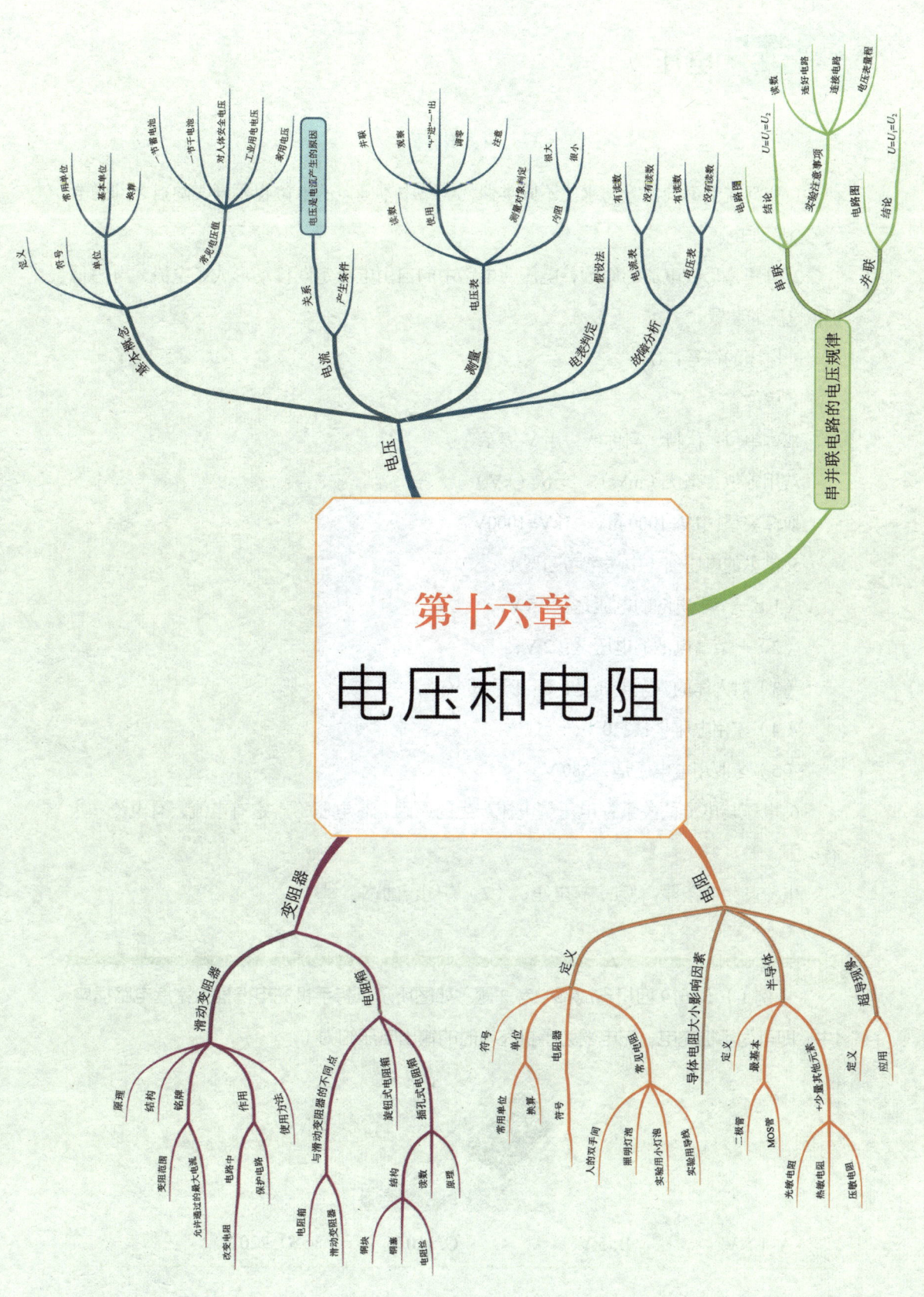

第一节 电压

一、电压

1. 和河流上不同位置的水位不同类似，电路中不同点的电位也不同，两点之间的电位差就叫作电压。

2. 电压是形成电流的原因，电压使电路中的自由电荷定向移动形成了电流，电源是提供电压的装置。

3. 电压的符号：U。

4. 单位

基本单位：伏特，简称伏，用 V 表示。

常用单位：毫伏（mV），千伏（kV）。

换算关系：1V=1000 mV，1kV=1000V。

5. 常见的电压值（中考常考题型）

（1）一节干电池的电压是：1.5 V；

（2）一节蓄电池的电压是：2 V；

（3）对人体的安全电压是：不高于 36 V；

（4）家用电压是：220 V；

（5）工业用电电压是：380 V。

6. 电压与电流的关系：电压是电流产生的原因。有电压不一定有电流，有电流一定有电压。

电流产生的条件：（1）有电压；（2）有闭合回路。

【例1】（2019 四川省成都中考 2 题）如图所示，将手机充电器插入家庭电路插座中，即可为手机充电。充电器为手机充电时的输出电压约为（　　）

A. 1.5 V　　　　B. 5 V　　　　C. 110 V　　　　D. 220 V

B

解析

充电器为手机充电时的输出电压较小,在 5 V 左右。

故选 B。

例题

【例2】(2019 四川省自贡中考 6 题)下列数据中最符合实际的是(　　)

A. 一节新干电池的电压为 1.5 V

B. 人体的正常体温为 39 ℃

C. 光在真空中的传播速度为 340 m/s

D. 对人体的安全电压为不高于 220 V

A

解析

A. 一节新干电池的电压是 1.5 V,故 A 符合题意。

B. 人体的正常体温约为 37 ℃,故 B 不合题意。

C. 光在真空中的传播速度为 $3×10^8$ m/s,故 C 不合题意。

D. 对人体的安全电压为不高于 36 V,故 D 不合题意。

故选 A。

二、电压的测量

1. 测量工具:电压表;

电路符号:Ⓥ。

2. 结构

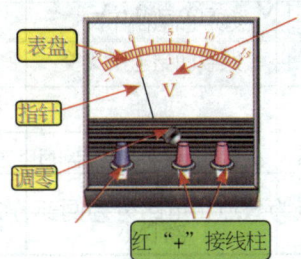

接线柱	量程	分度值
"−" "3"	0~3V	0.1V
"−" "15"	0~15V	0.5V

识别方法:
表盘上有一字母"V"。

电路符号:Ⓥ

3. 电压表的使用

（1）观察量程、分度值、零刻线以及正负接线柱，调零；

（2）电压表应和被测用电器并联；

（3）电流应从电流表的"正"接线柱进、"负"接线柱出；

（4）被测电压不能超过电压表的最大量程，当待测电压大小未知时应先用大量程试触。

4. 电流表的读数

（1）明确电压表所选量程；

（2）确定电压表的分度值（一个小格代表多少）；

（3）接通电路后，看看表针向右总共偏过多少小格；

（4）电压表的指针没有正对某一刻度，在两个刻度之间，这时指针靠近哪个值就读哪个值。

【例3】（2017 山东省枣庄中考17题）如图，在烧杯中加入盐水，然后将连在电压表上的铜片和锌片插入盐水中，这样就制成了一个盐水电池。观察电压表的接线情况和指针偏转可知：锌片是盐水电池的_____极，电池的电压为_____V。

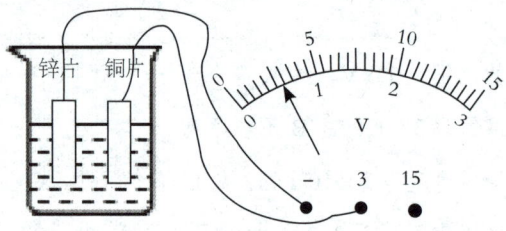

答案： 负；0.6。

解析： 根据图示可知，锌片与电压表的负接线柱相连，因此锌片为盐水电池的负极；电压表的量程为 0~3 V，分度值为 0.1 V，示数为 0.6 V。

5. 电压表测量对象判定

（1）电压表并联在哪个用电器的两端，就测量哪个用电器的电压；

（2）以电压表接在电路中的两个节点为分点将电路分为两部分，将两节点间含有电源的部分去掉，剩余部分就是电压表的测量对象；

（3）电压表与哪个（或哪些）用电器刚好组成闭合回路，且回路中不含电源，电压表就测量哪个（或哪些）用电器的电压。

三、电表的判定

在电路中，电流表内阻很小，可以看作是导线；电压表内阻很大，看作是断路。通常判断圆圈处是电流表还是电压表，可以用假设法：圆圈处去掉，判断对电路是否有影响。有影响就填电流表，无影响就填电压表。

【例4】（2019湖南省邵阳中考15题）在如图中，要使 L_1 与 L_2 串联，在"○"处接入电流表或电压表，测量电路中的电流、L_1 两端的电压。以下做法正确的是（　　）

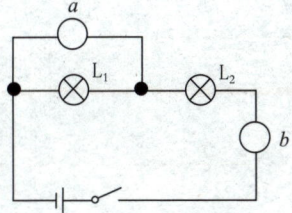

A. a 为电流表，b 为电流表　　B. a 为电压表，b 为电流表
C. a 为电流表，b 为电压表　　D. a 为电压表，b 为电压表

答案 B

解析 由图可知，a 表跟灯泡 L_1 并联，所以 a 应为电压表；b 表串联在电路中，所以 b 应为电流表，此时电流表测量电路中的电流，电压表测量 L_1 两端的电压。

故选 B。

四、故障分析

用电流表判断故障时：（1）若电流表有读数，则电流表正负接线柱到电源之间没有断路；（2）若电流表没有读数，则电流表正负接线柱到电源之间出现断路。

用电压表判断故障时：（1）若电压表有读数，则可能是所并联的地方断路或其他地方短路；（2）若电压表没有读数，则可能是所并联的地方短路或其他地方断路。

【例5】（2018 湖南省株洲中考 11 题）图示电路中各元件完好，a、b、c、d、e、f 为接线柱，将电压表接在其中两个接线柱上后，开关闭合时，电压表示数为 0；开关断开时，电压表有示数。则与电压表相连的两个接线柱可能是（　　）

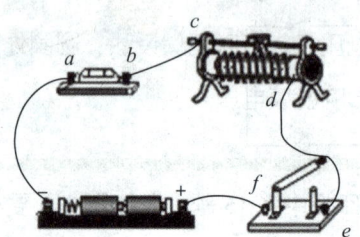

A. a 和 b　　　B. c 和 d　　　C. a 和 f　　　D. e 和 f

答案

D

解析

用电压表判断电路故障，电压表有示数说明电压表与电源的两端相连；电压表没有示数，说明电压表与电源的两端不相连，或电压表发生短路。D 选项将电压表接在 e 和 f 之间，开关闭合时，电压表发生短路，没有示数；开关断开时，电压表与电源两端相连，电压表有示数，故 D 符合题意。

故选 D。

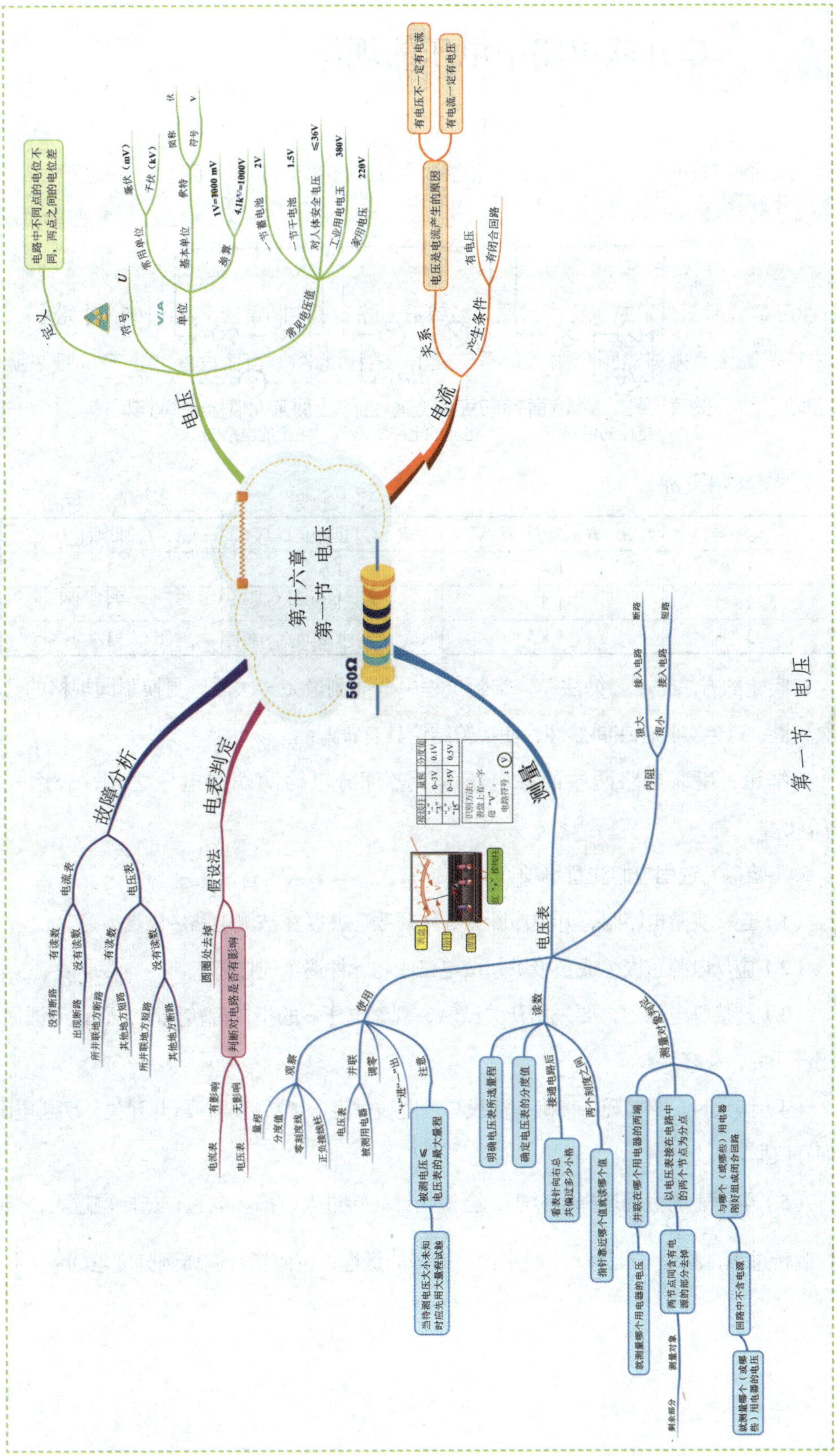

第十六章 电压和电阻

第一节 电压

第二节 串并联电路中电压的规律

一、探究串联电路的电压规律

1. 电路图

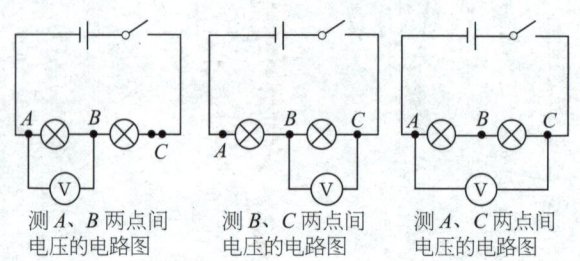

测 A、B 两点间 测 B、C 两点间 测 A、C 两点间
电压的电路图　　　电压的电路图　　　电压的电路图

2. 实验结果记录表

实验序号	A、B 间电压 U_1/V	B、C 间电压 U_2/V	A、C 间电压 U/V
1	1.4	1.6	3
2	1.5	1.5	3
3	1.8	1.2	3

3. 实验的方法是"归纳法"，实验过程中全部测量完一次后，更换不同规格的灯泡再次测量，避免实验存在偶然性，使实验结论具有普遍性。

4. 结论：串联电路两端的总电压等于各部分电路两端的电压之和，表达式为 $U=U_1+U_2$。

5. 实验探究过程中的注意事项

（1）连接实验电路时，开关应断开，电压表应并联在被测电路中。

（2）应从电源正极（或负极）起按电路图将元件逐个连接起来。

（3）连接好电路后，要先用开关试触，观察电压表的指针偏转情况，确认无误后，再闭合开关，观察示数。

（4）读数时，要客观、精确，视线与刻度线垂直，读数完毕，断开开关，切断电源，整理好仪器。

（5）电压表的量程选择得过小，会使指针偏转过大，损坏电表；选择得过大，会使指针偏转过小，测量不准确。一般来说，选择的量程，应使指针偏转到刻度盘的 $\frac{1}{3} \sim \frac{2}{3}$。

二、探究并联电路的电压规律

1. 电路图

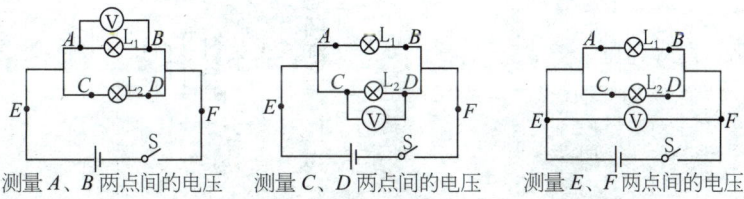

测量 A、B 两点间的电压　　测量 C、D 两点间的电压　　测量 E、F 两点间的电压

2. 实验结果记录表

实验序号	A、B 间电压 U_1/V	C、D 间电压 U_2/V	E、F 间电压 U/V
1	2.6	2.6	2.6
2	2.5	2.5	2.5
3	2.7	2.7	2.7

3. 实验的方法是"归纳法",实验过程中全部测量完一次后,更换不同规格的灯泡再次测量,避免实验存在偶然性,使实验结论具有普遍性。

4. 结论:并联电路中,各支路的电压相等;如果所有用电器都并联,那么各支路电压还等于电源电压。表达式为 $U=U_1=U_2$。

例题

【例】(2019吉林省中考4题)有甲、乙两根镍铬合金丝,甲和乙等长,乙粗些,把它们并联在同一电路中,它们两端的电压分别为 $U_甲$ 和 $U_乙$,下列判断中正确的是(　　)

A. $U_甲=U_乙$　　B. $U_甲<U_乙$　　C. $U_甲>U_乙$　　D. 无法判断

答案

A

解析

由题知,两根镍铬合金丝并联在同一电路中,由并联电路的电压特点可知,它们两端电压 $U_甲=U_乙$。

故选 A。

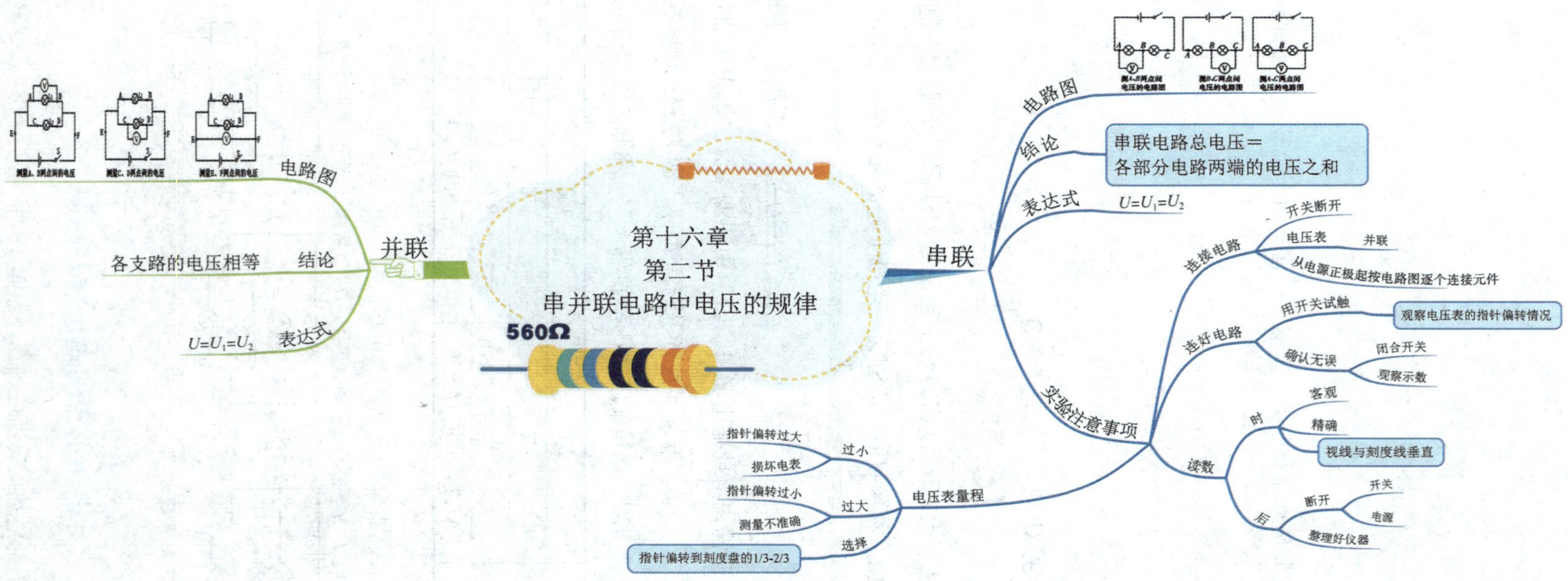
第十六章
第二节
串并联电路中电压的规律
560Ω
并联
电路图
结论
各支路的电压相等
表达式
$U=U_1=U_2$
串联
电路图
结论
串联电路总电压＝
各部分电路两端的电压之和
表达式
$U=U_1=U_2$
实验注意事项
连接电路
开关断开
电压表
并联
从电源正极起按电路图逐个连接元件
连好电路
用开关试触
观察电压表的指针偏转情况
确认无误
闭合开关
观察示数
读数
时
客观
精确
视线与刻度线垂直
后
断开
开关
电源
整理好仪器
电压表量程
过小
指针偏转过大
损坏电表
过大
指针偏转过小
测量不准确
选择
指针偏转到刻度盘的1/3-2/3

第二节　串并联电路中电压的规律

第三节 电阻

一、电阻

1. 定义：表示导体对电流阻碍作用大小的物理量。

2. 符号：R

3. 单位：欧姆，简称欧，用 Ω 表示。

常用单位：千欧（kΩ）、兆欧（MΩ）

换算关系：1 kΩ=1000 Ω、1 MΩ=1000 kΩ=1×10^6 Ω

4. 电子技术中经常用到具有一定电阻值的元件——电阻器，也叫定值电阻，常用符号 ─▭─ 。

5. 常见电阻

人的双手间（干燥）：1000~5000 Ω；

人的双手间（潮湿）：200~800 Ω；

照明灯泡（工作时）：100~2000 Ω；

实验用小灯泡：5~50 Ω；

实验用导线（每根）：0.01~0.1 Ω。

二、探究：导体电阻的大小与哪些因素有关

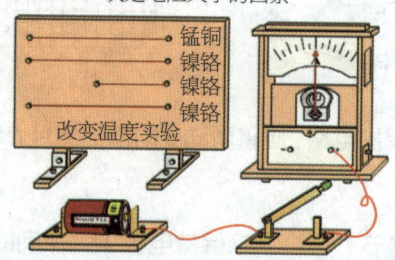

情况	电流	电阻
材料不同	不同	不同
导线越长	小	大
导线越短	大	小
横截面小	小	大
横截面大	大	小
温度高	小	大
温度低	大	小

1. 实验结论

（1）导体的电阻是导体本身的一种性质，导体电阻的大小与导体的材料、长度、横截面积和温度有关。

（2）在导体的材料和横截面积相同时，导体越长，导体的电阻越大。

（3）在导体的材料和长度相同时，导体的横截面积越小，导体的电阻越大。

（4）在导体的材料、长度、横截面积相同时，一般情况下温度越高、电阻越大（石墨除外）。

2. 结论可总结成公式 $R=\rho\dfrac{L}{S}$，其中 ρ 是电阻率，与导体的材料有关。

3. 探究过程中用到的物理方法

（1）控制变量法。

（2）转换法：将电阻大小的比较转化为比较灯的亮度或电流表的示数。

例题

【例1】（2019 陕西省中考 32 题）物理小组想探究导电液体的导电性与接入电路中液体横截面积大小的关系。他们用长方体水槽、浓度一定的食盐水、电源滑动变阻器、电压表及电流表等器材进行了探究。实验电路连接如图1所示，将电极 M、N 分别固定在水槽左右两侧底部的中央。

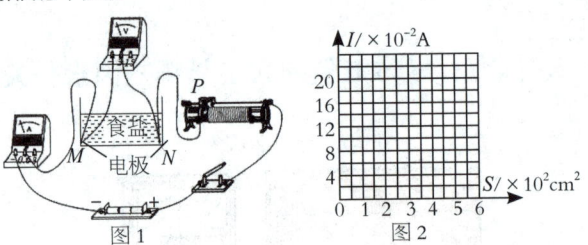

图1　图2

（1）闭合开关前，为保护电路，应将滑动变阻器的滑片 P 移到最_____（选填"左"或"右"）端。

（2）实验中，通过调节_____来保持电极 M、N 间的电压恒为 3 V。控制其他条件不变通过向水槽中添加食盐水，从而达到改变食盐水的_____的目的，用电流表测出相应的电流值。食盐水导电性的强弱可以由_____来判断。实验数据如下表：

实验序号	横截面积 S/cm²	电流 I/A
1	50	0.02
2	100	0.04
3	150	0.07
4	200	0.08

续表

实验序号	横截面积 S/cm^2	电流 I/A
5	250	0.11
6	300	0.13
7	350	0.14
8	400	0.14
9	450	0.14

（3）依据表格中的数据在图2中描点，做出电流 I 随横截面积 S 变化的 I–S 图象。

（4）分析表格中的数据或图象，可得到初步结论：其他条件不变，横截面积增大时，食盐水的导电性＿＿＿＿＿。

（5）为验证实验结论是否具有普遍性，应采取的做法是：＿＿＿＿＿＿＿＿＿＿＿＿。

答案

（1）右；（2）滑动变阻器，横截面积，电流表示数；（3）见下图；（4）先增大再不变；（5）换用不同的液体进行多次测量。

解析

（1）为了保护电路，应将滑动变阻器的滑片放在阻值最大处，即最右端。

（2）实验中，通过调节滑动变阻器的滑片来保持电极 M、N 间的电压恒为3V。要想探究导电液体的导电性与接入电路中液体横截面积大小的关系，需要控制长度和材料相同，改变横截面积，实验中控制其他条件不变，通过向水槽中添加食盐水，从而达到改变食盐水的横截面积的目的。

食盐水导电性的强弱可以由电流表来判断，食盐水导电性强，电阻大，电流小，这用到了转换法。

（3）根据表格数据描点画出图象：

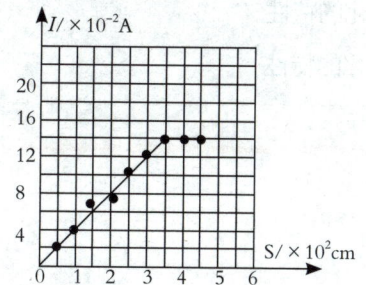

（4）根据表格数据知：其他条件不变，横截面积增大时，电流先增大再不变，食盐水的导电性先增大再不变。

（5）为验证实验结论是否具有普遍性，可以改变液体的密度进行多次测量。

三、半导体

1. 半导体：导电性能介于导体和绝缘体之间的物体叫作半导体。

2. 半导体最基本的是二极管和MOS管，原理都是基于N型和P型半导体构成的PN结。二极管是单向导电器件，可以实现整流控制等；MOS管是栅控器件，是目前集成电路中最基本的单元。

3. 半导体是微电子产业的基础，控制是它的核心。在半导体中掺入少量的其他元素，它的导电性能会得到很大改善，从而可以把它们制成下列电阻

（1）光敏电阻：有无光照电阻值差异很大。

（2）热敏电阻：温度略有变化，电阻值变化很明显。

（3）压敏电阻：电压变化，电阻值明显变化。

4. 二极管：具有单向导电性。三极管：具有将电信号放大的作用。半导体元件的应用十分广泛，已成为电子计算机和其他电子仪器的重要元件。

例题

【例2】（2018辽宁省大连中考7题）如图是电子体温计，它是通过感温头中电流的大小来反映人的体温。感温头是用半导体材料制成的，这是应用了半导体的（　　）

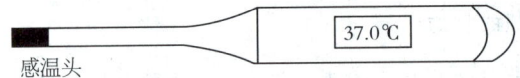

A. 单向导电特性

B. 良好的绝缘特性

C. 电阻随压力变化而变化的特性

D. 电阻随温度变化而变化的特性

答案 D

解析

半导体的阻值随着温度的变化而发生变化,根据欧姆定律,流过感温头的电流也随之发生变化,以此来反映人的体温。

故选 D。

四、超导现象

1. 物质在很低的温度下,电阻变成零的现象就叫作超导现象。

2. 超导的应用

在电厂发电、输送电力、贮存电力等方面若能用超导材料,就可以大大降低由于电阻引起的电能损耗。如果用超导材料制造的电子元件,没有电阻,能够减少电能损失。

例题

【例3】(2019 广西玉林中考9题)超导现象是指某些物质在温度很低时电阻变为零的现象。如果某种超导材料能应用于实际,最适合用来制作(　　)

A. 保险丝　　　　　　　　B. 输电导线

C. 电炉丝　　　　　　　　D. 变阻器的电阻丝

B

解析

利用超导体的零电阻可以实现远距离输电,所有利用电流热效应工作的电阻都不能用超导体制作。A、C 中保险丝、电炉丝是利用电流热效应工作的,D 滑动变阻器是根据接入电路的电阻线长度越长电阻越大的原理工作的,不符合题意。

故选 B。

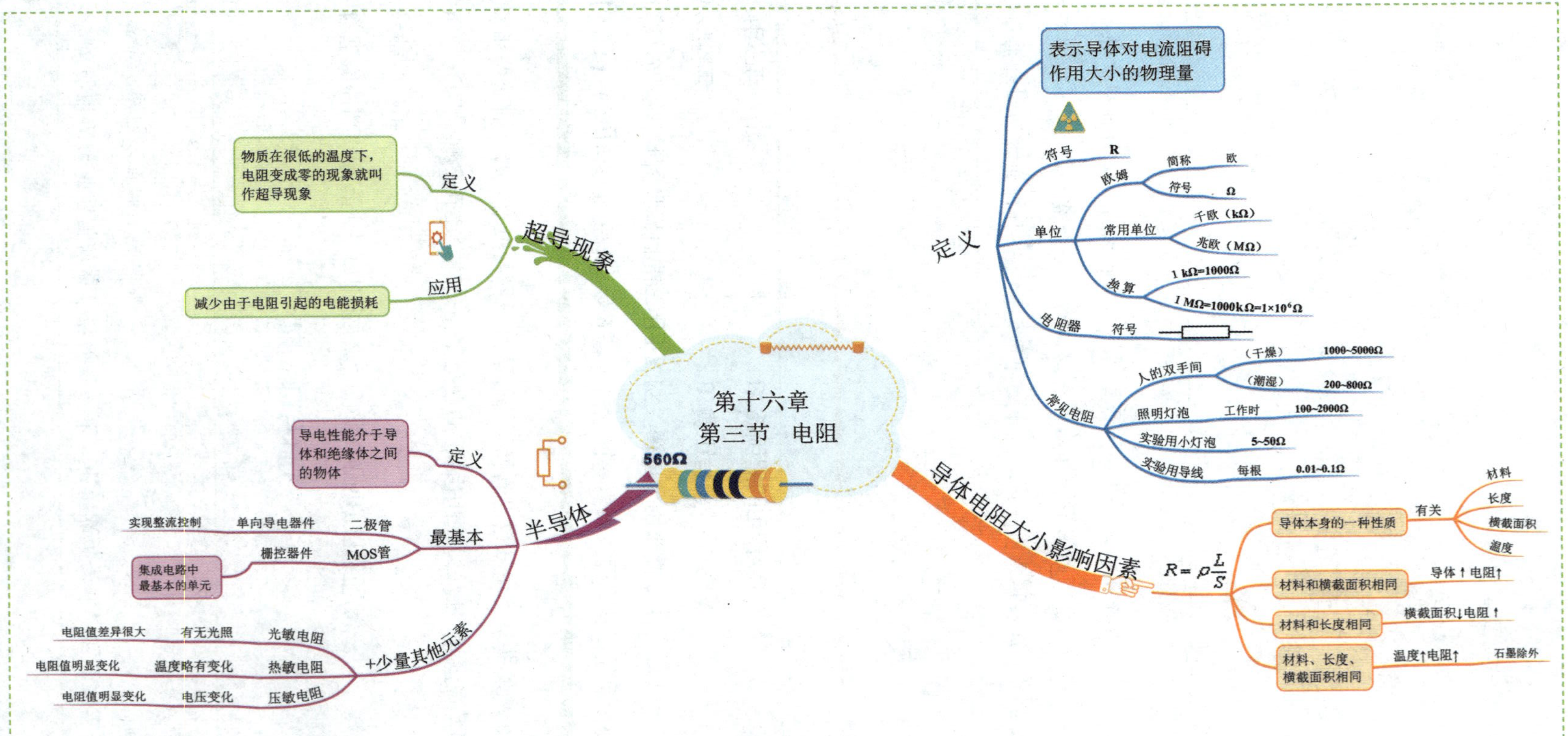

第十六章
第三节 电阻
560Ω
定义
表示导体对电流阻碍作用大小的物理量
符号
R
单位
欧姆
简称
欧
符号
Ω
常用单位
千欧（kΩ）
兆欧（MΩ）
换算
1 kΩ=1000Ω
1 MΩ=1000kΩ=1×10⁶Ω
电阻器
符号
常见电阻
人的双手间
（干燥）
1000~5000Ω
（潮湿）
200~800Ω
照明灯泡
工作时
100~2000Ω
实验用小灯泡
5~50Ω
实验用导线
每根
0.01~0.1Ω
导体电阻大小影响因素
R = ρL/S
导体本身的一种性质
有关
材料
长度
横截面积
温度
材料和横截面积相同
导体↑电阻↑
材料和长度相同
横截面积↓电阻↑
材料、长度、横截面积相同
温度↑电阻↑
石墨除外
超导现象
定义
物质在很低的温度下，电阻变成零的现象就叫作超导现象
应用
减少由于电阻引起的电能损耗
半导体
定义
导电性能介于导体和绝缘体之间的物体
最基本
二极管
单向导电器件
实现整流控制
MOS管
栅控器件
集成电路中最基本的单元
+少量其他元素
光敏电阻
有无光照
电阻值差异很大
热敏电阻
温度略有变化
电阻值明显变化
压敏电阻
电压变化
电阻值明显变化

第三节 电阻

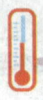

第四节 变阻器

一、滑动变阻器

1. 原理：靠改变连入电路中的电阻线的长度来改变电阻。

2. 结构

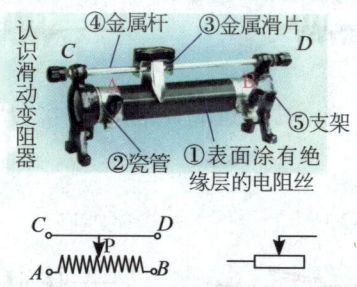

3. 铭牌：某滑动变阻器标有"50 Ω 1.5 A"字样，50 Ω 表示滑动变阻器的最大阻值为 50 Ω 或变阻范围为 0~50 Ω；1.5 A 表示滑动变阻器允许通过的最大电流为 1.5 A。

4. 作用

（1）通过改变电路中的电阻，逐渐改变电路中的电流和部分电路两端的电压；

（2）保护电路（接入电路前应将电阻调到最大）。

5. 滑动变阻器的使用方法

（1）使用 C、D（上边两个）接线柱：

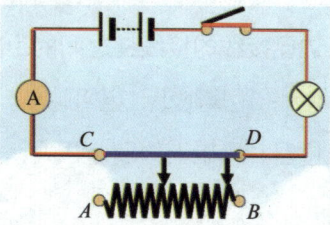

滑动变阻器的电阻线没有接入电路，所以起不到改变电阻从而改变电流的作用。这是一种错误用法。

（2）使用 A、B（下边两个）接线柱：

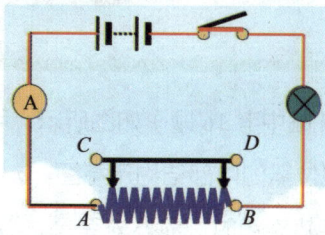

相当于接入电路中一个定值电阻，同样起不到改变电阻从而改变电流的作用。

（3）使用A、C或A、D（一上一下）两个接线柱：

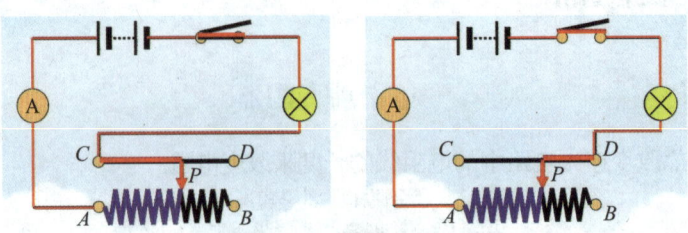

AP段电阻线接入电路，当滑片P远离A端滑动时，AP段电阻线变长，电阻变大，电流变小，灯变暗。

（4）使用B、C或B、D（一上一下）两个接线柱：

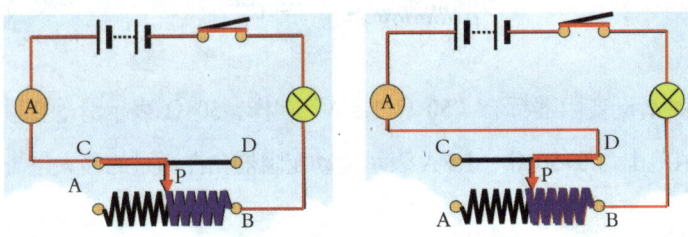

BP段电阻线接入电路，当滑片P向B端滑动时，BP段电阻线变短，电阻变小，电流变大，灯变亮。

（5）总结

①必须"一上一下"接线。

②电阻的变化由滑片与下边已接线的接线柱之间的距离变化（接入电路的电阻线的长度）决定：距离越大，电阻越大；距离越小，电阻越小。

6.应用：音响设备上的电位器、风扇上的调速开关、握力计、油量表等都是利用了滑动变阻器的原理。

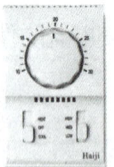  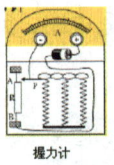 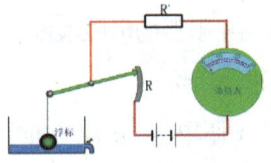

例题

【例1】（2018辽宁省沈阳中考16题）如图所示，甲为亮度可调的台灯，电位器是调节其亮度的装置；乙为电位器的内部结构示意图，a、b、c是它的三个接线柱，旋钮带动滑片转动。若顺时针旋转旋钮时灯泡发光变亮，则需将_____（选填"a和

b""a 和 c"或"b 和 c")接线柱接入电路。关于电位器上电阻丝的材料,应该选用 _____(选填"铜丝"或"镍铬合金丝")。

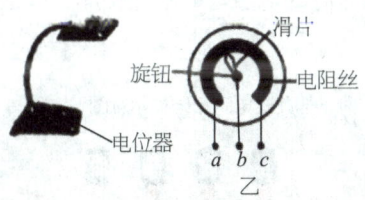

答案

b 和 c;镍铬合金线。

解析

(1)滑动变阻器与灯泡串联,顺时针旋转旋钮可以使灯泡亮度增加,则电流变大,电阻变小,则应将接线柱 b、c 与灯泡串联后接入电路。

(2)在长度和粗细都相同的情况下,镍铬合金丝的电阻更大,这样在移动滑片改变相同的长度时,镍铬合金丝的阻值会有明显的变化。

二、电阻箱

1. 电阻箱与滑动变阻器的不同点

(1)电阻箱可以读出接入电路中的阻值大小,滑动变阻器不能。

(2)滑动变阻器接入电路中的阻值连续可调,电阻箱不能。

2. 旋钮式电阻箱

读数:各旋钮对应的指示点的示数乘以面板上标记的倍数,然后加在一起,就是接入电路的电阻。

3. 插孔式电阻箱

(1)结构:铜块、铜塞,电阻丝。

（2）插孔式电阻箱的原理：是利用铜塞插入或拔出改变连入电路中电阻丝的长度来实现变阻的，即把铜塞插进去，铜塞处的电阻丝就会短路，电流不从电阻丝走了，所以铜塞插进去的那部分电阻就消失了。

（3）读数：拔出铜塞所对应的电阻丝的阻值相加，就是连入电路的电阻值。

插孔式电阻箱结构示意图

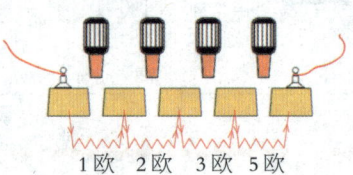

1欧　2欧　3欧　5欧

【例2】（2019北京市中考21题）如图所示，电阻箱的示数为_____Ω。

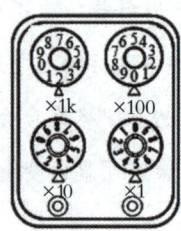

答案

2035。

解析

由图知，该电阻箱的示数为：2×1000 Ω+0×100 Ω+3×10 Ω+5×1 Ω=2035 Ω。

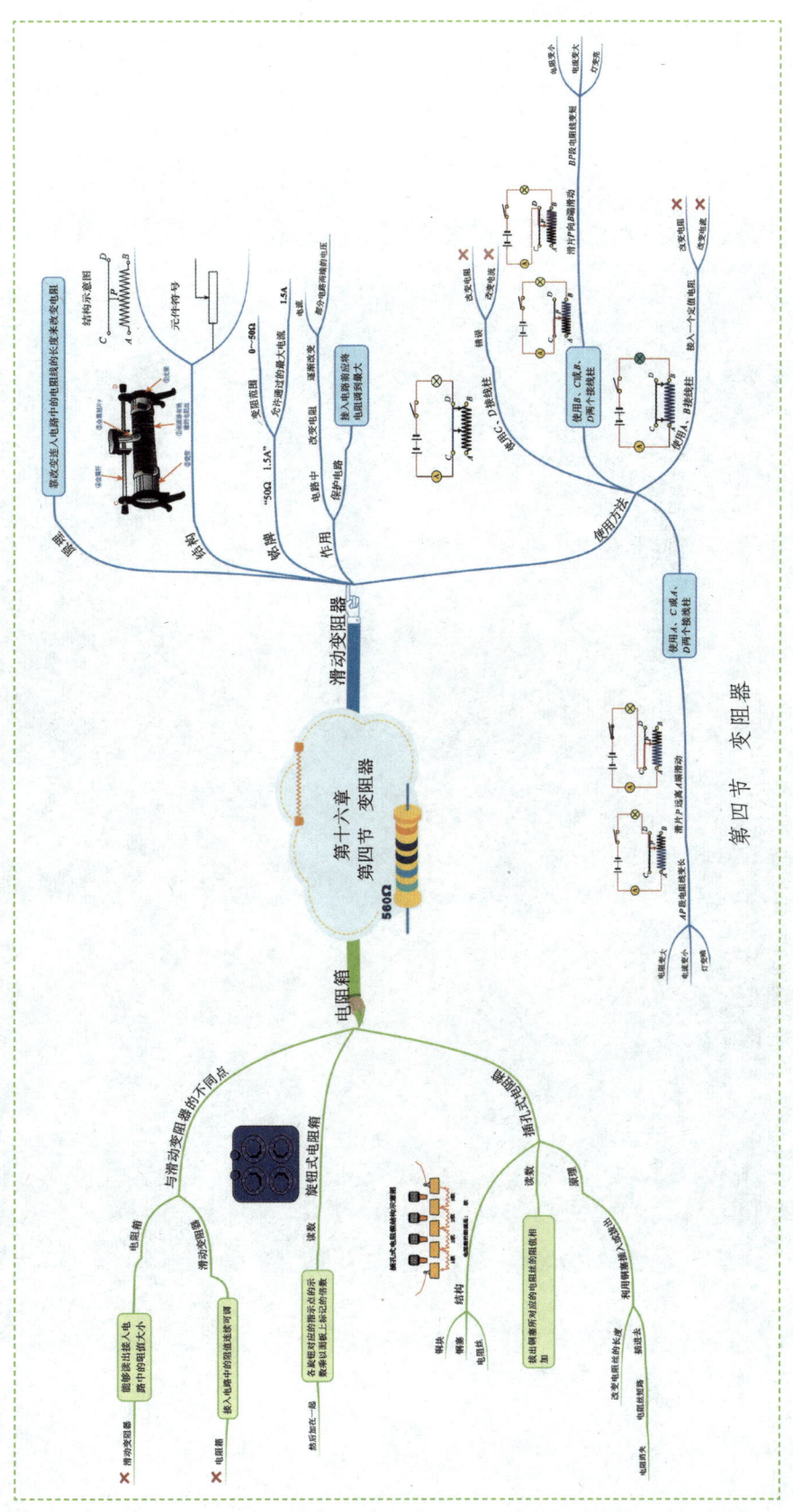

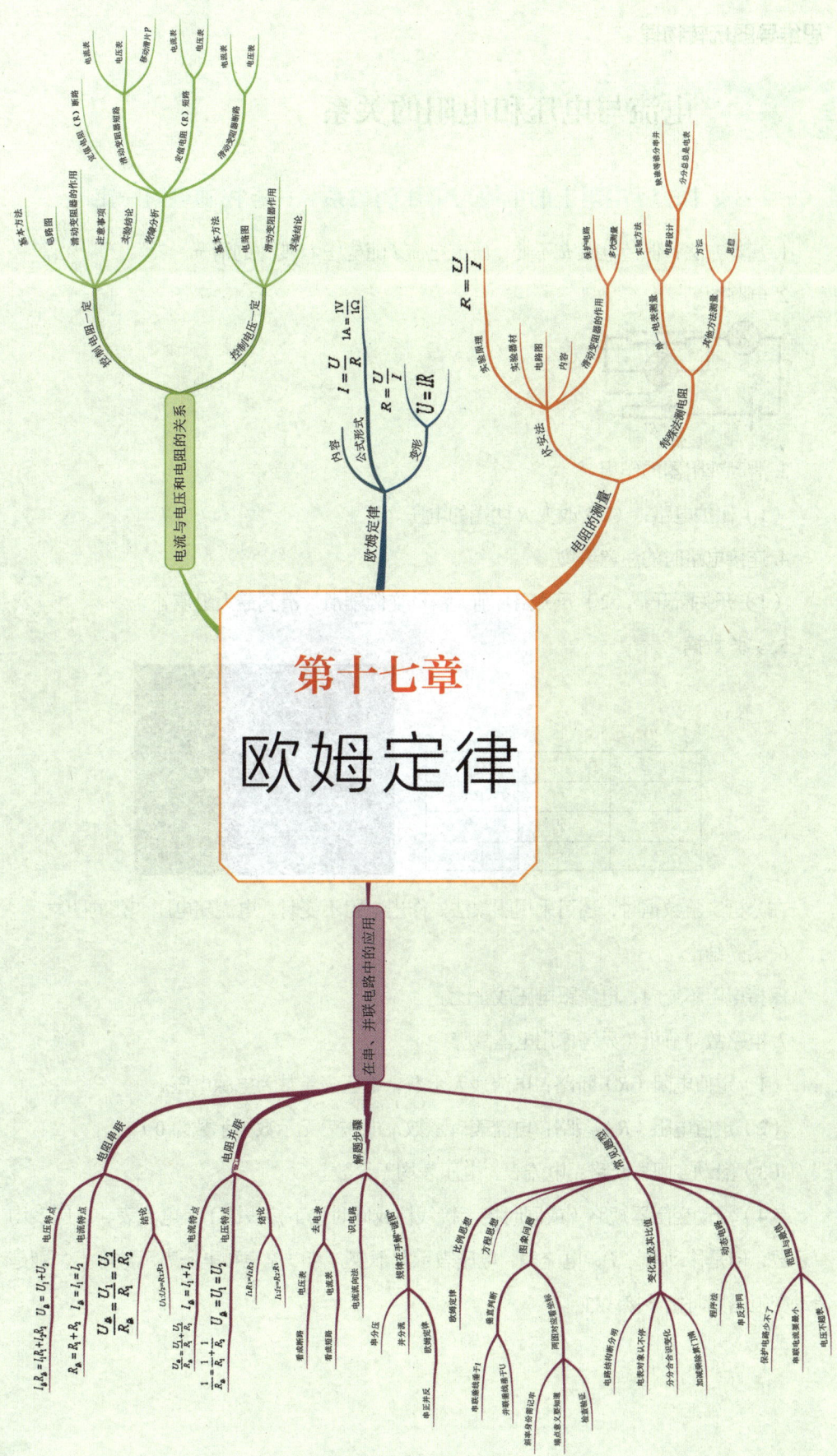

第一节 电流与电压和电阻的关系

一、探究：电阻上的电流与电压的关系 —— 控制电阻一定

1. 基本方法：保持电阻 R 不变，研究电流 I 随电压 U 变化的情况。

2. 电路图

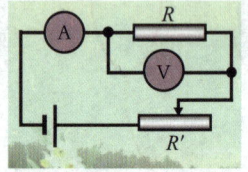

3. 滑动变阻器的作用

（1）保护电路；（2）改变 R 两端的电压。

4. 连接电路时的注意事项

（1）开关断开；（2）开关闭合前，滑动变阻器滑片滑到最大阻值处。

5. 实验数据

电阻 $R=10\Omega$

实验	电压（V）	电流（A）
1	1	0.1
2	2	0.2
3	3	0.3

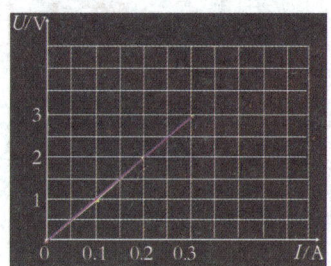

在分析实验数据时，还可采用图象法。作出电阻不变时，电流随电压变化的图象。

6. 实验结论

保持电阻不变时，电流跟电压成正比。

7. 电路故障分析（只考虑用电器故障）

（1）定值电阻（R）断路：电流表无示数，电压表示数为电源电压。

（2）定值电阻（R）短路：电流表有示数，电压表无示数（示数为0）。

（3）滑动变阻器断路：电流表、电压表均无示数。

（4）滑动变阻器短路（或同时接上接线柱或同时接下接线柱）：电流表、电压表均有示数，但是移动滑片 P，电流表、电压表示数不变。若电流表和电压表示数都小，则是滑动变阻器同时接下接线柱。

例题

【例1】（2019辽宁省沈阳中考24题）在"探究电流与电压的关系"的实验中，小明设计了如图甲所示的电路图。

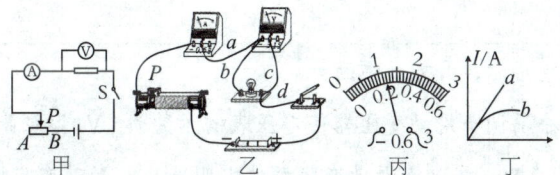

（1）小明探究通过定值电阻的电流与其两端电压的关系。

①在连接实验电路时，开关应_____；

②实验过程中，小明调节滑动变阻器使电压表的示数为1 V，记录此时电流表的示数；接着他向_____（选填"A"或"B"）端移动滑动变阻器的滑片，使电压表的示数增大为2 V，记录此时电流表的示数；继续移动滑动变阻器的滑片，使电压表的示数为3 V，记录此时电流表的示数。小明分析所测数据，得出结论：在电阻一定时，通过导体的电流与导体两端的电压成正比；

③此实验中多次测量的目的与下面的_____（选填"A"或"B"）实验中多次测量的目的相同。

A. 探究串联电路的电压规律

B. 测量定值电阻的阻值

（2）如图乙所示，小明将定值电阻换成额定电压为2.5 V的小灯泡，探究通过小灯泡的电流与其两端电压的关系。

①小明闭合开关，移动滑动变阻器的滑片，发现小灯泡发光，但是电压表的示数始终为0。经检查后发现是电路中一根导线断路，则发生断路的导线是a、b、c、d中的____（填字母）；

②更换导线后，小明完成了三次实验测量，并把数据填写在表格中。其中第一次测量时，电流表的示数如图丙所示，此时的电流为_____A；

次数	电压 U/V	电流 I/A
1	1.5	
2	2.0	0.28
3	2.5	0.30

③又进行了几次实验后，小明根据实验测得的数据，绘制出小灯泡的I–U图象应与图丁中图象_____（选填"a"或"b"）相似。

> **答案**
> （1）①断开；②B；③A。（2）①c；②0.24；③b。

解析

（1）①在连接电路时，开关必须断开。

②实验过程中，小明调节滑动变阻器使电压表的示数为1 V，记录此时电流表的示数。要使电压表的示数为2 V，需要将滑动变阻器的电阻减小，滑动变阻器分压减少，他应向B端移动滑动变阻器的滑片，使电压表的示数增大为2 V。

③此题目的是探究电流与电压的关系，多次测量是为了找出普遍规律；

A．探究串联电路的电压规律，多次测量找普遍规律，故A符合题意。

B．测量定值电阻的阻值，多次测量是为了减小误差，故B不符合题意。

（2）①小明闭合开关，移动滑动变阻器的滑片，发现小灯泡发光，说明电路为通路。电压表的示数始终为0，说明与灯泡并联的电压表处有断路，故可能是c导线断路了。

②图中电流表的量程为0~0.6 A，分度值为0.2 A，示数为0.24 A。

③因为灯的电阻随温度的变化而变化，通过小灯泡的电流与其两端的电压不成正比，其图象不是直线，故b符合题意。

二、探究：电阻上的电流与电阻的关系 —— 控制电压一定

1. 基本方法：保持电压U不变，研究电流I随电阻R变化的情况。

2. 电路图

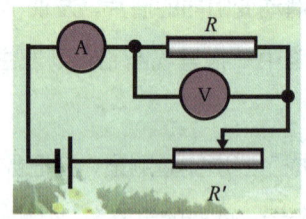

3. 滑动变阻器的作用

（1）保护电路；（2）使R两端的电压保持不变。

4. 实验时，电路中要更换器材R的大小，更换定值电阻后，移动滑动变阻器滑片，直至电压表示数与原来相同。

5.实验数据

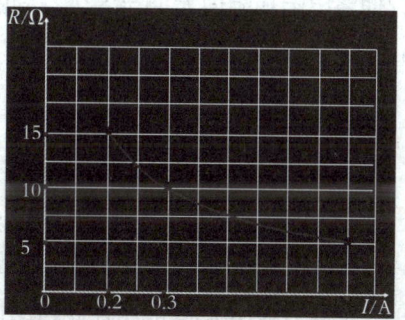

实验次序	电压	电阻 R/Ω	电流 I/A
1		5	0.6
2	$U=3V$	10	0.3
3		15	0.2

在分析实验数据时，还可采用图象法，作出电压不变时电流随电阻变化的图象。

6.实验结论

保持电压不变时，电流跟电阻成反比关系。

例题

【例2】（2019江苏省镇江中考27题）小兵利用图1电路来探究电流与电阻的关系，他在实验中控制电压表示数为 U_0 不变，相关器材规格已在图中标明。

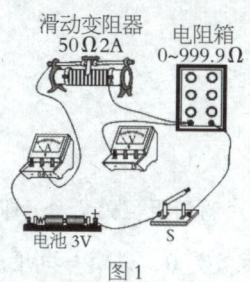
图1

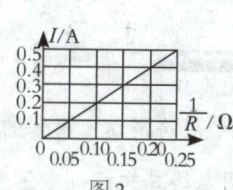
图2

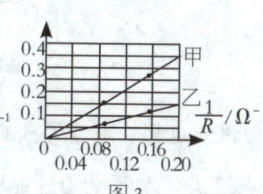
图3

（1）请用笔画线代替导线将电压表接入电路；

（2）开关闭合前，滑动变阻器的滑片应置于图中最_____（选填"左"或"右"）端；

（3）闭合开关，将电阻箱调至某阻值，调节滑动变阻器时，他发现电压表示数始终为零而电流表示数有明显变化，经检查是由于某处被短路而造成的，被短路的是_____；

（4）小兵调节电阻箱阻值 R，进行多次实验，所绘制的 I 与 $\frac{1}{R}$ 关系图线如图2所示，由此可知 $U_0=$_____V，实验结论是：在电压一定时，_____；

（5）若由于电池电量不足，小兵换用4.5 V电源后继续实验，进行了如下操作：

①将电阻箱阻值先调至 4 Ω 进行实验，实验完成后断开开关；

②再将电阻箱阻值调至 15 Ω 后，闭合开关进行实验；

则由于小兵在上述操作中的一个疏漏，将会导致_____。

（6）小华利用图1电路和器材也对电流与电阻的关系进行了探究，在 5~25 Ω 范围内,他将电阻箱阻值 R 调至 5 个不同的值分别进行了实验,则他根据实验数据描点所绘制的与 I 与 $\frac{1}{R}$ 关系图线不可能是图 3 中的_____(选填"甲"或"乙"),理由是_____。

答案

(1)见下图;(2)左;(3)电阻箱;(4)2;通过导体的电流与导体的电阻成反比;(5)电阻箱两端的电压超过电压表量程;(6)乙;当电阻箱阻值为 25 Ω 时,滑动变阻器的最大阻值不能满足图线乙所需控制电压为 0.75 V 不变的要求。

解析

(1)将电压表并联在电阻箱的两端,且保证正进负出,如下图所示:

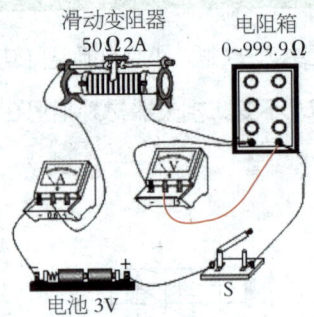

(2)为保护电路,闭合开关前,应将滑动变阻器的滑片调到阻值最大处,即最左端。

(3)电流表示数不为 0,说明电路是短路,电压表示数为 0,说明与电压表并联的部分短路,即电阻箱短路了。

(4)由 I 与 $\frac{I}{R}$ 关系图线知,当电流为 0.1 A 时,$\frac{I}{R}$ 为 0.05,则 $R=20$ Ω,由关系图线可知 $U_0=IR=0.1\ \text{A} \times 20\ \Omega=2\ \text{V}$;

根据图象知,电流与导体电阻的倒数成正比,则电压一定时,通过导体的电流与导体的电阻成反比。

(5)断开开关,当把电阻箱的电阻从 4 Ω 转换为 15 Ω 时,必须把滑动变阻器调到阻值最大处的位置,如果没有调,使得电阻箱分得的电压过大,会超过电压表的量程。

(6)对于图 3 乙图线,当电阻为 5 Ω 时,倒数为 0.2,对应的电流为 0.15 A,则电阻箱两端的电压 $U'_0=I'R'_0=0.15\ \text{A} \times 5\ \Omega=0.75\ \text{V}$,此时滑动变阻器两端的电压为 3 V−0.75 V=2.25 V,此时滑动变阻器两端的电压为电阻箱两端电压的 3 倍,滑动变阻器接入电路的电阻也为电阻箱接入电路的电阻的 3 倍,当电阻箱接入电路的电阻是 25 Ω 时,滑动

第十七章 欧姆定律

> 变阻器接入电路的电阻必须调到 75 Ω 才能满足要求，而滑动变阻器的最大电阻只有 50 Ω，因此此图线不可能是实验测量的。

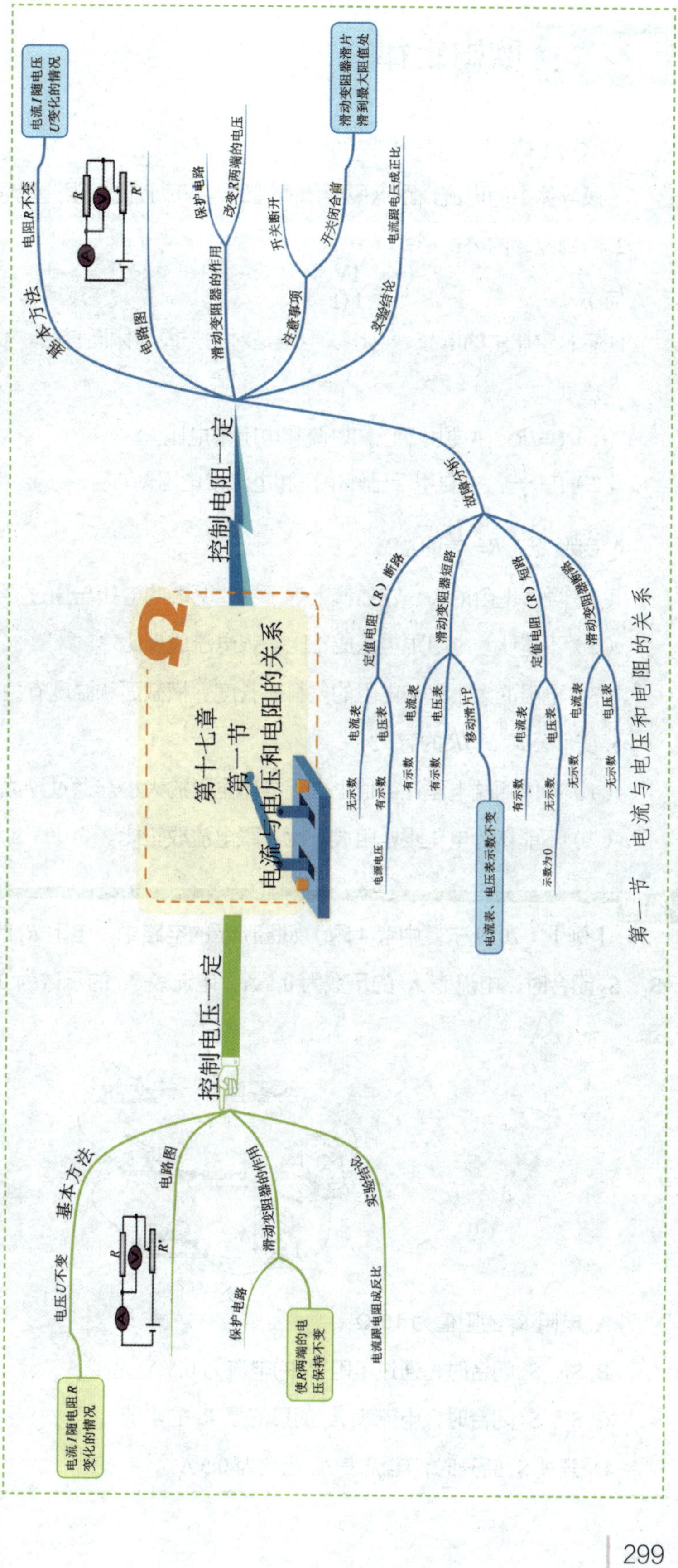

第一节 电流与电压和电阻的关系

第二节 欧姆定律

1. 欧姆定律

一段导体中的电流，跟这段导体两端的电压成正比，跟这段导体的电阻成反比。

2. 欧姆定律的公式形式

$$I=\frac{U}{R} \qquad 1A=\frac{1V}{1\Omega}$$

注意：定律中的电流、电压、电阻是对同一段导体而言的。

3. 拓展

（1）$U=IR$：主要用于已知电流和电阻求电压。

（2）$R=\frac{U}{I}$：主要用于已知电压和电流求电阻。

4. 变形公式 $R=\frac{U}{I}$ 的意义

（1）导体电阻的大小在数值上等于导体两端的电压与通过导体的电流的比值。

（2）不能认为电阻跟电压成正比、跟电流成反比。

（3）电阻的大小只与电阻的材料、长度、横截面和温度有关，与电压和电流无关。

5. 变形公式 $U=IR$ 的意义

（1）导体两端电压在数值上等于导体电阻的大小与通过导体的电流的乘积。

（2）不能认为电压跟电阻成正比、跟电流成正比。

例题

【例】（2019 宁夏中考 4 题）如图所示的电路中，电阻 R_2 的阻值为 15 Ω。当开关 S_1、S_2 闭合时，电流表 A_1 的示数为 0.5 A，电流表 A_2 的示数为 0.2 A。下列说法正确的是（　　）

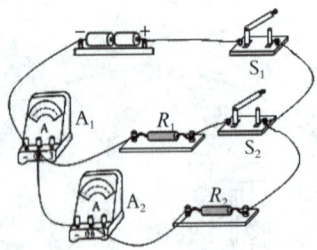

A. 电阻 R_1 的阻值为 10 Ω

B. S_1、S_2 闭合时，通过电阻 R_1 的电流为 0.5 A

C. S_1、S_2 闭合时，电流表 A_1 测量的是 R_1 的电流

D. 开关 S_2 断开时，电流表 A_2 示数为 0.5 A

A

解析

（1）当开关 S_1、S_2 闭合时，R_1 与 R_2 并联，电流表 A_1 测干路电流，电流表 A_2 测 R_2 支路电流，故 C 错误。

因并联电路中各支路两端的电压相等，

所以，由 $I=\dfrac{U}{R}$ 可得，电源的电压：

$U=I_2R_2=0.2\,\text{A}\times 15\,\Omega=3\,\text{V}$，

因并联电路中干路电流等于各支路电流之和，

所以，通过 R_1 的电流：

$I_1=I-I_2=0.5\,\text{A}-0.2\,\text{A}=0.3\,\text{A}$，故 B 错误。

则电阻 R_1 的阻值：

$R_1=\dfrac{U}{I_1}=\dfrac{3\,\text{V}}{0.3\,\text{A}}=10\,\Omega$，故 A 正确。

（2）开关 S_2 断开时，R_1 被断路，电路为 R_2 的简单电路，电流表 A_2 测通过 R_2 的电流，

因并联电路中各支路独立工作、互不影响，

所以，电流表 A_2 示数为 0.2 A，故 D 错误。

故选 A。

思维导图玩转物理

第二节 欧姆定律

第三节 电阻的测量

一、伏安法测电阻

1.实验原理：用电压表测出电压，用电流表测出电流，再根据欧姆定律的变形 $R=\dfrac{U}{I}$ 算出电阻值。

2.实验器材：电源、开关、导线、电流表、电压表、滑动变阻器、待测电阻。

3.电路图

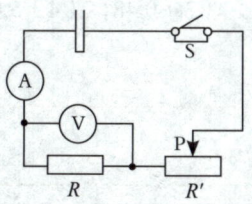

4.为了减小误差，测量时要多次改变待测电阻两端的电压，将每次测量的电压值和对应的电流值代入公式 $R=\dfrac{U}{I}$，分别求出待测电阻的阻值，计算出它们的平均值，即为待测电阻的电阻值。因此，需要在电路中串联滑动变阻器。

5.小灯泡的电阻随电流的变化而变化，因此不能求平均值。

6.滑动变阻器的作用

（1）保护电路；

（2）改变待测电阻两端电压和通过待测电阻的电流，实现多次测量。

例题

【例1】（2019甘肃省兰州中考31题）某同学采用"伏安法"测量某定值电阻 R_x 的阻值。

实验次数	1	2	3
电压 U/V	1.5	2.0	2.5
电流 I/A	0.31	0.40	
电阻 R_x/Ω	4.8	5.0	
R_x 的平均值/Ω			

（1）按图甲连接电路时，应先_____开关，并将滑动变阻器的滑片 P 移到阻值最大处。

（2）闭合开关后，发现向左移动滑动变阻器的滑片 P 时，电流表的示数变大、电压表的示数变小，你认为电路连接中存在的错误是_____。

（3）排除故障后，闭合开关，改变电阻 R_x 两端的电压，进行了三次测量。在第三次测量中电流表的示数如图乙所示，其示数为_____A。

（4）根据三次实验数据可得，定值电阻 R_x 的阻值为_____Ω。（结果保留一位小数）

（5）将电阻 R_x 换成小灯泡，重复上述实验，发现几次实验中，所测小灯泡的电阻值相差较大，原因可能是_____。

> **答案**
>
> （1）断开；（2）电压表并联在滑动变阻器的两端了；（3）0.48；（4）5.0；（5）灯泡的电阻受温度的影响。

> **解析**
>
> （1）为保护电路，连接电路时，应先断开开关，并将滑动变阻器的滑片 P 移到阻值最大处。
>
> （2）闭合开关后，发现向左移动滑动变阻器的滑片 P 时，电流表的示数变大，根据 U=IR，待测电阻的电压变大，即电压表示数变大，由串联电路电压的规律可知，变阻器的电压变小，电路连接中存在的错误是电压表并联在滑动变阻器的两端了。
>
> （3）在第三次测量中电流表的示数如图乙所示，电流表选用小量程，分度值为 0.02 A，其示数为 0.48 A。
>
> （4）根据表中数据，由欧姆定律知，第 3 次实验的电阻：
>
> $R_3 = \dfrac{U_3}{I_3} = \dfrac{2.5 \text{ V}}{0.48 \text{ A}} \approx 5.2 \text{ Ω}$；
>
> 为减小误差，取平均值作为测量结果，根据三次实验数据可得，定值电阻 R_x 的阻值为：
>
> $R = \dfrac{R_1 + R_2 + R_3}{3} = \dfrac{4.8 \text{ Ω} + 5.0 \text{ Ω} + 5.2 \text{ Ω}}{3} = 5.0 \text{ Ω}$。
>
> （5）因灯泡的电阻受温度的影响，故将电阻 R_x 换成小灯泡，重复上述实验，发现几次实验中，所测小灯泡的电阻值相差较大。

二、单一电表测量

1. 实验方法：主要是利用等效法来等效出缺失电表所测的物理量。

2. 电路设计

（1）缺谁等谁分串并（确认未知电阻与定值电阻串并联关系）；

（2）分分总总是电表（电表与开关共同配合使电表能够测部分物理量和总量）。这就决定了其电路方法较多，电路图较为灵活，但总体把握以上方法就可以。

三、其他方法测量

方法：电阻箱等效替代法、滑变法、欧姆表、惠斯通电桥。

思想：等效替代思想、方程思想（无论电路如何变化，其核心思想是不变的）。

例题

【例2】（2019福建省中考）现要测量电阻 R_x 的阻值，提供的实验器材有：待测电阻 R_x（约5Ω）、两节干电池、电流表、电压表、滑动变阻器、开关及导线若干。

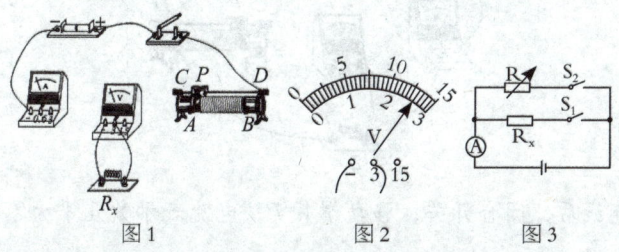

图1　　　　　图2　　　　　图3

（1）用笔画线代替导线，将图1中的实物图连接完整，要求滑动变阻器的滑片 P 向接线柱 D 移动时接入电路的阻值变小。

（2）正确连线后，闭合开关，移动滑片 P，电流表示数几乎为零，电压表示数接近电源电压且几乎不变。若电路中只有一处故障，可判断该故障是_____。

（3）排除故障继续实验，某次测量，电流表的示数为0.50A，电压表的示数如图2，该示数为_____V，则 $R_x=$_____Ω。

（4）某同学利用电源（电压未知）、电阻箱（0~999.9Ω）和电流表（指针能正常偏转，但刻度盘示数模糊不清）等器材，测电阻 R_x 的阻值，设计的电路如图3，完成下列实验步骤：

①正确连接电路，断开 S_1、S_2，将电阻箱 R 阻值调至最大；

②_____；

③_____；

④电阻 $R_x=$_____。（用测得量的符号表示）

答案

（1）如下图所示。（2）R_x 断路。（3）2.6；5.2。（4）②闭合 S_1，标记电流表

指针所指的位置；③断开 S_1，闭合 S_2，调节电阻箱，使电流表指针指在标记的位置，记下电阻箱阻值 R_0。④R_0。

解析

（1）电源电压为 3 V，待测电阻 R_x（约 5 Ω），由欧姆定律知，电路的最大电流约为：$I = \dfrac{U}{R_x} = \dfrac{3\text{ V}}{5\text{ Ω}} = 0.6$ A；选用小量程电流表串联在电路中，滑动变阻器的滑片 P 向接线柱 D 移动时接入电路的阻值变小，故变阻器右下接线柱连入电路中，如下图所示：

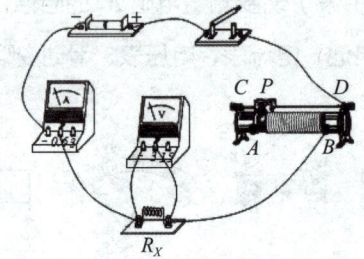

（2）正确连线后，闭合开关，移动滑片 P，电流表示数几乎为零，电压表示数接近电源电压且几乎不变。若电路中只有一处故障，可判断该故障是电阻断路。

（3）排除故障继续实验，某次测量，电流表的示数为 0.50 A，电压表的示数如图2，选用小量程电压表，分度值为 0.1 V，该示数为 2.6 V，由欧姆定律知，

$R_x = \dfrac{U}{I} = \dfrac{2.6\text{ V}}{0.50\text{ A}} = 5.2$ Ω。

（4）①正确连接电路，断开 S_1、S_2，将电阻箱 R 阻值调至最大；

②闭合 S_1，标记电流表指针所指的位置；

③断开 S_1，闭合 S_2，调节电阻箱，使电流表指针指在标记的位置，记下电阻箱阻值 R_0；

④根据等效替代法，电阻 $R_x = R_0$。

第十七章 欧姆定律

第十七章 第三节 电阻的测量

伏安法

- 实验原理：测电压电流 $R=\dfrac{U}{I}$
- 实验器材：电源、开关、导线、电流表、电压表、滑动变阻器、待测电阻
- 电路图
- 内容：
  - 多次改变待测电阻两端的电压
  - 代入公式 $R=\dfrac{U}{I}$
  - 分别求出待测电阻的阻值
  - 计算出平均值
- 滑动变阻器的作用：
  - 保护电路
  - 多次测量
    - 改变待测电阻两端电压
    - 通过待测电阻的电流

特殊法测电阻

- 单一电表测量
  - 实验方法：利用等效法等效出缺失电表所测的物理量
  - 电路设计
    - 缺谁等效补谁
    - 分分总总是电表
      - 电阻箱等效代法
      - 电表与开关共同配合使电表能够测部分物理量和总量
    - 确认未知电阻与定值电阻并联关系
- 其他方法测量
  - 方法
    - 滑变法
    - 欧姆表
    - 惠斯通电桥
  - 思想
    - 等效代换思想
    - 方程思想

第四节 欧姆定律在串、并联电路中的应用

一、电阻的串、并联

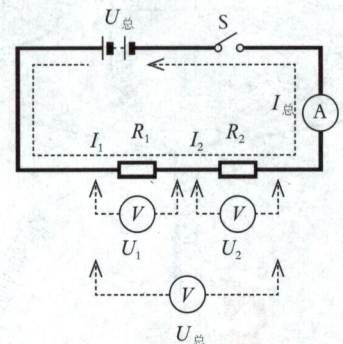

1. 串联电路中电压的特点：$U_总=U_1+U_2$

由欧姆定律的变形 $U=IR$ 可得：$U_总=I_总 R_总$　$U_1=I_1R_1$　$U_2=I_2R_2$

所以 $I_总R_总=I_1R_1+I_2R_2$

串联电路电流的特点：$I_总=I_1=I_2$

所以 $R_总=R_1+R_2$

即串联电路中，总电阻是各个电阻的阻值之和。

由欧姆定律 $I=\dfrac{U}{R}$ 以及串联电路电流特点 $I_总=I_1=I_2$ 可得：

$\dfrac{U_总}{R_总}=\dfrac{U_1}{R_1}=\dfrac{U_2}{R_2}$

所以 U_1 比 $U_2=R_1$ 比 R_2

即串联电路中，电阻两端的电压与其电阻值成正比。

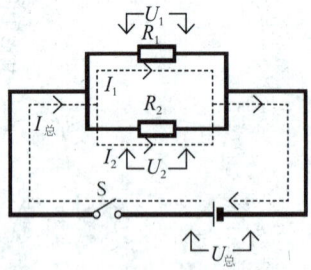

2. 并联电路中电流的特点：$I_总=I_1+I_2$

由欧姆定律 $I=\dfrac{U}{R}$ 得，$\dfrac{U_总}{R_总}=\dfrac{U_1}{R_1}=\dfrac{U_2}{R_2}$

并联电路电压的特点：$U_总=U_1=U_2$

所以 $\dfrac{1}{R_总} = \dfrac{1}{R_1} = \dfrac{1}{R_2}$

即并联电路的总电阻的倒数等于各并联电阻倒数之和。

由欧姆定律变形 $U=IR$ 以及并联电路电压特点 $U_总=U_1=U_2$ 可得：

$I_1R_1=I_2R_2$

所以 $I_1:I_2=R_2:R_1$

即并联电路中，电阻两端的电流与其阻值成反比。

3. 不管电路连接方式如何，只要有一个电阻增大，总电阻就增大，反之亦然。

4. 解题步骤

（1）去电表（电压表看成断路、电流表看成短路）。

（2）识电路（电流流向法）。

（3）规律在手解"谜图"（串分压，并分流，欧姆定律又在手，串正并反全都有）。

例题

【例1】（2018甘肃省兰州中考6题）有两个可变电阻，开始时阻值相等，都为 R，现将其中一个电阻的阻值增大，将另一个电阻的阻值减小，则两个电阻并联后总电阻将（　　）

A. 一定大于 R　　　　　　　B. 一定等于 R

C. 一定小于 R　　　　　　　D. 以上结果都有可能

答案

C

解析

因为并联电路总电阻的倒数等于支路电阻倒数之和，所以并联电路总电阻小于任一电阻值，即两个电阻并联后总电阻小于较小电阻的阻值，故选项C正确。

故选C。

二、常见题型

1. 比例思想

欧姆定律 $I=\dfrac{U}{R}$，当 I 相等时，U 与 R 成正比，即 $\dfrac{U_1}{U_2}=\dfrac{R_1}{R_2}$；当 U 相等时，I 与 R 成反比，即 $\dfrac{I_1}{I_2}=\dfrac{R_2}{R_1}$；当 R 相等时，U 与 I 成正比，即 $\dfrac{U_1}{U_2}=\dfrac{I_1}{I_2}$。

例题

【例 2】（2019 辽宁省盘锦中考 18 题）如图所示电路，电源电压恒定，滑动变阻器的滑片 P 移到 b 端。R_1 与 R_2 组成串联电路，需要闭合开关 _____；滑片 P 由 b 向 a 滑动过程中，电压表 V_1 的示数将 _____（填"变大""变小"或"不变"）；当电压表 V_1 与 V_2 的示数比为 5:3 时，R_1 与 R_2 连入电路的阻值比为 _____。

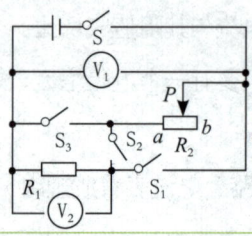

答案

S、S_2；不变；3:2。

解析

由电路图可知，当闭合开关 S、S_2 时，R_1 与 R_2 依次连接组成串联电路，此时电压表 V_1 测电源两端的电压，电压表 V_2 测 R_1 两端的电压。

因电源的电压不变，所以，滑片 P 由 b 向 a 滑动过程中，电压表 V_1 的示数不变；

因串联电路中总电压等于各分电压之和，且电压表 V_1 与 V_2 的示数比为 5:3，所以，两电阻两端的电压之比：

$$\frac{U_1}{U_2} = \frac{U_{V1}}{U_{V1} - U_{V2}} = \frac{3}{5-3} = \frac{3}{2}。$$

因串联电路中各处的电流相等，

所以，由 $I = \dfrac{U}{R}$ 可得，R_1 与 R_2 连入电路的阻值之比：

$$\frac{R_1}{R_2} = \frac{\frac{U_1}{I}}{\frac{U_2}{I}} = \frac{U_1}{U_2} = \frac{3}{2}。$$

2. 方程思想

动态图象莫慌张，数学方法来帮忙；"孤掌难鸣"巧变化，联立方程得解答（单个状态无法解出相关物理量时，可将多个状态的等量关系联立解方程组）。

例题

【例3】（2019 山东省青岛中考 23 题）如图甲电路，电源电压 U 保持不变，R_1 和 R_2 为定值电阻，R_3 为滑动变阻器。开关 S 闭合、S_1 断开、S_2 置于 a 时，调节滑动变阻器，电压表 V_1 的示数与电流表 A 的示数关系图线如图乙的 I 所示；开关 S 和 S_1 闭合、S_2 置于 b 时，调节滑动变阻器，电压表 V_2 的示数与电流表 A 的示数关系图线如图乙的 II 所示。

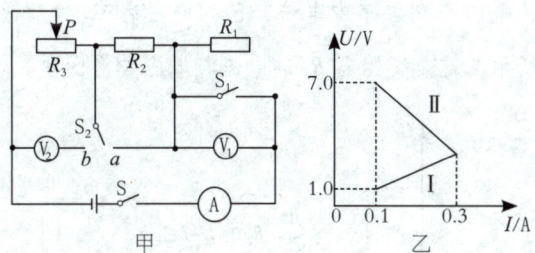

请画出该题的各个等效电路图。求：

（1）电阻 R_1 的阻值。

（2）电源电压 U 和电阻 R_2 的阻值。

答案

等效电路如下图所示；

（1）电阻 R_1 的阻值为 10 Ω。

（2）电源电压为 9 V，电阻 R_2 的阻值为 20 Ω。

解析

开关 S 闭合、S_1 断开、S_2 置于 a 时，等效电路如图 1 所示；开关 S 和 S_1 闭合、S_2 置于 b 时，等效电路如图 2 所示：

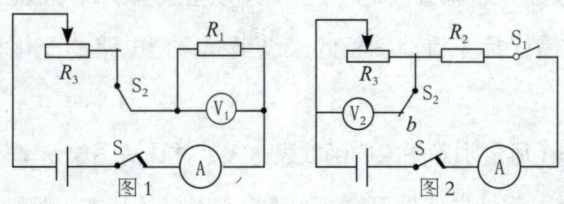

（1）由图 1 知，开关 S 闭合、S_1 断开、S_2 置于 a 时，定值电阻 R_1 与变阻器 R_3 串联，电压表 V_1 测 R_1 两端电压，电流表测电路中电流，已知电压表 V_1 的示数与电流表 A 的示数关系图线如图乙的 I 所示。

由图象 I 知，电流与电压成正比，所以这是定值电阻 R_1 的电流与电压关系图象，

当电压为1.0 V时，通过它的电流为0.1 A，

由欧姆定律可得R_1的阻值：$R_1=\dfrac{U_1}{I_1}=\dfrac{1.0\ \text{V}}{0.1\ \text{A}}=10\ \Omega$。

（2）在图象Ⅰ中，当电流为0.3 A时，对应的电压值：$U_1'=I_1'R_1=0.3\ \text{A}\times 10\ \Omega=3\ \text{V}$。

由图2知，开关S和S_1闭合，S_2置于b时，定值电阻R_2与变阻器R_3串联，电压表V_2测R_2两端电压，电流表测电路中电流，已知电压表V_2的示数与电流表A的示数关系图线如图乙的Ⅱ所示，这是变阻器R_3的电流与电压关系图象。

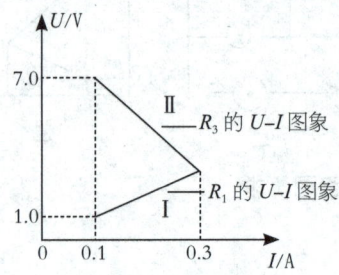

由图象Ⅱ知，当$U_3=7\ \text{V}$时，电路中电流为0.1 A，

由串联电路的特点和欧姆定律可得电源电压：

$U=U_3+U_2=7\ \text{V}+0.1\ \text{A}\times R_2$ - - - - - - - - ①

图象Ⅰ与图象Ⅱ相交点电压和电流值相等，所以当$U_3'=3\ \text{V}$时，电路中电流为0.3 A，

同理可得电源电压：

$U=U_3'+U_2'=3\ \text{V}+0.3\ \text{A}\times R_2$ - - - - - - - - ②

联立①②解得：$R_2=20\ \Omega$，$U=9\ \text{V}$。

3.图象问题

（1）双线问题莫乱找，垂直判断最重要，串联垂线垂于I，并联垂线垂于U。

（2）两图对应看坐标（看清图象的横纵坐标，把电路的变化和图象的变化对应起来）；

斜率身份需记牢（尽量明确图象的函数表达式，并认清图象斜率代表的意义）；

端点意义要知道，此处求值最可靠（明确端点对应的状态，将端点的坐标值代入电路图求值）；

检查验证莫忘掉（将所得数据代入电路图，看是否匹配题中图象）。

【例4】（2019湖南省郴州中考26题）为了测量电源电压和定值电阻，某物理小组设计了如图甲所示的电路。

（1）根据图甲所示电路，用笔画线表示导线，将实物电路补充完整；

（2）闭合开关前，滑动变阻器的滑片应放在_____（选填"a"或"b"）端；

（3）假设电源电压恒为 U_0，定值电阻的阻值为 R_1。如果电压表示数用 U 表示，电流表示数用 I 表示，则 U 与 I 的关系式为 $U=$_____（用 U_0、I、R_1 表示）；

（4）检查电路无误后，闭合开关 S，移动滑动变阻器的滑片 P，进行多次实验，记录电流表和电压表的读数，并画出 U–I 图象，如图丙所示。图象是一条直线，与 U、I 坐标轴分别交于 3 V 和 0.6 A 处。由此可知，电源电压 $U_0=$_____V，定值电阻 $R_1=$_____Ω。

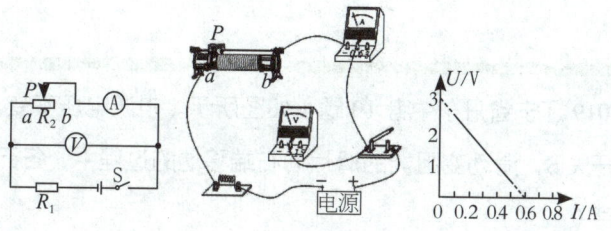

（1）如下图所示；（2）b；（3）$U=U_0-IR_1$；（4）3，5。

解析

（1）变阻器与电流表串联后与电压表并联，如下图所示：

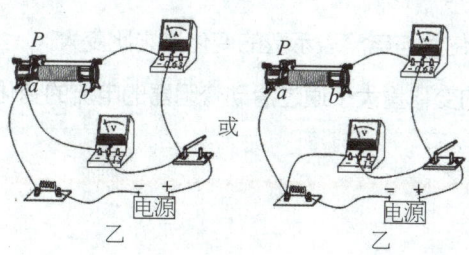

（2）闭合开关前，滑动变阻器的滑片应放在阻值最大处的 b 端。

（3）假设电源电压恒为 U_0，定值电阻的阻值为 R_1，如果电压表示数用 U 表示，电流表示数用 I 表示，根据串联电路的规律及欧姆定律有：$U+IR_1=U_0$ ------①，则 U 与 I 的关系式为 $U=U_0-IR_1$。

（4）图象是一条直线，与 U、I 坐标轴分别交于 3 V 和 0.6 A 处，将（0，3 V）代入①得：

电源电压 U_0=3 V；

将（0.6 A，0）代入①得：

0+0.6 A×R_1=3 V，故 R_1=5 Ω。

4. 变化量及其比值

（1）电路结构断分明（认清电路结构，选定电路规律）；

（2）电表对象认不停（电流表测量对象：电流流向法；电压表测量对象：去源法）；

（3）分分合合识变化（$R_滑$：一看自身变化；二看对电路影响。开关：认清闭合前后电路结构）；

（4）加减乘除算门清（电表的数学运算，先判断电表自身的变化趋势，再决定是否考虑其意义）。

【例5】（2019 辽宁省丹东中考 10 题）如图所示，电源电压不变，灯泡 L 及 R_0 的电阻不变，闭合开关 S，滑动变阻器的滑片向右端移动的过程中，各元件均安全工作，下列说法正确的是（ ）

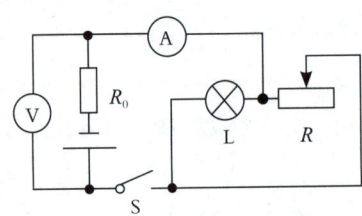

A. 电流表的示数变小

B. 灯泡 L 的亮度变亮

C. 电压表示数的变化量与电流表示数的变化量之比变大

D. 通过 R_0 的电流的变化量大于通过滑动变阻器的电流的变化量

答案

AB

解析

由电路图可知，灯泡 L 与变阻器 R 并联后再与 R_0 串联，电压表测并联部分两端的电压，电流表测干路电流。

①滑动变阻器的滑片向右端移动的过程中，接入电路中的电阻变大，并联部分的总

电阻变大，电路的总电阻变大，

由 $I=\dfrac{U}{R}$ 可知，电路的总电流变小，即电流表的示数变小，故 A 正确。

由 $U=IR$ 可知，R_0 两端的电压变小，

因串联电路中总电压等于各分电压之和，

所以，并联部分的电压变大，即电压表的示数变大，

由 $I=\dfrac{U}{R}$ 可知，通过灯泡 L 的电流变大，

由 $P=UI$ 可知，灯泡的实际功率变大，灯泡变亮，故 B 正确。

因并联电路中干路电流等于各支路电流之和，且通过 L 的电流变大，电路的总电流变小，

所以，通过变阻器 R 的电流变小，且通过 R_0 的电流的变化量小于通过滑动变阻器的电流的变化量，故 D 错误。

②设滑片移动前后电路中的总电流分别为 I、I'

因串联电路中总电压等于各分电压之和，

所以，电压表示数的变化量：

$\Delta U_V = (U-I'R_0) - (U-IR_0) = (I-I')R_0 = \Delta I R_0$，

则 $\dfrac{\Delta U_V}{\Delta I} = R_0$，即电压表示数的变化量与电流表示数的变化量之比不变，故 C 错误。

故选 AB。

5. 动态电路

（1）程序法；

（2）经验规律："串反并同"。

【例6】（2019 内蒙古鄂尔多斯中考 5 题）在如图电路中，闭合开关后，当滑片 P 向右移动时，下列说法，正确的是（　　）

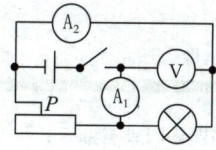

A. 电流表 A_2 的示数变大

B. 小灯泡亮度变大

C. V 与 A_1 示数乘积变大

D. V 的示数与 A_1、A_2 示数之差的比值变大

答案

C

解析

由电路图可知，变阻器与灯泡并联；电流表 A_1 测量干路中的电流，电流表 A_2 测量通过灯泡的电流；电压表测量电源电压。

AB. 因为并联电路中各支路互不影响，所以滑片移动时，通过灯泡的电流不变，即 A_2 的示数不变。

灯泡两端的电压不变，通过灯泡的电流不变，由 $P=UI$ 可知，灯泡的实际功率不变，则灯的亮度不变，故 AB 错误。

C. 当滑片向右移动时，滑动变阻器接入电路的阻值变小，则电路的总电阻随之变小，而并联电路两端电压等于电源电压不变，由欧姆定律可知干路电流变大，即 A_1 的示数变大；电压表测量电源电压，其示数不变，所以电压表与 A_1 示数的乘积变大，故 C 正确。

D. 因为 A_1 的示数变大、A_2 的示数不变，所以电流表 A_1 与电流表 A_2 示数之差变大，且电压表示数不变，所以 V 的示数与 A_1、A_2 示数之差的比值将变小，故 D 错误。

故选 C。

6. 范围与最值

（1）范围最值是一套（范围问题和最值问题本质上是一个问题）；

（2）保护电路少不了（做题时可从保证电路安全的角度去考虑）；

（3）串联电流要最小（对于串联电路来说，在保证电路中电流安全的前提下，允许通过电路的最大电流是各电路元件允许通过的最大电流中的最小值）；

（4）最后电压不超表（在保证电路中电流安全的前提下，一般而言，只需再保证电压表的示数不超过其量程即可）。

例题

【例7】（2019 湖北省鄂州中考 24 题）某同学利用如图甲所示的电路进行探究，电源电压恒为 9 V，更换 5 个定值电阻 R_x，得到如图乙所示的图象，则

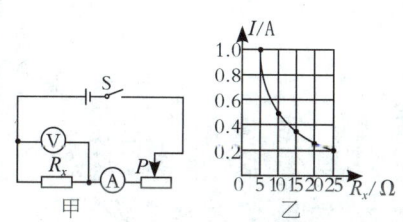

（1）该同学探究的是 _____ 的关系；

（2）五次记录实验数据中，电压表的示数为多少？滑动变阻器阻值变化范围是多少？

答案

（1）电流与电阻；

（2）五次记录实验数据中，电压表的示数为5V，滑动变阻器阻值变化范围是4~20Ω。

解析

（1）由图乙可知，通过定值电阻的电流随其阻值的变化而变化，但电流和电阻的乘积不变，所以，该同学探究的是电流与电阻的关系。

（2）由图乙可知，五次记录实验数据中，$U_x=IR_x$=1.0 A×5 Ω=0.2 A×25 Ω=5 V，即电压表的示数为5 V。

当 R_x=5 Ω 时电路中的电流 I=1.0 A，此时滑动变阻器接入电路中的电阻最小，

由 $I=\dfrac{U}{R}$ 可得，此时电路的总电阻：$R_总=\dfrac{U}{I}=\dfrac{9\text{ V}}{1.0\text{ A}}=9\text{ Ω}$，

因串联电路中总电阻等于各分电阻之和，所以，滑动变阻器接入电路中的最小阻值：

$R_滑=R_总-R_x$=9 Ω-5 Ω=4 Ω；

当 R_x'=25 Ω 时电路中的电流 I'=0.2 A，此时滑动变阻器接入电路中的电阻最大，

此时电路的总电阻 $R_总'=\dfrac{U}{I'}=\dfrac{9\text{ V}}{0.2\text{ A}}=45\text{ Ω}$，

则滑动变阻器接入电路中的最大阻值：

$R_滑'=R_总'-R_x'$=45 Ω-25 Ω=20 Ω，

所以，滑动变阻器阻值变化范围是4~20 Ω。

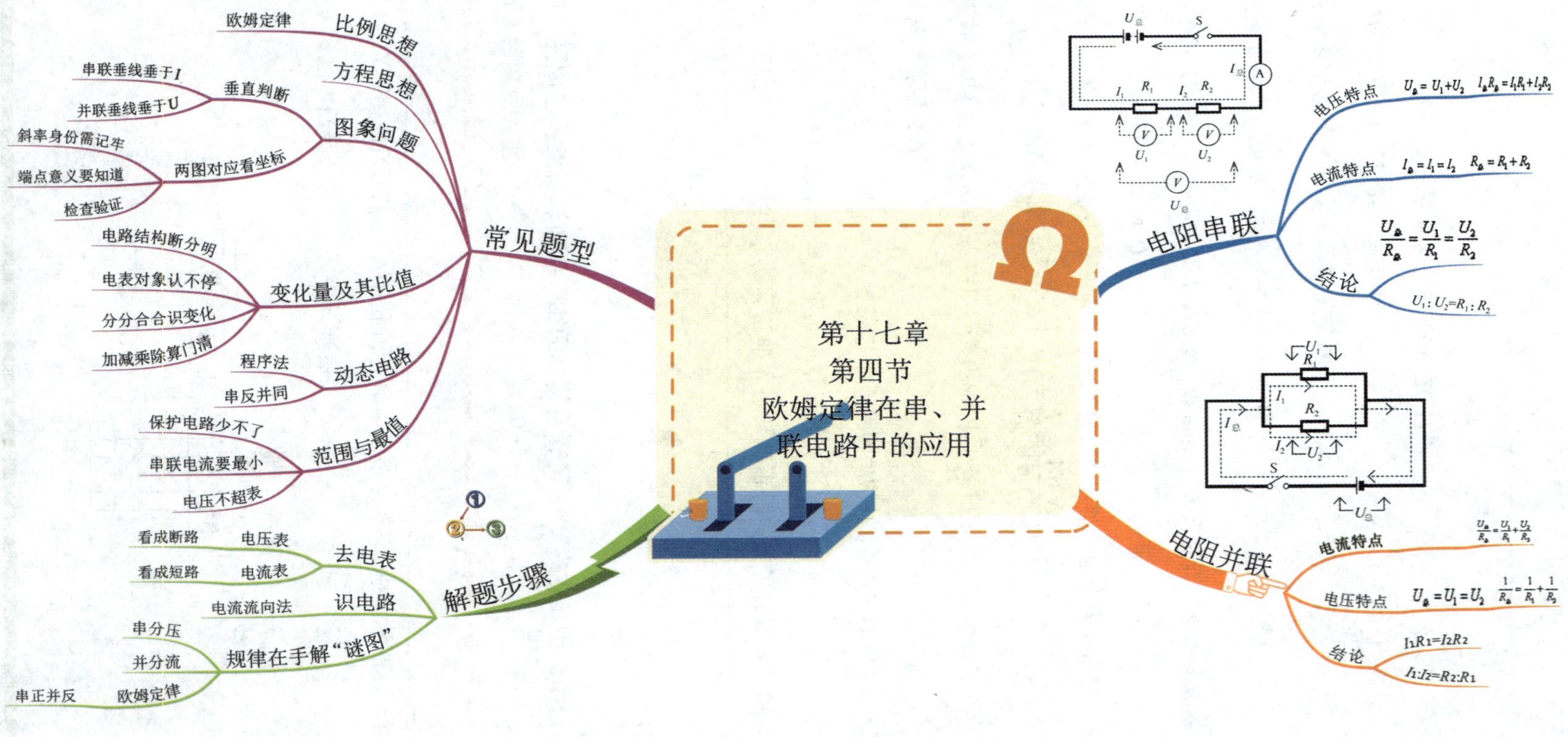
第十七章
第四节
欧姆定律在串、并联电路中的应用
常见题型
比例思想
欧姆定律
方程思想
图象问题
垂直判断
串联垂线垂于I
并联垂线垂于U
两图对应看坐标
斜率身份需记牢
端点意义要知道
检查验证
变化量及其比值
电路结构断分明
电表对象认不停
分分合合识变化
加减乘除算门清
动态电路
程序法
串反并同
范围与最值
保护电路少不了
串联电流要最小
电压不超表
解题步骤
去电表
电压表
看成断路
电流表
看成短路
识电路
电流流向法
规律在手解“谜图”
串分压
并分流
欧姆定律
串正并反
电阻串联
电压特点
$U_{总}=U_1+U_2$ $I_{总}R_{总}=I_1R_1+I_2R_2$
电流特点
$I_{总}=I_1=I_2$ $R_{总}=R_1+R_2$
结论
$\frac{U_{总}}{R_{总}}=\frac{U_1}{R_1}=\frac{U_2}{R_2}$
$U_1:U_2=R_1:R_2$
电阻并联
电流特点
$\frac{U_{总}}{R_{总}}=\frac{U_1}{R_1}+\frac{U_2}{R_2}$
电压特点
$U_{总}=U_1=U_2$ $\frac{1}{R_{总}}=\frac{1}{R_1}+\frac{1}{R_2}$
结论
$I_1R_1=I_2R_2$
$I_1:I_2=R_2:R_1$

第四节　欧姆定律在串、并 联电路中的应用

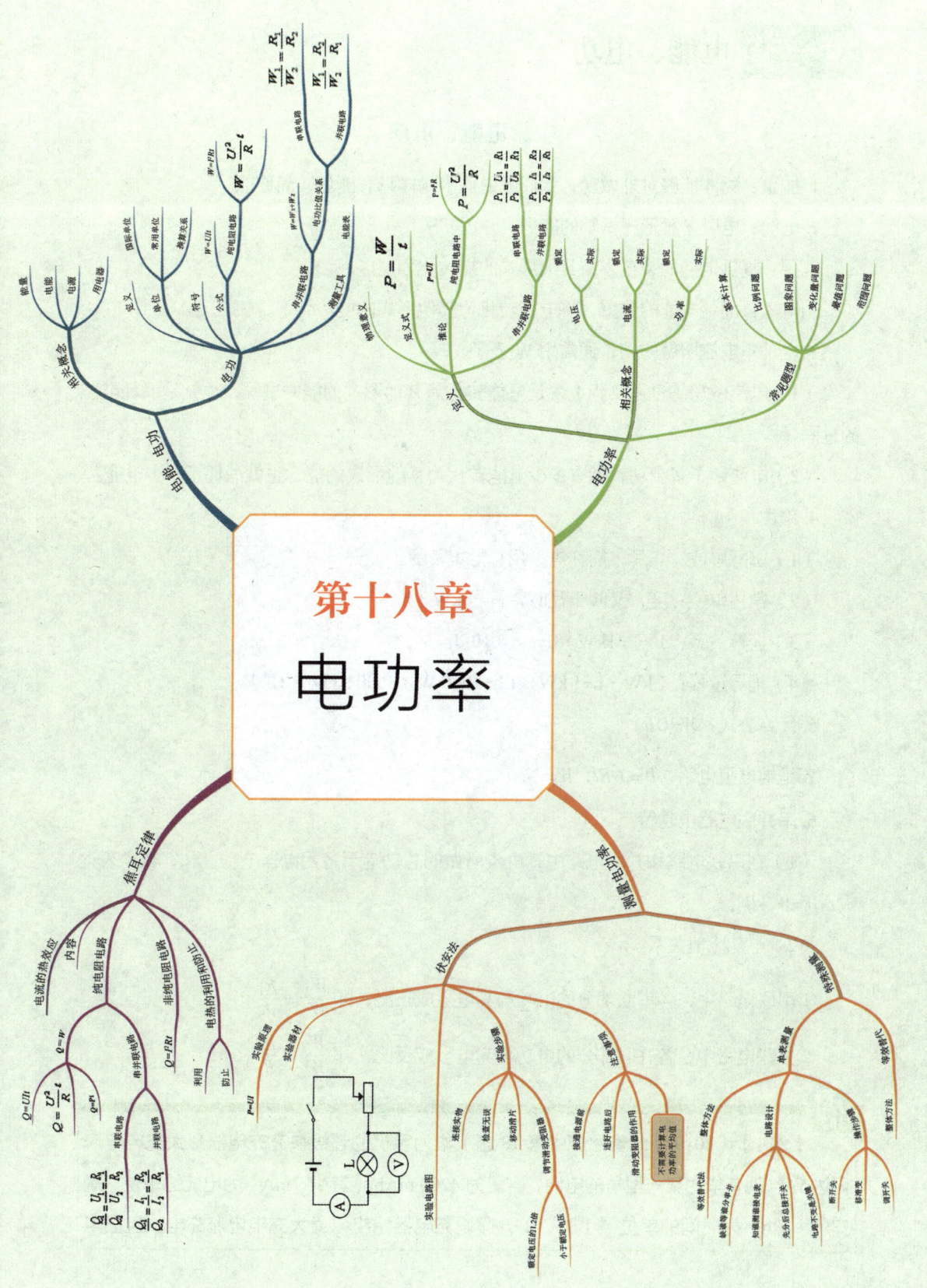

第一节 电能、电功

一、电能、电功

1. 能量：物体能够对外做功，我们就说这个物体具有能量，简称能。

2. 电能：电以各种形式做功的能力。

电源：提供电能的装置，将其他形式的能转化为电能。

用电器：消耗电能的装置，将电能转化为其他形式的能。

3. 电功：电流所做的功，通常用 W 表示。

（1）电流做功的过程实际上就是电能转化为其他形式的能的过程，也就是消耗电能的过程。

（2）电流做了多少功，就有多少电能转化为其他形式的能，也就消耗了多少电能。

4. 单位

（1）国际单位：焦耳，简称焦，用符号 J 表示。

（2）常用单位：度，又叫千瓦时，符号 kW·h。

（3）换算关系：1 度 =1kW·h=$3.6×10^6$ J。

（4）推导过程：1 kW·h=1 kW×1 h=1000 W×3600 s=$3.6×10^6$ J

5. 计算公式：$W=UIt$

若是纯电阻电路：$W=I^2Rt$，$W=\dfrac{U^2}{R}t$

6. 串并联电路电功特点

（1）在串联电路和并联电路中，电流所做的总功等于各用电器电功之和，数学表达式：$W=W_1+W_2$。

（2）电功比值关系

①串联电路中，各串联部分的电功与其电阻成正比，即 $\dfrac{W_1}{W_2}=\dfrac{R_1}{R_2}$；

②并联电路中，各并联部分的电功与其电阻成反比，即 $\dfrac{W_1}{W_2}=\dfrac{R_2}{R_1}$。

> **例题**
>
> **【例 1】**（2019 湖北省恩施中考 18 题）华为手机的超级快充充电器最大充电电流可达 5A。现有华为某一型号的电池，容量为 4200 mAh（其中"mA"为电流的单位"毫安"，"h"为时间的单位"小时"），假设充电器始终以最大充电电流充电，且把电

池充满，只需要_____min。如果将此电池电量全部用完，然后停下家里其他的电器，只给手机充电，充满后发现标有"3000revs/（kW·h）"字样的电能表转了63转，则充电消耗的电能为_____kW·h。

答案

50.4；0.021。

解析

（1）已知 $I = 5\ \text{A} = 5 \times 10^3\ \text{mA}$，

由 $I = \dfrac{Q}{t}$ 可得，$t = \dfrac{Q}{I} = \dfrac{4200\ \text{mA·h}}{5 \times 10^3\ \text{mA}} = 0.84\ \text{h} = 50.4\ \text{min}$，

"3000 revs/（kW·h）"表示电路中的用电器每消耗 1 kW·h 的电能，电能表的转盘转 3000 r，

则电能表转盘转动 63 圈消耗的电能：

$W = \dfrac{63}{3000}\ \text{kW·h} = 0.021\ \text{kW·h}$。

二、电能表

1. 测量工具：电能表。

2. 结构

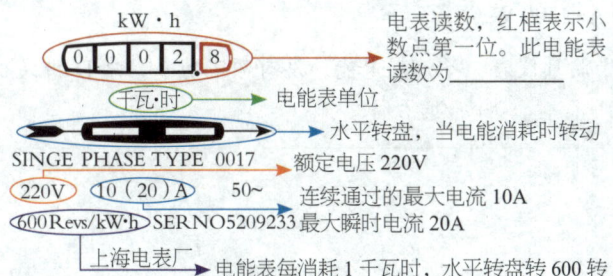

例题 【例2】（2019 湖南省衡阳中考 10 题）小明家上次查看电能表示数为 8 5 4 3 2，本次查看时电能表读数如图所示，则下列说法正确的是（　　）

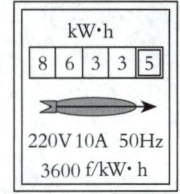

A. 他家在这段时间内消耗的电能为 903 kW·h

B. 电能表是测量电功率的仪表

C. 若只让一个标有"220 V 1000 W"的电热水器正常工作 10 min，则电能表的圆盘转了 600 转

D. 这个电能表的额定功率为 2200 W

C

解析

A. 他家在这段时间内消耗的电能 W=8633.5 kW·h–8543.2 kW·h=90.3 kW·h，故 A 错误。

B. 电能表是测量消耗电能的仪表，不是测量电功率的，故 B 错误。

C. 3600r/（kW·h）表示电路中每消耗 1 kW·h 的电能，电能表的转盘转过 3600 r，只让一个标有"220 V 1000 W"的电热水器正常工作 10 min，其消耗的电能为 $W=Pt$=1 kW × $\frac{1}{6}$ h = $\frac{1}{6}$ kW·h。

则电能表的圆盘转过的圈数：$N=\frac{1}{6}$ kW·h × 3600r/（kW·h）=600 r，故 C 正确。

D. 根据该电能表的铭牌可知，其允许接入用电器的最大功率 $P=UI$=220 V × 10 A=2200 W；

但电能表属于测量仪表，不消耗电能，没有额定功率，故 D 错误。

故选 C。

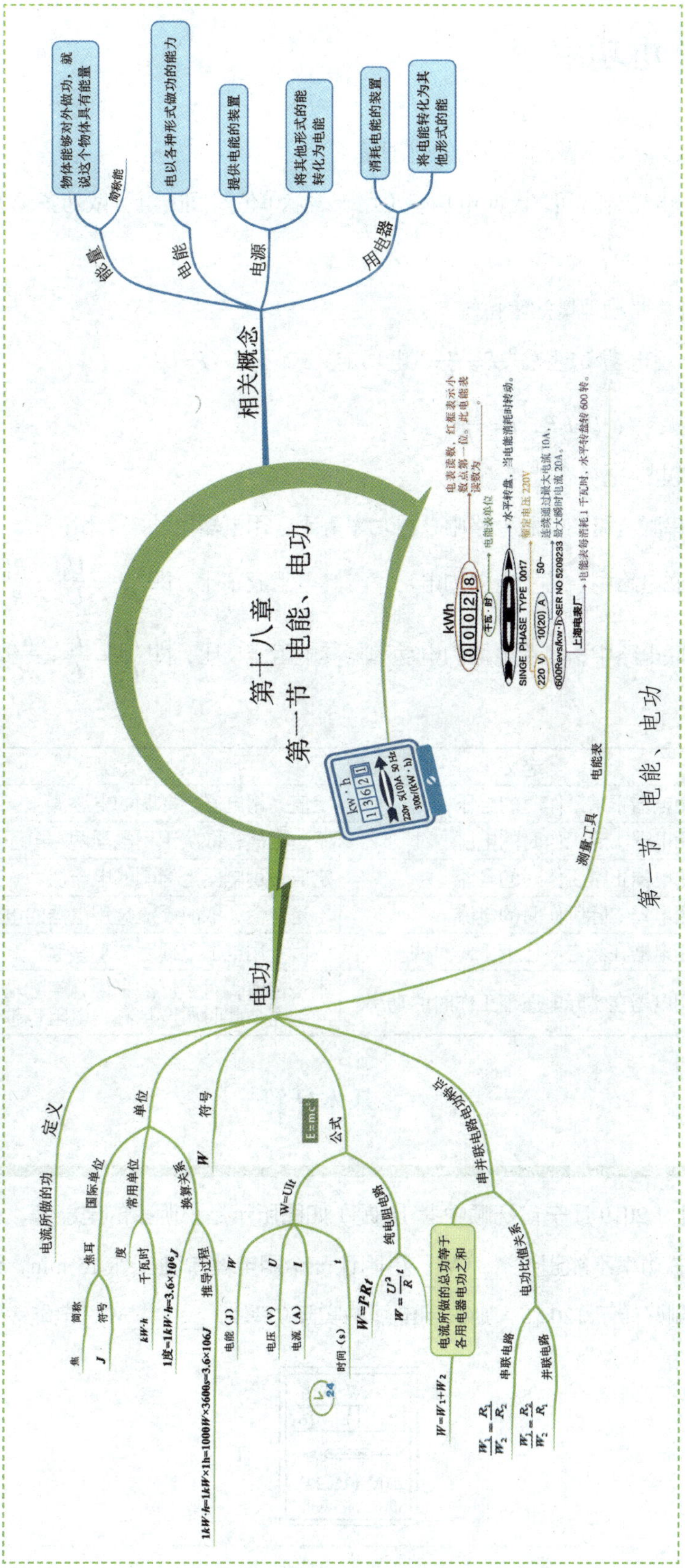

第十八章 电功率

第一节 电能、电功

相关概念

- 能量：物体能够对外做功，就说这个物体具有能量，能称能
- 电能：电以各种形式做功的能力
- 电源：提供电能的装置，将其他形式的能转化为电能
- 用电器：消耗电能的装置，将电能转化为其他形式的能

测量工具：电能表

- 电表读数，红框表示小数点后一位，此电能表读数为
- 电能表单位
- 水平转盘
- 额定电压 220V
- 连续通过最大电流 10A，最大瞬时电流 20A
- 600Rev/kw·h 电能表每消耗1千瓦时，水平圆盘转600转。

电功

- **定义**：电流所做的功
- **单位**
  - 国际单位：焦耳，简称 焦，符号 J
  - 常用单位：度，千瓦时，$kW\cdot h$
  - 换算关系：$1kW\cdot h=1kW\times 1h=1000W\times 3600s=3.6\times 10^6 J$
  - 1度=$1kW\cdot h$=$3.6\times 10^6 J$
- **符号** W
  - 推导过程
  - 电能（J）
  - 电压（V） U
  - 电流（A） I
  - 时间（s） t
- **公式** $E=mc^2$
  - $W=UIt$
  - 纯电阻电路：$W=I^2Rt$，$W=\dfrac{U^2}{R}t$
- **串并联电路**
  - 电流所做的总功等于各用电器做功之和：$W=W_1+W_2$
  - 电功比值关系
    - 串联电路：$\dfrac{W_1}{W_2}=\dfrac{R_1}{R_2}$
    - 并联电路：$\dfrac{W_1}{W_2}=\dfrac{R_2}{R_1}$

第二节 电功率

1. 物理意义：表示做功的快慢的物理量。

2. 定义：电功与时间之比叫电功率（用来表示单位时间内电流做功多少）。

3. 定义式：$P=\dfrac{W}{t}$。

注意：计算时物理量的单位统一。

4. 推论：由电功率定义式 $P=\dfrac{W}{t}$、电功定义式 可得：$P=UI$。

纯电阻电路中：$P=I^2R$，$P=\dfrac{U^2}{R}$

5. 串并联电路电功率特点

（1）在串联电路和并联电路中，总功率等于各用电器电功率之和；

（2）串联电路中，各用电器的电功率与其电阻成正比，即 $\dfrac{P_1}{P_2}=\dfrac{U_1}{U_2}=\dfrac{R_1}{R_2}$；

（3）并联电路中，各用电器的电功率与其电阻成反比，即 $\dfrac{P_1}{P_2}=\dfrac{I_1}{I_2}=\dfrac{R_2}{R_1}$。

6. 额定功率

	定义	说明
额定电压	用电器正常工作时的电压	定值，用电器上标明的电压值
实际电压	用电器实际工作时的电压	不是定值，取决于用电器两端电压
额定电流	用电器正常工作时的电流	定值，用电器上标明的电流值
实际电流	用电器实际工作时的电流	不是定值，取决于流过用电器的电流
额定功率	用电器在额定电压下工作时的功率	定值，用电器上标明的功率值
实际功率	用电器在实际电压下工作时的功率	不是定值，对于灯泡来说，实际功率越大，灯泡越亮，此时温度越高，电阻也越大

一、基本计算

【例1】（2019辽宁省抚顺中考18题）如图所示是小明家的电能表，他家同时使用的用电器总功率不能超过____W。小明让一个用电器单独工作15 min，这段时间内电能表转盘刚好转了120转，则该用电器的实际功率为_____W，电能表示数将变为_____。

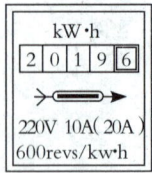

第十八章 电功率

答案

4400；800；2019.8kW·h。

解析

（1）由图知，电能表的工作电压是220 V，允许通过的最大电流为20 A，所以他家同时使用的用电器最大总功率：$P=UI=220×20\text{ A}=4400\text{ W}$。

（2）"600 revs/kW·h"表示每消耗1 kW·h，电能表的转盘转600 r，

电能表的转盘转120r消耗的电能：

$W=\dfrac{120}{600}\text{ kW·h}=0.2\text{ kW·h}$，

该用电器的电功率：

$P=\dfrac{W}{t}=\dfrac{0.2\text{ kW·h}}{\dfrac{15}{60}}=0.8\text{ kW}=800\text{W}$。

（3）由图示电能表可知，当时电能表示数为2019.6kW·h，

则后来电能表示数变为：2019.6 kW·h+0.2 kW·h=2019.8 kW·h。

二、比例问题

【例2】（2019 四川省巴中中考26题）如图所示的电路中，L_1标有"6 V 3 W"，L_2标有"3 V 3 W"，闭合开关后，两灯均发光，此时电路的总电阻$R_{总}$=_____Ω，两电压表示数之比$U_1:U_2$=_____；若将两灯并联后接入3V电路中，则两灯的实际功率之比$P_1:P_2$=_____。（不计温度对灯丝电阻的影响）

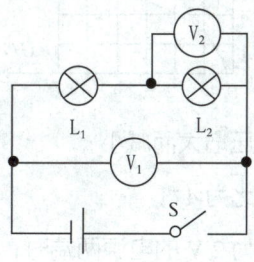

15；5:1；1:4。

解析

由 $P=UI=\dfrac{U^2}{R}$ 可得，两灯泡的电阻分别为：

$R_1=\dfrac{U_1^2}{P_1}=\dfrac{(6V)^2}{3W}=12\ \Omega$，$R_2=\dfrac{U_2^2}{P_2}=\dfrac{(3V)^2}{3W}=3\ \Omega$，

由电路图可知，L_1 与 L_2 串联，电压表 V_1 测电源两端的电压，电压表 V_2 测 L_2 两端的电压，电流表测电路中的电流，因串联电路中总电压等于各分电压之和，

所以，此时电路的总电阻：$R_总=R_1+R_2=12\ \Omega+3\ \Omega=15\ \Omega$，

因串联电路中各处的电流相等，所以，由 $I=\dfrac{U}{R}$ 可得，两电压表示数之比：

$\dfrac{U_总}{U_2}=\dfrac{IR_总}{IR_2}=\dfrac{R_总}{R_2}=\dfrac{15\ \Omega}{3\ \Omega}=\dfrac{5}{1}$，

若将两灯并联后接入 3V 电路中，因并联电路中各支路两端的电压相等，所以，两灯的实际功率之比：

$\dfrac{P_1'}{P_2'}=\dfrac{\dfrac{U_并^2}{R_1}}{\dfrac{U_并^2}{R_2}}=\dfrac{R_2}{R_1}=\dfrac{3\ \Omega}{12\ \Omega}=\dfrac{1}{4}$。

三、图象问题

【例3】（2019 江苏省苏州中考 11 题）额定电压均为 6 V 的甲、乙两灯，I–U 图象如图所示。下列说法正确的是（　　）

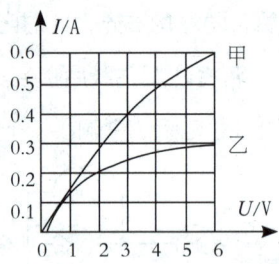

A. 甲、乙两灯的电阻均随电压增大而减小

B. 甲、乙两灯的额定功率之比为 4∶1

C. 甲、乙两灯并联接在电压为 2 V 的电源两端时，电阻之比为 3∶2

D. 甲、乙两灯串联接在电压为 8 V 的电源两端时，实际功率之比为 1∶3

答案 D

第十八章 电功率

> **解析**
>
> A. 由甲、乙曲线图可知，灯泡的电阻随电压的增大而增大，故 A 错误。
>
> B. 由于甲、乙两灯的额定电压均为 6 V，由图象可知：$I_{甲额}=0.6\,A$，$I_{乙额}=0.3\,A$，则：$\dfrac{P_{甲额}}{P_{乙额}}=\dfrac{U_额 I_{甲额}}{U_额 I_{乙额}}=\dfrac{I_{甲额}}{I_{乙额}}=\dfrac{0.6\,A}{0.3\,A}=\dfrac{2}{1}$，故 B 错误。
>
> C. 甲、乙两灯并联在 2 V 的电源两端时，由图象可知：$I_甲=0.3\,A$，$I_乙=0.2\,A$，根据 $I=\dfrac{U}{R}$ 可得电阻之比：$\dfrac{R_甲}{R_乙}=\dfrac{\dfrac{U}{I_甲}}{\dfrac{U}{I_乙}}=\dfrac{I_乙}{I_甲}=\dfrac{0.2\,A}{0.3\,A}=\dfrac{2}{3}$，故 C 错误。
>
> D. 把甲、乙两灯串联接在 8 V 的电源上时，通过它们的电流相等，且电源的电压等于两灯泡两端的电压之和。由图象可知，当电路中的电流为 0.3 A，甲灯的实际电压为 2 V，乙灯的实际电压为 6 V 时满足电源电压为 8 V，所以实际功率之比：$P_甲:P_乙=U_甲 I:U_乙 I=2V:6V=1:3$，故 D 正确。
>
> 故选 D。

四、变化量问题

> **例题**
>
> 【例 4】（2019 四川省内江中考 12 题）如图所示，电源电压恒定不变，闭合开关 S，将滑动变阻器的滑片 P 从中点向 b 端移动一段距离，电压表 V_1、V_2 示数的变化量分别为 ΔU_1、ΔU_2，电流表示数的变化量为 ΔI，阻值相同的定值电阻 R_1、R_2 消耗电功率的变化量分别为 ΔP_1、ΔP_2，则下列判断正确的是（　　）
>
>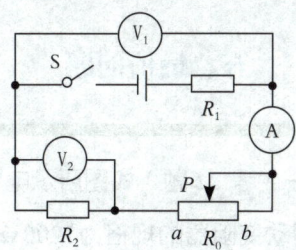
>
> A. $\Delta P_1+\Delta P_2=\Delta I^2\times(R_1+R_2)$　　　B. $|\Delta U_1|>|\Delta U_2|$
>
> C. $|\dfrac{\Delta U_1}{\Delta I}|+|\dfrac{\Delta U_2}{\Delta I}|=R_1+R_2$　　　D. $|\Delta U_1|<|\Delta U_2|$

答案

C

解析

由电路图可知，R_1 与 R_0、R_2 串联，电压表 V_1 测 R_0 与 R_2 两端的电压，电压表 V_2 测 R_2 两端的电压，电流表测电路中的电流。

（1）将滑动变阻器的滑片 P 从中点向 b 端移动一段距离，设移动前后电路中的电流分别为 I_1、I_2，

由 $I=\dfrac{U}{R}$ 可得，电压表 V_2 示数的变化量：

$\Delta U_2 = U_2 - U_2' = I_1 R_2 = I_2 R_2 = (I_1 - I_2) R_2 = \Delta I R_2$，则 $|\Delta U_2| = |\Delta I R_2|$，

因串联电路中总电压等于各分电压之和，

所以，电压表 V_1 示数的变化量：

$\Delta U_1 = U_1 - U_1' = (U - I_1 R_1) - (U - I_2 R_1) = (I_2 - I_1) R_1 = -\Delta I R_1$，则 $|\Delta U_1| = |\Delta I R_1|$，

因 R_1、R_2 的阻值相同，所以，$|\Delta U_1| = |\Delta U_2|$，故 BD 错误。

由 $\left|\dfrac{\Delta U_1}{\Delta I}\right| = R_1$、$\left|\dfrac{\Delta U_2}{\Delta I}\right| = R_2$ 可知，$\left|\dfrac{\Delta U_1}{\Delta I}\right| + \left|\dfrac{\Delta U_2}{\Delta I}\right| = R_1 + R_2$，故 C 正确。

（2）定值电阻 R_1、R_2 消耗电功率的变化量分别为 ΔP_1、ΔP_2，

则 $\Delta P_1 + \Delta P_2 = (I_1^2 - I_2^2)(R_1 + R_2) = (I_1 - I_2)(I_1 + I_2)(R_1 + R_2) = \Delta I (I_1 + I_2)(R_1 + R_2)$，故 A 错误。

故选 C。

五、最值问题

例题

【例5】（2018 四川省遂宁中考22题）如图所示电路，电源电压 18 V 恒定不变，小灯泡上标有"12 V"的字样，滑动变阻器的规格为"200Ω 1A"，电流表量程"0~0.6 A"，电压表量程"0~15 V"，调节滑动变阻器滑片至某一位置时再闭合开关，小灯泡 L 恰好正常发光，此时电流 2 s 内对小灯泡 L 做功 12 J，不考虑温度对电阻的影响。求：

（1）小灯泡 L 正常发光时的电流；

（2）滑动变阻器接入电路的阻值在什么范围时才能保证电路的安全？

（3）小灯泡 L 两端电压为何值时，滑动变阻器消耗的功率最大，最大功率是多少？

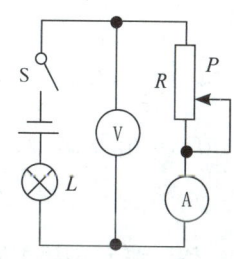

（1）小灯泡 L 正常发光时的电流为 0.5 A；
（2）滑动变阻器接入电路的阻值在 12~120 Ω 的范围时才能保证电路的安全；
（3）小灯泡 L 两端电压为 9 V 时，滑动变阻器消耗的功率最大，最大功率是 3.375 W。

解析

由电路图可知，灯泡 L 与滑动变阻器 R 串联，电压表测 R 两端的电压，电流表测电路中的电流。

（1）灯泡正常发光时的电压 U_L=12 V，t=2 s 时电流对小灯泡做的功 W_L=12 J，

由 $W=UIt$ 可得，小灯泡 L 正常发光时的电流：$I_L = \dfrac{W_L}{U_L t} = \dfrac{12\ \text{J}}{12\ \text{V} \times 2\ \text{s}} = 0.5\ \text{A}$。

（2）因串联电路中各处的电流相等，且电流表的量程为 0~0.6 A，变阻器允许通过的最大电流为 1 A，

所以，电路中的最大电流 $I_{大}$=0.5 A，此时滑动变阻器接入电路中的电阻最小，

由 $I = \dfrac{U}{R}$ 可得，电路中的总电阻和灯泡的电阻分别为：$R_{总} = \dfrac{U}{I_{大}} = \dfrac{18\ \text{V}}{0.5\ \text{A}} = 36\ \Omega$，

$R_L = \dfrac{U_L}{I_L} = \dfrac{12\ \text{V}}{0.5\ \text{A}} = 24\ \Omega$，

因串联电路中总电阻等于各分电阻之和，

所以，滑动变阻器接入电路中的最小阻值：$R_{小} = R_{总} - R_L = 36\ \Omega - 24\ \Omega = 12\ \Omega$。

当电压表的示数 U_R=15 V 时，滑动变阻器接入电路中的电阻最大，

因串联电路中总电压等于各分电压之和，

所以，此时灯泡两端的电压：$U_L' = U - U_R = 18\ \text{V} - 15\ \text{V} = 3\ \text{V}$，

则电路中的最小电流：$I_{小} = \dfrac{U_L'}{R_L} = \dfrac{3\ \text{V}}{24\ \Omega} = \dfrac{1}{8}\ \text{A}$，

则滑动变阻器接入电路中的最大阻值：$R_{大} = \dfrac{U_R}{I_{小}} = \dfrac{15\ \text{V}}{\dfrac{1}{8}\ \text{A}} = 120\ \Omega$，

则滑动变阻器接入电路的阻值在 12~120 Ω 的范围时才能保证电路的安全。

（3）滑动变阻器消耗的电功率：

$P_R = U_R I = (U - IR_L)I = (18V - I \times 24\Omega)I = -I^2 \times 24\Omega + 18V \times I = 3.375W - 24(I - \frac{3}{8}A)^2$，

当 $I = \frac{3}{8}A$ 时，滑动变阻器消耗的电功率最大，此时灯泡两端的电压：

$U_L'' = IR_L = \frac{3}{8}A \times 24\Omega = 9V$，

滑动变阻器消耗的最大电功率：$P_{R大} = (U - U_L'')I = (18V - 9V) \times \frac{3}{8}A = 3.375W$。

六、范围问题

【例6】（2019湖北省荆州中考23题）如图，电源电压恒为4.5 V，灯泡L上标有"3 V 1.5 W"字样，滑动变阻器R_2上标有"15 Ω 1A"字样，定值电阻R_1阻值为10 Ω，电流表量程为0~3 A，电压表量程为0~3 V，不计温度对灯丝电阻的影响。

求：（1）灯泡正常工作时电阻为多大；

（2）当开关S、S_1、S_2闭合，S_3断开时，电路最小总功率为多大；

（3）当开关S、S_3闭合，S_1、S_2断开时，在确保电路元件安全的情况下，求滑动变阻器R_2的取值范围。

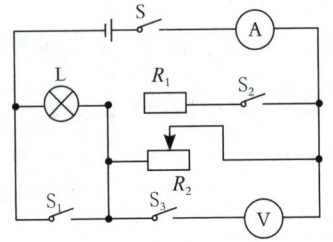

（1）灯泡正常工作时电阻为6 Ω。

（2）当开关S、S_1、S_2闭合，S_3断开时，电路最小总功率为3.375 W。

（3）当开关S、S_3闭合，S_1、S_2断开时，在确保电路元件安全的情况下，滑动变阻器R_2的取值范围为3~12 Ω。

解析

（1）根据 $P = \frac{U^2}{R}$ 得，灯泡正常工作时电阻：$R_L = \frac{U_额^2}{P_额} = \frac{(3V)^2}{1.5W} = 6\Omega$。

（2）当开关S、S_1、S_2闭合，S_3断开时，灯泡L被短路，定值电阻R_1与滑动变阻

器 R_2 并联，

当滑动变阻器 R_2 的阻值最大为 15 Ω 时，电路总电流最小，电路总功率最小，

通过 R_1 的电流：$I_1=\dfrac{U}{R_1}=\dfrac{4.5\ \text{V}}{10\ \Omega}=0.45\ \text{A}$，

通过滑动变阻器 R_2 的电流：$I_2=\dfrac{U}{R_2}=\dfrac{4.5\ \text{V}}{15\ \Omega}=0.3\ \text{A}$，

电路最小总功率：$P_{最小}=U\times(I_1+I_2)=4.5\ \text{V}\times(0.45\ \text{A}+0.3\ \text{A})=3.375\ \text{W}$。

（3）当开关 S、S_3 闭合，S_1、S_2 断开时，R_1 断路，灯泡 L 与滑动变阻器 R_2 串联，电压表测滑动变阻器 R_2 两端电压。灯泡的额定电流：$I_{额}=\dfrac{P_{额}}{U_{额}}=\dfrac{1.5\ \text{W}}{3\ \text{V}}=0.5\ \text{A}$。

因为灯泡额定电流 $I_{额}=0.5\ \text{A}$，电流表量程为 0~3 A，滑动变阻器标有"15 Ω 1 A"字样，所以，在确保电路元件安全的情况下，电路中最大电流为 $I_{最大}=I_{额}=0.5\ \text{A}$，此时滑动变阻器 R_2 阻值最小，则电路最小总电阻：$R_{最小}=\dfrac{U}{I_{最大}}=\dfrac{4.5\ \text{V}}{0.5\ \text{A}}=9\ \Omega$，

滑动变阻器 R_2 最小阻值：$R_{2最小}=R_{最小}-R_L=9\ \Omega-6\ \Omega=3\ \Omega$。

因为电压表量程为 0~3 V，所以在确保电路元件安全的情况下，滑动变阻器两端电压最大为 $U_2=3\ \text{V}$，此时滑动变阻器阻值最大，此时电路中电流：

$I_{最小}=\dfrac{U-U_2}{R_L}=\dfrac{4.5\ \text{V}-3\ \text{V}}{6\ \Omega}=0.25\ \text{A}$，

滑动变阻器 R_2 最大阻值：$R_{2最大}=\dfrac{U_2}{I_{最小}}=\dfrac{3\ \text{V}}{0.25\ \text{A}}=12\ \Omega$，

综上所述，滑动变阻器的阻值范围为 3~12 Ω。

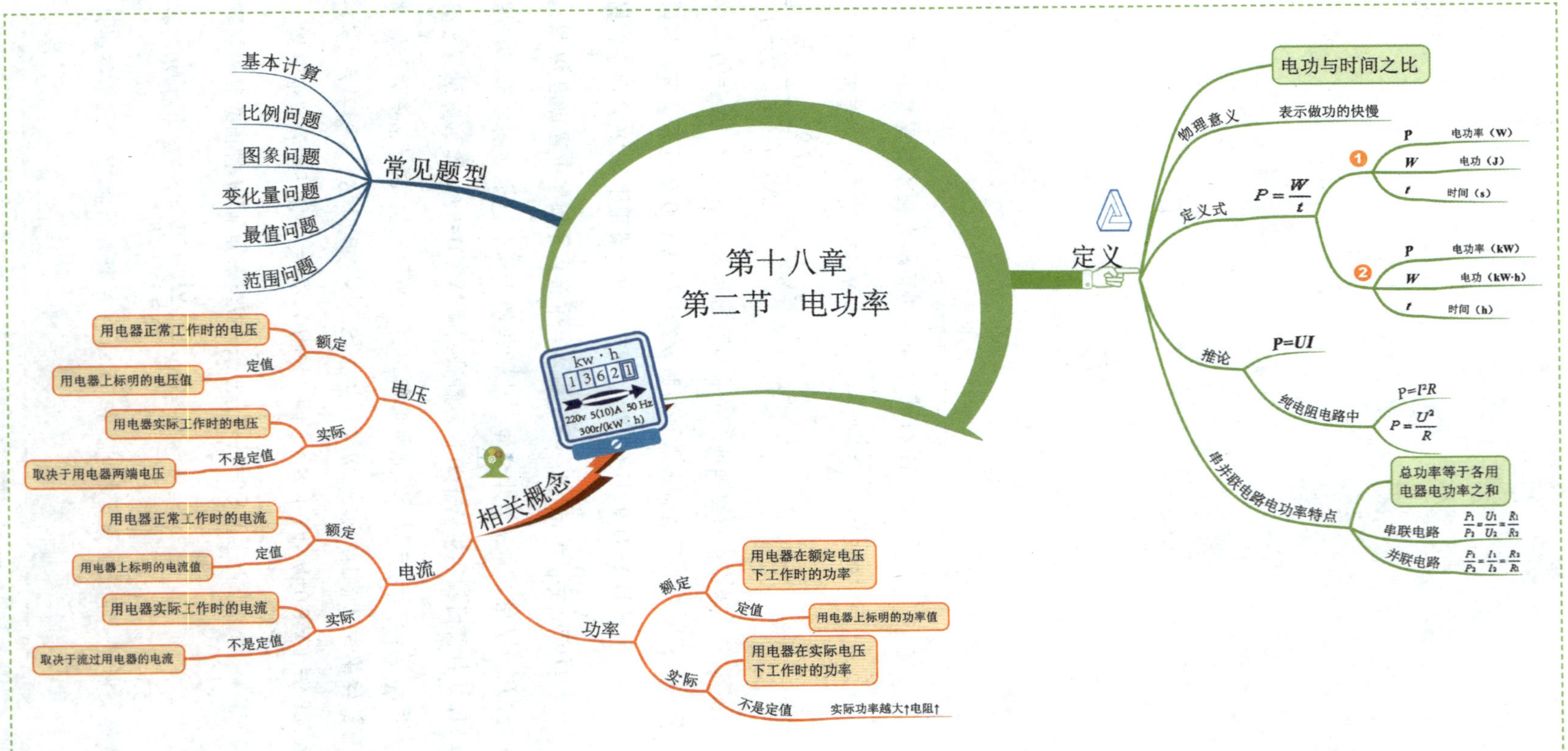
第十八章
第二节　电功率
常见题型
基本计算
比例问题
图象问题
变化量问题
最值问题
范围问题
定义
物理意义
表示做功的快慢
电功与时间之比
定义式
$P=\frac{W}{t}$
①
P　电功率（W）
W　电功（J）
t　时间（s）
②
P　电功率（kW）
W　电功（kW·h）
t　时间（h）
推论
P=UI
纯电阻电路中
$P=I^2R$
$P=\frac{U^2}{R}$
串并联电路电功率特点
总功率等于各用电器电功率之和
串联电路　$\frac{P_1}{P_2}=\frac{U_1}{U_2}=\frac{R_1}{R_2}$
并联电路　$\frac{P_1}{P_2}=\frac{I_1}{I_2}=\frac{R_2}{R_1}$
相关概念
电压
额定
用电器正常工作时的电压
定值
用电器上标明的电压值
实际
用电器实际工作时的电压
不是定值
取决于用电器两端电压
电流
额定
用电器正常工作时的电流
定值
用电器上标明的电流值
实际
用电器实际工作时的电流
不是定值
取决于流过用电器的电流
功率
额定
用电器在额定电压下工作时的功率
定值
用电器上标明的功率值
实际
用电器在实际电压下工作时的功率
不是定值
实际功率越大↑电阻↑
kw · h
1 3 6 2 1
220v 5(10)A 50 Hz
300r/(kW · h)

第二节　电功率

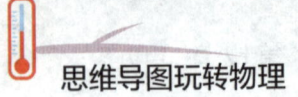

第三节 测量小灯泡的电功率

一、伏安法测小灯泡功率

1.【实验原理】$P=UI$

2.【实验器材】电源、开关、导线、小灯泡、电压表、电流表、滑动变阻器。

【实验电路图】

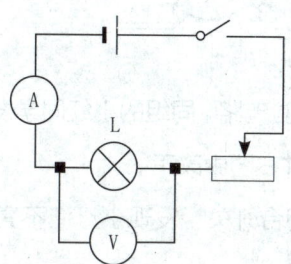

3.【实验步骤】

（1）按电路图连接实物。

（2）检查无误后，闭合开关。移动滑片，使小灯泡在额定电压下发光，观察小灯泡的亮度，并记下电压表和电流表的示数，代入公式 $P=UI$ 计算出小灯泡的额定功率。

（3）调节滑动变阻器，使小灯泡两端的电压约为额定电压的1.2倍，观察小灯泡的亮度，并记下电压表和电流表的示数，代入公式 $P=UI$ 计算出小灯泡此时的实际功率。

（4）调节滑动变阻器，使小灯泡两端的电压小于额定电压，观察小灯泡的亮度，并记下电压表和电流表的示数，代入公式 $P=UI$ 计算出小灯泡此时的实际功率。

4.【实验数据】

次数	电压 U/V	电流 I/A	电功率 P/W	发光情况
1				
2				
3				

5.【注意事项】

（1）接通电源前应将开关处于断开状态，将滑动变阻器的阻值调到最大；

（2）连好电路后要通过试触的方法选择电压表和电流表的量程；

（3）滑动变阻器的作用：改变电阻两端的电压和通过的电流，保护电路；

（4）不需要计算电功率的平均值。

例题

【例1】191（2019 宁夏中考 21 题）小明同学为了探究小灯泡亮度与实际功率的关系，设计了如图甲所示的实验电路，小灯泡标有"2.5 V"的字样。

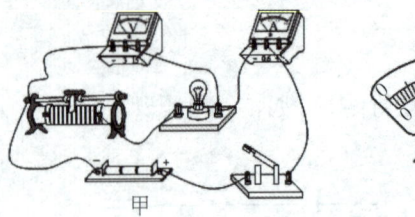

（1）图甲是小明连接的实验电路，同组的小红同学发现图中有一根导线连接错误，请你在这根导线上打"×"，并在图中改正。

（2）电路连接正确后，闭合开关，发现小灯泡不亮，而电流表有示数，电压表没有示数，则可能的故障是_____。

（3）排除故障后继续实验，小明进行了4次测量，并将有关数据及现象记录在如下表格中。当电压表示数为1.7 V时，电流表示数如图乙所示，请根据电流表的示数把表格补充完整。

实验序号	电压 U/V	电流 I/A	电阻 R/Ω	电功率 P/W	灯泡的亮度
1	0.5	0.16	3.1	0.08	不亮
2	1.7				较暗
3	2.5	0.28	8.9	0.70	正常
4	3.0	0.30	10.0	0.90	很亮

（4）根据实验目的分析实验数据及现象，可得出的结论是_____。

（5）实验中小灯泡的电阻变化的原因是_____。

（6）此实验中将小灯泡换成5Ω、10Ω、15Ω的定值电阻还能完成的探究实验是_____。

答案

（1）如下图所示；（2）灯泡短路；（3）0.24，7.1，0.41；（4）灯的实际功率越大，灯越亮；（5）灯的电阻随温度的变化而变化；（6）电压一定时，电流与电阻的关系。

解析

（1）原电路中，电压表测电源电压是错误的，电压表应测灯的电压，如下图所示：

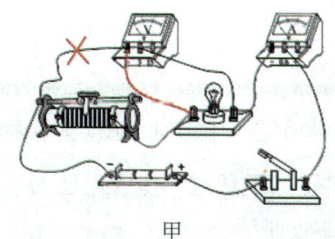

甲

（2）电路连接正确后，闭合开关，而电流表有示数，则电路为通路，发现小灯泡不亮，电压表没有示数，则可能的故障是灯泡短路。

（3）当电压表示数为 1.7 V 时，电流表示数如图乙所示，电流表选用小量程，分度值为 0.02 A，电流为 0.24 A，由欧姆定律得，灯的电阻：$R=\dfrac{U}{I}=\dfrac{1.7\text{ V}}{0.24\text{ A}}\approx 7.1\ \Omega$。

灯的功率：$P=UI=1.7\text{ V}\times 0.24\text{ A}\approx 0.41\text{ W}$。

（4）根据实验目的分析实验数据及现象，可得出的结论：灯的实际功率越大，灯越亮。

（5）实验中小灯泡的电阻变化的原因是灯的电阻随温度的变化而变化。

（6）此实验中将小灯泡换成 5 Ω、10 Ω、15 Ω 的定值电阻，可控制电阻电压一定，故还能完成的探究实验是：电压一定时，电流与电阻的关系。

二、特殊测量

1. 单表测量

（1）整体方法：等效替代法。

（2）电路设计

缺谁等谁分串并（区分定值电阻与滑动变阻器的串并联关系）；

知谁测谁接电表（确定电流表或电压表接的位置）；

先分后总接开关（确定单刀双掷开关的接法）；

电路不变是关键（操作过程注意事项）。

（3）操作步骤

断开关、接电路、滑变滑到最大处；

移滑变、看电表、何时额定很重要；

调开关、测分总、转化未知即完成。

2. 等效替代

整体方法：利用滑动变阻器或电阻箱替代灯泡正常工作时候电阻大小，进而求解小灯泡的额定功率。

【例2】（2019 河南省中考）在"探究小灯泡在不同电压下工作时的电功率是否相同"的实验中，实验室提供了如下器材：电源电压 U 恒为 8 V，滑动变阻器规格为"20Ω 2A"，小灯泡的额定电压 $U_{额}$ = 2.5 V，额定功率小于 1.2 W，两个阻值分别为 10Ω、20Ω 的定值电阻 R_0 可供选择。

（1）为使小灯泡两端电压有一较大的调节范围，小聪设计了如图甲所示的电路，请用笔画线代替导线，完成图乙中实物电路的连接。

（2）正确连接电路后，进行实验，记录的数据如表所示。当电压表示数为 2.5 V 时，电流表示数如图丙所示，小灯泡的额定功率为 _____ W。

实验次数物理量	1	2	3	4	5
电压 /V	1.0	1.5	2.0	2.5	3.0
电流 /A	0.24	0.32	0.38		0.44
电功率 /W					

（3）分析表中数据可得出结论：小灯泡工作时，消耗的电功率随电压的增大而 _____。根据数据还可判断出，小聪在实验中选用的是 R_0 = _____ Ω 的定值电阻。

（4）完成实验后，爱动脑筋的小聪又想出一种测量小灯泡额定功率的方法，设计了如图丁所示的电路，所用电压表量程为"0~15 V"，请将以下实验步骤补充完整。

①检查电路无误后，闭合开关 S，将开关 S_1 拨至"1"，调节滑动变阻器滑片直至电压表示数为 _____ ；

②滑片不动，再将开关 S_1 拨至"2"，读出电压表示数为 U_0；

③小灯泡的额定功率：$P_{额}$ = _____。（用 $U_{额}$、U_0、R_0 表示）

若步骤②中，在将开关 S_1 拨至"2"时，不小心将滑片向右移动了少许，其他操作正确，则测出的小灯泡额定功率比真实值 _____（选填"偏大"或"偏小"）。

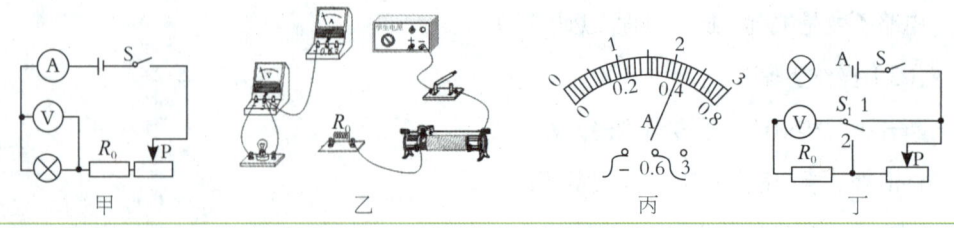

甲　　乙　　丙　　丁

第十八章 电功率

答案

（1）如下图所示；（2）1.05；（3）增大，10；（4）① 5.5V，③ $U_{额} \cdot \dfrac{U_0}{R_0}$，偏小。

解析

（1）由 $P=UI$ 得，小灯泡的额定电流约为：$I = \dfrac{P}{U} = \dfrac{1.2\ \text{W}}{2.5\ \text{V}} = 0.48\ \text{A} < 0.6\ \text{A}$，所以，电流表选择 0~0.6 A 的量程。

灯泡、R_0 及滑动变阻器串联，故将电流表的"0.6"接线柱与电源的"+"极连接，小灯泡的左接线柱与 R_0 的左接线柱连接，如图所示：

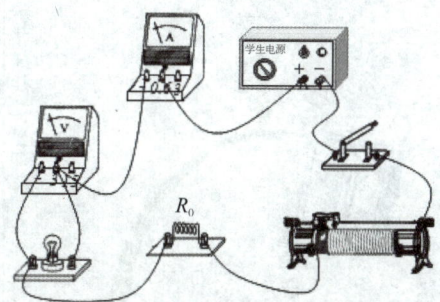

（2）由（1）可知，电流表选择 0~0.6 A 的量程，分度值为 0.02 A，示数为 0.42 A，则小灯泡的额定功率：$P_{额} = U_{额} I_{额} = 2.5\ \text{V} \times 0.42\ \text{A} = 1.05\ \text{W}$。

（3）由表中数据可知，随着灯泡两端电压的增大，电流也增大，根据 $P=UI$ 可知，小灯泡消耗的电功率增大，即小灯泡工作时，消耗的电功率随电压的增大而增大。

由表中数据可知，第 5 次实验电流最大，此时电路总电阻最小，

由 $I = \dfrac{U}{R}$ 可得，第 5 次实验时电路总电阻：$R_{总} = \dfrac{U}{I_5} = \dfrac{8\ \text{V}}{0.44\ \text{A}} \approx 18.2\ \Omega < 20\ \Omega$，

因 $R_{总} = R_L + R_0 + R_{滑}$，已知定值电阻 R_0 的阻值为 10 Ω 或 20 Ω，

故小聪在实验中选用的是 $R_0 = 10\ \Omega$。

（4）要测量小灯泡的额定功率，需使小灯泡两端的电压等于其额定电压：

①闭合开关 S，将开关 S_1 拨至"1"，小灯泡、R_0 和滑动变阻器串联，电压表测 R_0 和滑动变阻器两端的电压，调节滑动变阻器的滑片，灯泡正常发光时，

电压表的示数：$U_V = U - U_{额} = 8\ \text{V} - 2.5\ \text{V} = 5.5\ \text{V}$。

②滑片不动，再将开关 S_1 拨至"2"，电压表测 R_0 两端的电压 U_0，此时电路中的电流即为小灯泡的额定电流：$I_{额} = \dfrac{U_0}{R_0}$。

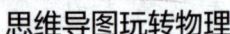

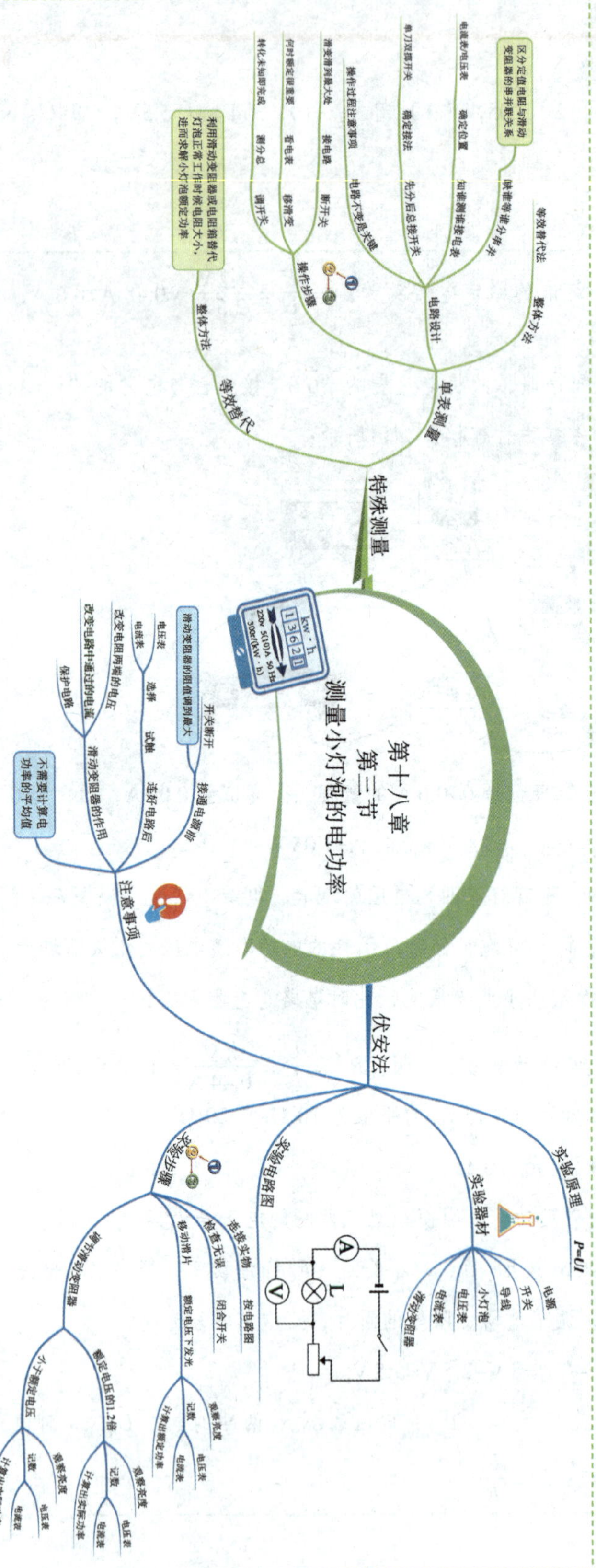

第三节 测量小灯泡的电功率

③小灯泡的额定功率：

$P_额 = U_额 I_额 = U_额 \cdot \dfrac{U_0}{R_0}$。

将开关 S_1 拨至"2"，滑片向右移动稍许，滑动变阻器接入电路的阻值变大，根据串联分压知识可知，滑动变阻器两端的电压变大，定值电阻 R_0 两端的电压 U_0 变小。

根据

$P_额 = U_额 I_额 = U_额 \cdot \dfrac{U_0}{R_0}$

可知，测出的小灯泡的额定功率比真实值偏小。

第四节 焦耳定律

一、电流的热效应

1. 电流的热效应：电流通过导体时电能转化成热量，这种现象叫作电流的热效应。
2. 电流热效应的实质：电流通过导体时，电能转化为内能。
3. 探究实验：探究影响电流通过导体产生的热量的因素。
4. 实验方法：控制变量法、转换法。

【例1】（2015 四川省自贡中考15题）将规格都是"220 V 100 W"的一台电风扇、一台电视机和一把电烙铁分别接入同一家庭电路中，通电时间相同，下列说法正确的是（　　）

A. 三个用电器产生的热量相同
B. 电风扇产生的热量最多
C. 电烙铁产生的热量最多
D. 电视机产生的热量最多

答案 C

解析 因为 $U=220$ V，所以三种用电器的实际功率：$P=P_{额}=100$ W；又因为 $W=Pt$，所以三种用电器消耗的电能相同。

由于电视机将一部分电能转化为光能，电风扇中的电动机将大部分电能转化为机械能，电烙铁将电能全部转化为内能，则产生热量最多的是电烙铁。

故选 C。

二、焦耳定律

1. 内容：电流通过导体产生的热量跟电流的二次方成正比，跟电阻成正比，跟通电时间成正比，这个规律叫焦耳定律。
2. 定义式：$Q=I^2Rt$。

【例2】（2019 四川省自贡中考 17 题）把一个标有"10V 3W"的小灯泡和定值电阻 R 串联后接在电压为 12 V 的电源上（如图所示），小灯泡恰能正常工作。该电路工作 10 s 定值电阻产生的热量是（　　）

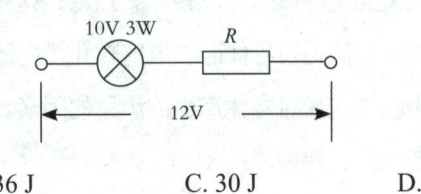

A. 60 J　　　　B. 36 J　　　　C. 30 J　　　　D. 6 J

答案

D

解析

（1）由 $P=UI$ 可得，灯泡正常发光时的电流：

$I_L=\dfrac{P_L}{U_L}=\dfrac{3\text{ W}}{10\text{ V}}=0.3\text{A}$。

（2）因串联电路中总电压等于各分电压之和，且小灯泡正常发光，

所以，R 两端的电压：

$U_R=U-U_L=12\text{ V}-10\text{ V}=2\text{ V}$。

因串联电路中各处的电流相等，该电路工作 10 s 定值电阻产生的热量：

$Q=W=U_R It=2\text{ V}\times 0.3\text{ A}\times 10\text{ s}=6\text{ J}$。

故选 D。

三、纯电阻电路和非纯电阻电路

1. 对于纯电阻电路，电流做功消耗的电能全部转化为内能（$Q=W$），这时以下公式均成立：$Q=UIt$，$Q=\dfrac{U^2}{R}t$，$Q=Pt$。

此时串并联电路电热的特点：

（1）在串联电路和并联电路中，电流产生的总热量等于部分电热之和；

（2）串联电路中，各部分电路的热量与其电阻成正比，即 $\dfrac{Q_1}{Q_2}=\dfrac{U_1}{U_2}=\dfrac{R_1}{R_2}$；

（3）并联电路中，各部分电路的热量与其电阻成反比，即 $\dfrac{Q_1}{Q_2}=\dfrac{I_1}{I_2}=\dfrac{R_2}{R_1}$。

例题

【例3】（2016辽宁省盘锦中考26题）如图所示，电源电压12 V，R_1=10 Ω，R_3=50 Ω。

（1）只闭合开关S_2，1 min 内 R_3 产生的热量是多少？

（2）只闭合开关S_3，R_1 的功率是1.6 W，R_2 的阻值是多少？

（3）同时闭合开关S_1、S_2、S_3，电流表的示数是多少？

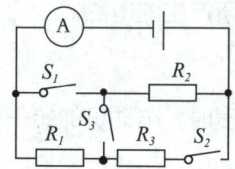

答案

（1）只闭合开关S_2，1 min 内 R_3 产生的热量是 120 J。

（2）只闭合开关S_3，R_1 的功率是1.6 W，R_2 的阻值是 20 Ω。

（3）同时闭合开关S_1、S_2、S_3，电流表的示数是 0.84 A。

解析

（1）由电路图可知，当只闭合开关S_2时，R_1 和 R_3 串联，

根据串联电路电阻特点可知，总电阻：$R_总=R_1+R_3=10\ \Omega+50\ \Omega=60\ \Omega$，

由欧姆定律得，电路中的电流：$I=\dfrac{U}{R}=\dfrac{12\ \text{V}}{60\ \Omega}=0.2\ \text{A}$，

时间 t =1 min=60 s，

由焦耳定律得，R_3 产生的热量：$Q=I^2R_3t=(0.2\ \text{A})^2\times 50\ \Omega\times 60\ \text{s}=120\ \text{J}$。

（2）由电路图可知，当只闭合开关S_3时，R_1 和 R_2 串联，

由 $P=I^2R$ 得，电路中的电流：$I'=\sqrt{\dfrac{P_1}{R_1}}=\sqrt{\dfrac{1.6\ \text{W}}{10\ \Omega}}=0.4\ \text{A}$，

由 $I=\dfrac{U}{R}$ 得，此时电路的总电阻：$R'_总=\dfrac{U}{I'}=\dfrac{12\ \text{V}}{0.4\ \text{A}}=30\ \Omega$，

根据串联电路电阻特点可知，电阻 R_2 的阻值：$R_2=R'_总-R_1=30\ \Omega-10\ \Omega=20\ \Omega$。

（3）由电路图可知，当同时闭合开关S_1、S_2、S_3时，R_1 被短路，R_2 和 R_3 并联，电流表测干路中的电流，由欧姆定律得，通过 R_2 的电流：$I_2=\dfrac{U}{R_2}=\dfrac{12\ \text{V}}{20\ \Omega}=0.6\ \text{A}$，

通过 R_3 的电流：$I_3=\dfrac{U}{R_3}=\dfrac{12\ \text{V}}{50\ \Omega}=0.24\ \text{A}$，

根据并联电路电流规律可得，干路中的电流：$I_1=I_2+I_3=0.6\ \text{A}+0.24\ \text{A}=0.84\ \text{A}$，

即电流表的示数为 0.84 A。

2. 对于非纯电阻电路，电能除了转化为内能，还要转化为其他形式的能量，求 Q 时只能用 $Q=I^2Rt$。

【例4】（2019浙江省杭州中考8题）如图是一电动机提升物体的示意图，电源电压为120伏。电动机将一个质量为50千克的物体1秒内匀速上提0.9米，电路中的电流为5安培。（g取10牛/千克）

（1）求该电动机工作1秒钟所产生的电热。

（2）求电动机线圈阻值。

（3）当该重物上升到一定高度时，电动机的转子突然被卡住，为什么这种情况下电动机容易烧坏？

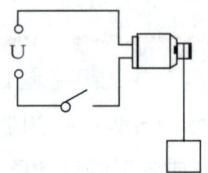

（1）该电动机工作1秒钟所产生的电热为150 J。

（2）电动机线圈阻值为6 Ω。

（3）电动机的转子被卡住时，电动机可看成纯电阻电路，通过电动机的电流过大，将电能全部转化为内能，所以电动机温度过高，容易烧坏。

解析

（1）由题意可知电动机1 s消耗的电能：$W=UIt=120\text{ V}\times 5\text{ A}\times 1\text{ s}=600\text{ J}$，

消耗电能转化成的机械能对物体做功，所以转化成的机械能：

$W_{机}=Gh=mgh=50\text{ kg}\times 10\text{ N/kg}\times 0.9\text{ m}=450\text{ J}$，

所以转化成的内能，即产生电热：$Q=W-W_{机}=600\text{ J}-450\text{ J}=150\text{ J}$。

（2）由 $Q=I^2Rt$ 可得，电动机线圈阻值：$R=\dfrac{Q}{I^2t}=\dfrac{150\text{ J}}{(5\text{A})^2\times 1\text{ s}}=6\text{ Ω}$。

（3）电动机的转子被卡住时，电动机可看成纯电阻电路，通过电动机的电流过大，将电能全部转化为内能，所以电动机温度过高，容易烧坏。

四、电热的利用和防止

1. 利用电热的例子：热水器、电饭锅、电熨斗、电热孵化器等。
2. 防止电热的例子：电视机外壳的散热窗、计算机内的散热风扇、电动机外壳的散热片等。

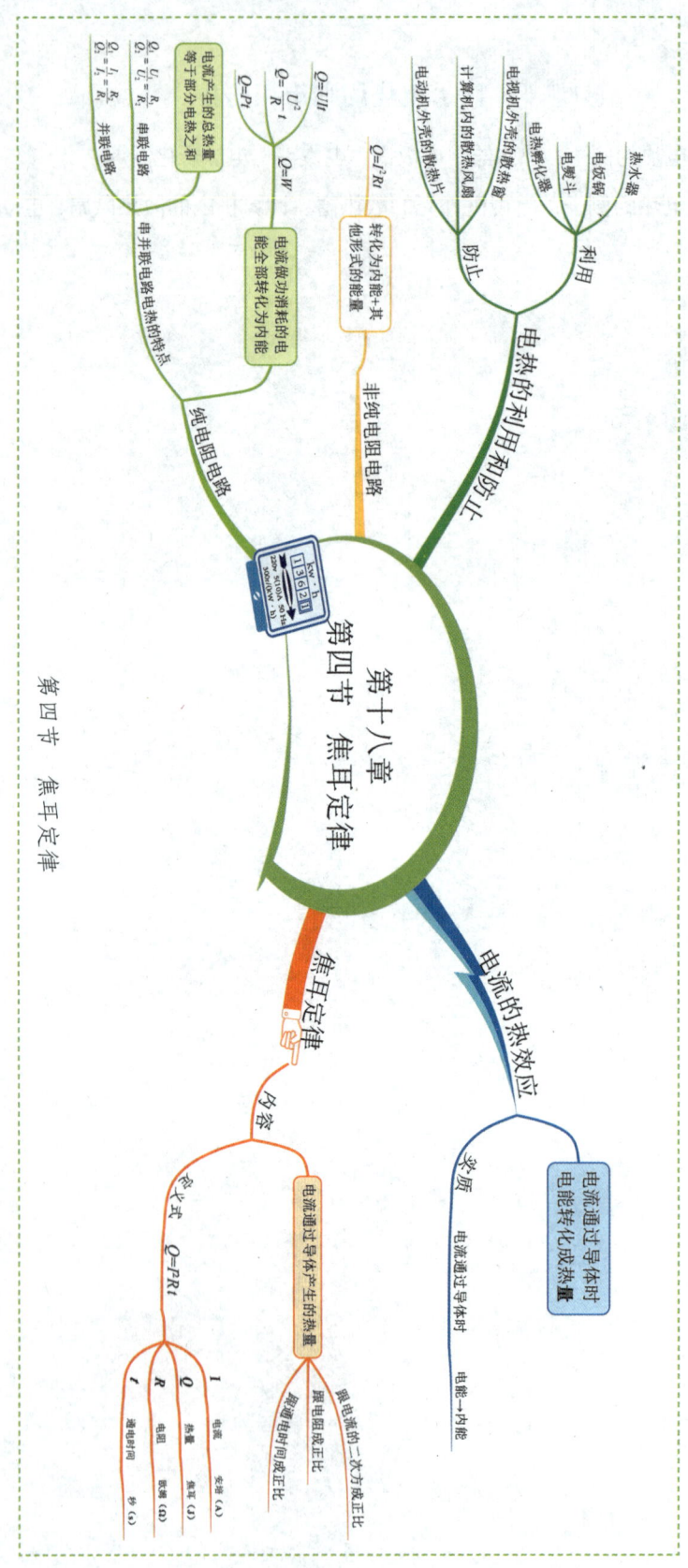

第四节 焦耳定律

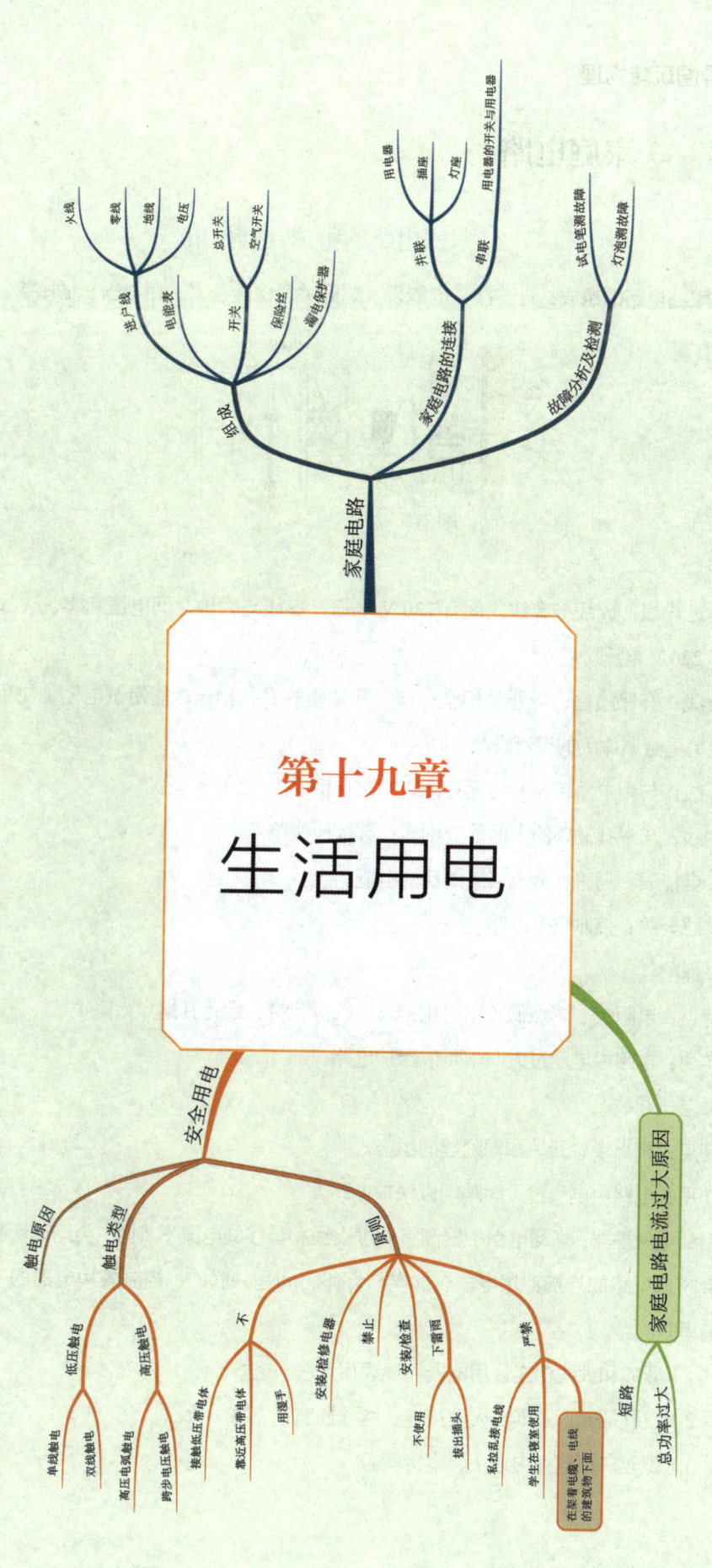

第一节 家庭电路

一、家庭电路的组成及其作用

1. 家庭电路的组成：进户线、电能表、总开关、保险装置、用电器、插座等。

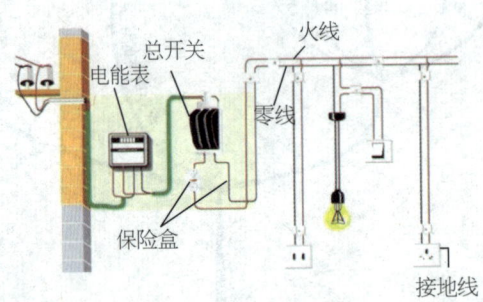

2. 进户线：火线与零线之间有 220 V 电压，零线与大地之间电压为零，火线与大地之间有 220 V 电压。

火线：有保险盒；与开关相连；与三孔插座的右孔相连；能使试电笔（使用时，人体接触笔尾金属体）的氖管发光。

零线：与用电器相连；与三孔插座的左孔相连。

地线：与三孔插座的上面的孔相连；有接地线符号。

3. 电能表：用来计量电路所消耗的电能。

4. 总开关：控制整个电路。

5. 保险丝

特点：电阻大、熔点低（不可用铜丝、铁丝代替，因为其熔点太高）。

作用：电路中电流过大时熔断以保护电路。

6. 空气开关

特点：相当于总开关和保险丝的组合。

作用：电路中电流过大时跳闸以保护电路。

7. 漏电保护器：当漏电保护器测得通过火线和零线的电流不等时，会迅速切断电流。

8. 家庭电路的连接：用电器、插座与灯座之间是并联的，控制各用电器的开关与用电器是串联的。

（1）开关和火线相连，用电器和地线相连。

（2）三孔插座：左零右火上接地；两孔插座：左零右火。

（3）螺丝口灯泡：火进头，零接侧。

例题

【例1】（2019辽宁省大连中考8题）下列家庭电路中，连接符合安全用电要求的是（　　）

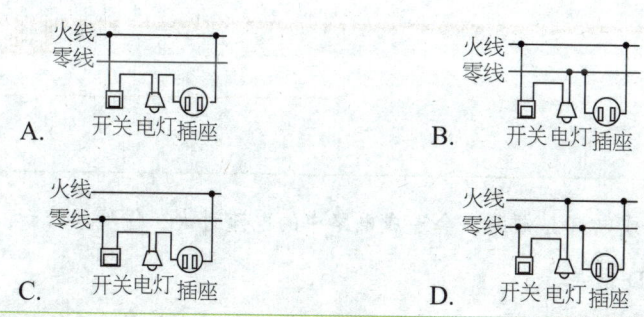

答案 B

解析

AC.家庭电路中灯和插座之间应该是并联的，而这两幅图中灯和插座串联，故AC错误。

BD.为了保障用电安全，开关应接在火线与电灯之间，插座接线时应遵循"左零右火"的原则，故B正确、D错误。

故选B。

二、故障分析及检测

1.试电笔测故障：通过观察氖管的明暗，判断是否有电流通过，进而判断故障原因。
2.灯泡测故障：通过观察正常灯泡的明暗判断故障原因。

例题

【例2】（2019湖南省常德中考15题）如图所示，闭合开关S后，发现电灯L不亮，且保险丝没有熔断。某同学用试电笔测试如图的A、B、C、D四处，发现A、C、D这三处都能使试电笔的氖管发光，而B处不发光。那么可以判定故障是（　　）

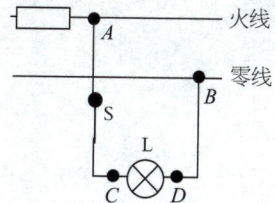

347

思维导图玩转物理

A. 火线和零线短路　　　　B. 电线 AC 段某处断路

C. 电线 BD 段某处断路　　D. 电灯 L 短路

C

解析

AD. 若火线和零线短路或电灯 L 短路，会造成电路中的电流过大、保险丝熔断，而题中保险丝没有熔断，故 AD 错误。

BC. 测电笔接触 A、C 两处时氖管均发光，说明火线有电，且电线的 AC 段是完好的；测电笔接触 D 处时氖管发光，说明灯泡是完好的；而测电笔接触 B 处时氖管不发光，说明 B 点与火线是断开的，所以电线 BD 段某处断路，故 B 错误，C 正确。

故选 C。

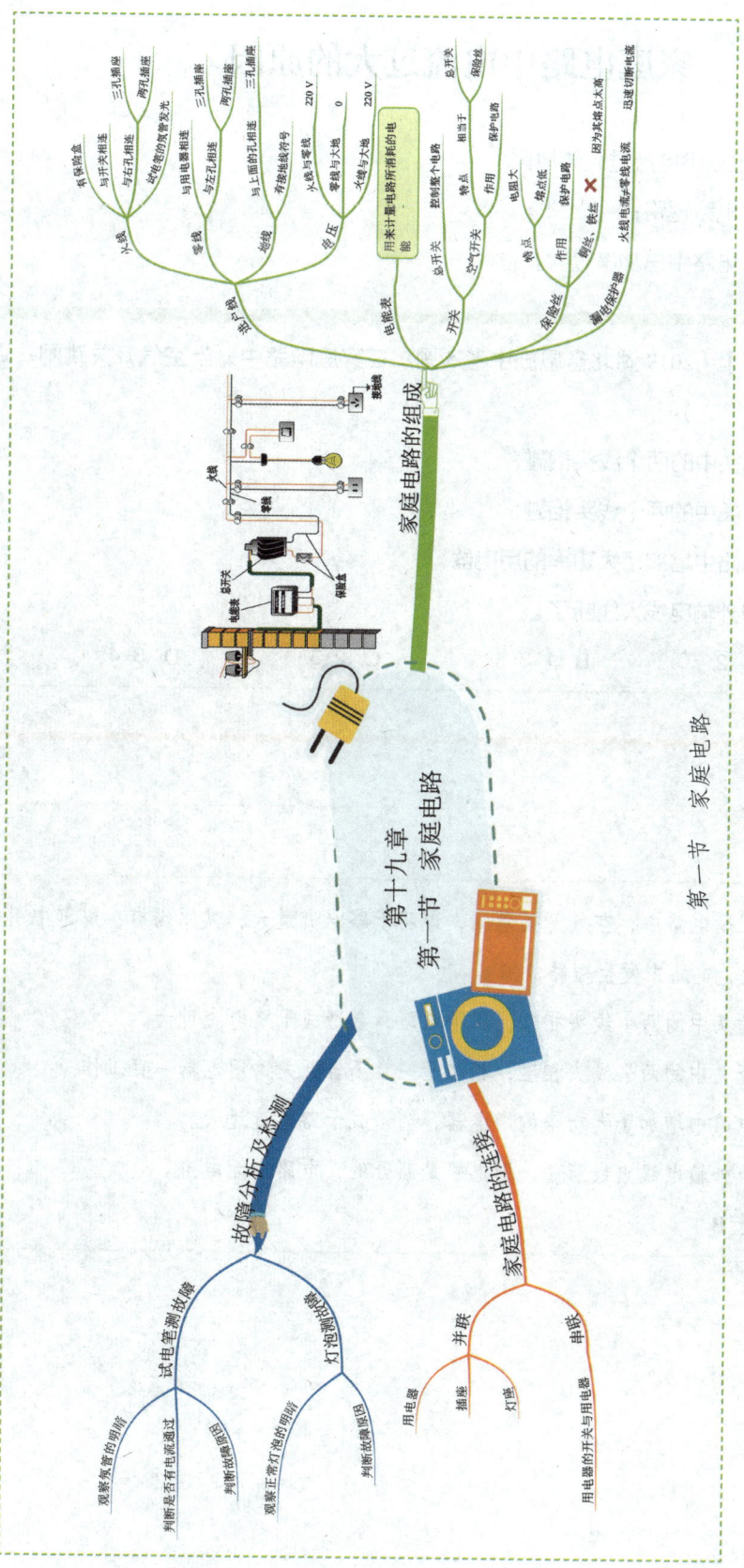

第二节 家庭电路中电流过大的原因

家庭电路中电流过大的原因

（1）电路短路；

（2）电路中总功率过大。

> **例题**
>
> 【例】（2019湖北省恩施中考5题）在家庭电路中，当空气开关跳闸，则可能的原因是（　　）
>
> ①插头中的两个线头相碰；
>
> ②开关中的两个线头相碰；
>
> ③电路中增加了大功率的用电器；
>
> ④户外输电线火线断了。
>
> A.①②　　　B.①③　　　C.②③　　　D.③④

答案

B

解析

在家庭电路中，空气开关跳闸，说明干路电流过大，其原因有：电路中用电器的总功率过大，电路中发生短路故障。

①插头中的两个线头相碰，属于短路，会造成干路电流过大。

②开关中的两个线头相碰，相当于一直闭合开关，用电器一直工作。

③电路中增加了大功率的用电器，会造成干路电流过大。

④户外输电线火线断了，则电路是断开的，电路中无电流。

故选B。

第十九章 生活用电

第二节 家庭电路中电流过大原因

第三节 安全用电

1. 触电原因：人体成为闭合回路的一部分。

2. 触电类型

（1）低压触电

单线触电：火线、人体和大地构成回路。

双线触电：火线、人体和零线构成回路。

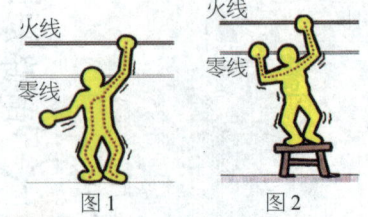

（2）高压触电

高压电弧触电：当人体靠近高压带电体到一定距离时，高压带电体和人体之间会发生放电现象。这时有电流通过人体，造成高压电弧触电。

跨步电压触电：当高压输电线落在地面上，地面上与电线断头距离不同的各点存在着电压（跨步电压），这时电流通过人体造成跨步电压触电。

3. 安全用电原则

（1）不接触低压带电体，不靠近高压带电体。

（2）不用湿手扳开关、插入或拔出插头。

（3）安装、检修电器应穿绝缘鞋、站在绝缘体上，且要切断电源。

（4）禁止用铜丝代替保险丝，禁止用橡皮胶代替电工绝缘胶布。

（5）在电路中安装触电保护器，并定期检验其灵敏度。

（6）下雷雨时，不使用收音机、录像机、电视机，且拔出电源插头，拔出电视机天线插头。暂时不使用电话，如一定要用，可用免提功能。

（7）严禁私拉乱接电线，禁止学生在寝室使用电炉、"热得快"等电器。

（8）不在架着电缆、电线的建筑物下面放风筝和进行球类活动。

> **【例】**（2018 四川省绵阳中考 7 题）如图所示，甲站在干燥的木桌上一只手接触到火线；乙站在地上一只手接触到零线；丙站在干燥的木桌上一只手接触到火线。此时，丁站在地面上用手去拉丙。则（   ）
>
>

A. 甲、乙都会触电　　　　B. 甲、丙都会触电

C. 乙、丁都会触电　　　　D. 丙、丁都会触电

答案

D

解析

甲站在干燥的木桌上一只手接触到火线，无法形成电流的通路，故不会发生触电。

乙站在地上一只手接触到零线，因为零线与大地之间没有电压，因此没有电流通过人体，不会发生触电。

丙站在干燥的木桌上一只手接触到火线，此时，丁站在地面上用手去拉丙，这样电流可以从火线经丙、丁导向大地，会造成丙、丁两人同时触电。

综上所述，甲、乙都不会触电，丙、丁都会触电。

故选 D。

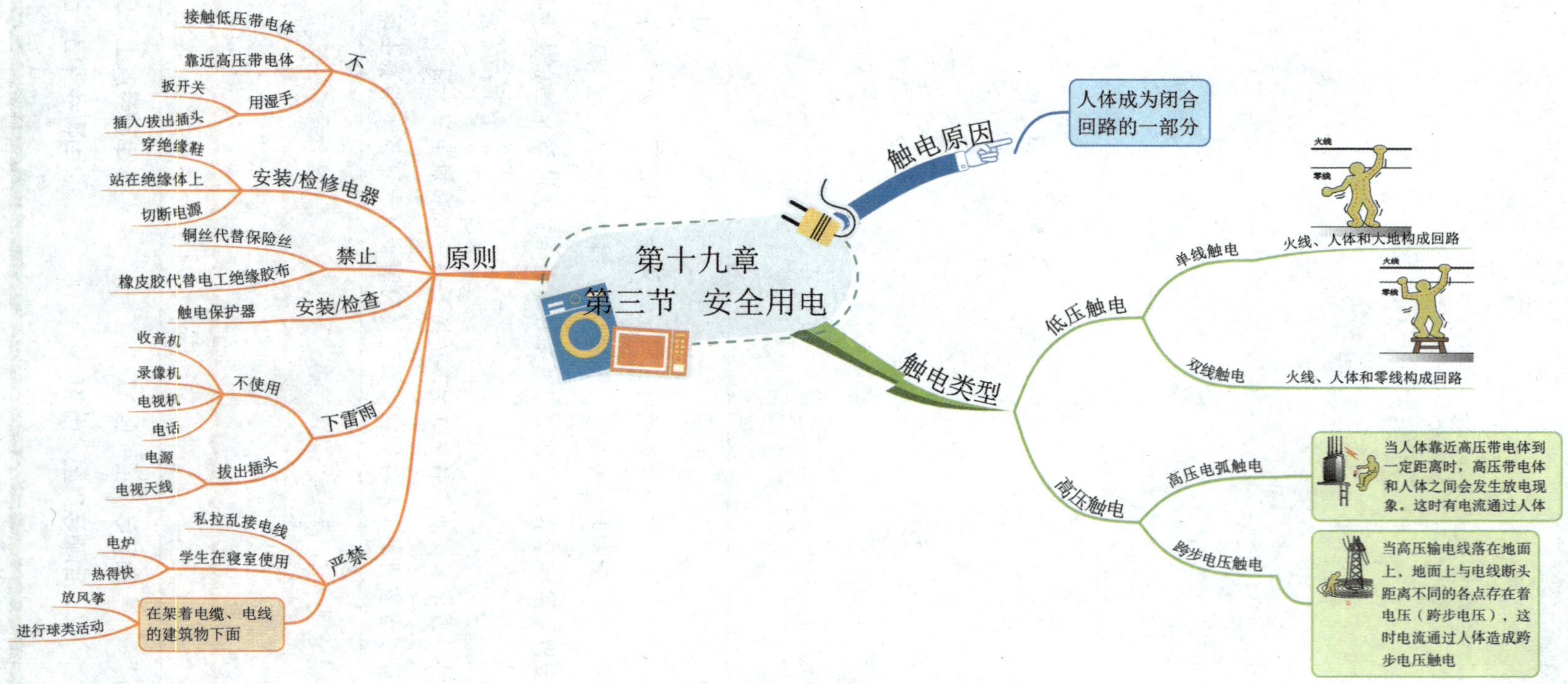
第十九章
第三节　安全用电
原则
不
接触低压带电体
靠近高压带电体
用湿手
扳开关
插入/拔出插头
安装/检修电器
穿绝缘鞋
站在绝缘体上
切断电源
禁止
铜丝代替保险丝
橡皮胶代替电工绝缘胶布
安装/检查
触电保护器
下雷雨
不使用
收音机
录像机
电视机
电话
拔出插头
电源
电视天线
严禁
私拉乱接电线
学生在寝室使用
电炉
热得快
在架着电缆、电线的建筑物下面
放风筝
进行球类活动
触电原因
人体成为闭合回路的一部分
触电类型
低压触电
单线触电
火线、人体和大地构成回路
双线触电
火线、人体和零线构成回路
火线
零线
高压触电
高压电弧触电
当人体靠近高压带电体到一定距离时，高压带电体和人体之间会发生放电现象。这时有电流通过人体
跨步电压触电
当高压输电线落在地面上，地面上与电线断头距离不同的各点存在着电压（跨步电压），这时电流通过人体造成跨步电压触电

第三节　安全用电

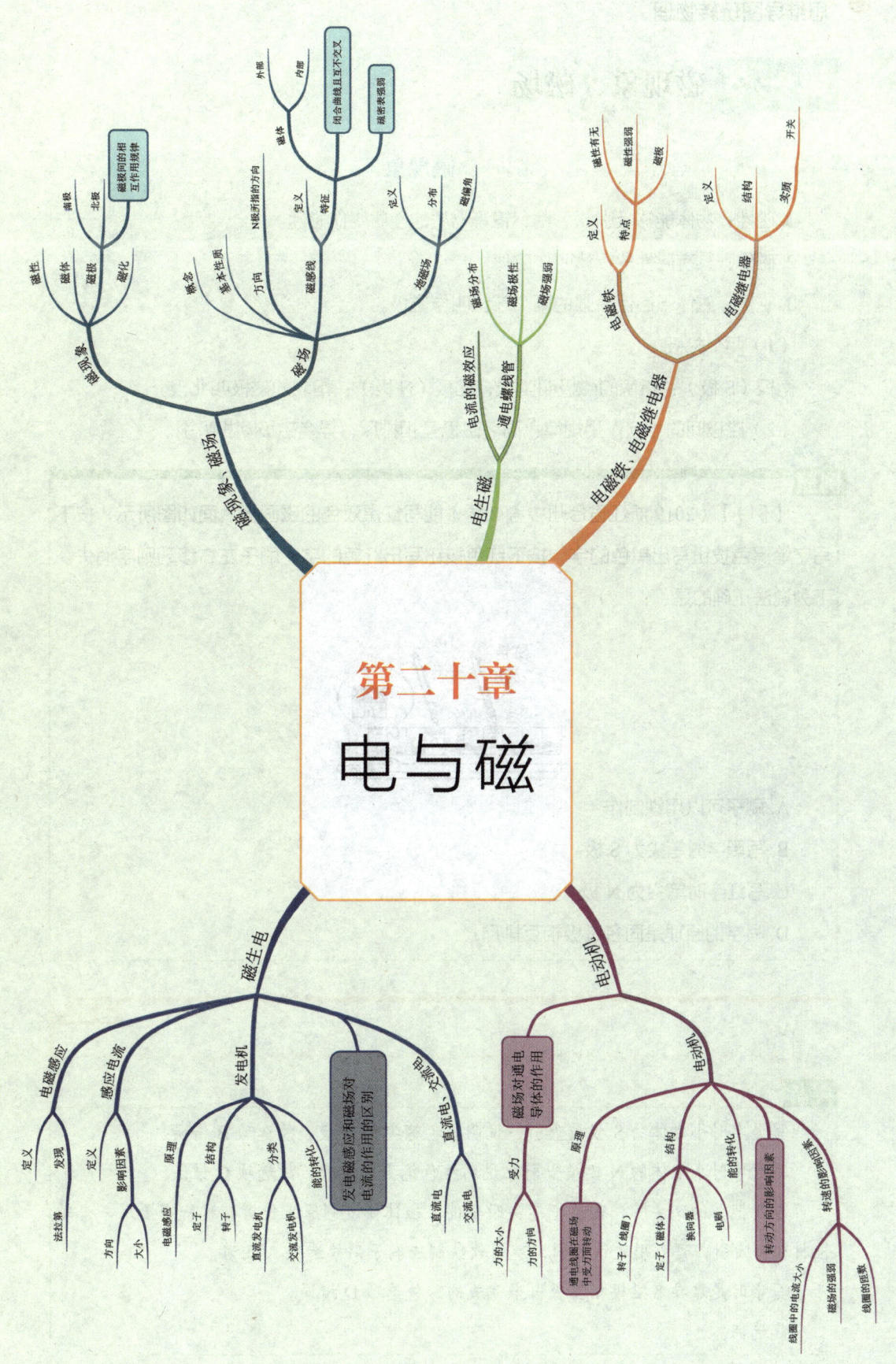

第一节 磁现象、磁场

一、磁现象

1. 磁性：物体能够吸引铁、钴、镍等物质的性质叫作磁性。

2. 磁体：具有磁性的物体叫作磁体。

3. 磁极：磁体上磁性最强的两个部位叫作磁极。

（1）两个磁极

南极（S极）：指南的磁极叫南极；北极（N极）：指北的磁极叫北极。

（2）磁极间的相互作用规律：同名磁极互相排斥，异名磁极互相吸引。

例题

【例1】（2019浙江省台州中考2题）能写红黑双色的磁画板截面如图所示，按下写字笔黑色按钮写出黑色的字，按下红色按钮写出红色的字，刷子左右移动则字消失。下列说法正确的是（　　）

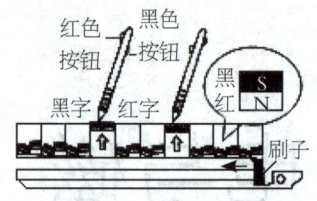

A. 刷子可以用铁制作

B. 写黑字时笔尖为 S 极

C. 写红字时笔尖为 N 极

D. 写字的原理是同名磁极相互排斥

答案

A

解析

写黑字时小磁体的 S 极被吸引，说明黑色笔尖是 N 极，故选项 B 错误。

写红字时小磁体的 N 极被吸引，说明红色笔尖是 S 极，故选项 C 错误。

要想把写的字去掉，需要把笔尖吸引的小磁体恢复到原来位置，这就需要用一个磁性材料去吸引，可以用软铁吸引，就用软铁制成刷子，故选项 A 正确。

写字时是靠异名磁极相互吸引来完成的，故选项 D 错误。

故选 A。

二、磁场

1. 磁场

（1）概念：在磁体周围存在的一种物质，能使磁针偏转，这种物质看不见、摸不到，但是客观存在，我们把它叫作磁场。

（2）基本性质：磁场对放入磁场中的磁体产生力的作用，磁体间的相互作用是通过磁场发生的。

（3）磁场的方向：在磁场中的小磁针静止时，N极所指的方向规定为该点的磁场方向。

2. 磁感线

（1）定义：磁感线是为描述磁场的强弱和方向的假想曲线（不是客观存在的）。

（2）特征

①在磁体外部，磁感线从N极出发回到S极；在磁体内部，磁感线从S极出发回到N极。

②磁感线是闭合曲线且互不交叉。

③磁感线的疏密表示磁场的强弱：磁感线越密集，磁场越强。

【例2】（2019 山东省烟台中考6题）甲、乙为两个条形磁铁的两个磁极，根据图所示的小磁针静止时的指向，可以判断（ ）

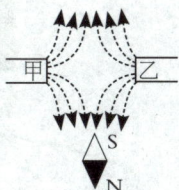

A. 甲是N极，乙是S极　　　　B. 甲、乙都是N极

C. 甲、乙都是S极　　　　　　D. 甲是S极，乙是N极

B

解析

由磁感线可知，两磁极相互排斥，且磁感线均指由磁铁向外，故两磁极均为N极；小磁针所在处磁场向上，故小磁针S极在上、N极在下。

故选B。

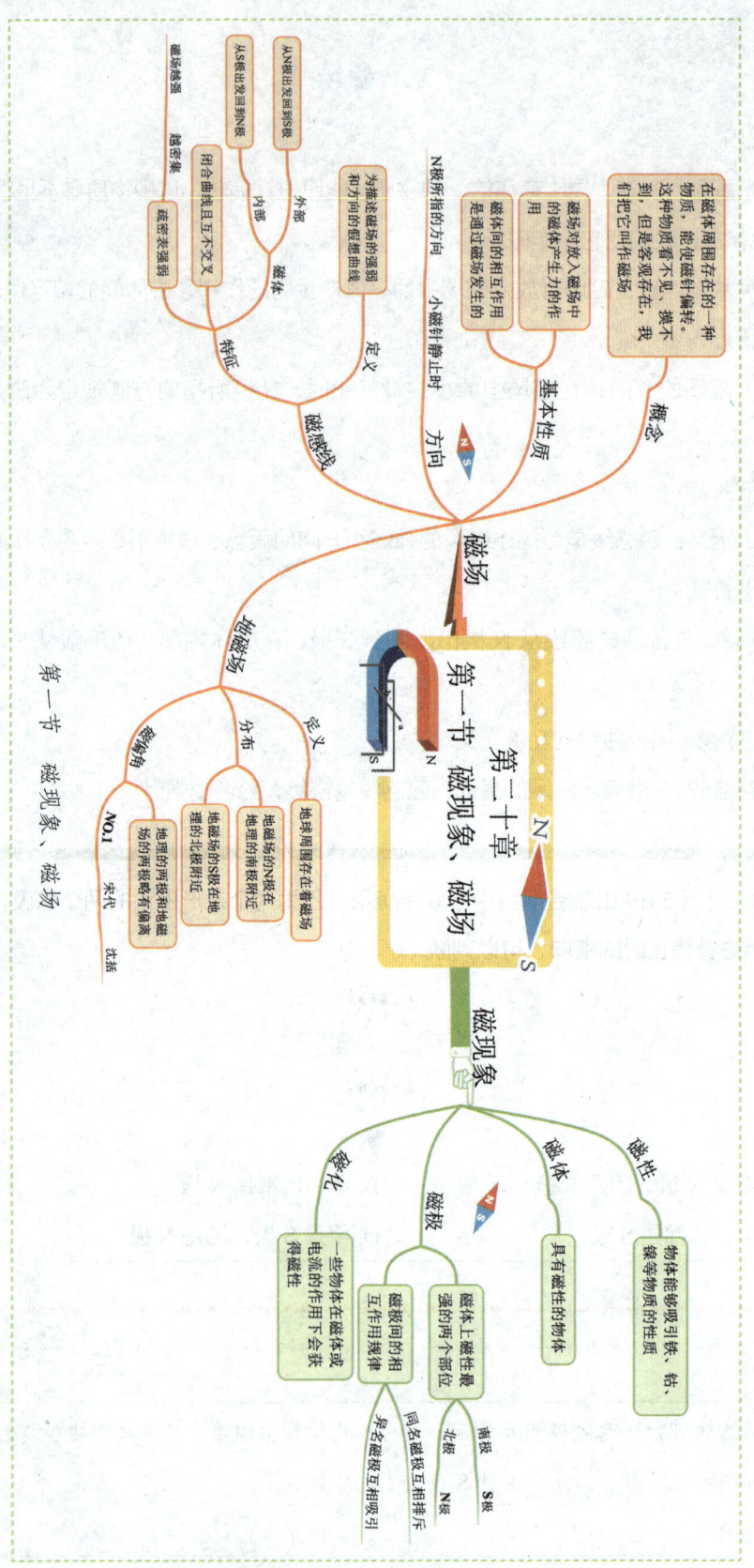

第二节 电生磁

1. 电流的磁效应：通电导线周围存在与电流方向有关的磁场。

（1）1820年，丹麦的科学家奥斯特第一个发现电与磁之间的联系。

（2）结论：通电导体周围存在磁场，磁场方向与电流方向有关。

2. 通电螺线管

（1）通电螺线管的磁场分布：通电螺线管外部的磁场和条形磁场的磁场相似。

（2）通电螺线管的磁场极性：通电螺线管的极性与电流方向有关。

（3）通电螺线管的磁场强弱：与电流大小和线圈匝数有关，电流越大、线圈匝数越多，磁场越强。

3. 安培定则：用右手握住螺线管，让四指指向螺线管中电流的方向，则拇指所指的那端就是螺线管的北极。

例题

【例】（2019北京市中考18题）某同学研究电流产生的磁场，闭合开关前，小磁针的指向如图甲所示；闭合开关，小磁针的偏转情况如图乙中箭头所示；只改变电流方向，再次进行实验，小磁针的偏转情况如图丙中箭头所示。下列结论中合理的是（   ）

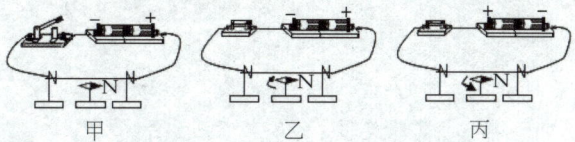

A. 由甲、乙两图可得电流可以产生磁场

B. 由甲、乙两图可得电流产生的磁场的方向与电流方向有关

C. 由乙、丙两图可得电流产生的磁场的强弱与电流大小有关

D. 由乙、丙两图可得电流产生的磁场的方向与电流方向有关

答案

AD

思维导图玩转物理

解析

A. 当小磁针受到地磁场的作用时，一端指南，另一端指北，如图甲所示，当导线中电流向左时，小磁针的N极向纸外偏转，如图乙所示，所以，甲乙两图可说明电流周围存在磁场，故说法正确。

B. 甲乙只能说明通电导体周围存在磁场，没有改变导体中的电流方向，不能说明电流产生的磁场跟电流方向有关，故说法错误。

C. 乙丙只是改变了电流方向，没有改变电流大小，不能说明磁场强弱跟电流大小有关，故说法错误。

D. 当导线中电流向左时，小磁针的N极向纸外偏转，如图乙所示，当导线中电流向右时，小磁针的N极向纸内偏转，如图丙所示，说明电流周围的磁场跟电流方向有关，故说法正确。

故选 AD。

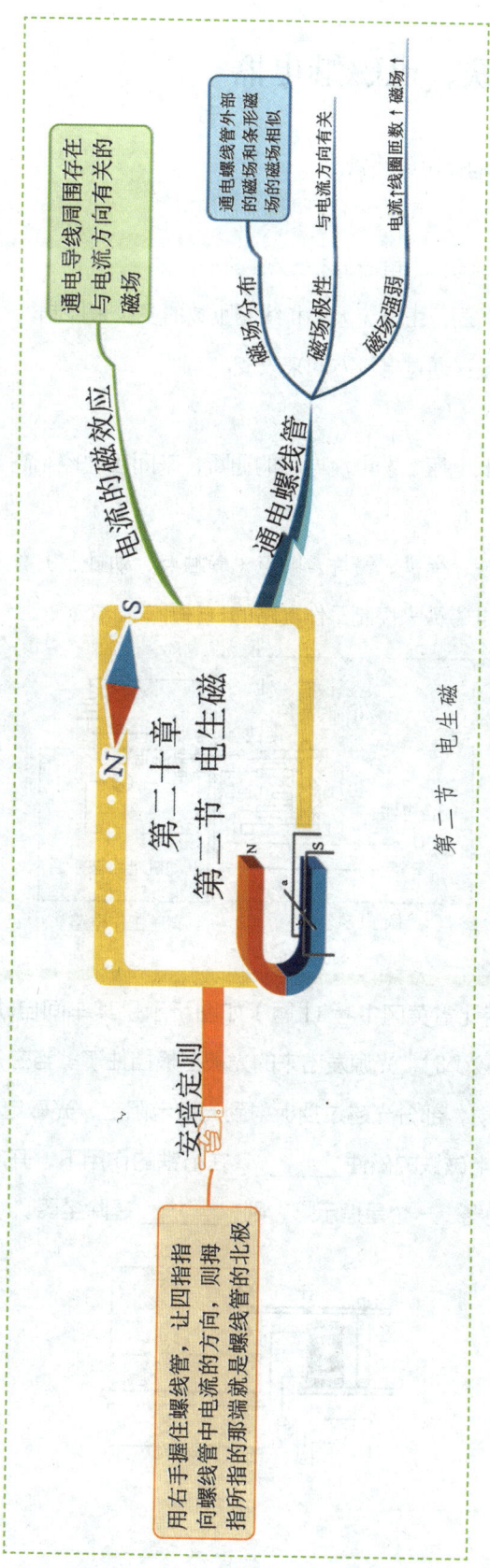

第二节 电生磁

第三节 电磁铁、电磁继电器

1. 电磁铁：带铁芯的通电螺线管。

2. 电磁铁的特点

（1）电磁铁磁性有无：由电流的有无来控制。

（2）电磁铁磁性强弱：由电流大小和线圈匝数的多少来控制。

（3）电磁铁的磁极：通过电流方向来改变。

3. 电磁继电器

（1）定义：利用低电压、弱电流电路的通断，来间接地控制高电压、强电流电路通断的装置。

（2）结构：电磁铁、衔铁、簧片、触点（静触点、动触点）。

（3）实质：利用电磁铁来控制工作电路的一种开关。

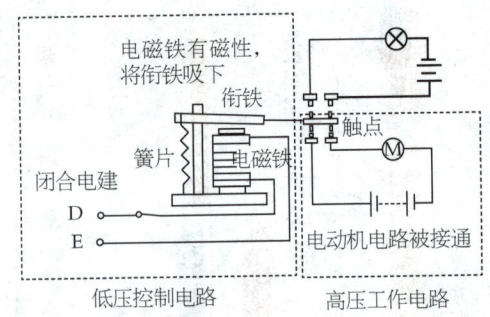

例题

【例】（2019湖北省黄冈中考11题）如图所示是某车间自动除尘装置的简化电路图。空气中尘埃量较少时，光源发出来的光被挡板挡住了。当空气中尘埃量达到一定值时，由于尘埃的反射，部分光越过挡板射到光敏电阻上，光敏电阻的阻值 _____，电路中的电流增大，电磁铁的磁性 _____，在衔铁的作用下，开启自动除尘模式。若图中a、b一个是除尘器，一个是指示灯，则 _____ 是除尘器。

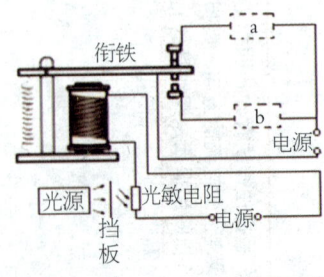

答案

减小；增强；b。

解析

当空气中尘埃量达到一定值时，由于尘埃的反射，部分光越过挡板射到光敏电阻上时，电路中的电流增大，根据欧姆定律可知光敏电阻的阻值减小。

当电路中的电流增大，电磁铁的磁性增强，吸引衔铁，使动触点和下面的静触点接触，开启自动除尘模式，所以下面的b是除尘器，上面的a是指示灯。

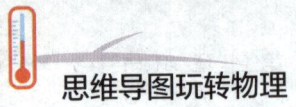

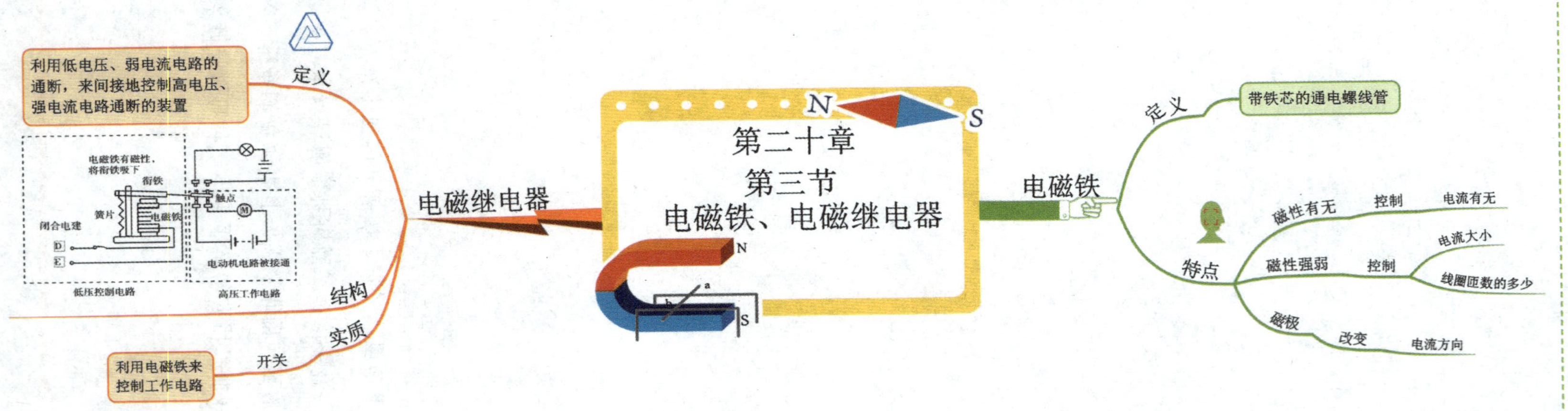
第二十章
第三节
电磁铁、电磁继电器
N
S
电磁继电器
定义
利用低电压、弱电流电路的通断，来间接地控制高电压、强电流电路通断的装置
结构
电磁铁有磁性，将衔铁吸下
衔铁
簧片
电磁铁
触点
电动机电路被接通
低压控制电路
高压工作电路
实质
开关
利用电磁铁来控制工作电路
电磁铁
定义
带铁芯的通电螺线管
特点
磁性有无
控制
电流有无
磁性强弱
控制
电流大小
线圈匝数的多少
磁极
改变
电流方向

第三节　电磁铁、电磁继电器

第四节 电动机

1.磁场对通电导体的作用：通电导体在磁场中受到力的作用。

（1）力的大小：与电流的大小和磁场的强弱有关。

（2）力的方向：与电流的方向和磁感线的方向有关。

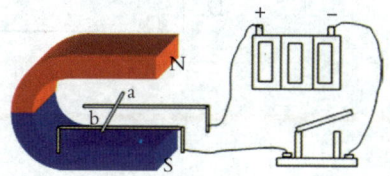

2.电动机

（1）原理：通电线圈在磁场中受力而转动。

（2）结构：转子（线圈）、定子（磁体）、电刷、换向器。

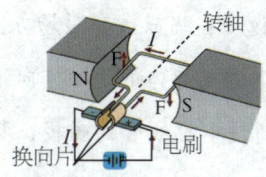

电刷的作用：与半环接触，使电源和线圈组成闭合电路。

换向器的作用：使线圈一转过平衡位置就改变线圈中的电流方向。

（3）能的转化：电能转化为机械能。

（4）电动机的转动方向的影响因素：线圈中电流的方向和磁场方向。

（5）电动机转速的影响因素：线圈中的电流大小、磁场的强弱和线圈的匝数。

例题

【例】（2019 广东省广州中考 10 题）如图中，⊗表示导线中的电流方向垂直于纸面向里，⊙表示导线中的电流方向垂直于纸面向外，F 是磁场对通电导线的作用力。下列哪个选项中，磁场对通电导线的作用力与图中 F 的方向相同（　　）

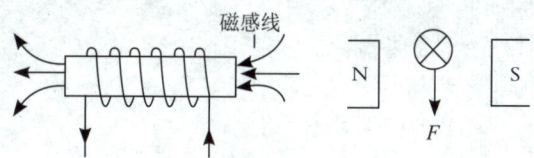

思维导图玩转物理

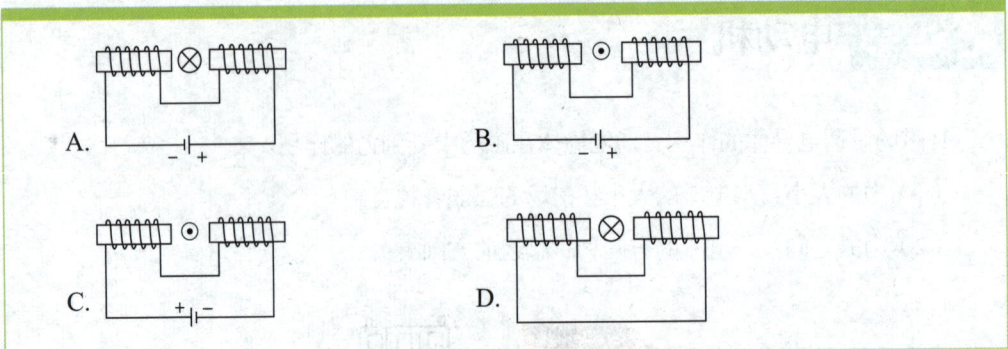

> **答案**
>
> B

解析

（1）通电导体在磁场中受力运动，运动方向跟电流方向和磁场方向有关：当只改变电流方向时通电导体运动方向改变；当只改变磁场方向时通电导体的运动方向改变；当同时改变电流方向和磁场方向时通电导体的运动方向不变。

（2）首先根据安培定则判断通电螺线管的磁极，和题干中的磁极和电流方向比对做出判断。

故选 B。

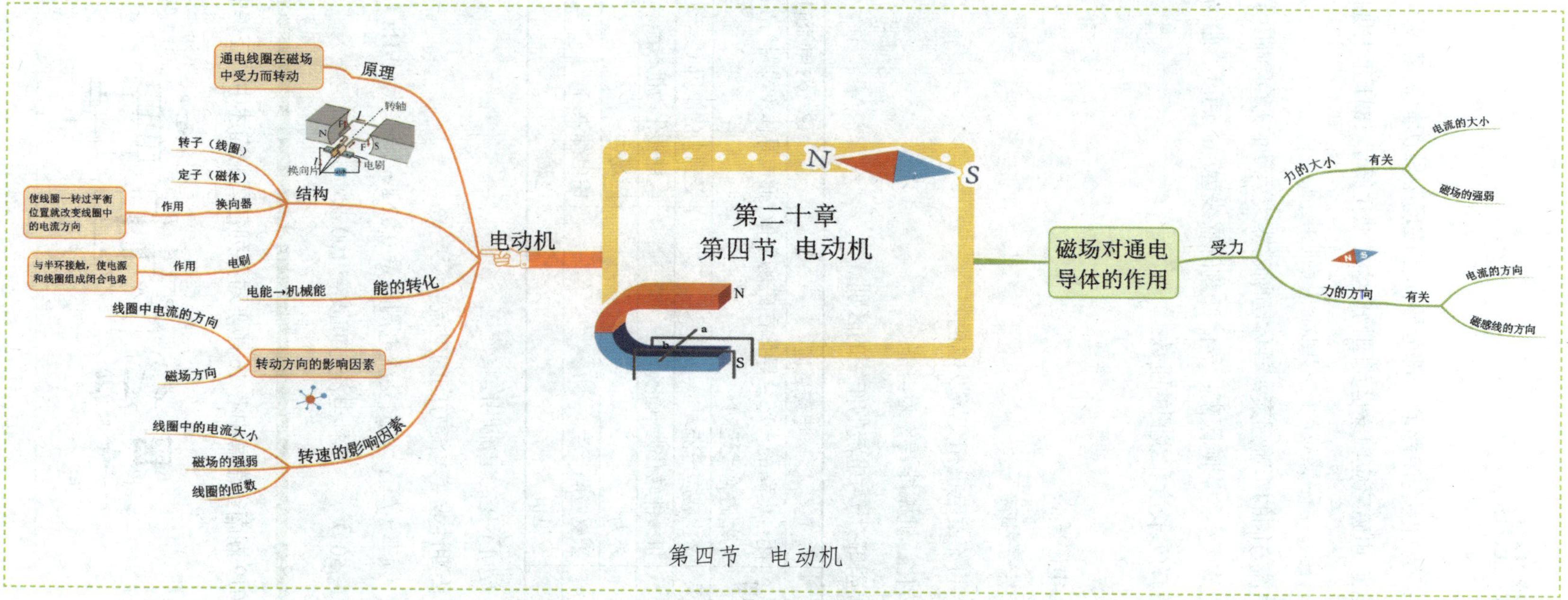

第二十章　电与磁

第四节　电动机

第四节　电动机

第五节 磁生电

1. 电磁感应：是指闭合电路的一部分导体在磁场中做切割磁感线运动时，导体中就会产生电流的现象。电磁感应现象是英国物理学家法拉第于 1831 年发现的。

2. 感应电流：由于电磁感应产生的电流叫感应电流。

（1）感应电流方向的影响因素：导体切割磁感线运动的方向和磁场方向。

（2）感应电流大小的影响因素：导体切割磁感线运动的速度、磁场的强弱、切割磁感线运动的导体的有效长度和线圈的匝数。

3. 发电机

（1）原理：电磁感应。

（2）结构：定子和转子。

（3）分类：直流发电机和交流发电机。

（4）能的转化：机械能转化为电能。

4. 发电磁感应和磁场对电流的作用的区别

区别		电磁感应	磁场对电流的作用
现象	原因	闭合电路的一部分导体在磁场中做切割磁感线运动	通电导体（线圈）在磁场中
	结果	产生感应电流	受到力的作用（运动、转动）
能量转化		机械能转化为电能	电能转化为机械能
力的性质		外力	磁场力
导体中的电流		因感应而产生	由电源供给
主要应用		发电机	电动机

5. 直流电：方向不变的电流叫作直流电。

6. 交流电：周期性改变电流方向的电流叫交电流。

周期（T）；频率（f）：我国交流电周期是 0.02 s，频率为 50 Hz（每秒内产生的周期性变化的次数是 50 次），每秒电流方向改变 100 次。

例题

【例】（2019 湖南省常德中考 16 题）对下列各图的描述中，正确的是（　　　）

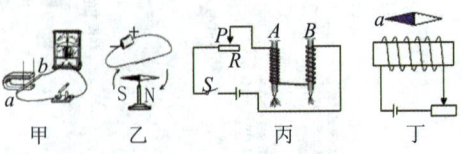

甲　　乙　　丙　　丁

A. 甲图中导体棒 ab 竖直向上运动时，电流表指针将会摆动

B. 乙图的实验表明磁可以生电

C. 丙图的实验可以探究电磁铁磁性的强弱与线圈匝数的关系

D. 丁图中螺线管上方小磁针静止时 a 端是 S 极

C

解析

A. 图中是电磁感应现象，导体棒 ab 竖直向上运动时，没有切割磁感线，没有产生感应电流，电流表不会摆动，故 A 错误。

B. 图示是奥斯特实验，说明通电导体周围存在磁场，即电生磁，故 B 错误。

C. 图中两电磁铁的电流相同、匝数不同，研究的是电磁铁磁性强弱与线圈匝数的关系，故 C 正确。

D. 由安培定则可知，螺线管的右端为 N 极，根据同名磁极相互排斥，异名磁极相互吸引可知，小磁针的 a 端为 N 极，故 D 错误。

故选 C。

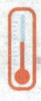

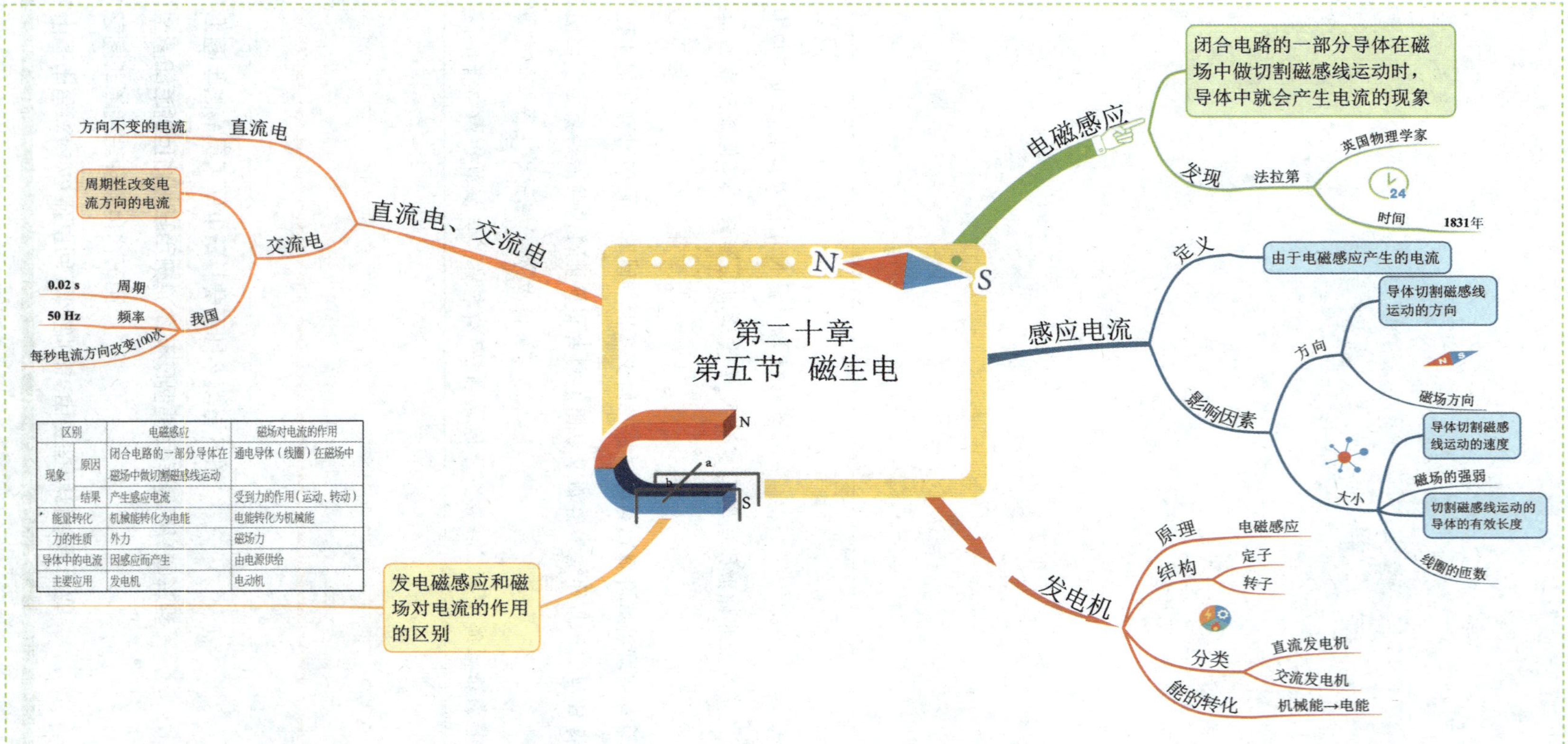
第二十章
第五节　磁生电
电磁感应
闭合电路的一部分导体在磁场中做切割磁感线运动时，导体中就会产生电流的现象
发现
法拉第
英国物理学家
时间
1831年
感应电流
定义
由于电磁感应产生的电流
影响因素
方向
导体切割磁感线运动的方向
磁场方向
大小
导体切割磁感线运动的速度
磁场的强弱
切割磁感线运动的导体的有效长度
线圈的匝数
发电机
原理
电磁感应
结构
定子
转子
分类
直流发电机
交流发电机
能的转化
机械能→电能
直流电、交流电
直流电
方向不变的电流
交流电
周期性改变电流方向的电流
我国
周期
0.02 s
频率
50 Hz
每秒电流方向改变100次
发电磁感应和磁场对电流的作用的区别
N
S
a
b

区别		电磁感应	磁场对电流的作用
现象	原因	闭合电路的一部分导体在磁场中做切割磁感线运动	通电导体（线圈）在磁场中
	结果	产生感应电流	受到力的作用（运动、转动）
能量转化		机械能转化为电能	电能转化为机械能
力的性质		外力	磁场力
导体中的电流		因感应而产生	由电源供给
主要应用		发电机	电动机

第五节　磁生电

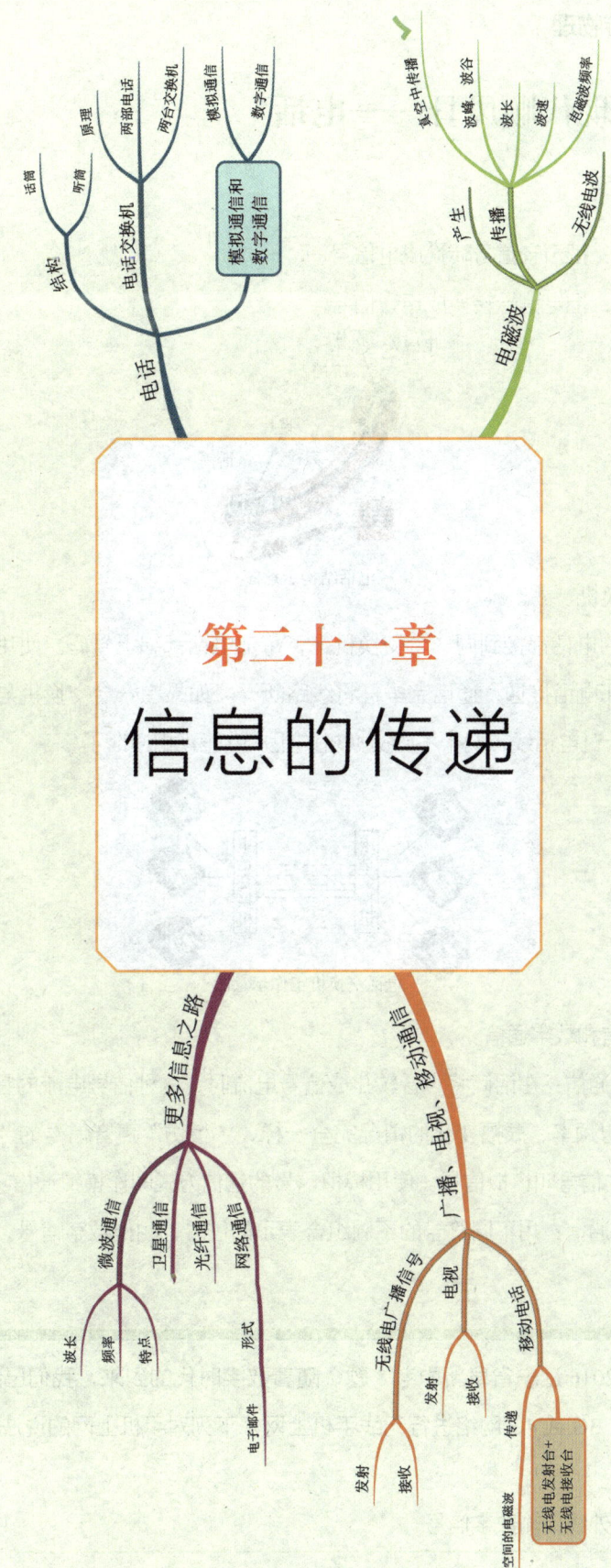

第二十一章
信息的传递

第一节 现代顺风耳——电话

1. 电话

（1）话筒：把声音信号转换成电信号。

（2）听筒：把电信号转换成声音信号。

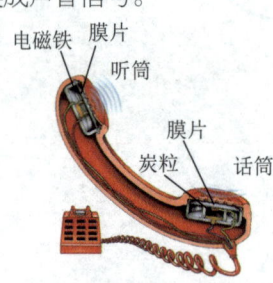

电话结构示意图

2. 电话交换机

一个地区的电话都接到同一台交换机上，每部电话都编上号码。使用时，交换机把需要通话的两部电话接通，通话完毕再将线路断开。如果在一台交换机与另一台交换机之间连接上若干对电话线，两个不同交换机的用户就能互相通话了。

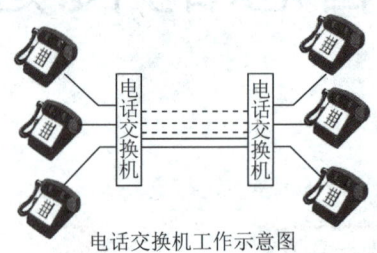

电话交换机工作示意图

3. 模拟通信和数字通信

（1）模拟通信：在话筒将声音转化成信号电流时，这种信号电流的频率、振幅变化的情况跟声音的频率、振幅变化的情况完全一样，"模仿"声音信号的"一举一动"，这种电流传递的信号叫模拟信号。使用模拟信号的通信方式叫作模拟通信。

（2）数字通信：用不同符号的不同组合表示的信号，叫作数字信号，这种通信方式叫数字通信。

例题

【例】（2016辽宁省阜新中考8题）随着数字时代的到来，我们已经可以很方便地使用 Wi-Fi、3G 或 4G 网络进行无线手机上网。下列对手机上网的说法中，正确的是（　　）

A. 使用红外线传输数字信号

B. 使用超声波传输数字信号

C. 使用光纤传输数字信号

D. 使用电磁波传输数字信号

答案

D

解析

　　Wi-Fi、3G 或 4G 手机随时随地进行无线网络登录；对于手机无线上网，主要是使用电磁波传递数字信号的。

　　故选 D。

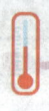

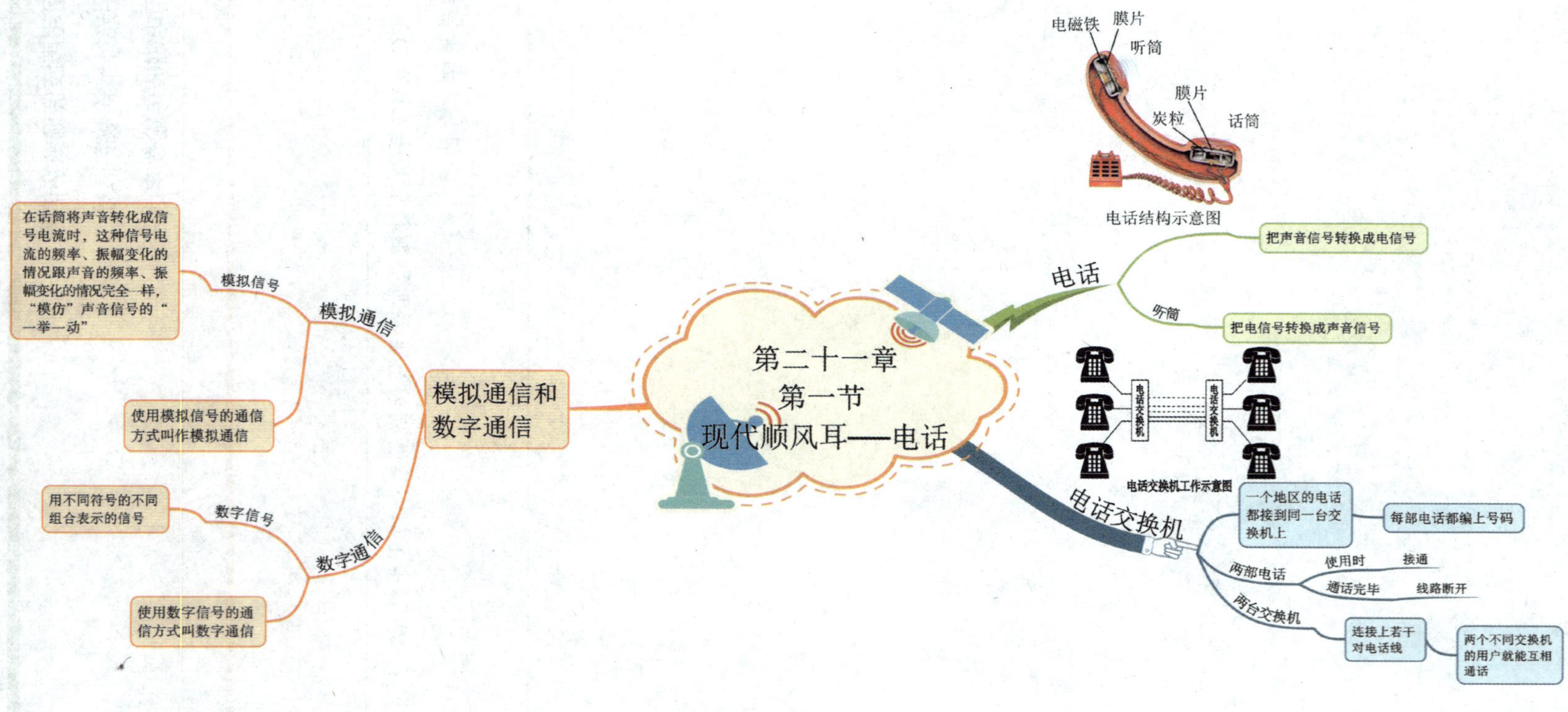
第二十一章
第一节
现代顺风耳——电话
模拟通信和数字通信
模拟通信
模拟信号
在话筒将声音转化成信号电流时，这种信号电流的频率、振幅变化的情况跟声音的频率、振幅变化的情况完全一样，“模仿”声音信号的“一举一动”
使用模拟信号的通信方式叫作模拟通信
数字通信
数字信号
用不同符号的不同组合表示的信号
使用数字信号的通信方式叫数字通信
电话
把声音信号转换成电信号
听筒
把电信号转换成声音信号
电磁铁
膜片
听筒
膜片
炭粒
话筒
电话结构示意图
电话交换机
电话交换机
电话交换机
电话交换机工作示意图
一个地区的电话都接到同一台交换机上
每部电话都编上号码
两部电话
使用时
接通
通话完毕
线路断开
两台交换机
连接上若干对电话线
两个不同交换机的用户就能互相通话

第一节　现代顺风耳——电话

第二节 电磁波的海洋

1. 电磁波的产生：导线中的电流迅速变化会在空间激起电磁波。

2. 电磁波的传播

（1）电磁波可以在真空中传播，电磁波的传播速度：$c = 2.99792458 \times 10^8$ m/s。

（2）波峰、波谷：在一列水波的传播中，凸起的最高处，叫作波峰；凹下的最低处，叫作波谷。

（3）波长：邻近的两个波峰（波谷）的距离，叫作波长。

（4）波速：用来描述波传播速度的物理量。

（5）电磁波频率的单位：赫兹（Hz）。

3. 电磁波是一个大家族，光也属于电磁波。通常用于广播、电视和移动电话的是频率为数百千赫至数百兆赫的那一部分，叫作无线电波。

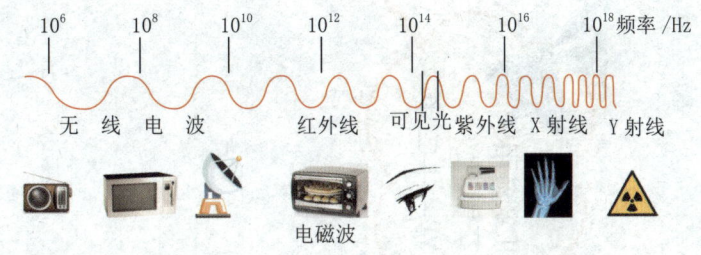

例题

【例】（2019 山东省日照中考 2 题）"华为"是"中国制造"向"中国智造"发展的典型代表，是中国智慧和民族精神的缩影。今年，华为公司突破重重困难率先在全球布局 5G 通信。任正非说，5G 信号比 3G、4G 快三四十倍，也就是在相同时间内传输的信息更多，"传输的信息更多"，最主要的原因应是 5G 信号（　　）

A. 传输信息更加稳定

B. 使用的电磁波频率更高

C. 使用模拟信号进行通信

D. 在真空中的传播速度大于光速

答案

B

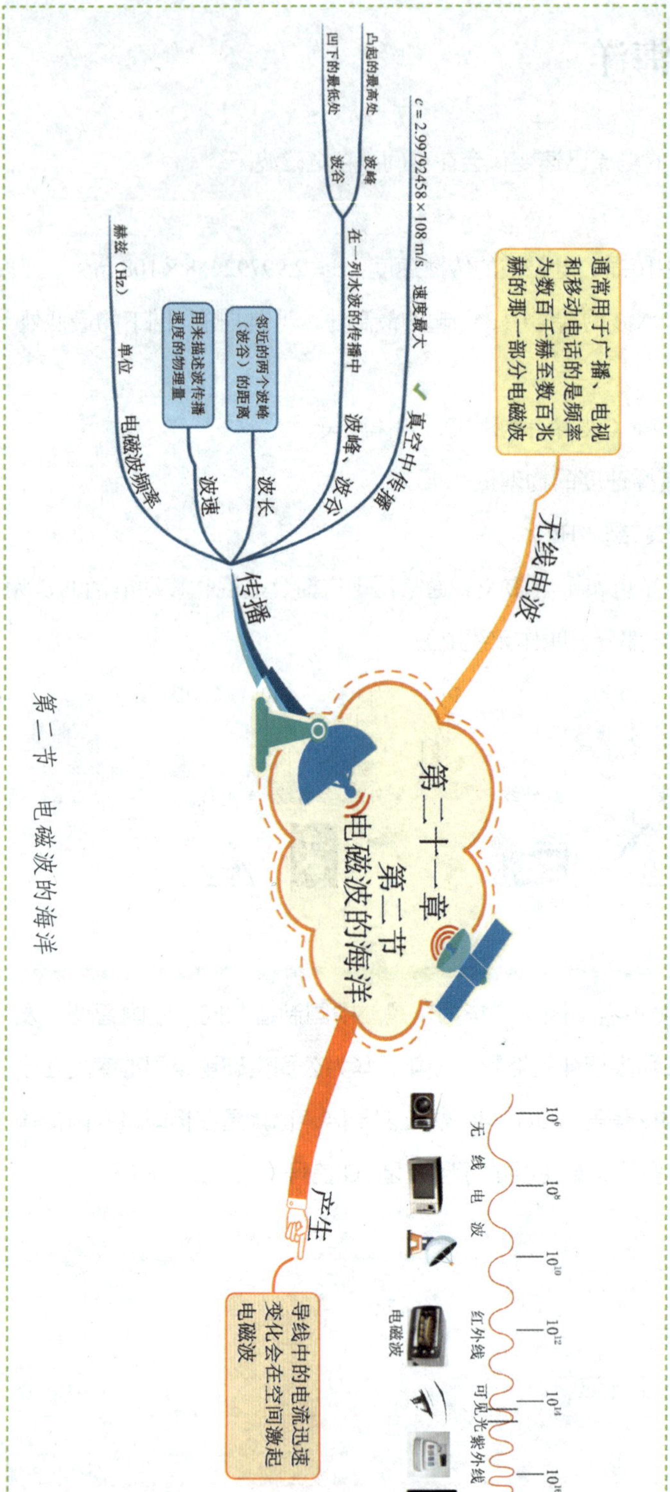

思维导图玩转物理

第二十一章 第二节 电磁波的海洋

产生：导线中的电流迅速变化会在空间激起电磁波

无线电波：通常用于广播、电视和移动电话的是频率为数百千赫至数百兆赫的那一部分电磁波

传播：
- 真空中传播速度最大 $c = 2.99792458 \times 10^8$ m/s
- 波峰：凸起的最高处
- 波谷：凹下的最低处
- 波长：在一列水波的传播中相邻的两个波峰（波谷）的距离
- 波速：用来描述波传播速度的物理量
- 电磁波频率 单位：赫兹（Hz）

电磁波谱：无线电波、红外线、可见光、紫外线、X射线、γ射线（频率 10^6、10^{10}、10^{12}、10^{14}、10^{16}、10^{18} /Hz）

解析

"传输的信息更多"，也就是在相同时间内传输的信息更多，最主要的原因是 5G 信号使用的电磁波频率更高，故 B 正确，ACD 错误。

故选 B。

第三节 广播、电视和移动通信

1. 无线电广播信号的发射和接收

（1）无线电广播信号的发射由电台完成。话筒把播音员的声音信号转换成电信号，然后用调制器把音频信号加载到高频电流上，再通过天线产生电磁波发射到空中。

（2）信号的接收由收音机完成。收音机的天线接收各种各样的电磁波，转动收音机的旋钮，可以从中选出特定频率的信号。由调谐器选出的信号含有高频电流成分，需要通过解调将其滤去，将音频信号留下。

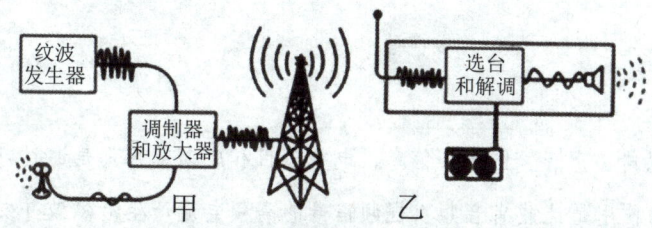

无线电广播的工作过程

2. 电视信号的发射和接收

（1）电视用电磁波传递图像信号和声音信号，声音信号的产生、传播和接收跟无线电广播工作过程相似。图像信号的工作过程是：摄像机把图像变成电信号，发射机把电信号加载到频率很高的电流上，通过发射天线发射到空中。

（2）电视机的接收天线把这样的高频信号接收下来，通过电视机把图像信号取出并放大，由显示器把它还原成图像。

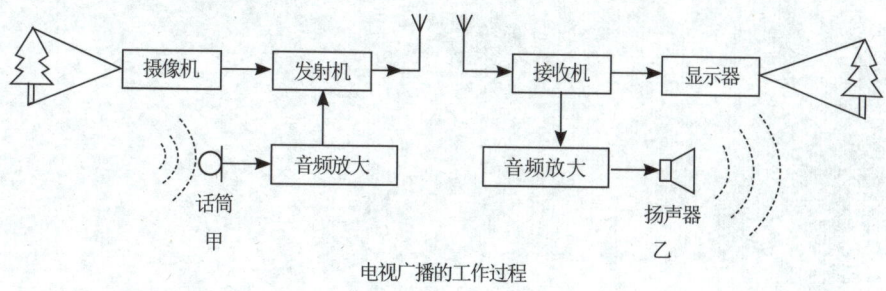

电视广播的工作过程

3. 移动电话

（1）声音信息不是由导线中的电流来传递，而是由空间的电磁波来传递。

（2）移动电话机既是无线电发射台又是无线电接收台，它用电磁波把讲话的信息发射到空中，同时它又在空中捕获电磁波，得到对方讲话的信息。

思维导图玩转物理

> **例题**
>
> 【例】（2014 四川省绵阳中考 5 题）各地高高耸立的电视塔是地标性建筑，电视塔上天线的作用是（　　）
>
> A. 让声音、图像信号转化为电信号
>
> B. 让声音、图像信号加载到高频电流上
>
> C. 让音频、视频电信号加载到高频电流上
>
> D. 让载有音频、视频信号的高频电流产生电磁波

答案

D

解析

电磁波可以传递声音、图像等信息，电视节目和广播节目都是通过电磁波传播的；电视塔上天线的作用是让载有音频、视频信号的高频电流产生电磁波并发射出去，故选项 D 正确，选项 ABC 错误。

故选 D。

第二十一章 信息的传递

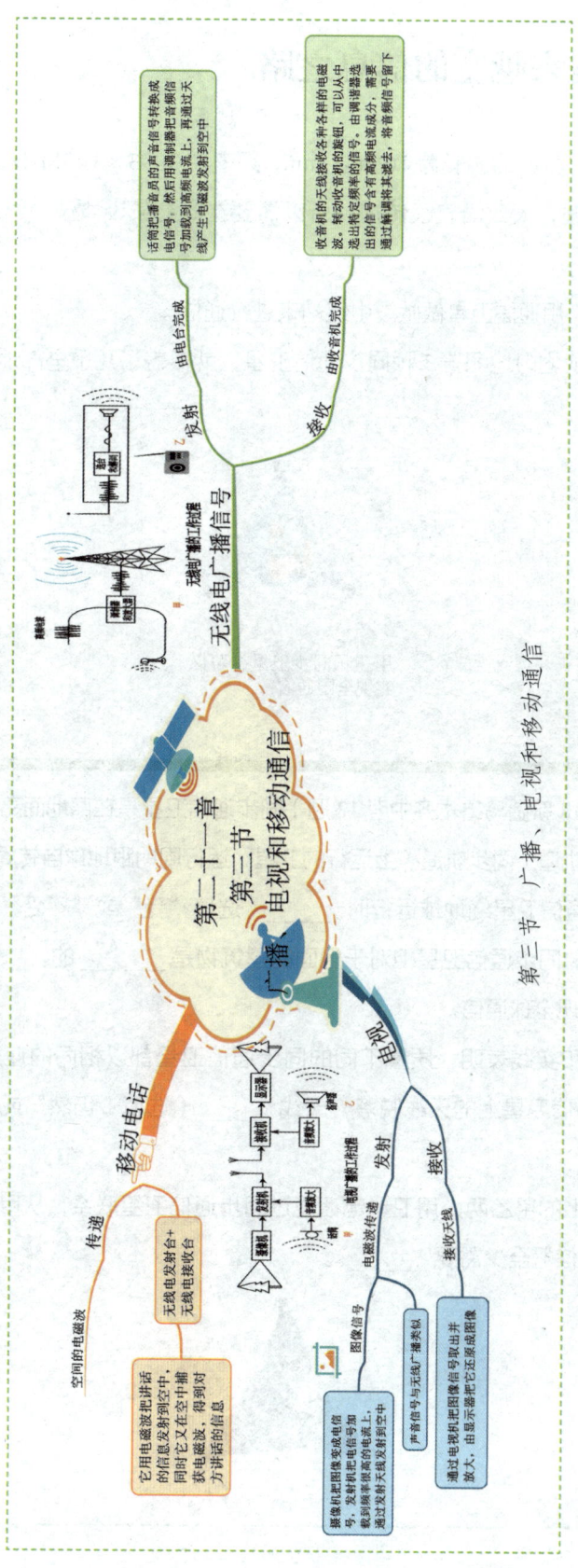

第三节 广播、电视和移动通信

第四节 越来越宽的信息之路

1. 微波通信：微波的波长为 10 m~1 mm，频率在 30~3×10⁵ MHz，微波的频率高，其性质更接近光波，大致沿直线传播，所以需要在高处架设微波中继站来接转电磁波信号。

2. 卫星通信：用通信卫星做微波中继站来进行通信。

在地球的周围均匀地配置 3 颗同步通信卫星，就覆盖了几乎全部地球表面，可以实现全球通信。

用三颗同步卫星就可以
实现全国通信

例题

【例】（2018 新疆乌鲁木齐中考 12 题）同步通信卫星是在离地面高度为 $3.6×10^7$ m，绕地心转动的圆轨道（同步轨道）上运行的卫星，运行周期跟地球自转周期相同。

（1）同步通信卫星绕地球运行时 _____（选填"受"或"不受"）地球的引力，周期是 _____ h。同步通信卫星相对于地面的建筑物是 _____ 的，_____ 颗同步通信卫星基本可以实现全球通信。

（2）理论和实践表明，质量不同的同步通信卫星都以相同的速度在同步轨道上运行，若同步通信卫星上的天线脱落，天线 _____（选填"仍然"或"不会"）在同步轨道上运行。

（3）地面上的甲乙两人用卫星电话通过同步通信卫星联系，从甲发出信号到他收到乙自动回复的信号至少需要 _____ s。

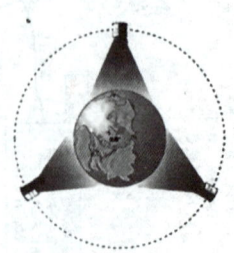

答案

（1）受，24，静止，3；（2）仍然；（3）0.48。

解析

（1）由万有引力可知同步通信卫星绕地球运行时受到地球的引力作用，地球的自转周期为一天24h，同步通信卫星相对于地面的建筑物的位置没有发生变化，故是静止的，在地球的周围均匀配置3颗同步通信卫星，就可以实现全球通信。

（2）理论和实践表明，质量不同的同步通信卫星都以相同的速度在同步轨道上运行，同步通信卫星上的天线脱落，天线仍然在同步轨道上运行。

（3）离地面高度为 3.6×10^7 m，甲发出信号到他收到乙自动回复的信号，信号传递的距离是 $4\times 3.6\times 10^7$ m=1.44×10^8 m，由 $v=\dfrac{S}{t}$ 可得，$t=\dfrac{S}{v}=\dfrac{1.44\times 10^8 \text{m}}{3\times 10^8 \text{m/s}}=0.48$ s。

3.光纤通信：激光从光导纤维的一端射入，在内壁上多次反射，从另一端射出，这样就把它携带的信息传递到了远方。

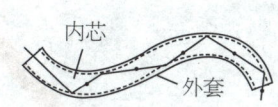

甲　光导纤维　　　乙　光在光导纤维中的传播

由于光的频率很高，在一定时间内可以传输大量的信息。光纤通信已经成为我国长途通信的骨干力量。

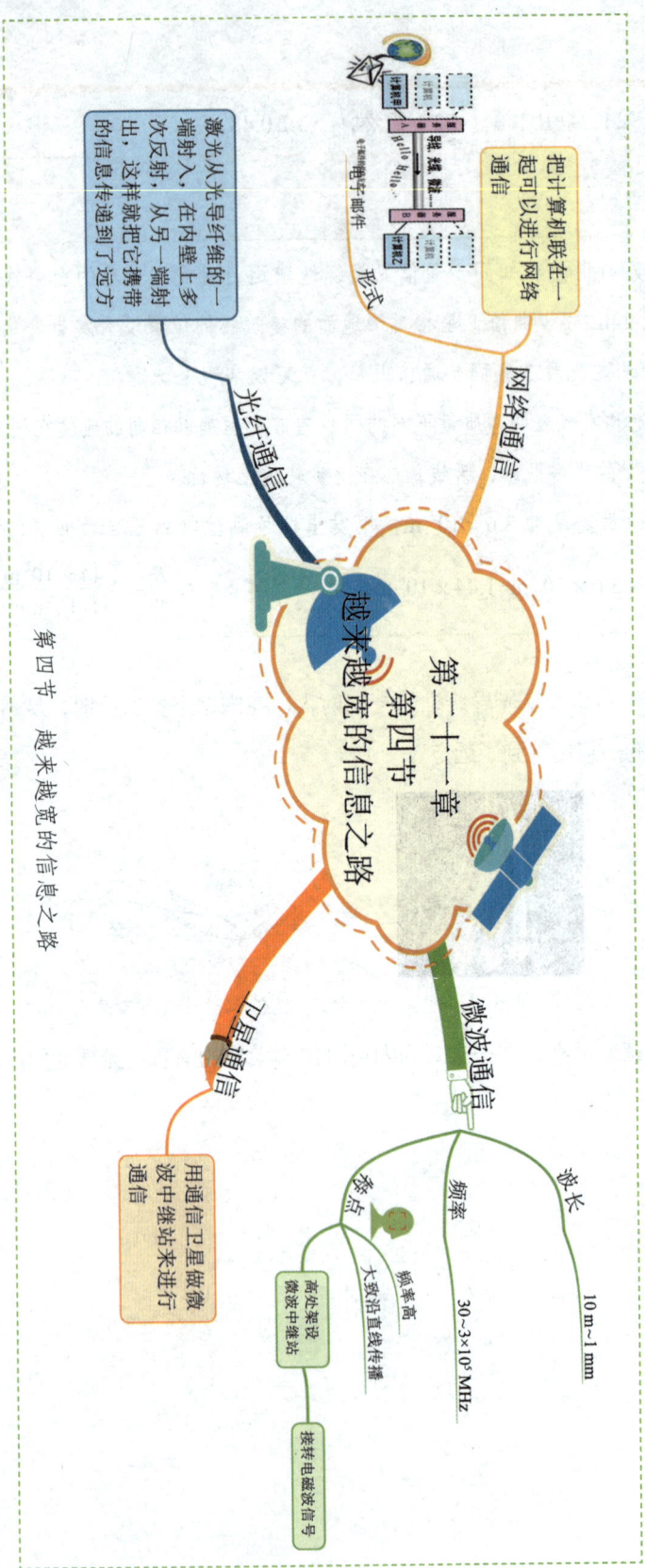

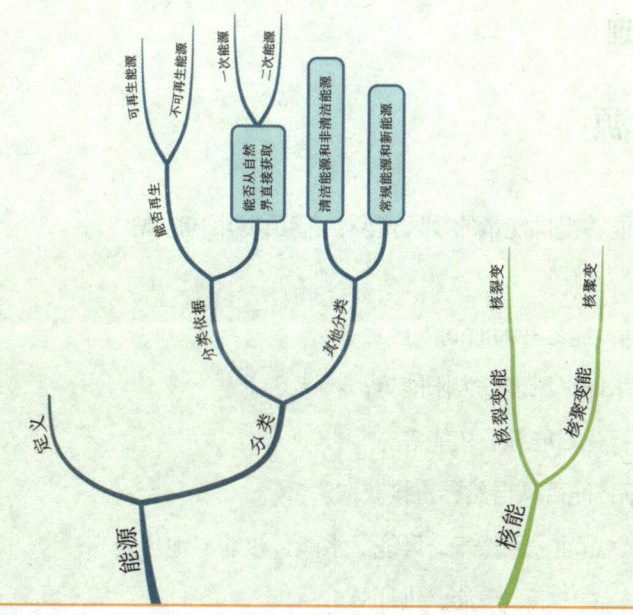

第二十二章
能源与可持续发展

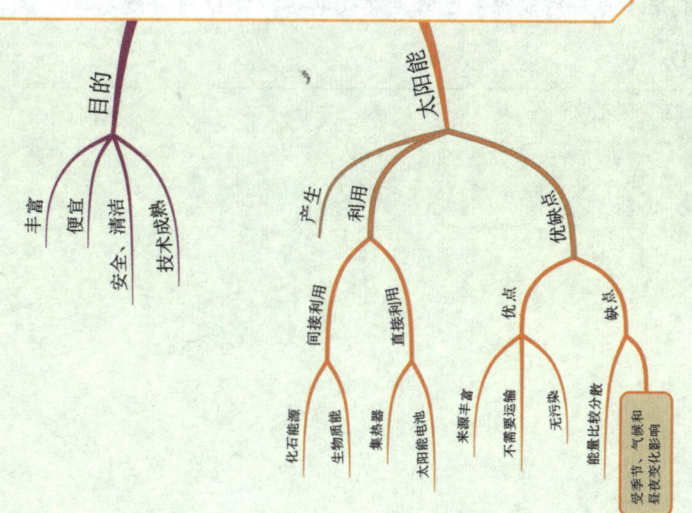

第一节 能源

1. 能源：凡是能够提供能量的物质资源，都可以叫作能源。

2. 分类

（1）分类依据：能否在短时间内再生。

可再生能源：水能、风能、太阳能等；

不可再生能源：化石能源、核能等。

（2）分类依据：能否从自然界直接获取。

一次能源：煤、石油、天然气、风能、水能、核能、地热能等；

二次能源：电、液化气、汽油、煤油等。

（3）其他分类：清洁能源和非清洁能源、常规能源和新能源等。

例题

【例】（2019 青海省中考 11 题）物理兴趣小组的同学们调查发现，青海地区存在多种类型的发电站。下列发电站利用不可再生能源发电的是（　　）

A. 水电站　　　B. 风电站　　　C. 太阳能电站　　　D. 燃气电站

答案

D

解析

太阳能、风能、水能可以源源不断地从自然界得到，是可再生能源；天然气在自然界中的储量有限，会越用越少，不可能在短时间内得到补充，是不可再生能源。

所以利用不可再生能源发电的是燃气电站，故 D 符合题意。

故选 D。

第二十二章 能源与可持续发展

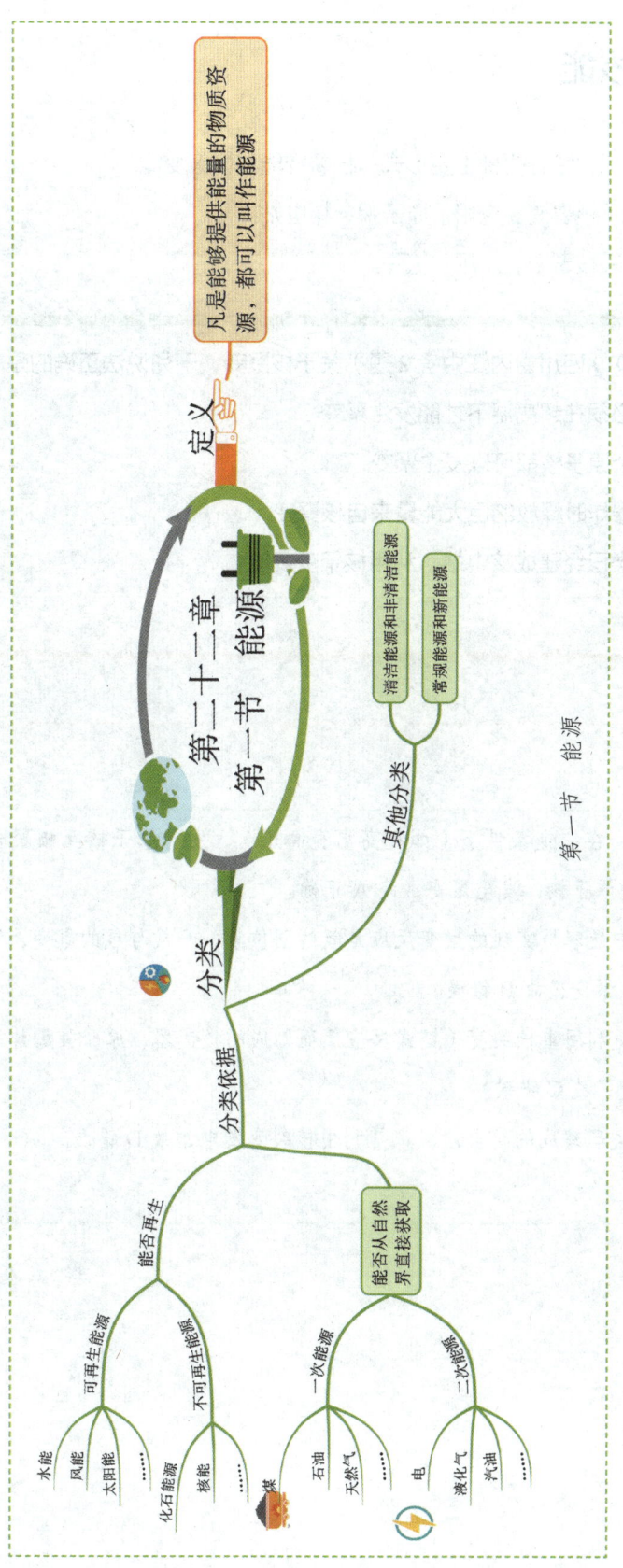

第一节 能源

第二节 核能

核能是新能源,它有两种主要形式:核裂变能和核聚变能。

1. 核裂变:重核裂变。应用:原子弹、核电站。

2. 核聚变:轻核聚变。应用:氢弹。

例题

【例】(2019 四川省内江中考 2 题)关于核聚变,下列说法正确的是(　　)

A. 原子核必须在超高温下才能发生聚变

B. 任何两个原子核都可以发生聚变

C. 原子弹爆炸时释放的巨大能量来自核聚变

D. 目前人类已经建成核电站,利用核聚变发电

A

解析

A. 氘或氚,在一定条件下(如超高温和高压),发生原子核互相聚合作用,生成新的质量更重的原子核,发生聚变,故 A 正确。

B. 自然界中最容易实现的聚变反应是氢的同位素——氘与氚的聚变,不是任意的原子核都能发生核聚变,故 B 错误。

C. 原子弹是利用重核裂变(链式反应)而制成的核武器,原子弹爆炸时释放的巨大能量来自核裂变,故 C 错误。

D. 目前人类已建成的核电站,都是利用核裂变发电,故 D 错误。

故选 A。

第二节 核能

第三节 太阳能

1. 太阳能是氢原子核在超高温时聚变释放的巨大能量，太阳能是人类能源的宝库，如化石能源、地球上的风能、生物质能都来源于太阳。

2. 太阳能的利用

（1）间接利用太阳能：化石能源（光能→化学能）；生物质能（光能→化学能）。

（2）直接利用太阳能：集热器（有平板型集热器、聚光式集热器）（光能→内能）；太阳能电池（光能→电能）。

3. 优缺点：太阳能来源丰富，不需要运输，无污染，但由于能量比较分散且受季节、气候和昼夜变化的影响很大，给大规模利用太阳能带来一些新的技术难题。

【例】（2019湖北省宜昌中考26题）近年来，宜昌市着力打造生态能源示范村，新增太阳能热水器4000多台。如图所示某太阳能热水器接收太阳能的有效面积为3 m²，假设某天有效光照时间为6 h，每平方米太阳的平均辐射功率为$2.4×10^6$ J/h，将热水器内初温为15℃的水温度升高到70℃。（太阳能热水器的工作效率为50%）

（1）家用燃气热水器的工作效率为60%，把相同质量的水从15℃加热到70℃，使用太阳能热水器可节约多少千克液化石油气？（液化石油气的热值为$4×10^7$ J/kg）

（2）人们利用太阳能，除了转化为内能之外，还有"光电转换"，即利用_____将太阳能转化为电能；还有"光化转换"，即通过_____将太阳能转化为化学能。

（1）使用太阳能热水器可节约0.9千克液化石油气。
（2）太阳能电池（光伏电池）；光合作用（植物）。

解析

（1）太阳能热水器接收太阳能：

$W_{太}=2.4\times10^6 \text{J}/(\text{h}\cdot\text{m}^2)\times 6\text{ h}\times 3\text{ m}^2=4.32\times 10^7 \text{J}$，

太阳能热水器的工作效率为50%，由$\eta=\dfrac{Q_{吸}}{W_{太}}\times 100\%$得，水吸收的热量：

$Q_{吸}=\eta\times W_{太}=50\%\times 4.32\times 10^7 \text{J}=2.16\times 10^7 \text{J}$，

都把相同质量的水从15℃加热到70℃，则水吸收的热量相同，且家用燃气热水器的工作效率为60%，

则由$\eta=\dfrac{Q_{吸}}{Q_{放}}\times 100\%$得，液化石油气完全燃烧放出的热量：

$Q_{放}=\dfrac{Q_{吸}}{\eta_2}=\dfrac{2.16\times 10^7 \text{J}}{60\%}=3.6\times 10^7 \text{J}$，

由$Q=mq$得，需要燃烧液化石油气的质量：

$m=\dfrac{Q_{吸}}{q}=\dfrac{3.6\times 10^7 \text{J}}{4\times 10^7 \text{J/kg}}=0.9\text{ kg}$，

所以，使用太阳能热水器可节约0.9 kg液化石油气。

（2）"光电转换"是通过太阳能电池（光伏电池）把太阳能转化为电能；"光化转换"是通过植物的光合作用把太阳能转化为化学能。

思维导图玩转物理

第二十二章 第三节 太阳能

产生：氢原子核在超高温时聚变释放的巨大能量

优缺点
- 优点
  - 来源丰富
  - 不需要运输
  - 无污染
- 缺点
  - 能量比较分散
  - 受季节、气候和昼夜变化影响

利用
- 间接利用
  - 化石能源　光能→化学能
  - 生物质能　光能→化学能
  - 集热器　　光能→内能
- 直接利用
  - 太阳能电池　光能→电能

第三节　太阳能

第四节 能源与可持续发展

未来的理想能源必须满足以下条件:

(1) 必须足够丰富,可以保证长期使用;

(2) 必须足够便宜,可以保证多数人用得起;

(3) 相关的技术必须成熟,可以保证大规模使用;

(4) 必须足够安全、清洁,可以保证不会严重影响环境。

例题

【例】(2019 广西桂林中考 9 题)为了减少能源的利用对环境的污染和破坏,下列做法不正确的是( )

A. 大力发展风力发电

B. 大力发展火力发电

C. 减少化石燃料的使用

D. 开发使用电能驱动的电动汽车

B

解析

A. 风能是可再生能源,风力发电清洁、无污染,可以减少能源利用对环境的污染和破坏,故 A 正确。

B. 火力发电的原料是煤或天然气等化石能源,属于不可再生能源,同时发电工程会产生大量的二氧化碳和其他有害气体,会加重环境污染,故 B 不正确。

C. 化石燃料属于不可再生能源,减少化石燃料的使用,可以减少二氧化碳和其他有害气体的排放,有助于减少环境污染,故 C 正确。

D. 电动汽车行驶过程中噪音小,无尾气排放,能够减少对环境的污染和破坏,故 D 正确。

故选 B。

第二十二章 第四节 能源与可持续发展

- 技术成熟
- 大规模使用
- 不会严重影响环境
- 安全、清洁
- 便宜,多数人用得起
- 丰富,长期使用

第四节 能源与可持续发展